R 34720

HISTOIRE

DE

L'ÉMIGRATION

AU XIXᵉ SIÈCLE

SAINT-DENIS. — TYPOGRAPHIE DE A. MOULIN.

HISTOIRE

DE

L'ÉMIGRATION

EUROPÉENNE, ASIATIQUE ET AFRICAINE

AU XIX° SIÈCLE

SES CAUSES, SES CARACTÈRES, SES EFFETS

PAR

M. JULES DUVAL

Rédacteur en chef de *l'Économiste français*.

Ouvrage couronné en 1861 par l'Académie des Sciences
morales et politiques

PARIS

LIBRAIRIE DE GUILLAUMIN ET Cie

Éditeurs du Journal des Économistes, de la Collection des principaux Économistes
du Dictionnaire de l'Économie politique, du Dictionnaire universel du Commerce et de la Navigation, etc.

RUE RICHELIEU, 14

—

1862

AVANT-PROPOS.

Et multa renascentur quæ jam cecidere.

Je présente ce livre aux amis des sérieuses études sous les auspices de l'Académie des sciences morales et politiques, qui a bien voulu l'honorer de son suffrage. Il a été écrit, non-seulement avec conscience et bonne foi, ainsi qu'il convient à toute œuvre honnête, mais avec amour, pourrais-je dire, comme expression d'idées qui me sont chères, parce que je les crois vraies et importantes, sur le rôle social de l'émigration et de la colonisation. L'heureuse occasion que me fournissait le programme académique de mettre ces idées en lumière, je l'ai saisie avec l'empressement d'une conviction que quinze années de propagande, bien qu'entremêlée de quelque déception, n'ont point ébranlée.

C'est qu'à mon sens, l'émigration est l'Odyssée du genre humain, cet immortel voyageur qui, retrempant ses forces dans l'incessant renouvellement des générations, promène autour du globe, durant la succession des âges, sa curiosité, ses besoins, son ambition, ses convoitises, ses espérances, reliant par la chaîne des souvenirs et des intérêts, à travers une longue suite d'étapes, le berceau où il naquit au tombeau où il reposera. Par l'émigration, l'humanité explore toutes les parties inconnues de la terre, et sonde les mystères des régions les plus lointaines ; par la colonisation, qui en est le complément, elle y implante des familles, vigoureux rejetons des vieilles souches. Là, des mains industrieuses, pleines d'ardeur, combinant l'expérience du passé avec la recherche de l'inconnu, extraient du sol des produits nouveaux que le commerce enlève, transporte par mer, distribue sur les continents, établissant entre les nations et les races, les climats et les territoires, la solidarité des échanges. Ainsi se développe le fonds commun de l'activité humaine, et se grossit le capital des sociétés, par des travaux qui disposent les âmes à préférer une pacifique émulation aux luttes belliqueuses.

De nos jours l'Angleterre montre au monde, trop distrait par les agitations quotidiennes de la politique, la valeur de l'émigration. Depuis le commencement de ce siècle, cinq millions de ses enfants ont quitté ses rivages pour se disperser sur tous les chemins, sous tous les cieux. Ils ne se sont pas conduits en enfants prodigues perdus pour eux-mêmes et pour la mère-patrie. Les uns ont fondé, ont peuplé des colonies britanniques, accroissement de territoire et de puissance, de prestige et d'honneur pour la métropole. Les autres, en pénétrant dans les États étrangers, ont racheté la perte de leur nationalité par une diffusion au sein de la patrie adoptive des idées, des mœurs et de la langue de la patrie native, source pour cette dernière d'influence et de commerce, de popularité et de bénéfices. Cette séparation a-t-elle appauvri le sang et diminué le nombre des habitants du Royaume-Uni? On sait, au contraire, que la population y double tous les cinquante ans, en une plus courte période que chez aucune nation d'Europe. Le recensement de 1864 a constaté près de 30 millions d'habitants. D'année en année, l'Angleterre se rapproche à cet égard du niveau de la nation française qu'elle dépassera au second ou troisième dénombrement à venir. En même temps elle aura répandu sur le globe un nouveau million de ses fils, qui assureront à la race anglo-saxonne une prépondérance universelle. C'est qu'une nation peut émigrer sans décroître.

De son côté, la France aura péniblement atteint le chiffre de quarante millions d'habitants, et envoyé au loin quelques milliers de familles isolées et noyées dans les masses germaniques et anglaises. Son rang proportionnel de grandeur numérique entre les nations aura baissé.

Que d'autres dénoncent, comme une coupable imprévoyance, cette énergique multiplication du peuple anglais, et félicitent la France d'être préservée de ce malheur par la demi-stérilité des mariages; pour moi, fidèle à l'antique morale et à l'antique patriotisme qui célébraient dans une nombreuse postérité la bénédiction de Dieu, je signale dans cet épuisement de séve vitale un symptôme de maladie et de déclin. Je vois le peuple qui émigre redoubler d'efforts pour remplir les vides, redoubler de vertus, d'épargnes et de travail pour préparer les départs et les nouveaux établissements. Chez le peuple qui n'émigre pas, je vois la richesse se dépenser en superfluités d'un vain luxe; la jeunesse oisive, sans horizons et sans haute ambition, se consumer en frivoles plaisirs et en mesquins calculs; les familles s'effrayer d'une fécondité qui leur imposerait des habitudes modestes et laborieuses. Comme les eaux stagnantes, les populations stagnantes se corrompent. Ému de ce spectacle, je redouterais pour la race sédentaire un prochain abaissement, si cette inégalité de ressort révélait un arrêt de la Providence au lieu d'une faute des hommes.

Il est de mode aujourd'hui de rejeter la torpeur casanière des populations françaises sur le génie de la race et de la nation, que l'on déclare antipathique aux déplacements. L'histoire dément cette trop indulgente explication. Et quels peuples, plus que les Gaulois et les Francs, nos aïeux, ont rempli le monde du bruit de leurs aventures? Quels prêtres et quels rois entraînèrent l'Europe aux croisades? Quels navires sillonnèrent les premiers les mers de l'Afrique occidentale et les fleuves de l'Amérique du Nord? De quelles rives partirent les barons normands qui conquirent l'Angleterre, ancêtres de l'aristocratie qui aujourd'hui la gouverne? Et les Irlandais, les Écossais, les habitants du pays de Galles, qui sont la meilleure partie de l'émigration britannique, appartiennent-ils à la race anglaise ou à la race celtique? L'île Maurice et le Canada, les deux plus prospères colonies de la Grande-Bretagne, ne sont-ce pas des colonies françaises d'origine et peuplées en majorité de Français? En gratifiant les peuples du Nord du génie colonisateur aux dépens des peuples du Midi, on oublie que l'Asie Mineure, l'Égypte, la Grèce et Rome couvrirent les bords de la Méditerranée de colonies qui sont devenues les pépinières d'une moitié des peuples modernes.

Cessons donc d'incriminer notre vaillante race, et nos traditions nationales, et nos climats tempérés, et ouvrons les yeux sur les véritables causes de notre langueur actuelle en fait de rayonnement extérieur. Alors nous accuserons la centralisation métropolitaine, qui, depuis deux siècles, refuse aux colonies les libertés personnelles, municipales et administratives, puissante amorce pour les émigrants; nous accuserons la politique continentale, qui a tant guerroyé en Europe pour remanier les frontières des États, alors que la politique maritime et coloniale eût donné à la France des empires non contestés ; nous accuserons le Code civil, ou du moins la jurisprudence, qui, en confondant le droit sacré des enfants à l'héritage paternel avec le droit au morcellement indéfini du sol, détourne les cadets de la mission, qu'autrefois ils acceptaient comme leur destinée, d'aller fonder au loin des familles, essaims envolés d'une ruche trop pleine ; nous accuserons nos armées de cinq cent mille hommes qui retiennent l'élite de la jeunesse française dans les garnisons à l'âge où elle devrait courir le monde en travaillant ; nous accuserons enfin l'édilité des grandes villes et les jeux de la Bourse, qui disputent les populations et les capitaux à la noble, mais plus sévère spéculation des colonies agricoles et commerciales.

La France, pour rentrer dans sa voie historique et y accomplir sa destinée, doit d'abord perdre ses préjugés sur l'émigration : où l'opinion publique voit un affaiblissement, il faut lui montrer la meilleure marque de la virilité. Je serais heureux si mon livre contribuait un peu à ce redressement, en présentant sous son vrai jour ce grand phénomène social : une épreuve des corps et des âmes, dure sans doute dans ses premières phases, mais saine et fortifiante ; une plantation profitable même aux branches dont les fruits mûrs se détachent pour devenir ailleurs des semences fécondes. L'émigration, suivie de colonisation est le déversoir des populations surabondantes, la mission des caractères entreprenants, le refuge des situations déclassées, l'asile des vaincus et des opprimés, une leçon aux mauvais gouvernements, un remède aux misères des pauvres comme à l'ennui et à l'oisiveté des riches, le fondement de la puissance maritime des États, un instrument des échanges internationaux, le germe des cités, des nations et des royaumes. Des émigrants qui, d'un continent à l'autre, transportent le flambeau de la civilisation, la science doit dire, comme Lucrèce des coureurs se passant de main en main des torches enflammées :

> Et vitæ lampada tradunt.

Apprécions les services que rendent ces intrépides messagers de travail et de paix, et que chaque peuple, que chaque génération sentent la noble ambition d'enrôler, dans l'armée industrielle de l'humanité, des légions d'éclaireurs, de pionniers et de soldats.

La grandeur durable de la France est à ce prix.

Le 1er novembre 1862.

PROGRAMME DU CONCOURS ACADÉMIQUE.

Étudier et faire connaître les causes et les effets de l'Émigration développée dans le XIXe siècle chez les nations de l'ancien monde, et de l'Immigration chez les nations du nouveau monde.

« Depuis le commencement du XIXe siècle, indépendamment des circonstances purement politiques, une émigration toujours croissante s'est établie de l'ancien monde au nouveau.

» Les concurrents n'auront pas seulement à porter leurs recherches sur l'émigration des peuples de l'Europe, et particulièrement des peuples de l'Europe occidentale ; ils devront les étendre à l'Orient, et surtout à l'Indostan et à la Chine.

» La densité de la population sur d'anciens territoires, et la difficulté d'y subsister, n'ont pas toujours été les causes d'un pareil déplacement, et ces causes n'ont pas opéré au même degré chez les différentes nations.

» Les concurrents auront à déterminer quelle est l'influence exercée sur l'émigration par la législation économique des peuples d'où partent et des peuples chez lesquels arrivent les émigrants.

» Ils auront à étudier et à montrer les causes diverses qui peuvent expliquer le développement graduel des transmigrations que nous signalons, en distinguant par nations les périodes d'accroissement, de stagnation ou de rétrogradation. Ils exposeront et apprécieront aussi les phénomènes qu'ont produit les transmigrations en modifiant la proportion numérique des peuples chez lesquels les émigrés sont allés s'établir. »

RAPPORT DE M. HIPPOLYTE PASSY

Lu à la séance de l'Académie, le 23 novembre 1861.

M. Passy fait, au nom de la section d'Économie politique et de Statistique, un rapport sur le concours relatif à la question suivante proposée pour l'année 1860 :

« Étudier et faire connaître les causes et les effets de l'émigration dévelop-
» pée dans le XIX° siècle chez les nations de l'ancien monde et de l'immigra-
» tion chez les nations du nouveau. »

Malgré l'importance que présentait le sujet, il n'a été déposé qu'un seul mémoire au secrétariat de l'Institut. Mais ce mémoire, qui contient plus de cinq cents pages in-folio, a autant de valeur que d'étendue. L'auteur y a embrassé le sujet dans toutes ses parties et l'a traité habilement d'après un plan simple et bien conçu. Dans un exposé préliminaire, il a recherché les causes générales et retracé l'historique des émigrations. Il a montré que l'homme, obéissant au besoin naturel d'amender sa condition, ne quitte le sol natal que pour aller chercher ailleurs une existence plus heureuse. En portant son travail dans des contrées où il est mieux rétribué, parce qu'il produit davantage, il accomplit une œuvre d'utilité générale. Grâce à l'activité qu'il déploie, aux connaissances qu'il apporte, aux capitaux dont il dispose, des régions incultes ou mal exploitées, donnent des récoltes plus abondantes et fournissent aux échanges des éléments nouveaux. Les conquêtes qu'il fait sur la nature s'opèrent au profit de l'humanité tout entière ; elles ont pour effet d'ajouter sans cesse aux portions du globe dont la mise en valeur est, à chaque époque, la plus favorable au bien-être de tous. L'auteur présente d'une manière complète, quoique sommaire, les motifs variés des émigrations qui ont été exécutées tantôt en masse par des peuples entiers, tantôt par des fractions de population ou des individus isolés, et il en signale les nombreux et utiles résultats.

A ces considérations préliminaires succède l'examen historique des faits accomplis durant le XIX° siècle où l'émigration a deux caractères distincts. Elle est volontaire et indépendante, ou bien elle est salariée et effectuée en vertu de contrats d'engagements. L'auteur a traité séparément ces deux sortes d'émigrations, et pour chacune, il a mentionné successivement les faits dans les différents pays de provenance et de départ et les faits dans les différents pays de destination. Prenant d'abord un à un les pays d'où partent les émigrés, il rend compte avec savoir et perspicacité des motifs qui influent sur leur détermination. Tout ce qui concerne l'émigration de la Grande-Bretagne est plein d'intérêt et ne laisse rien à désirer. En ce qui touche l'Allemagne, les recherches de l'auteur sont bien dirigées et fort complètes. Aux raisons générales qui conduisent les Allemands à sortir de leur pays pour se rendre surtout dans l'Amérique du Nord, l'auteur ajoute des raisons particulières qui poussent beaucoup d'entre eux, dans plusieurs États, à se soustraire aux gênes des lois et de règlements encore contraires à la liberté des mariages, au choix et à l'exercice des métiers, à l'acquisition de la terre. L'Angleterre et l'Allemagne sont les parties du monde où l'émigration a pris les proportions les plus considérables. Les autres pays fournissent de moindres contingents. L'auteur toutefois n'en a omis aucun. Quatre-vingt-trois subdivisions dans le mémoire offrent les renseignements les plus précis sur les causes comme sur la quantité des départs dans autant de contrées distinctes.

L'auteur procède ensuite à un semblable examen en ce qui concerne les pays de destination. Il suit les émigrants, indique les motifs qui leur font préférer telle ou telle contrée, rend compte des succès de leur entreprise; montre le rôle qui leur appartient chez les peuples auxquels ils viennent se mêler, et il remplit cette partie de sa tâche avec autant d'ampleur que d'habileté.

L'émigration salariée est envisagée par lui sous les mêmes aspects que l'émigration indépendante. Après avoir énuméré les pays de provenance et signalé les causes qui déterminent les départs, l'auteur énumère les pays de destination et expose les effets que l'émigration y produit. Dans cette partie de son mémoire, il a jeté de vives lumières sur des questions fort délicates et tiré de la marche des faits déjà réalisés des enseignements d'une véritable importance.

Ne se bornant pas à retracer l'histoire raisonnée de l'émigration et de ses causes dans le xix⁰ siècle, l'auteur a représenté dans un chapitre d'un véritable intérêt, et sous le titre de *Déductions scientifiques et pratiques*, les conséquences à attendre des deux espèces d'émigrations. Autant il est favorable à l'émigration libre et volontaire, autant il l'est peu à celle qui transporte de l'Afrique et de l'Asie des engagés à prix d'argent et à temps limité.

Après avoir exposé en les caractérisant, les inconvénients économiques et moraux de diverse nature que doit entraîner, selon lui, cette émigration provoquée et temporaire, il résume, en les appréciant, les avantages de l'émigration spontanée et durable, sous le rapport politique, en vue de l'utilité économique, dans l'intérêt général de l'humanité, et pour l'amélioration matérielle du globe.

Cette émigration éloigne des États avancés les hommes mécontents de leur sort, les esprits agités, les caractères aventureux, et contribue à maintenir dans les États, entre les ressources et les consommations, la balance qui seule peut favoriser l'amélioration des salaires.

Elle facilite l'accroissement des peuples suivant les vues mêmes de la nature, qui appelle les hommes à se rendre là où les qualités du sol rémunèrent le mieux leur travail.

Elle conduit à la conquête du globe, qu'elle approprie de plus en plus aux besoins que les facultés productrices, dont il est doué, sont destinées à satisfaire. Elle est, en quelque sorte, la dilatation de la force vivante et active que l'homme porte en soi et à l'aide de laquelle il tire des dons de la nature, les moyens de croître en puissance et en bien-être.

Peut-être l'auteur n'aurait-il pas eu besoin de montrer à quel point est favorable aux progrès généraux de la richesse et de la civilisation humaine, l'occupation des parties de la terre encore abandonnées aux seules forces de la nature, par des races plus éclairées, plus industrieuses, plus assouplies au travail que celles qui y résident. Mais il est juste de reconnaître que dans cette partie de son mémoire, comme dans les autres, l'auteur a donné des preuves d'un grand savoir et d'une grande pénétration, et il convient d'approuver les heureux efforts qu'il a faits pour ne laisser dans le doute aucun des côtés de la question mise au concours.

Frappée des mérites et de l'étendue de ce travail, dans lequel se font remarquer la diversité savante des recherches et la pénétrante sûreté des appréciations, où la question est traitée d'une manière tout à la fois complète et distinguée, la section propose de le couronner en décernant le prix à son auteur.

L'Académie adopte les conclusions de la section. Le billet annexé au mémoire est décacheté, et fait connaître comme en étant l'auteur, M. Jules Duval, membre et secrétaire du Conseil général de la province d'Oran. Le nom de M. Jules Duval sera proclamé dans la séance publique de l'Académie.   (Extrait du *Bulletin de l'Académie*, décembre 1861.)

RAPPORT DE M. FRANCK

Lu à la séance générale de l'Académie le 3 janvier 1862.

Le sujet du prix ordinaire de l'Académie était d'étudier et de faire connaître les causes et les effets de l'émigration développée dans le XIXe siècle, chez les nations de l'ancien monde, et de l'immigration chez les nations du nouveau monde.

Le mémoire auquel vous avez décerné le prix est un ouvrage du plus rare mérite, où la question est traitée dans toutes ses parties avec un remarquable talent, d'après un plan aussi simple que fécond. Après avoir exposé dans un travail préliminaire l'histoire des émigrations ainsi que leurs causes et leurs conséquences les plus générales, l'auteur arrive à l'objet direct de ses recherches, c'est-à-dire aux émigrations du XIXe siècle. Il les partage en deux classes : celles qui sont libres et volontaires ; celles qui sont salariées et provoquées par un contrat d'engagement. Les unes et les autres sont étudiées avec le soin le plus scrupuleux dans les effets qu'elles produisent, d'abord sur les pays d'où partent les émigrants, ensuite sur ceux où ils arrivent. On pourra se faire une idée des proportions que l'auteur a données à sa tâche, et de la conscience avec laquelle il l'a remplie, si nous disons que les diverses contrées qu'il a soumises à ce genre d'investigations sont au nombre de quatre-vingt-trois. Les renseignements qu'il réunit sur chacune d'elles, et notamment ceux qui concernent l'émigration anglaise et l'émigration allemande, sont de nature à satisfaire les esprits les plus difficiles. Enfin, dans un chapitre à part, sous le titre de déductions scientifiques et pratiques, il signale les conclusions qui sortent de tous ces faits. Il montre que l'émigration libre et spontanée est celle qui présente à la fois le moins d'inconvénients et le plus d'avantages, tant au pays que l'on quitte, parce qu'on y est de trop, qu'à celui où l'on va, avec la certitude d'y trouver l'emploi de son intelligence et de ses forces. Partout il fait preuve d'une science non moins solide qu'étendue et d'une rare pénétration.

L'écrivain qui a si bien mérité vos suffrages est M. Jules Duval, membre secrétaire du conseil général de la province d'Oran.

(Extrait du *Bulletin de l'Académie*, janvier 1862.)

SOURCES ET AUTORITÉS.

Pour l'ensemble de mon travail, j'ai puisé dans les cartons du bureau de l'émigration, au ministère de l'Intérieur, que le chef, M. Charles Lavollée, a mis à ma disposition avec l'empressement le plus confiant. Il a même bien voulu autoriser l'un de ses meilleurs employés, M. Glück aîné, à me communiquer un grand nombre de notes traduites des journaux étrangers, afférents à la question.

Pour les densités de population, je m'en suis rapporté, quant à l'étendue des territoires et au nombre des habitants, à l'*Annuaire de l'Économie politique et de Statistique*, publié par MM. Guillaumin et Block.

Les chiffres relatifs à l'émigration britannique ont pour base les rapports annuels des commissaires de l'émigration, et ceux relatifs à l'émigration allemande sont généralement puisés dans l'Annuaire d'Otto Hübner (*Jahrbuch für Volkswirtschaft und Statistik*).

L'immigration aux États-Unis a été établie d'après l'ouvrage de Bromwell (*History of immigration to the United States*).

J'exprime ici mes remercîments à toutes les personnes qui ont bien voulu m'aider dans mes recherches et mettre à ma disposition leurs bibliothèques. L'espace me manque pour une énumération complète et je ne voudrais oublier personne.

PLAN DE L'OUVRAGE.

PROLÉGOMÈNES.

Préludes théoriques et historiques.

LIVRE I. — L'Émigration indépendante ou sans engagement.

1re PARTIE. — LES PAYS D'ORIGINE (41 chapitres).
2e PARTIE. — LES PAYS DE DESTINATION (58 chapitres).

LIVRE II. — L'Émigration salariée ou avec engagement.

1re PARTIE. — LES PAYS D'ORIGINE (7 chapitres).
2e PARTIE. — LES PAYS DE DESTINATION (9 chapitres).

Déductions scientifiques et pratiques.

APPENDICE.

HISTOIRE

DE

L'ÉMIGRATION

AU XIXᵉ SIÈCLE

It is as natural for people to flock into a busy and wealthy country, that by any accident may be thin of people, as it is for the dense air to rush into those parts which are rarefied. (Burke.)

Il est aussi naturel de voir les gens affluer vers les contrées où règnent l'activité et la richesse, lorsque, pour une cause quelconque, la population y est devenue insuffisante, qu'il est naturel de voir l'air comprimé se précipiter dans les couches d'air raréfié.

PRÉLUDES THÉORIQUES ET HISTORIQUES.

Le phénomène économique et social connu sous le nom d'émigration, n'a de nouveau en notre siècle que la grandeur de ses proportions. Considéré dans ses causes et dans ses effets, on le retrouve avec des caractères analogues, sinon identiques, en tout temps et presque en tous lieux. L'histoire ancienne et moderne raconte, à chaque page de ses annales, les migrations des tribus patriarcales et des hordes barbares, les fondations lointaines du commerce et de la navigation, et plus souvent encore les aventures ou les violences de la guerre qui déplacent les populations. Depuis la tour de Babel suivie, d'après le récit biblique, de la dispersion des descendants de Noé, jusqu'à nos jours, les races humaines vont et viennent du levant au couchant, du septentrion au midi, impatientes et infatigables, et comme tourmentées d'un aiguillon intérieur, jusqu'à ce qu'elles trouvent un territoire, approprié à leurs goûts et à leurs besoins, qui devienne leur patrie adoptive, théâtre de leur futur développement. Et à peine les sociétés sont-elles assises sur le sol, qu'il s'en détache des rejetons qui vont porter sur les terres étrangères la vivante image des métropoles : colonies fécondes qui déploieront à leur tour une pareille activité créatrice. Ainsi s'est peuplée la terre par l'incessante et progressive expansion de l'humanité autour de son berceau primitif.

Dans le cours des siècles, ce rayonnement s'étend en raison des connaissances géographiques et de la facilité des communications. Excité au moyen âge par les croisades, il a pris un grand essor dans les temps modernes, grâce à la découverte de l'Amérique et de l'Océanie, grâce à l'exploration des rivages de l'Afrique et de l'Asie ; mais il n'a manifesté toute sa puissance que depuis l'ère de la vapeur. C'est à l'aide des chemins de fer et des paquebots que les voyages et l'émigration, qui en est l'expression suprême, sont entrés dans les habitudes, les goûts, la destinée d'une quantité toujours croissante de familles. Du présent au passé, l'apparence diffère pour les nombres et les procédés ; en réalité, le mouvement obéit aux mêmes lois naturelles que dans l'antiquité et le moyen âge ; il coule de la même source, le désir du mieux, — il tend au même but, le bien-être. C'est dire que l'émigration, loin d'être un caprice ou un accident, fruit d'une fantaisie ou d'une fatalité passagères, a ses profondes racines dans les besoins et les instincts innés de l'homme, sa justification dans les conditions essentielles des sociétés, qu'elle est une phase légitime de l'évolution de notre espèce en ce monde, compensant les douleurs qui l'accompagnent par d'immenses bienfaits. En face de ce droit divin de circulation et de libre expatriation, on pressent que le devoir des gouvernements se borne à éclairer et protéger les émigrants, en conciliant le propre avantage de ceux-ci avec le plus grand profit de la société qui leur a donné le jour. Aussi, avouons-nous sans détour dès le début, et notre bienveillance pour la liberté d'émigration, et notre désapprobation des obstacles qui lui seraient opposés. Notre voix revendique l'honneur d'être le fidèle écho de la voix divine qui, en disant à nos premiers pères : *Croissez et multipliez*, ajouta immédiatement : *Remplissez la terre, assujettissez-la, dominez sur les poissons de la mer, sur l'oiseau du ciel et sur chaque animal qui se meut sur la terre*[1].

Cette mission providentielle, la philosophie moderne n'a fait que l'exprimer en son langage, en assignant pour fonction à l'humanité l'exploitation des richesses du globe et le gouvernement des forces de la nature. L'économie politique doit, à son tour, consacrer l'enseignement de la religion et de la philosophie en professant quel'émigration, en vue du peuplement[2] et de la culture des diverses régions de la terre, prépare l'équilibre entre la population et les subsistances, en multipliant à l'infini le travail et les échanges, ce double fondement de toute société.

Contemplons le monde qui nous entoure.

Tandis que l'homme a des besoins très-variés, et presque illimités, pour se nourrir, se vêtir, se loger, cultiver son esprit, contenter ses affections et remplir ses devoirs envers la famille dont il est l'auteur ou le soutien, envers la société dont il est un des membres, il sent avec tristesse que ses facultés productives sont limitées en tous sens : limitées par sa propre faiblesse, par la spécialité de ses aptitudes, par le temps qui fuit, par l'espace étroit qu'atteignent ses bras et ses pas, par les loisirs forcés que lui imposent l'âge, les maladies, les accidents, l'inclémence des saisons.

Tant d'impuissance suscite en lui la pensée et le désir d'entrer en rapport avec ses voisins dont le travail aura produit une partie de de ce qui lui manque, et qui auront eux-mêmes besoin de ce qu'il possède en excès.

De ce consentement mutuel à l'échange, tantôt instinctif et tantôt raisonné, résulte une suite de mouvements, car pour échanger il faut se déplacer, avancer les uns vers les autres. L'homme se dé-

---

[1] Genèse I, 28.
[2] Ce mot, étranger au Dictionnaire de l'Académie, est d'absolue nécessité dans la langue de la colonisation.

gage de la glèbe ou de la maison où il est né et se met en marche. Premier acte de circulation.

Mais les déceptions suivraient bientôt, si la circulation s'arrêtait aux relations de voisinage. Dans les mêmes conditions de sol et de climat les produits se ressemblent beaucoup, et les producteurs doivent éprouver en même temps la même surabondance de certaines denrées, la même privation de certaines autres. Alors l'homme regarde plus loin et découvre que les diverses parties d'un vaste territoire et les diverses régions d'une grande contrée sont très-inégalement dotées. Variété infinie et admirable en effet que celle des forces productives de chaque localité, suivant la composition géologique et l'état physique des terrains, l'exposition, les altitudes et les latitudes! montagnes, plaines et vallées, bois et champs, eaux et terres se complètent mutuellement. Le long des lignes de contact et aux nœuds d'intersection, aux lieux propices à l'industrie se forment des marchés et des ateliers qui, en grandissant, donnent naissance à des bourgs, des villes, des capitales de nations, centres de vie collective, où règnent à côté du commerce, la politique et la religion, les sciences et les arts. Bientôt les échanges sollicitent la circulation à plus grande distance. Entre les villes et les campagnes et d'une ville ou d'un village à l'autre s'établissent des moyens de communication, routes, messageries, roulage, bateaux de navigation, stations commerciales et hospitalières : autant d'amorces et d'occasions pour l'émigration intérieure, celle qui déplace les populations au sein d'un même État.

Un pas de plus et l'horizon s'élargit encore. Les terres lointaines, souvent même inconnues, se présentent comme des sources de fructueux négoce. L'appat du gain fait fonder à l'étranger des comptoirs, où du littoral on avance à la découverte de l'intérieur; des relations se nouent avec les indigènes à l'aide du troc ou trafic primitif en nature; les profits adoucissent les épreuves de l'acclimatement et écartent la nostalgie. En ces parages solitaires, des familles se transplantent, s'enracinent, se perpétuent: sous le seul stimulant des échanges à établir entre la métropole et les colonies, entre l'ancien et le nouveau monde, entre les régions extrêmes des continents, l'émigration extérieure passe en coutume et en tradition.

Que tout homme fût resté attaché au coin de terre qui le vit naître, comme les végétaux et les animaux inférieurs, jamais il n'eût goûté les fruits éloignés de sa main. A tout jamais il eût ignoré les richesses naturelles ou industrielles des autres habitants et des autres régions de la planète. L'isolement eût perpétué son ignorance et sa pauvreté. Au lieu de devenir, par une ascension séculaire, suivant sa noble destinée, le maître de la nature, il en fût éternellement resté l'humble esclave.

L'émigration seule a déroulé devant ses pas les trésors de la nature et ceux de l'humanité; seule elle a créé ces innombrables courants qui alimentent depuis l'origine des siècles, en tout pays, chez tout peuple, à tous les degrés de civilisation, la vie matérielle et morale de l'humanité.

Cette loi de solidarité qui profite à tous, il suffit de quelques-uns pour l'inaugurer. Dans la variété des caractères humains il en est de prédestinés à ce rôle d'explorateurs et d'instruments du progrès. Dominés par un invincible amour de l'inconnu et le besoin de locomotion, dotés de muscles d'acier et doués d'une âme fortement trempée, *robur et œs triplex*, ils abandonnent sans regret le toit sous lequel ils naquirent, la famille qui les éleva, les compagnons de leur enfance, et s'élancent, avec une témérité confiante, au-devant des aventures : grands voyageurs, grands navigateurs, grands savants dont les joies se mesurent à l'audace des entreprises, les Colomb, les Cook, les Peun, les Humboldt. Suivant leur degré d'intelligence et d'éducation, ils sont les pionniers des déserts, ou bien ils découvrent et décrivent des terres nouvelles, fondent de jeunes sociétés, révèlent les lois de la nature, immuables sous la diversité des cieux; et sur les pas de ces initiateurs d'élite se précipite la foule des imitateurs, tout disposés à se faire une patrie de tout lieu où ils seront bien : *ubi bene, ibi patria*. Ainsi le génie actif de l'humanité recule les bornes du monde!

Il est des peuples qui participent à cette ardeur curieuse et inquiète de certains esprits, ayant comme ceux-ci mission de recherches et de découvertes : peuples qui se font émigrants pour devenir colonisateurs. On les trouve d'ordinaire sur les rivages des mers et dans les îles où les nécessités de la vie invitent aux entreprises de pêche, où l'éducation habitue de bonne heure les imaginations à tous les périls, les corps à toutes les fatigues de la navigation et du commerce maritime. En de telles conditions, l'exubérance de sève contenue à l'intérieur par le cadre inflexible du littoral, déborde en entreprises à longue distance, de long cours. Ainsi furent les Phéniciens et les Carthaginois dès l'antiquité, les Vénitiens, les Génois, les Anglo-Saxons dans les temps modernes.

Sur ces causes générales qui dérivent des profondeurs de l'âme humaine se greffent des raisons secondaires, les unes relatives à la patrie d'origine, les autres à la patrie d'adoption.

Parmi les premières on place d'ordinaire l'excès de population qui mériterait d'être appelée d'ordinaire l'insuffisance de production ; puis toutes les calamités qui affligent un pays : inondations et sécheresses, gelées et grêles, maladies végétales et animales, incendies, volcans, tremblements de terre; dans l'ordre économique les crises et les chômages qui consument en quelques semaines de longues épargnes, etc. Engendrant la misère, ces fléaux rejettent les populations en des lieux mieux préservés.

Les dissensions civiles portent des fruits pareils. Pour fuir le danger ou la menace, les minorités opprimées font le vide autour de la tyrannie triomphante. La proscription les pousse au dehors.

La guerre, dans l'antiquité surtout, entraîna souvent une migration générale des peuples, avec femmes et enfants, avec troupeaux et richesses mobilières. Elle refoula, non plus un parti condamné au bannissement, mais des peuples entiers dépossédés de leurs demeures et de leurs terres, et bientôt après dispersés.

L'émigration forcée devient quelquefois une punition légale : c'est l'exil ou la déportation, ou la transportation; Botany-Bay en est un exemple fameux. Le droit d'asile lui donna souvent naissance : ce fut l'origine de Rome.

D'autres fois, au contraire, l'émigrant cède au seul attrait de pays nouveaux, promettant la richesse et le bonheur. C'est une amorce de ce genre qui précipite beaucoup d'Européens en Amérique et en Australie, à la recherche des mines d'or, d'argent et de diamant.

Enfin, l'émigration est suscitée par la comparaison qu'établit une raison calme et bien informée entre le présent sur place et l'avenir à distance. Ici pèsent tous les fardeaux accumulés par une tradition séculaire; là, dans le lointain, brillent les libertés de tout ordre, l'égalité devant la loi, la propriété à bon marché. Dans le nouveau monde, les charges financières et personnelles (le service militaire surtout), seront plus légères, et moindre sera la tutelle du gouvernement ou la suprématie aristocratique. En présence de tels contrastes, est-il besoin de dire de quel côté penchera la balance?

C'est par le concours de toutes ces causes que les populations du vieux monde se sentent ébranlées dans leur amour instinctif du pays natal. Favorisé par des communications plus rapides et plus régulières, un courant d'émigration qui montait presque, il y a quelques années, à un demi-million d'âmes, et qui n'est pas descendu au-dessous de trois cent mille depuis plus de quinze ans, se creuse un lit profond et immuable : sur le continent américain, dans l'archipel australien, les villes s'élèvent, les sociétés s'organisent avec une prodigieuse rapidité. Tous les gouvernements d'Europe sont en éveil, quelques-uns en émoi. Rarement un plus beau, mais plus difficile sujet s'offrit aux recherches de la pensée.

En laissant de côté l'émigration intérieure au sein des divers pays, qui appartient à d'autres études, nous distinguerons deux sortes d'émigration à l'extérieur :

L'émigration indépendante de tout engagement, celle qui entraîne aujourd'hui la grande majorité des populations européennes;

L'émigration salariée avec engagement, celle qui déplace les populations de l'Afrique, de l'Inde et de la Chine en vertu d'un contrat.

De là la division de notre ouvrage en deux livres.

LIVRE PREMIER

L'ÉMIGRATION INDÉPENDANTE OU SANS ENGAGEMENT.

> La terre entière n'est-elle pas le jardin du Seigneur ?
> Dieu ne l'a-t-il pas donnée aux hommes pour qu'ils la
> cultivent et l'embellissent ? Pourquoi nous laisserions-
> nous mourir, faute de place, tandis que de vastes con-
> trées, également propres à l'usage de l'homme, res-
> tent inhabitées et incultes ?
> (*Déclaration des Pèlerins.*)

1ʳᵉ PARTIE

LES PAYS D'ORIGINE.

CHAPITRE I.

Le Royaume-Uni.

De la Grande-Bretagne et de l'Irlande sort le principal courant d'émigration : en 1859, il a entraîné 120,000 âmes, ce qui a porté à près de 5,000,000 la totalité des émigrants partis depuis 1815 des ports du Royaume-Uni pour le nouveau-monde ; on ne peut en déduire qu'une faible fraction (en 1859, 4,442 sur 120,432) pour ceux qui, appartenant par leur naissance à un autre pays, sont venus s'embarquer en Angleterre.

Là moins qu'ailleurs l'émigration ne date du xıxᵉ siècle. Dès les années 1584 et 1587, elle donnait le caractère d'une colonisation sérieuse, sinon encore stable, aux entreprises de Walter Raleigh sur la Virginie. En 1607, elle assistait Smith dans une nouvelle occupation de la même terre, et grand nombre d'aventuriers s'offraient à la compagnie qui en avait obtenu le privilége. En 1620, le sentiment religieux prenait possession, avec les Puritains, du territoire de la Nouvelle-Angleterre. En 1660, William Penn abordait, avec un esprit non moins religieux, mais plus tolérant, la province qui porte encore son nom; de nombreux disciples répondaient à son appel en Angleterre, en Écosse, en Irlande, et bientôt en d'autres États de l'Europe. Lord Baltimore ouvrait le Maryland avec la même libéralité aux déshérités de l'ancien monde. Dans le cours de deux siècles, des fils de la Grande-Bretagne semèrent, à travers les mers et les continents, des colonies nouvelles ou prirent celles de leurs ennemis.

Dans cette dissémination, le génie maritime d'un peuple insulaire avait cédé au souffle des persécutions religieuses et des guerres civiles : en 1709, la nature vint y joindre ses rigueurs. Le terrible hiver de cette année ayant déterminé la reine Anne à promettre le passage gratuit en Amérique à tous les indigents qui se présenteraient, au printemps suivant, on vit bientôt 30,000 individus attendre aux environs de Londres leur tour d'embarquement.

Après cette concession à l'humanité, d'autres sentiments moins généreux prévalurent dans les conseils de la couronne. Sous l'influence du système colonial, la métropole n'entendait trouver dans ses colonies que des marchés de matières premières, des débouchés pour son commerce, non des rivales dont elle eût à supporter la concurrence. Aussi, divers actes parlementaires de 1719, 1750 et 1782 prohibèrent-ils l'émigration des ouvriers, ainsi que l'exportation des métiers et des machines à destination des colonies. La même prohibition s'étendait aux importations du continent, et ces rigueurs, que l'esprit moderne devait désavouer avec tant d'éclat, ne manquaient pas d'invoquer le dommage causé à la France par la révocation de l'édit de Nantes, qui avait enrichi l'étranger des capitaux et des talents industriels d'une multitude de protestants [1].

---

[1] Il ne paraît pas que la défense d'émigration faite aux ouvriers en soie, en fer, en laine, ait été rapportée; le souverain peut rappeler tous ceux qui sont hors du pays, et, en cas de refus, confisquer leurs biens qui sont dévolus à la couronne. Mais les mœurs abrogent la loi.

On aurait pu nier que l'émigration libre qui maintient des rapports d'affection et d'intérêt avec la mère-patrie, dût avoir les mêmes conséquences qu'une expatriation forcée qui rompt toute relation; mais en ces temps, l'opinion n'était pas à la liberté comme aujourd'hui.

Le malaise suffisait, du reste, à recruter parmi les cultivateurs un nombre toujours croissant d'émigrants volontaires. Obérées par la taxe des pauvres, les paroisses se rallièrent à l'émigration, et établirent un fonds spécial pour payer les passages. Les *landlords*, de leur côté, dans l'espoir aussi de diminuer leurs charges, consentirent à des sacrifices.

L'émigration en famille devint peu à peu un acte politique et social, une institution publique. Renonçant à appliquer des règles contraires à la liberté, le gouvernement anglais supprima de fait toute entrave; il comprenait, plus clairement que par le passé, que l'émigration nationale, grossie des flots de l'émigration étrangère, assurait à ses colonies ce qu'elles appelaient de tous leurs vœux, des bras et des intelligences, auxiliaires des forces vives de la nature, et en un mot, une forme précieuse de capital transportée ou créée sur place.

Toute vouée à la guerre, pendant les luttes de la Révolution française et de l'Empire, l'énergie britannique ne put diriger, durant cette période, aucun effort vers l'émigration et la colonisation de terres lointaines; mais au lendemain de la paix générale, la source interrompue coula de nouveau, et les documents officiels constatèrent les nombres suivants pour l'émigration[1].

	Total quinquennal.	Moyenne annuelle.
De 1815 à 1819	97,799	15,559
1820 à 1824	95,030	19,006
1826 à 1829	121,084	24,217

[1] La réalité est un peu au-dessus de ces indications, parce que les agents du gouvernement ne tiennent registre que des passagers transportés sur les navires dits d'émigrants; ni les paquebots à vapeur, ni les bâtiments du commerce, pourvu qu'ils ne prennent pas plus de deux voyageurs par 100 tonneaux de commerce, ne son tenus de les déclarer.

	Total quinquennal.	Moyenne annuelle.
1830 à 1834	381,956	76,391
1835 à 1839	287,358	57,471
1840 à 1844	465,577	93,115
1845 à 1849	1,029,209	205,841
1850 à 1854	1,638,945	325,789
1855 à 1859	800,640	160,128

La progression se reflète plus largement dans le tableau suivant divisé par périodes décennales.

De 1820 à 1829	216,114	21,611
1830 à 1839	669,314	66,931
1840 à 1849	1,494,786	149,478
1850 à 1859	2,439,585	243,958
	4,819,799 [1]	

La dernière période dépasse à elle seule le montant des trois autres. Les fluctuations annuelles sont figurées dans le tableau ci-annexé qui invite à quelques commentaires (Voir tableau A).

Le premier élan se remarque en 1819 et correspond à une émigration vers le Cap qui fut organisée cette année.

Le second se remarque de 1828 à 1833 : il correspond à la crise provoquée par l'introduction des machines à filer mues par la vapeur. En 1823, l'Angleterre envoya au Canada un certain nombre de colons. En 1825 et 1826, des milliers d'ouvriers sans emploi souffraient la faim et tombaient dans la misère. Dès 1827 le parlement et la nation entière avisèrent à favoriser l'émigration vers les colonies de 95,000 individus que l'on jugeait remplacés avec avantage par les engins mécaniques. Un comité fut constitué, une direction fut donnée, et la pression exercée sur les classes ouvrières par la détresse et par les conseils ou les secours publics se traduisit en une hausse très-sensible du mouvement d'expatriation qui atteignit son maximum en 1832 (103,140).

Mais les oscillations de l'industrie et les progrès de la mécanique dus au développement de la production, effet d'une consommation

---

[1] En ajoutant à ce total le nombre des émigrans de 1815 à 1819, soit 97,799, on obtient le grand total officiel de 1815 à 1859, soit 4,917,598.

surexcitée par le bon marché, réclamèrent au bout de quelques années un aussi grand nombre de bras qu'au temps du travail de la petite industrie; et dès 1835 on était en souci de retrouver 90,000 bras dont on avait besoin. Contenue pendant quelque temps par les efforts que l'on fit pour retenir les ouvriers, l'émigration reprit depuis 1838 à 1842 par un troisième élan qui la porta plus haut que le précédent. L'introduction du métier-automate ou renvideur, *self acting*, qui, vers 1840 fut adopté, en donnant à la production mécanique une puissante impulsion, concourut à cette recrudescence, en même temps que l'influence du bureau d'émigration constitué en 1836 et réorganisé trois ans après[1].

La réaction qui suivit aurait pu se prolonger longtemps peut-être, en vertu même du progrès industriel qui ne tardait pas à réclamer la même quantité de bras, sans les fléaux naturels qui sévirent en 1846 et 1847. Une faible récolte de céréales en 1846 avait aggravé la situation des Irlandais : la maladie des pommes de terre, qui prit dès 1846 et 1847 le caractère d'un terrible désastre, porta le dernier coup à ces malheureux. Ce fut une lamentable catastrophe qui émut et effraya les cœurs trop indifférents jusqu'alors aux sentiments de justice et de pitié fraternelle.

[1] M. Danson a prétendu établir une corrélation générale entre le développement du travail et l'émigration, et il a dressé le tableau suivant qui met en regard l'exportation et l'émigration (*Annuaire de l'Économie politique* pour 1850). — Mais son tableau ne confirme aucunement cette loi; en dix années que nous avons marquées d'un astérisque, l'exportation et l'émigration vont en sens contraire : cela doit être, car les inventions mécaniques qui développent la consommation par le bon marché, ont pour effet *immédiat* le chômage, et partant l'émigration d'une partie de la classe ouvrière.

Années.	Exportation des produits anglais.	Émigration du Royaume-Uni.	Années.	Exportation des produits anglais.	Émigration du Roy.-Uni.
1827...	37,181,000 liv. st.	28,003	1837...	42,070,000 liv. st.	72,034
1828...	36,812,000 »	26,092	1838...	*50,062,000 »	*33,222
1829...	*35,842,000 »	*31,198	1839...	53,233,000 »	62,207
1830...	38,274,000 »	56,907	1840...	*51,406,000 »	*90,743
1831...	*37,164,000 »	*83,160	1841...	51,634,000 »	118,592
1832...	*36,450,000 »	*103,140	1842...	47,381,000 »	*128,344
1833...	*39,667,000 »	*62,527	1843...	*52,279,000 »	*57,212
1834...	41,649,000 »	76,222	1844...	58,584,000 »	70,686
1835...	*47,372,000 »	*44,478	1845...	60,111,000 »	93,501
1836...	53,368,000 »	75,417	1846...	*57,786,000 »	*129,851

D'une voix unanime l'émigration sur une grande échelle fut adoptée, en Angleterre et en Irlande même, comme une mesure de salut public, qui ne dispensait pas de recourir à d'autres moyens pour améliorer la condition populaire, mais sans laquelle tout le reste était sans valeur. L'Irlande qui jusque-là n'avait fourni à l'expatriation que des contingents modérés, en éleva le niveau par ses versements annuels à des hauteurs jusqu'alors inconnues. De 93,000 en 1845, le chiffre total des émigrants monta, en 1852, à celui de 368,764! En sept années l'émigration avait quadruplé. Elle ne pouvait se tenir longtemps à de tels taux : aussi le recul fut-il marqué dès les années 1853 et 1854. A partir de 1855 le déclin a été aussi intense que rapide malgré l'amorce des mines d'or de Californie et d'Australie. C'est l'effet de causes multiples : l'amélioration du sort des populations dans le Royaume-Uni, l'hostilité des Knows-nothing aux États-Unis, la guerre de Crimée qui retint en Europe soldats et marins, la détresse commerciale de 1857 et 1858 dont le contre-coup retentit même en Australie. Le manque de moyens pécuniaires de départ n'y entra pour rien, car les remises en argent des émigrants à leurs familles n'ont pas cessé de se maintenir. L'année 1859 se ferme avec le nombre, que l'on peut considérer comme normal pour le Royaume-Uni, de 120,000 émigrants par an, le même qui fut constaté en 1840 et 1841 avant qu'aucune calamité accidentelle n'aggravât le paupérisme chronique. Quelle que soit d'ailleurs la prospérité intérieure, un certain courant d'émigration se maintient par les bonnes nouvelles venues du dehors, par les appels et les secours des amis ou parents émigrés, et l'attraction exercée par toutes ces influences est proportionnelle à la masse des émigrés satisfaits de leur sort.

Au spectacle de ces vastes déplacements d'hommes et d'intérêts, le gouvernement anglais s'est interposé entre les émigrants et les entrepreneurs de transports pour assurer aux passagers une protection légale. Le dernier acte du parlement consacré à cet objet est du 14 août 1855; il a remplacé celui du 30 juin 1852 où l'on avait modifié et refondu les règlements antérieurs qui composaient, depuis

1803, une assez longue série de mesures tutélaires en principe, mais trop souvent déjouées par les artificieuses combinaisons des spéculateurs. Quant à l'intervention pécuniaire du gouvernement elle se réduisit à quelques primes et secours temporaires, le bureau d'émigration n'étant investi que du mandat de fréter les navires et de les charger d'émigrants aux frais soit des colonies, soit des paroisses, soit de la munificence des citoyens, et en outre de contrôler et surveiller les navires d'émigrants expédiés par l'industrie privée. Sauf ce rouage officiel le mécanisme tout entier de l'émigration s'accomplit par des forces libres et étrangères à l'administration publique, et c'est de beaucoup la plus forte part des mouvements, car les commissaires n'effectuent par leurs propres soins que le dixième environ de l'émigration totale (en 1859, 12,798 sur 120,492).

§ 1. — ÉMIGRATION IRLANDAISE.

Dans ce tableau des souffrances et des épreuves d'un peuple civilisé, l'Irlande occupe le premier plan. Dès le XVIe siècle l'oppression de la foi catholique, la spoliation des fruits de la terre par les Saxons conseillèrent la fuite à de nombreux enfants de la verte Érin; la proscription la leur imposa. Dès 1632, on voit des catholiques irlandais établis à Saint-Christophe, d'où ils vont fonder à Monsarrat une colonie que grossirent les déportations décrétées par Cromwell et Guillaume III. Aux XVIIIe et XVIIe siècles l'émigration en Amérique prenait d'assez vastes proportions pour inspirer du souci au gouvernement anglais qui s'y opposa. Dans le premier quart du XIXe siècle, on ne trouva rien d'inquiétant à voir 25 à 30,000 individus par an aller demander à d'autres cieux une meilleure fortune : les uns étaient des indigents que les États-Unis accueillaient avec difficulté comme de futures charges pour leur patrie d'adoption; d'autres appartenaient à la classe moyenne, artisans laborieux et aisés, petits fermiers possesseurs d'un petit capital, assez souvent même des protestants, c'est-à-dire en Irlande des privilégiés de la fortune et de la loi. En même temps des multitudes d'Irlandais, tantôt enrôlés par bandes sous un entrepreneur de travail, tantôt isolés, mais toujours affamés et déguenillés, vagabondaient dans les campagnes, assiégeaient la porte des manufactures anglaises, envahissaient les rues des villes, étalant sans honte leur misère et leur abrutissement. Les yeux et les cœurs s'habituaient à ces spectacles [1]. La conscience publique ne se réveilla comme en sursaut que lorsque le recensement de 1831 eût constaté un inquiétant accroissement de population.

> Celui de 1821 avait reconnu. . . . . . . 6,801,827 habitants.
> Celui de 1831 en déclarait. . . . . . . 7,767,401 —
> Différence en plus. . . . . 967,574 —
> Soit un accroissement de 14 pour 100, en dix ans.

La répartition entre les quatre provinces ajoutait au souci, car l'accroissement avait atteint son maximum dans la plus pauvre, celle de Connaught, suivant le tableau qui suit.

> Leinster, augmentation. . . . . 9 pour 100.
> Meinster . . . . 14 »
> Ulster . . . . 14 »
> Connaught. . . . . 22 »

Quoique dans la période décennale suivante, la progression fût moitié moindre, le recensement de 1841 constatait une population de 8,205,000 âmes, surcroît de misère plus que de force en un pays fort embarrassé déjà pour nourrir sept millions d'habitants. C'est alors que l'évidence d'un danger social rendit l'émigration populaire dans la Grande-Bretagne, malgré les protestations de l'opinion contraire qui trouvait, sur le continent même, de fermes et chaleureux défenseurs [2].

« La misère, disaient les voix convaincues, ne provient pas d'un excès de population, car l'étendue et la fertilité de l'île lui permet-

---

[1] A Londres, on comptait en 1819 plus de 70,000 Irlandais, en 1826 plus de 119,000 (Roscher, II, 93).

[2] Au premier rang, M. Gustave de Beaumont, dans son beau livre l'*Irlande sociale, politique et religieuse*.

traient de nourrir 25 millions d'habitants. La misère n'était pas moins intense, il y a un siècle, lorsque le pays ne comptait que 3 millions d'âmes : depuis qu'elle a subi la dure loi de la conquête, elle n'a plus connu l'aisance, bien que les guerres de religion, les violences du fanatisme vainqueur, les déportations dans les colonies, les exécutions par la main du bourreau, les maladies et une misère affreuse aient souvent éclairci les rangs autant que l'émigration pourrait le faire. Tous ces fléaux n'ont pu contenir la marée montante de la population, tant les vides se comblent vite, ni accroître sensiblement la part de chacun, tant elle est petite.

» C'est que la cause de la détresse universelle est ailleurs; elle est dans l'iniquité du régime politique économique et social qui pèse sur l'Irlande.

» Les propriétaires, qu'une odieuse confiscation a constitués les maîtres du sol, prélèvent sous forme de rente une part excessive des produits, et n'en restituent rien au pays, car ils consomment leurs revenus loin de terres que la plupart n'ont jamais vues, et qu'ils administrent par le double intermédiaire d'un fermier général et d'un agent local, le *middleman*, dont la servilité et la cupidité ne reculent devant aucune oppression. La propriété territoriale, grevée d'hypothèques aux mains d'un maître plus obéré encore, indivisible et insaisissable, tente en vain l'ambition des Irlandais qui voudraient en faire l'instrument de leur prospérité. Par un scandale plus audacieux encore, les catholiques irlandais, outre les frais de leur propre clergé à entretenir, subissent des taxes odieuses et exorbitantes pour le salaire d'un clergé protestant, qui ne daigne pas, plus que les landlords, résider dans le pays qui les enrichit. Pendant des siècles les lois jalouses de l'Angleterre ont empêché l'industrie, la navigation, le commerce de l'Irlande de s'établir ou de se développer : on recueille aujourd'hui les fruits de cette politique égoïste; aucune autre carrière que la culture des champs n'est ouverte à l'activité des populations qui s'abattent sur la terre comme sur leur seule ressource, se la disputent et la morcèlent en lambeaux, où la pomme de terre seule peut procurer la subsistance d'une famille. Qu'un jour le précieux tubercule manque, tout est perdu ! »

A ces griefs se joignaient des arguments secondaires tirés de difficultés dont la solution paraissait impossible avant que l'expérience ne les eût dénouées. Pour que le soulagement fut sensible, il faudrait transporter au loin, en peu de temps, de 2 à 4 millions d'âmes. Sur quels navires? Avec quel argent? En quels lieux? Des malheureux qui s'attacheront avec amour au pays où reposent les ossements de leurs pères en seront-ils violemment arrachés, et une fois exilés les jettera-t-on sans ressources sur la terre étrangère, à la merci des vents et des flots? Leurs concitoyens demanderont-ils à d'autres une pitié secourable qu'ils refusent eux-mêmes?

Enfin, ajoutait-on, par un dernier appel à la justice, pour réussir, l'émigration doit recruter les jeunes et les vaillants; or, ce sont les défenseurs du droit, les vengeurs de l'iniquité. Leur départ rassurera l'aristocratie contre les périls qui la contiennent encore quelque peu. Son arrogante tyrannie sera, désormais, sans frein et sans limites, parce qu'elle sera sans peur. Il est bon, pour ses victimes que le danger, à défaut de remords, éveille la crainte.

Devant ces protestations, la prudence des hommes d'État hésita longtemps. Elle se contenta d'abord d'introduire la taxe des pauvres qui intéressait les paroisses et les seigneurs terriens à multiplier les travaux, sources de salaires; pour éviter les charges de l'entretien légal, on organisa les *workhouses*, sombres refuges de l'indigence aux abois.

Sans les calamités de 1846, ces expédients auraient peut-être longtemps suffi; mais, lorsqu'un peuple presque tout entier, mourant de faim, poussa un cri de désespoir, il fallut se résoudre à un parti, extrême comme le mal. En même temps d'immenses sacrifices étaient consentis par l'État, pour nourrir plus de 3 millions de personnes; des travaux publics furent exécutés sur la plus large échelle; les propriétés engagées dans les hypothèques ou les substitutions furent mises en liquidation; enfin, l'émigration fut conseillée par toutes les voix du pays, comme le couronnement fatal de ces héroïques résolutions.

Ainsi provoquée, l'expatriation atteignit des proportions qui ne tardèrent pas à calmer les inquiétudes.

1847 }
1848 } chiffres confondus avec ceux de l'émigration anglaise.
1849 . . . . 218,842 [1]
1850 . . . . 213,649 [2]
1851 . . . . : 254,327
1852 224,997

En cinq ans le huitième de la population totale [3].

En même temps la mortalité sévissait avec plus de rigueur encore.

Tandis qu'en 1846 la population était évaluée à 8,300,000 ; le recensement de 1851 ne constatait que 6,215,794. Le déficit était donc, en cinq ans, de 2,084,206.

Comme l'émigration en avait écarté moins d'un million, le reste avait péri !

Encore quelques années de moisson par la faux de la mort ou de fuite sur l'aile des navires, et l'Irlande se dépeuplait. Mais, dès 1852, comme on le voit, il y avait un temps d'arrêt dans l'émigration, et la progression rétrograde n'a cessé de se maintenir jusqu'en 1859 ainsi qu'il suit :

1853 192,600   1856 90,781
1854 150,209   1857 . . . . 86,214 [4]
1855 91,914   1858 68,086

En 1859, la baisse continue, et se traduit par le chiffre de 52,981.

Quand l'émigration était à son apogée, la majorité des émigrants était irlandaise. Depuis 1851 la proportion irlandaise continua à dé-

---

[1] *Alias* 212,124.
[2] *Alias* 214,612.
[3] De 1847 à 1855, 1,662,827 Irlandais émigrants, soit en moyenne 207,853 par an.
[4] L'*Annuaire de l'Économie politique* pour 1859, page 391, donne pour 1855, 1856 et 1857 des chiffres quelques peu différents. Les nôtres sont relevés sur les rapports des Commissaires de l'émigration.

croître d'une manière graduelle et continue jusqu'en 1858, où elle formait seulement 38 pour 100 de l'entier total. En 1859, la proportion se releva à 43,95 pour 100.

Telles sont les phases de ce que l'on a appelé l'*Exode* de l'Irlande, par une réminiscence biblique dont l'application n'est pas d'une exactitude irréprochable : pendant une période de cinq à six ans, des multitudes misérables que nul Moïse, nulle colonne de lumière ne guidaient, ont dit adieu, avec des déchirements de cœur, à leur cabane, à leur église, à leurs vieux parents, pour s'en aller, à travers l'Océan, à demi-nues et affamées, demander asile à des terres moins inhospitalières.

Les douleurs de ces séparations ont été décrites avec éloquence par M. Cobden, dans un discours contre des pétitions qui réclamaient des facilités d'émigration pour des indigents :

L'homme est de tous les êtres créés le plus difficile à déplacer du lieu de sa naissance [1]. L'arracher à son pays est une tâche plus pénible que de déraciner un chêne. Ah! les signataires des pétitions se sont-ils jamais trouvés aux docks de Sainte-Catherine alors qu'un des navires de l'émigration s'apprêtait à entreprendre son funèbre voyage? Ont-ils vu les pauvres émigrants s'asseoir pour la dernière fois sur les dalles du quai, comme pour s'attacher jusqu'au moment suprême à cette terre où ils ont reçu le jour? Avez-vous considéré leurs traits? les avez-vous vus prendre congé de leurs amis? Pour moi, j'ai bien des fois été témoin de ces scènes déchirantes ; j'ai vu la mère et l'aïeule se disputer la dernière étreinte de leur fils. J'ai vu ces navires abandonner la Mersey pour les États-Unis ; les yeux de tous les proscrits se tourner du tillac vers le rivage aimé et perdu pour toujours. Les derniers objets qui frappaient leurs avides regards, lorsque la terre natale disparaissait à jamais, c'étaient les vastes greniers, orgueilleux entrepôts où, sous la garde, j'allais dire de notre reine, mais non, sous celle de l'aristocratie, étaient entassés comme des montagnes de subsistances venues d'Amérique : seuls objets que ces tristes exilés allassent chercher au delà des mers.

Sans atténuer aucun des torts de la politique anglaise envers une île conquise, la science économique ne peut consacrer l'opinion des amis de l'Irlande, au sujet de la population qu'elle nourrirait, sous un régime de justice. Non-seulement le chiffre de 25 millions proposé par son plus éminent défenseur, M. Gustave de Beaumont,

---

[1] Adam Smith avait déjà dit que rien n'est difficile à déplacer comme un homme. — Une telle affirmation est au moins singulière en Angleterre.

dépasse toute vraisemblance, mais celui de 8 millions, constaté en 1851, excède déjà les forces productives d'un territoire de 8 millions d'hectares : c'est une densité de 100 habitants par 100 hectares, ou par kilomètre carré, plus que dans la plupart des États d'Europe, plus que dans la France en particulier, où l'on compte seulement 67 habitants par kilomètre carré.

Il s'en faut que la composition géologique et la fertilité productive du sol y justifient une dérogation à la moyenne générale. « Sa superficie, dit un observateur dont le nom fait autorité en économie rurale, est, en tout, de 8 millions d'hectares : les rochers, les lacs et les marais en couvrent environ deux; deux autres sont formés de terrains médiocres; tout le reste, c'est-à-dire la moitié environ du territoire, est une terre grasse à sous-sol calcaire, ce qui se peut concevoir de mieux[1]. » Un quart de terres impropre à toute culture, un autre quart destiné à la production des herbages, sous un climat humide, comme l'annonce le poétique nom de la verte Érin, ce sont des conditions plus favorables au bétail qu'à l'homme. Lorsque, à l'encontre de ces lois de la nature, la population humaine s'est attachée à la terre avec une obstination que la misère ne décourageait pas, elle y a bien vite dépassé les proportions dont l'expérience a consacré la sagesse. Ainsi, lors du recensement de 1841, avec une population générale de 8,175,124 habitants, la population agricole était, en Irlande, de 0,60 par hectare, tandis qu'elle était seulement à la même époque :

       En France, de 0,40
       En Angleterre 0,30
       En basse Écosse 0,12

« Aussi une concurrence effrénée, ajoute le même écrivain, s'était-elle établie pour la possession du sol, entre les cultivateurs. Aucun d'eux ne possédant plus de capital qu'un autre, tous étaient égaux devant les enchères; chaque père de famille voulait devenir

---

[1] L. de Lavergne, *Essai sur l'Économie rurale de l'Angleterre, de l'Écosse et de l'Irlande*; 2ᵉ édition, page 364.

tenancier ou locataire de quelque lambeau de terre qu'il pût cultiver avec sa famille [1]. »

Ces rapprochements justifient la politique de l'émigration, sans absoudre toutes les causes qui l'ont rendue nécessaire. Si la population s'est multipliée sans mesure, c'est qu'elle est tombée dans le paupérisme, conséquence de spoliations séculaires; si elle s'est jetée exclusivement sur l'agriculture, c'est que les tarifs et les lois de la puissance à laquelle le destin l'a liée, lui ont fermé jusqu'à ces derniers temps les carrières de l'industrie, du commerce, de la navigation, des arts libéraux, des fonctions publiques, entre lesquelles se partage l'activité des nations librement et régulièrement constituées.

Des temps meilleurs sont venus pour l'Irlande, et néanmoins sa population n'y vivra prospère qu'à la condition de s'y maintenir entre 5 et 6 millions d'habitants, proportion pareille à celle de la France. Tout ce qui dépassera ce niveau se déversera dans l'émigration que nous voyons persister malgré cette large saignée de 2 millions d'hommes perdus en dix ans. Ce n'est l'effet ni d'un mouvement de haine contre la métropole, ni d'un aveugle entraînement; c'est la conséquence d'une nécessité sainement comprise, et qui ne pourrait être un peu atténuée, nullement supprimée, que par un vaste développement de travaux industriels. On n'ose pas le souhaiter, tant le sort d'un paysan canadien ou australien, roi dans son domaine, cultivant ses terres, entouré du doux cortége de sa famille, nous parait supérieur à la condition des ouvriers des manufactures anglaises!

Après quelques années de réaction, le flot de l'émigration irlandaise s'est relevé en 1860, à en juger par les récits des feuilles publiques.

Chaque jour, lisait-on il y a quelques mois dans un journal anglais, les quais des ports sont encombrés d'une foule d'émigrants sur le point de s'embarquer, et les agents de l'émigration sont accablés de besogne. Limerick, Tipperary, Wexford, Carlow, Kerry et la plupart des ports septentrionaux fournissent leur contingent. De Dingle seulement il est parti en une seule fois 130 émigrants qui se sont em-

---

[1] *Même ouvrage*, page 371.

barqués sur des steamers quittant ce port pour se rendre directement aux États-Unis.

Si grand a été le nombre des voyageurs qui voulaient prendre là les steamers pour le nouveau monde que l'enregistrement a dû être limité, et que pas plus de cinq cents voyageurs ne partiront chaque semaine. Et cependant ce port ne contribue que pour une petite fraction à l'émigration générale. » (*Le Globe*)... — La population fuit par milliers, disait à la même époque *le Reporter* de Limerick, les rivages de l'Irlande. Si l'émigration marche d'un tel train, il est à craindre que les bras ne manquent à la culture. On est étonné de voir, malgré l'état prospère du pays, des gens partir journellement pour Dublin. Un grand nombre d'entre eux paraissent appartenir à la classe supérieure des fermiers qui ne peuvent tenir plus longtemps contre la hausse des fermages. Beaucoup de simples laboureurs et ouvriers arrivent aussi de toutes les provinces du nord et du sud où règne plus d'aisance, comme de l'ouest, voué, ce semble, à une incurable pauvreté.

Les rapports officiels de 1860 traduiront en chiffres ces renseignements, qui suffisent pour constater la continuité de l'émigration, malgré un incontestable allégement des souffrances matérielles et morales de l'Irlande.

§ 2. — ÉMIGRATION ANGLAISE.

Après l'Irlande vient l'Angleterre, dans l'ordre des contingents fournis à l'émigration britannique, qui s'y montre d'un caractère plus complexe, car elle puise dans tous les rangs.

Au sein de l'aristocratie, des cadets de familles exclus de toute participation à l'héritage territorial s'engagent dans les services publics qui les conduisent sur les nombreux points du globe où flotte le pavillon national. Beaucoup d'entre eux se fixent dans les colonies, où ils retrouvent des positions dignes de leur naissance et de leur éducation.

Dans la bourgeoisie, un très-grand nombre de jeunes gens et d'hommes mûrs, en vue d'études et de spéculations, se dispersent avec une ardeur que n'attiédit aucune fatigue, sur tous les rivages, dans toutes les îles, pénètrent en avant dans l'intérieur des terres partout où quelque profit les appelle : plusieurs s'établissent au loin et fondent, comme de vrais émigrants, des familles qui n'auront plus la même patrie que leur père.

Dans les classes populaires, le recrutement pour l'émigration est confus comme les existences. Ouvriers dépossédés de tout travail par la mécanique, ou réduits à d'insuffisants salaires par les crises qui restreignent la consommation et la production, soldats et marins licenciés, mineurs embauchés par les Mormons, enfants déguenillés de Londres, laboureurs et bergers séduits par l'espoir d'une prompte fortune, au premier moment d'embarras ou d'entraînement, tout ce monde se tourne vers l'émigration comme vers une porte de salut toujours ouverte au courage. En 1859, 2,000 ouvriers renvoyés de l'arsenal de Woolwich, n'ont pensé qu'à demander dans un *meeting* et dans la presse qu'on leur facilitât les moyens d'émigrer au Canada ou en Australie avec leurs familles. Des souscriptions venant en aide à leurs propres cotisations ont bientôt mis en action ce projet si raisonnable. Ainsi s'écoulent en flots d'émigration et de colonisation, la plupart de ces nuages, qui s'annoncent à nos yeux, peu familiers avec les risques de la vie publique, comme gros de tempêtes. Mais le courant, irrégulier comme les sources qui l'alimentent, alterne de soudains débordements à de longues intermittences.

§ 3. — ÉMIGRATION ÉCOSSAISE.

En Écosse, c'est l'esprit de secte qui a ouvert, dès la fin du XVIe siècle, le chemin de l'émigration. Après avoir trouvé d'abord un asile dans les provinces unies de la Néerlande, les puritains tournèrent leurs espérances vers l'Amérique; et avant de débarquer, ils signèrent le 8 novembre 1620, devant la côte de Massachussets, une déclaration que l'histoire a conservée comme un éloquent témoignage des sentiments, qui, en ces temps de vigueur morale, présidèrent sur certains points du nouveau monde à la fondation des jeunes sociétés. Par ces mâles vertus la Nouvelle-Angleterre a prospéré et grandi; elle est devenue le bras droit de la révolution et de l'indépendance, et reste encore, aujourd'hui, la tête de l'Union. D'autres pèlerins de la foi presbytérienne proscrits par les vainqueurs, se dispersèrent en Suède, en Pologne et en Russie, où la semence de leurs exemples, jetée sur une terre mal préparée, ne porta pas de fruits politiques.

Des influences d'un ordre moins élevé président depuis le commencement du xixe siècle à l'émigration qui s'accomplit dans la partie septentrionale de la Grande-Bretagne. Ce sont des raisons purement économiques qui *drainent* les Highlands, pour employer l'expression anglaise. Lors des premiers règlements, en 1803, le gouvernement avait multiplié les garanties en faveur des émigrants ; mais ces exigences légales inspirées par la *Highland Society*, tendaient à arrêter l'émigration que les propriétaires redoutaient alors comme un péril pour leur fortune : aussi la loi fut-elle d'un commun accord éludée dans la pratique, lorsque les départs parurent exempts de tout dommage.

Bientôt ils furent même jugés nécessaires par les seigneurs qui estimèrent que leurs vastes domaines leur rapporteraient plus de revenus et leur donneraient moins de souci, étant peuplés de moutons plus que d'hommes. Dans cet épisode raconté par trop d'historiens pour que nous devions le redire, il y eut des violences que l'humanité n'absoudra jamais, mais l'économie rurale sanctionnera la prédominance progressive des cultures et de la vie pastorales dans ces froides régions qui sont des pâturages excellents et ne seraient que de mauvais champs ; elle y mettra pour condition d'équitables compensations aux exilés de la ferme paternelle, dont les rentes, renouvelées de génération en génération, ont créé aux propriétaires d'opulentes richesses. Elle refusera son indulgence aux spéculations qui dépeuplent sans pitié des contrées et en condamnent les habitants à l'exil, dans le seul but de les affermer comme parcs de chasse dont le pittoresque rehausse le prix. En affranchissant de tout impôt les terres non cultivées, la loi se fait complice de ces impitoyables calculs.

Réformes intelligentes et spéculations sur l'oisiveté aristocratique se traduisent également en expatriation pour le peuple. C'est parmi les fugitifs des Highlands, pauvres comme les Irlandais, et, en outre, protestants et bergers de profession, que les délégués des colonies australiennes aiment à lever leurs recrues. En 1851, une compagnie envoya dans leurs montagnes un agent qui déploya, pour les convaincre, toutes les ressources de l'éloquence la plus persuasive.

Votre intérêt seul, commença-t-il par leur déclarer dans une lettre publique, guide ma conscience et dicte mes paroles. Mon but est d'améliorer votre position qui est insupportable. La misère vous écrase ; il vous faut en sortir par le travail, et les propriétaires, pas plus que le gouvernement, ne vous aideront si d'abord vous ne vous aidez vous-mêmes. Vous croyez que les propriétaires et le pays sont forcés de subvenir à vos besoins et de vous nourrir et que si les biens étaient divisés, vous vivriez comme vos pères ont vécu. Vous êtes dans une immense erreur. D'abord le gouvernement ne le doit pas et de plus il ne le peut pas, quand bien même tel serait son désir. Il n'a pas d'argent à lui ; il fait valoir et emploie l'argent de tous, pour le bien de tous ; d'un autre côté la nation ne peut pas vous garder ainsi dans l'inaction, car elle n'a pas ou n'a plus d'ouvrage à vous donner. On vous a employés à exécuter des routes qui ont été établies dans votre propre intérêt : aujourd'hui ces routes sont finies ; il n'y a par conséquent plus de travaux à vous confier.

Cette terre est pauvre et peu de localités sont propres à la culture ; le climat est sévère, incertain, et souvent votre misérable récolte est détruite. Voyez au contraire l'état des vallées d'Écosse et d'Angleterre ; la terre y est riche et le climat favorable à l'agriculture. Les fermiers ont d'immenses capitaux à employer, et comme ils sont à proximité des marchés, ils peuvent vendre leurs produits un bon prix. Quant à vous, il vous est impossible d'obtenir les mêmes résultats par vos terres. Vous ne pouvez cependant pas rester oisifs, et le soin des troupeaux ne peut suffire à une aussi nombreuse population. Vouloir imiter ce que font vos voisins du sud, c'est courir à votre ruine, et s'ils ont eux-mêmes de la peine à se créer une existence convenable, vous, vous mourrez inévitablement de faim. Le prix du gros bétail est tombé si bas, que ce prix suffit à peine à son entretien. Les moutons seuls pourraient vous donner quelques bénéfices, mais les moutons demandent beaucoup de terres et emploient peu de bras : un homme suffit pour garder 500 moutons. Quand bien même les propriétaires vous abandonneraient le sol, vous ne pourriez pas vivre par la culture du blé ; alors, vous élèveriez sans doute des moutons, de sorte qu'un grand nombre d'entre vous resteraient sans ouvrage, misérables et forcés de consommer, dans la fainéantise, des denrées que d'autres seraient obligés de produire pour vous.

En vérité, mes amis, considérez les choses comme bon vous semblera ; vous n'avez pas d'autre remède que d'aller sous un beau climat, où vous trouverez de belles terres à cultiver, et de vastes espaces pour y faire paître des moutons et du gros bétail.

Vous direz qu'il n'en a pas toujours été ainsi et que vous ne voyez pas pourquoi vous ne vivriez pas où ont vécu vos pères. Je vous répondrai que les temps sont changés. Autrefois il n'y avait pas des bateaux à vapeur pour faciliter les voyages par mer, et même dans ce pays les gens qui habitent les montagnes, n'avaient pas plus de communication avec ceux du sud que s'ils en eussent été séparés par de longues distances. Vos pères d'ailleurs étaient moins nombreux que vous ne l'êtes, et le pays suffisait à sa subsistance. Aujourd'hui le gouvernement, les propriétaires et vous-mêmes, vous réuniriez en vain vos efforts, la terre ne suffirait pas à vos besoins. Vous vous plaignez quelquefois de la Providence ; mes amis, la Providence est toujours juste et secourable. Souvent le bien est caché dans le mal qu'elle nous envoie, et elle ne nous fait jamais rencontrer de difficultés sans nous donner les moyens de les vaincre. Dans un moment où la récolte des pommes de terre manque, et où vous vous trouvez sans ouvrage, les habitants des colonies lointaines appellent à grands cris leurs compatriotes à venir partager avec eux les bénéfices qu'ils réalisent, en leur demandant d'occuper à leurs côtés les vastes régions qu'ils sont encore seuls à peupler...

La traversée n'offre aucun danger : les bâtiments sont aujourd'hui plus forts qu'autrefois, et les naufrages beaucoup plus rares. En conséquence, je suis plus que jamais convaincu que l'émigration est le seul remède à votre situation. Si donc vous refusez la voie du salut qui vous est ouverte, que la conséquence en retombe sur vous! Ne vous plaignez plus du ciel, car il est venu à votre aide et vous l'avez refusé; ne vous plaignez plus davantage de vos compatriotes, car c'est vous-mêmes qui devriez être blâmés pour votre aveuglement. Pensez que ce sont des hommes plus éclairés, plus instruits que vous ne l'êtes, des hommes qui ont vieilli dans le monde, qui ont lutté avec lui et le connaissent, qui sont vos meilleurs et vos plus sincères amis, que ce sont ces hommes qui vous donnent ce conseil, et vous disent comment vous devez échapper à la misère. La loi civile ne peut forcer les propriétaires à vous secourir; la loi chrétienne leur en fait un devoir : elle leur ordonne de prendre soin des malades, des vieillards et des pauvres, à quelque nation qu'ils appartiennent. Ceux qui suivent cette loi vous donneront, sans doute, les moyens d'aller vers ces terres éloignées où vous trouverez tout ce que vous pourrez désirer ; mais rappelez-vous qu'ils ne le feront qu'autant que vous le leur demanderez vous-mêmes : c'est seulement d'après votre désir qu'il leur est possible de vous aider [1].

Dans ce curieux document se reflètent bien les mœurs britanniques, avec le mélange de calculs pratiques et de teintes religieuses qui les caractérise. Le profit et le devoir du peuple sont tour à tour invoqués avec une sincérité de conviction qui persuade l'avocat de l'Australie de son propre désintéressement et de son impartialité, alors même que sa mission n'est pas exclusivement philanthropique. La bonne foi ne saurait aller plus loin que ce complet oubli de soi-même.

M. Kingston annonce aux montagnards d'Écosse l'établissement, dans toutes les grandes villes, d'une société de secours pour aider à l'émigration, fournir des habits neufs aux émigrants, quelque argent aux plus pauvres.

Tant de bonne volonté n'a pas été perdue : beaucoup d'Écossais, bergers, laboureurs, domestiques, jeunes filles, ont quitté leurs froides et hautes montagnes pour s'embarquer à la destination de l'Amérique du Nord et de l'Australie; toutefois, la densité de popu-

---

[1] Lettre de M. William Kingston, publiée dans le *Colonial Magazine*, 1851.

lation qui est de 2,600,000 âmes pour les 2 millions 1/2 d'hectares, seuls cultivables sur une superficie triple d'étendue, ne permet pas un drainage bien considérable : l'élévation des salaires, prompte à se produire en un pays très-riche en capital disponible, oppose ses attraits aux séductions des lointains mirages. Aussi l'Écosse ne vient-elle qu'en troisième ordre pour l'importance de l'émigration dans le Royaume-Uni. L'impulsion, toutefois, se maintient et se propage, et du continent elle passe aux îles voisines, les Shetlands, les Hébrides qui, pour l'âpreté du climat et la stérilité du sol, le disputent aux plus sévères montagnes de l'Écosse. L'on a vu, il y a quelques années, un spéculateur anglais, M. Matheson, acheter l'île de Lewis tout entière, la plus grande des Hébrides, qui a environ 150,000 hectares d'étendue, pour y introduire un système d'amélioration dont le point de départ est l'émigration plus ou moins volontaire d'une partie des habitants [1].

§ 4. — MOYENS D'ÉMIGRATION.

L'héroïque résolution du départ une fois bien arrêtée dans l'esprit de l'émigrant, tout lui vient en aide. Est-il dans une médiocrité de fortune qui l'autorise à s'adresser aux commissaires de l'émigration nommés par le gouvernement, il se prépare un trousseau, gagne à ses frais le port d'embarquement, dépose entre les mains du commissaire, comme garantie de la sincérité de ses intentions, une somme de une à deux livres sterling, laquelle est employée à son profit en provisions de bouche et effets de literie ; et au jour qui lui est fixé, il part sur un navire frété exprès pour le transport des passagers, et dont l'aménagement a été inspecté avec soin. Il n'a pas à payer le voyage dont le prix est avancé par les commissaires ; mais il signe un contrat dans lequel il s'engage à en faire le remboursement par annuités, que son futur patron retiendra sur le montant de ses gages.

[1] Léonce de Lavergne, ouvrage cité, p. 363.

Émules du gouvernement, et avec une activité plus remuante quoique en réalité moins efficace, diverses sociétés se sont, en divers temps, inspirées de la philanthropie ou de la religion, du patriotisme ou de la spéculation. Il en est qui ont opéré en vue d'une simple affaire, telle que la société dite de *Canterbury*, qui possède des propriétés en Nouvelle-Zélande qu'elle veut mettre en valeur. De plus importantes, se divisant le travail, s'attachent, l'une au Canada, l'autre au cap de Bonne-Espérance, au Port-Natal, à l'Australie surtout. Après la découverte de l'or en 1851, lorsque l'on apprit que toute la population accourait aux *placers*, abandonnant les troupeaux et les cultures, l'émigration en Australie devint la grande affaire de l'Angleterre. Partout, dans le parlement, dans la presse, dans le public, on s'occupa de l'Australie, on organisa des meetings, on provoqua des souscriptions, on constitua des sociétés spéciales. Sous le patronage du prince Albert et des plus grands noms de l'État se forma, pour l'émigration des montagnes d'Écosse, la compagnie dont nous avons cité une circulaire; une seconde s'occupa de l'île Skyes, dont les habitants étaient misérables; une troisième se constitua dans le même but au capital d'un million de livres sterling. Le signal de ce mouvement que l'on eût pu appeler la Ligue pour l'Australie partit des districts manufacturiers, où l'on craignait de voir compromise la fourniture des laines australiennes. Une réunion de commerçants et de fabricants reconnut la nécessité de sauver cette importante production par une émigration sur une grande échelle, et d'envoyer une députation à Londres au ministre des colonies et au directeur du bureau colonial pour réclamer les mesures les plus énergiques. Un comité fut en outre constitué pour assurer l'accomplissement des résolutions prises dans le meeting. Grâce à cette énergie d'initiative et d'impulsion, la propagande pénétra jusque dans les paroisses, où elle prit le caractère d'une véritable croisade [1].

Certaines sociétés s'adressent à une classe particulière, telle que

---

[1] Voir *Annales de la colonisation*, tome II, p. 46.

celles pour l'émigration des femmes [1], ayant pour objet de recruter de jeunes femmes non mariées, principalement des domestiques et des couturières, et en surveiller le départ, le voyage, le placement. A cette catégorie de sociétés spéciales appartient celle fondée en 1853 pour l'émigration des Juifs; elle a assisté, en quatre années, 274 émigrants avec un fonds de 56,000 fr. Pour accroître ses ressources, elle donna, au mois de juin 1857, un bal auquel assistaient les notables de la communauté israélite de Londres, les Rotschild, les Goldsmith, les Montefiore, les Salomon. Elle recueillit pour plus de 10,000 fr. de dons. « Cette émigration, dit à ce sujet un recueil spécial du judaïsme, grossira le nombre des Israélites qui vont tenter et souvent trouver la fortune en Californie et en Australie, aux États-Unis et au Canada, y fondent des communautés bientôt florissantes, et se souviennent de la mère-patrie longtemps après qu'aucun lien a cessé de les y rattacher. C'est là un touchant spectacle et une imposante pensée que ces forces oisives qui s'accumulent dans les mondes nouveaux, tandis que dans les mondes anciens, la lassitude et l'injustice éclaircissent souvent nos rangs [2]. »

D'autres sociétés se distinguent par leurs combinaisons financières; telle est celle des prêts pour la colonisation de famille fondée par une femme, Mme Chilsholm, dont le nom n'est jamais mentionné en Angleterre, ainsi que dans l'Orient, qu'avec un profond sentiment de respect et d'admiration. Juste hommage envers une âme d'élite qui porta l'héroïsme de la charité à une hauteur rarement dépassée! Femme d'un officier au service de la compagnie des Indes, elle fonda à Madras *l'École des Ménages militaires*, pour l'éducation des jeunes filles destinées à épouser des soldats et des sous-officiers. Suivant plus tard son mari à Sidney, elle y sauva de la misère et du vice une multitude de jeunes filles émigrées sans fortune; les recueillant dans *l'Asile des arrivantes*, elle les plaçait au sein d'honnêtes familles de la campagne, où elle-même les conduisait, che-

---

[1] *Fund for promoting female emigration*, 1849. *The British Ladie's femal emigrant society*, 1849.
[2] *Archives israélites*, année 1857, tome I, p. 402.

vauchant à travers les solitudes en tête de sa caravane féminine. Après huit années d'apostolat, elle vint plaider dans sa patrie la cause de ses protégées; sa voix, écho de son cœur, retentit dans les journaux, les réunions populaires; se fit écouter des ministres eux-mêmes. Elle fonda la *Colonisation family Loan Society*, recruta des groupes de clientes choisies avec le tact d'une longue expérience, les embarqua et les accompagna sur le navire, de Londres à Sidney, veillant sur elles durant le voyage et à l'arrivée avec une sollicitude maternelle. Elle mourut en Australie en 1838, bénie et vénérée de tout un peuple comme la patronne des expatriés. Sa vie restera dans les annales de l'émigration le plus beau modèle de dévouement.

L'esprit public en Angleterre est si naturellement porté vers l'émigration, que les plus hauts personnages se rapprochent volontiers des plus humbles dès qu'ils entrevoient un moyen d'ajouter aux forces des colonies en purifiant la métropole. On lisait l'an dernier, dans les journaux de Londres, le récit suivant :

Hier, à Wanstead, sur la propriété du lord-maire, a été donné un banquet suivi d'un thé, à deux cents petits décrotteurs des rues de Londres, enrôlés par brigades. Le lord-maire et lord Shaftesbury ont adressé des *speechs* à ces enfants, après le banquet qui était composé de roastbif, plumpudding, pommes de terre et bière. Le lord-maire a engagé ces enfants à enrôler dans leur compagnie tous les gamins désœuvrés qu'ils rencontreraient. Il a ajouté : « Si vous continuez de bien vous conduire, on vous enverra, soit au Canada, soit dans les colonies, et avec de la conduite, vous pourrez prétendre un jour aux plus hautes positions sociales. Voici, en résumé, ce que vous avez à faire pour cela. Dire toujours la vérité, éviter les mauvaises compagnies, obéir à vos supérieurs et les obliger. »

Lord Shaftesbury a rappelé que les fondateurs des brigades des décrotteurs étaient au nombre des bienfaiteurs de l'humanité, et il a cité les noms glorieux de Mac-Grégor, de Fowler, Snape et Ware.

Trois salves d'applaudissements ont été proposées pour la femme du lord-maire : il a été répondu chaleureusement à cet appel.

C'est encore l'envoi au Canada qui est proposé comme récompense aux meilleurs élèves des *rag-schools*, et une fois dépaysés, ces enfants se font apprécier pour leur vivacité d'esprit et leur application.

Enfin, les jeunes garçons, condamnés à un régime correctionnel dans les fermes-écoles, sont élevés expressément en vue de l'émigration dans les colonies britanniques, à Reigate, Surrey, Red-Hill.

Avec de telles mœurs nationales, l'émigration ne peut cesser d'être populaire. Elle restera probablement au voisinage du niveau actuel, plus disposée à monter qu'à descendre. On aura donc une idée approximative de ses détails caractéristiques en prenant pour type l'année 1859, année normale.

En cette année, 120,431 émigrants sont partis du Royaume-Uni.

Ports d'embarquement :	En Angleterre.		106,073
	En Ecosse.		4,531
	En Irlande.		9,828
SEXE	Masculin.		65,827
	Féminin.		54,586
	Non indiqué.		19
AGE	Adultes mariés. Hommes.	10,089	46,236
	— Femmes.	14,562	
	— célibataires. Hommes.	36,147	40,073
	— Femmes.	25,511	
	Enfants de 1 à 12 ans. Garçons.	8,430	19,606
	— Filles.	8,130	
	Au-dessous d'un an.	3,046	
	Age non indiqué.	14,517	
Pays de naissance.	Angleterre.		33,938
—	Écosse.		10,182
—	Irlande.		52,981
—	Étrangers.		4,442
—	Non indiqué.		18,897
Professions.	Travailleurs en général.	23,286	29,739
—	Ouvriers ruraux, jardiniers, charretiers.	2,014	
—	Fermiers.	4,439	
—	Charpentiers et menuisiers.	1,388	
—	Professions libérales, marchands.	1,454	
—	Servantes, nourrices.	7,109	
Assistés par les commis. du gouvernement. Anglais.		5,671	12,978
— — Écossais.		1,886	
— — Irlandais.		5,167	
— — Allemands.		74	
Partis sans assistance.			107,634
Destination. — Colonies anglaises	Nord-Amérique.	6,689	37,702
	Australie.	31,013	
—	États-Unis.	70,303	82,730
	Autres lieux.	12,427	
	Total.		120,432

De ces chiffres nous ne commenterons qu'un petit nombre.

Les neuf dixièmes des émigrants partent d'Angleterre, quoique les trois dixièmes soient Irlandais d'origine.

Le sexe masculin, parmi les adultes, dépasse d'un dixième à peine le sexe féminin, proportion des plus favorables aux mœurs, et qui témoigne soit du zèle des commissaires, qui s'appliquent surtout à recruter des femmes, soit du caractère de l'émigration qui s'accomplit en famille et par conséquent sans esprit de retour.

Le même sens résulte du nombre des femmes mariées qui partent, nombre supérieur à celui des hommes mariés : ce sont des épouses qui vont rejoindre leurs maris émigrés.

Il résulte encore du nombre considérable d'enfants qui accompagnent leurs parents : ils composent plus du dixième de l'émigration.

La part des pays d'origine se résume dans la proportion suivante : Écosse, 1; Angleterre, 3; Irlande, 5.

Les travailleurs sans métier déterminé appartenant presque tous à la campagne, l'émigration rurale compte près de 30,000 individus sur 46,000 adultes mâles, soit plus des trois cinquièmes.

L'assistance officielle ne profite guère qu'au dixième de l'émigration. Les neuf dixièmes partent à leurs frais, risques et soins.

Les colonies anglaises de l'Amérique et de l'Australie ne recueillent pas le tiers des émigrants, à peine la moitié du nombre dont s'enrichissent les États-Unis.

Suivons maintenant ces exilés volontaires dans leur nouvelle patrie.

§ 5. — CONDITION NOUVELLE DES ÉMIGRANTS.

Il est consolant d'apprendre que ces divorces douloureux avec la famille et le pays natal, suivis de dures épreuves dans la traversée, de privations et de souffrances sur les plages où l'on débarque[1],

---

[1] La mortalité diminue annuellement.
En 1809, elle a été dans les voyages à destination de :

	Par cent.		Par cent.
New-York	0,09	Canada	0,03
Boston	0,26	Australie, émigrants assistés	1,08
Philadelphie	0,23	— non assistés	0,42
New-Orléans	0,28	Ensemble de l'émigration, assistés	0,98

Les naufrages et pertes de navires deviennent aussi plus rares.

Enfin, les traversées sont de plus en plus abrégées par les perfectionnements de la navigation, et la vapeur offre déjà pour l'Amérique des paquebots aux émigrants.

reçoivent généralement, au bout d'un temps plus ou moins long, la récompense du succès. Dans les colonies anglaises et aux États-Unis, où se rendent la presque totalité des émigrants britanniques, le marché du travail absorbe rapidement les bras qui se présentent ; des salaires élevés, en contraste avec des vivres à bon marché, permettent l'épargne. Les capitaux qu'elle crée, ceux qui ont été apportés d'Europe, trouvent des emplois faciles et fructueux dans l'acquisition des terres, l'élève du bétail, les entreprises du commerce et de l'industrie librement accessibles à tous. Un signe manifeste d'une réelle prospérité ne tarde pas à dissiper toute inquiétude au pays natal. Les émigrants font appel à leurs parents, à leurs amis ; ils envoient de l'argent à leurs familles, subsides pour ceux qui resteront, indemnités de voyage pour ceux qui partiront.

A partir de 1848, les commissaires de l'émigration ont tenu note des envois d'argent faits par d'anciens émigrants établis dans l'Amérique du Nord. En voici le relevé :

	Liv. sterling.		Liv. sterling.
1848.	460,000	1854.	1,730,000
1849.	540,000	1855.	873,000
1850.	957,000	1856.	951,000
1851.	990,000	1857.	593,000
1852.	1,404,000	1858.	472,000
1853.	1,439,000	1859.	575,000 [1]
		Total.	10,984,000

274 millions de francs [2] épargnés en douze années et généreusement envoyés aux familles absentes, quel magnifique éloge de l'activité des émigrants, de leur moralité, de leur fidélité aux affections du cœur !

Les Irlandais brillent en tête de ces listes de la piété conjugale et filiale. Dans leur patrie, en Angleterre, on les accusait d'être pares-

---

[1] Dans cette somme 45,798 livres sterling venaient de l'Australie.

[2] Les commissaires font observer que cette somme doit être inférieure à la réalité, parce qu'ils ne connaissent que les envois faits par l'intermédiaire des maisons de banque qui veulent bien les renseigner, et il s'en faut de beaucoup que ce soient les seuls agents de la transmission des fonds.

seux, peu intelligents, intempérants, sales; la fierté anglaise les jugeait d'une nature inférieure, incapables de jamais se relever de leur abaissement. A peine ont-ils touché une terre qui leur offre la propriété, qui leur assure l'égalité, qui paye largement leur salaire, et ces hommes sont régénérés. Le poëte avait dit :

> Cœlos non animum mutant qui trans mare currunt.

Les Irlandais démentent le poëte. Avec la propriété, avec l'équité sociale, avec l'espace pour se mouvoir, l'âme a changé comme les cieux.

L'émigration a tenu ses promesses dans le Nord-Amérique.

Quant à l'Australie, la prospérité est peut-être plus rapide encore; mais la distance a conseillé une autre façon de faire tourner l'épargne au profit des absents. Le colon la dépose dans une caisse publique et désigne les parents et amis au bénéfice desquels il entend en appliquer le bénéfice comme payement du prix de passage : ceux-ci en sont avisés par le bureau d'émigration et en profitent. On a vu, du reste, qu'en 1859, l'Australie a envoyé 45,000 livres qui ont été confondues avec les remises venues du Canada. La prospérité croissante des colonies australiennes n'est-elle pas, d'ailleurs, plus éclatante et sans doute aussi solide que celle du Canada et des États-Unis? Et la prospérité d'une colonie pourrait-elle ne pas rejaillir sur les colons?

A ne considérer que le sort des émigrants, et c'est bien à eux qu'est due la première sollicitude, on doit avouer que la Grande-Bretagne et l'Irlande ont été bien inspirées d'associer, l'une sa volonté, l'autre sa résignation, pour substituer à la misère dans le pays natal l'aisance dans une patrie d'adoption.

§ 6. — CONDITION DE LA POPULATION NON ÉMIGRANTE.

Une amélioration non moins certaine s'est fait sentir dans la métropole parmi les classes non émigrantes.

On lit dans le 15ᵉ rapport des commissaires de l'émigration (année 1855) :

Nous apprenons par les rapports des commissaires de la loi des pauvres que le taux général des gages des travailleurs agricoles qui, dans les premières années, n'excédait pas 5 shellings par semaine, s'est maintenu presque partout à 6 shellings; qu'au temps des semailles et des récoltes les gages sont considérablement plus hauts; que pour les hommes forts et adroits, il y a emploi constant, et même en quelques lieux on se plaint de manquer de travailleurs, que les petits fermiers qui mettent quelquefois leur travail en location, y trouvent maintenant plus de profit qu'à réserver leur temps pour leurs propres fermes, et vont même sur le marché offrir leurs bras... On ajoute que la nouvelle prospérité des petites fermes et de leur personnel a réagi sur le commerce, dont les articles ont été plus demandés et payés à meilleur prix.»

Rapport de 1856 :

Les officiers employés par les commissaires de la loi des pauvres en Irlande, sont unanimes à attester l'amélioration de la condition de la population laborieuse. Ainsi l'inspecteur dans les comtés du sud établit que tous les habiles ouvriers de l'agriculture trouvent maintenant sans difficulté un travail continu; qu'une hausse considérable a eu lieu dans les gages des serviteurs ruraux et domestiques loués à l'année. De Clare, Limerick et d'une partie de Tipperary, l'inspecteur écrit que les gages payés pour la dernière récolte sont à un taux sans précédent, que l'on espère voir de nouveau, dans le cours de la présente récolte, le travail casuel hautement rétribué, que la demande d'un travail continu se consolide de plus en plus... Généralement parlant, toute la classe laborieuse est dans une position plus indépendante qu'à pareille époque de l'année dernière. Dans les contrées du nord il est établi que, dans tout le pays, et généralement dans les districts manufacturiers, un changement en bien s'est manifesté dans la position du pauvre, en même temps qu'au nord et au nord-est la position des travailleurs continue à s'améliorer, et l'emploi de leurs bras à se multiplier ; seulement dans les districts comprenant Galway, Roscammon, etc., une légère tendance à la baisse dans les gages des travailleurs agricoles a été constatée, ce que l'on attribue au beau temps qui laisse le loisir de tout faire sans hâte; néanmoins la situation des classes laborieuses est meilleure, depuis la baisse survenue dans les principaux articles de subsistance.

Il faut observer que tous les rapports constatent une amélioration sur l'année précédente, et comme chaque année, depuis 1850, continue à présenter cette graduelle amélioration, il s'ensuit que l'état présent de la population de l'Irlande montre un progrès que personne n'aurait osé prédire. »

En 1857, on constatait, en Irlande, 5,680,542 acres déclarées en culture, ce qui établissait, par rapport à 1856, une augmentation de 106,542 acres.

Les salaires montèrent si haut, qu'en certains lieux, on dut renoncer à élever les bâtiments de ferme, malgré les capitaux mis par le gouvernement à la disposition des propriétaires [1].

---

[1] Barral, *Traité du drainage*, III, 181.

Les tables du paupérisme, où sont inscrits les indigents assistés par la charité officielle, traduisent en chiffres précis le progrès dans le bien-être [1].

	Angleterre et Galles.	Écosse.	Irlande.
1849	934,419	82,357	620,747
1850	920,543	79,031	307,970
1851	860,893	76,906	209,187
1852	834,424	75,111	171,418
1853	798,822	75,137	141,822
1854	818,337	78,929	106,802
1855	839,164	»	86,819
1856	843,806	79,973	56,094
1857	908,186	79,217	50,582
1858	860,470	79,199	44,866
1859	851,020	78,501	44,929

En 1851, les workhouses de l'Irlande contiennent 86,000 pauvres; deux ans après seulement, 50,000; en 1857, les deux tiers des places sont vacantes, ces maisons de travail forcé, ayant été bâties avant l'*Exode* pour recevoir 200,000 individus, nombre que n'atteint pas même la totalité des malades assistés.

Le tableau qui précède présente le contraste bien remarquable d'une réduction à peine sensible dans le paupérisme de l'Angleterre et de l'Écosse, tandis qu'en Irlande il tombe, en dix ans, de 620,000 à 45,000. La population irlandaise s'est réduite, il est vrai, d'un quart, soit 25 pour 100, mais le paupérisme n'est plus que le quatorzième de ce qu'il était!

Le progrès moral a suivi le progrès matériel. Les meurtres, les incendies, les menaces, les bandes mystérieuses et redoutables, tous ces symptômes de la colère publique ont disparu comme par enchantement; la sécurité s'est rétablie dans les campagnes, où les propriétaires ont pu désormais résider sans crainte. Le nombre des crimes est passé de 41,989 en 1849 à 9,012 en 1855 [2].

De tous ces beaux résultats, la meilleure part d'honneur revient à l'émigration, qui a diminué la concurrence pour le travail et par

---

[1] *Annuaire de l'Économie politique* pour 1856, pag. 363, et années suivantes.

[2] Les condamnés qui, en 1854, étaient encore en Irlande de 7,051, ne sont plus que 2,969 en 1860 (*Annuaire de l'Économie politique* pour 1862, pag. 344).

là rehaussé les salaires. Qu'une part en soit reportée à d'autres influences, la liberté du commerce des céréales, la liquidation des situations obérées, les longs crédits au drainage et autres améliorations foncières, nul esprit impartial n'y contredira, pourvu que l'on reconnaisse que toutes ces mesures aussi opportunes que généreuses, eussent été frappées de stérilité si un territoire cultivable sur 5 millions d'hectares seulement avait dû continuer à nourrir 8 millions d'habitants et bientôt 9 à 10. Le fait seul de l'émigration, en dégageant de tout bail nombre de parcelles de terre, en a facilité la réunion en corps de ferme d'une étendue normale, ce qui a ouvert la porte au travail des bestiaux et des machines, aux assolements et aux variétés de culture; autant vaut dire aux capitaux et aux intelligences. Sans que le propriétaire ait vu réduire sa rente, le tenancier a vu croître ses profits et le travailleur ses salaires, précieux accord des intérêts qui prépare le rapprochement des âmes.

§ 7. — INFLUENCE SUR LA POPULATION GÉNÉRALE.

Ces bienfaits ont-ils été payés trop cher, par une réduction de la population préjudiciable à l'intérêt général ou par des dépenses excessives? C'est ce qui nous reste à examiner.

La force d'un État n'est point, ainsi que la science moderne l'a surabondamment prouvé, dans le nombre absolu de sa population, mais dans ce qu'elle possède de vigueur physique et morale, de patriotisme dévoué. Producteurs ou consommateurs, soldats ou contribuables, 6 millions de citoyens aisés valent mieux que 8 millions de citoyens misérables. Aussi la raison ne doit-elle pas se troubler en constatant la réduction continue, depuis 20 ans, de la population irlandaise suivant l'échelle suivante :

D'après le cens.		Accroissement décennal.
1821	6,801,827	
1831	7,767,401	965,574
1841	8,205,000	437,599
		Réduction décennale.
1851	6,552,385	1,752,615

D'après les calculs annuels.		Réduction annuelle.
1852	6,422,197	
1853	6,296,328	125,869
1854	6,186,369	109,959
1855	6,107,899	79,470
1856	6,077,283	30,616
1857	6,047,492	29,790
1858	6,013,103	34,389
1859	6,009,113	3,990

En supposant, d'après la progression de 1831 à 1841, que l'accroissement naturel de 1 pour 100 par an donne environ 65,000 âmes par an, les déficits de 1851 à 1854 paraissaient inquiétants, car ils dépassaient deux et trois fois le contingent des apports nouveaux des naissances; en suivant la même loi une dépopulation prochaine devenait imminente. Cette crainte perce, en effet, dans les rapports des commissaires qui correspondent à ces années. Heureusement, la nature rétablit l'équilibre par ses propres lois. L'affreuse mortalité, qui, de 1846 à 1851 enleva 1 million d'habitants par la maladie et la faim, cessa quand les rangs furent éclaircis et les misères extrêmes soulagées; l'émigration diminue elle-même à mesure que la matière émigrante, si on peut dire, se trouve entamée. En 1859, la balance est à peu près établie entre les pertes (émigrations et décès) et les gains (naissances), et l'on peut croire que les oscillations se maintiendront à peu près au voisinage du niveau actuel, 6 millions d'habitants. C'est un problème auquel le recensement de 1861 apportera des éléments certains de solution, en place des évaluations un peu hypothétiques d'aujourd'hui [1] Quoi qu'il arrive, le ralentissement incontesté de l'émigration irlandaise depuis 1855, doit calmer toutes les craintes.

Quant à l'Angleterre et à l'Écosse, la population n'a cessé de monter, d'année en année, d'après les recensements décennaux.

		Accroissement décennal.
1801	10,917,433	
1811	12,124,120	1,206,687
1821	14,402,613	1,278,493
1831	16,564,138	2,161,525
1841	18,820,394	2,256,256
1851	21,181,987	2,361,513

[1] Le recensement de 1861 a donné à l'Irlande 5,764,543 habitants.

A l'encontre d'une progression qui incline à une excessive rapidité, l'émigration sert de régulateur, sans devenir un obstacle [1], car elle reste bien au-dessous de l'excédant annuel des naissances sur les décès, qui est d'environ 225,000 par an [2].

§ 8. — QUESTION FINANCIÈRE.

Du côté des finances, le dommage a été tout aussi insignifiant : la perte est nulle désormais.

Les émigrants britanniques n'emportent que peu d'argent pour la plupart, et les frais de passage leur sont avancés sous la promesse de remboursement. Le fonds consacré à ces avances s'alimente du produit de la vente des terres coloniales, de sorte qu'en réalité

---

[1] Le recensement de 1861 constate, pour l'Angleterre et les îles normandes, une population de 20,205,504 âmes, et pour l'Écosse 3,261,051 ; total, 23,466,555.

[2] L'accroissement général, qui s'élève ainsi à 1 million 500,000 habitants et plus, ou à 5.5 pour 100, est de beaucoup supérieur à ce qu'il avait été dans la période décennale précédente (1841 à 1851) : la population anglaise n'avait alors augmenté que de 849,585 âmes ou de 3.2 pour 100. Et pourtant, l'émigration avait été seulement de 1 million 692,000 personnes durant la période comprise entre 1841 et 1851, tandis qu'elle a atteint le chiffre colossal de 2 millions 249,350 personnes durant la dernière période décennale. Si l'on défalque le contingent fourni par l'étranger (194,532 émigrants embarqués dans les ports anglais), il reste encore plus de 2 millions de sujets anglais qui se sont expatriés entre 1851 et 1861. Malgré cela, le chiffre des habitants, ainsi que nous venons de le voir, s'est accru de 1 million 519,000 âmes ; il faut donc que l'excédant des naissances sur les décès, pour combler les lacunes causées par l'émigration et produire encore une si forte augmentation, se soit élevé en dix ans à 3 millions et demi d'habitants. Cela ferait par année moyenne un accroissement naturel ou intrinsèque de 350,000 habitants ou de 1.2 pour 100 : proportion supérieure à ce qu'on rencontre aujourd'hui dans n'importe quel grand État du continent.

On constatera avec une réelle satisfaction que l'amélioration se rencontre surtout dans cette pauvre Irlande, qui avait été si terriblement éprouvée dans la période décennale précédente. Entre les années 1841 et 1851, elle n'avait pas perdu moins de 1 million 559,400 habitants, ou le cinquième de sa population, en partie émigrée, en partie tuée par la famine. Durant la période de 1851 à 1861, l'Irlande a encore vu partir environ 1 million 231,000 de ses habitants. Si, malgré cela, sa population n'a diminué que de 788,000 âmes, la différence, qui est d'environ 443,000 âmes, a dû être couverte par un excédant des naissances sur les décès : c'est assurément plus heureux que le phénomène contraire (plus de morts que de naissances), qui avait si tristement marqué les destinées de la « verte Érin » dans les années 1844 à 1849 surtout (Horn, *Journal des Débats*, 1862).

c'est le domaine colonial qui supporte la principale charge. Les promoteurs de l'émigration dans la métropole prodiguent beaucoup plus de conseils et de démarches que de libéralités pécuniaires : beaucoup d'entre eux s'interdisent même, par patriotisme, tout don d'argent qui serait un appauvrissement pour les campagnes, une concurrence à la guerre et à la marine. Après la famine d'Irlande, lit-on dans le dix-septième rapport des commissaires, on adopta le système de grouper toutes les ressources d'une famille pour envoyer au dehors un de ses membres, dont les économies permettraient d'appeler plus tard un second membre et ainsi de suite, jusqu'à ce que la famille tout entière fût transférée dans le nouveau monde. De cette façon, la surabondante population de l'Irlande a été heureusement *drainée* et le pays amené à un état de prospérité qu'il n'avait jamais connu.

Quand commença ce système et tant qu'il fut en progrès, on faisait de continuels efforts pour décider le gouvernement à accélérer l'émigration par des secours pécuniaires ; il n'y a aucun doute maintenant que le gouvernement fit bien de résister à de tels appels.

Quelle admirable entente des principes et des intérêts économiques, et comme le problème de l'émigration est bien résolu ! Le peu qu'elle coûte aux paroisses et à l'État est au-dessous des dépenses que la charité publique aurait dû faire pour l'entretien des indigents à domicile, dans les maisons de travail ou dans les prisons. Depuis plusieurs années les remises d'argent envoyées de la part des émigrants couvrent, et au delà, le prix de passage payé par les familles, de sorte que le courant s'alimente de son propre fonds et ne grève plus la métropole d'aucune charge sérieuse.

Bien au contraire, l'émigration devient pour ses colonies une force, pour sa marine un fret, pour son commerce un profit, et l'État recueille le bénéfice des prospérités particulières par un accroissement de la puissance et de la fortune publiques.

§ 9. — LES COLONIES. LA MARINE. LE COMMERCE.

L'émigration profite d'abord aux colonies anglaises. Sur les 5 millions en nombre rond (4,917,598) d'émigrants, qui, depuis 1815 jusqu'en 1859, ont quitté les ports du Royaume-Uni, plus de 1,800,000 (1,870,658) ont pris le chemin du Nord-Amérique anglais, ou des colonies australiennes, savoir :

    Pour le Nord-Amérique anglais 1,186,735
    Pour l'Australie et la Nouvelle-Zélande.   683,923

Une autre part, moindre il est vrai, s'est portée sur d'autres colonies anglaises, les Indes occidentales, le Cap de Bonne-Espérance, Natal, etc., de sorte que l'on peut avec confiance porter à 2 millions sur 5 le nombre des émigrants que la métropole a versés dans ses propres colonies. Ceci n'est plus, dès lors, une perte, mais un emploi meilleur des forces : tout colon étant producteur et consommateur dans des proportions bien supérieures à ce qu'il était dans sa première condition, à laquelle il n'a renoncé que faute d'y trouver le travail et le bien-être.

Dans les colonies que la conquête a données à l'Angleterre, telles que le Canada, le Cap, Maurice, c'est par l'émigration, là du peuple, ici de l'aristocratie, que l'élément anglais prépare son triomphe. La proportion respective des deux races change peu à peu, la langue passe du journalisme officiel dans les habitudes, les intérêts se déplacent : un jour vient où Ottawa compte supplanter Québec et Montréal.

Ainsi vivifiées par la séve métropolitaine, les colonies prospèrent et rehaussent le prestige de la métropole, suivant une loi historique qu'un jour M. Gladstone développait admirablement... « Le grand principe de l'Angleterre, disait l'éminent ministre, est la multiplication de la race anglaise pour la propagation de ses institutions... Vous rassemblez un certain nombre d'hommes libres destinés à fonder un État indépendant en un autre hémisphère à l'aide d'institutions analogues aux nôtres. Cet état se développera par le principe d'accroissement qui est en lui, protégé comme il le sera par votre pouvoir impérial contre toute agression étrangère, et ainsi, avec le temps, se propageront votre langue, vos mœurs, vos institutions, votre religion jusqu'aux extrémités de la terre... Que les émigrants anglais emportent avec eux leur liberté, tout comme ils emportent leurs instruments aratoires ou tout autre objet qui leur est nécessaire pour s'établir dans leurs nouvelles demeures, et qu'ils la transmettent à leurs enfants! Voilà le vrai moyen de triompher des difficultés de la colonisation. »

La conduite des colonies, quand on les traite avec justice, ne dément point ces espérances des hommes d'État. Lors de la guerre de Crimée, le Canada et l'Australie acquittèrent, par de larges souscriptions, la dette du patriotisme national.

Grâce à ces nobles sentiments, où le désintéressement s'accorde avec le plus habile calcul, la race anglaise fonde, à travers le globe, des colonies prospères et libres comme des États, brillants rayons de sa gloire : elle se console même de voir un grand nombre de ses enfants apporter aux États-Unis leur féconde activité. L'Union américaine n'est-elle pas une émanation du sang britannique, une terre de liberté politique, une force du protestantisme qui a son cœur et sa tête dans Albion?

L'attraction que les États-Unis exercent sur les sujets anglais (près de 3 millions d'immigrants en quarante-cinq ans), s'explique par diverses causes. C'est d'abord le catholicisme des Irlandais qui les fait mal accueillir (les femmes surtout plus fidèles à leur foi), en Australie et dans le Haut-Canada; quant au Bas-Canada, où l'affinité de religion les attirerait, l'espace y manque même à la population d'origine française. Une raison plus décisive se tire de la supériorité du capital possédé par les États-Unis, aux mains de 25 à 30 millions d'individus dont les demandes de travail absorbent tous les bras qui s'offrent, avec une facilité que ne peuvent égaler ni le Canada avec ses 2 millions d'habitants, ni l'Australie avec ses 1,200,000. Loi économique qui tournera au profit des colonies anglaises, à mesure qu'elles s'accroîtront.

Il reste, d'ailleurs, dans ces pertes d'hommes, beaucoup de profits d'argent. Ces Anglais, dispersés dans les immenses domaines de la Confédération, sont des consommateurs de produits anglais dont ils propagent autour d'eux la connaissance et le goût. Considérés simplement comme passagers, comme articles de fret, ils composent d'importantes cargaisons pour la marine marchande, et de précieux clients pour le commerce des villes maritimes.

Cette branche d'industrie est exploitée par un grand nombre de ports, en tête desquels se place Liverpool. Les chiffres suivants, concernant cette ville, mesurent l'importance de ce genre d'affaires.

	Émigrants embarqués.		Émigrants embarqués.
1838	10,888	1851	206,015
1840	40,359	1855	119,108
1850	174,187	1859	80,855

Cette dernière année Liverpool a transporté, comme d'ordinaire, les deux tiers des partants; si la réduction est absolue comme l'émigration elle-même, la proportion reste la même. Les Irlandais sont en majorité dans ces foules, où viennent se mêler les Allemands et les Scandinaves que les navires de Hambourg et d'Altona transportent à Hull, d'où ils se rendent par la voie de terre à Liverpool. Le nombre de ces derniers baisse d'année en année, parce que ce port est signalé à la méfiance de l'Allemagne par les nombreuses fraudes dont y deviennent victimes des gens étrangers à la langue locale, fraudes que facilite la loi anglaise qui ne reconnaît de contrat valable que celui rédigé en anglais. Les capitaines de navires de ce port ont aussi donné lieu à beaucoup de plaintes graves, soit par leur incurie, soit par les désordres de mœurs dont ils se rendaient coupables ou complices. Aussi des mesures spéciales de protection ont-elles été prescrites par le sénat de Hambourg, et même le gouvernement de Bavière a-t-il interdit tout embarquement de ses sujets par Liverpool; Brême, Hanovre, Oldembourg, ont également renoncé à y conduire une partie de leurs émigrants. Cependant le commerce de Liverpool a fait quelques efforts pour écarter de trop justes griefs, et, dès 1851, une association a fondé un établissement destiné à recevoir, loger et nourrir, à prix très-modique, la masse des émigrants.

Après Liverpool, viennent Londres, Southampton et Plymouth pour l'Angleterre, Glasgow et Greenock pour l'Écosse, Galway, Cork, Belfast pour l'Irlande. Depuis quelque temps les armateurs irlandais, animés d'une émulation tardive, s'essaient à retenir dans leurs ports le mouvement irlandais, mais jusqu'à présent leur succès a été médiocre, comme le révèle la répartition suivante entre les trois royaumes :

Émigrants de 1859, embarqués en Angleterre. 106,073
— en Écosse. 4,531
— en Irlande. 9,828

Le tableau de la répartition des émigrants de 1859, montrera quel appui les mouvements de cet ordre apportent au commerce et à la politique de la métropole dans les diverses parties du monde.

DESTINATION DES ÉMIGRANTS.

Nord-Amérique anglais	Canada	6,095	
	Nouveau-Brunswick	229	
	Nouvelle-Écosse et Cap Breton	28	
	Terre-Neuve	281	6,689
	Ile du Prince-Édouard	9	
	Colombie britannique	»	
	Ile de Vancouver	47	
	Indes orientales		464
	Indes occidentales		6,241
	Hong-Kong		63
	Maurice		71
	Afrique occidentale, Sainte-Hélène, Madère, Malte		335
	Cap de Bonne-Espérance		4,565
	Natal		277
	Iles Falkland		10
Colonies australiennnes	Nouvelle-Galles du Sud	5,439	
	Victoria	14,030	
	Sud-Australie	1,556	31,013
	Ouest-Australie	499	
	Tasmania	931	
	Nouvelle-Zélande	8,558	
	Total pour les colonies anglaises		49,728
États-Unis		70,303	
Amérique centrale et méridionale		401	
	Total pour l'étranger		70,704
	Total général		120,432

A cette longue liste s'ajouteront bientôt la Cafrerie britannique, (port d'East-London), démembrée de la colonie du Cap, et la Queensland (Moreton-Bay), démembrée de la Nouvelle-Galles du Sud.

Pour suffire à toutes ces destinations, d'où naissent des milliers de transactions, le commerce arme une véritable flotte à voiles et à vapeur, qui ne compta pas, en 1854, moins de 250 navires, à peu près ce qu'il en faut pour transporter en Europe les cotons américains. Le pavillon anglais flotte sur le plus grand nombre [1].

Tout ce qui fait communiquer les hommes et les lieux, *clippers* et *steamers*, postes, télégraphes électriques, routes et chemins de fer, reçoivent de cette circulation des hommes une lucrative impulsion. Et, réciproquement, ces moyens établis viennent en aide aux émigrants, en leur procurant, en quelque lieu du monde qu'ils puissent être, la protection du drapeau britannique, de faciles relations avec leur famille et leur pays.

Aux bénéfices du transport s'ajoutent ceux des nombreuses industries qui se sont constituées à l'usage des partants : approvisionnements de vivres, objets de literie, ustensiles, outils, instruments aratoires, plants et semences, machines, et même des maisons construites en pièces mobiles, les émigrants achètent tout cela au lieu d'embarquement, laissant ainsi au pays natal la meilleure part des épargnes qu'ils ont emportées du logis, et que la statistique a le tort d'inscrire, en gémissant, comme une perte sèche pour la métropole. Par le paiement du prix du passage s'accomplit la restitution.

L'émigration anglaise est donc tout profit pour l'Angleterre.

---

[1] Dans les quatre années 1855-58, sur 1,213 navires expédiés de Liverpool avec 377,355 émigrants, il y avait :

	Nombre.	Part des navires anglais.	Proportion des passagers sur des navires.
A destination des États-Unis.	800	13,37 %	9,65
— Nord-Amérique anglais	40	80,00	76,10
— Australie et Nouvelle-Zélande.	332	88,25	91,02
— Cap de Bonne-Espérance	41	tous anglais	tous anglais

CHAPITRE II.

L'Allemagne.

§ 1. — COUP D'OEIL HISTORIQUE.

Dès les temps reculés, l'histoire montre dans la race germanique, un goût très-prononcé d'émigration. Sans remonter jusqu'aux incursions nomades ni aux invasions barbares, et pour prendre les sociétés modernes au temps où elles se sont enracinées dans le sol, dès le XIIe siècle, les mineurs et les artisans allemands se répandent en Hongrie et en Transylvanie. Au XIIIe siècle, des groupes de cultivateurs s'établissent en Pologne, sur les domaines de la couronne et du clergé, attirés par diverses faveurs : concessions de terre, exemptions de corvées, impôts légers, privilége du droit allemand et d'une administration municipale prise dans leur sein. Au XVIe siècle, l'Allemagne est trop profondément engagée dans la Réforme pour se laisser entraîner vers le monde découvert par Colomb ; mais au premier apaisement des discordes religieuses, les Allemands accourent au milieu des Anglais en Virginie et Maryland, des Hollandais à la Nouvelle-Amsterdam, des Suédois sur les rives de la Delaware. Entre les plus empressés, ils répondirent à l'appel fraternel que William Penn, qui avait prêché sa doctrine dans la vallée du Rhin, adressa aux pauvres et aux opprimés de toutes nations [1]. Sur les traces d'Oglethorp, le fondateur de Savannah, une

---

[1] Pittorius, de Francfort, conduisit en Pensylvanie la première colonie allemande. — Memno Simon la renforça d'un certain nombre d'adeptes. — Vingt familles de Francfort-sur-le-Mein fondèrent Germanstown. — Reading fut primitivement peuplé de Luthériens allemands, Lancaster de Memnonites. — A Philadelphie où l'on se plaignait de l'indigence des immigrants, le gouvernement craignant de voir le pays se

colonie de frères moraves, conduits par le pieux Zimmerman et une émigration protestante du pays de Saltzbourg, fondèrent, en Georgie, des communautés évangéliques, auxquelles les Jésuites opposèrent plus tard le contraste des leurs. Au commencement du XVIIIe siècle, le mouvement devint plus intense encore. 5,000 Allemands arrivant, bâtirent, dans la province de New-York, Neubourg, Lunebourg, Wurtemberg, Mindern, Berne, Brunswick, renouvellement éternel comme le cœur humain, du doux nom de Simoïs donné par les Troyens aux rivières d'Italie. Vers la même époque, de 1700 à 1710, les habitants du Palatinat pénétrèrent dans les deux Carolines. Toujours confiants, les Allemands se laissèrent expédier par les agents de Law sur les rives du Mississipi, et ceux qui survécurent à une folle entreprise, allèrent s'installer sur un point de la Louisiane, qui rappelle encore leur souvenir; les autres à Biloxi, près de Mobile, dans l'Alabama. Telle était l'affluence germanique que, vers 1750, elle balançait l'élément anglais. Misérable était pourtant le sort de beaucoup d'entre eux, à peu près réduits en servitude et vendus comme marchandises, au point qu'un des principaux succès de la société philanthropique, fondée par leurs compatriotes à Philadelphie, en 1764, fut la réduction de leur temps de service de huit années à trois. Malgré tout, leur nombre croissait si bien, qu'en 1766, on les évaluait à 200,000; la seule année 1784 en vit arriver 17,000. C'était au lendemain du traité qui consacrait l'indépendance, dont les combats avaient entouré les noms de Sharp, Mühlemberg, Kalb, Steuben, de rayons de gloire qui se reflétaient en bienveillance pour leurs compatriotes. Cependant le courant se ralentissait par l'effet de l'opposition, déjà manifeste, des natifs contre les étrangers, ainsi que d'une loi sévère de 1798 sur la naturalisation, lorsque le blocus continental vint le troubler brusquement.

Précédemment, la Russie avait disputé les cultivateurs allemands à l'Amérique. Catherine II, développant l'initiative de Paul Ier, s'était appliquée à peupler de colons de cette race les provinces méridio-

germaniser, frappa tout émigrant d'une taxe de 4 shellings, qui ne fut pas longtemps levée.

nales de son empire. Beaucoup vinrent, s'installèrent, et à la longue prospérèrent. Vers 1830, on évaluait à 130,000 environ le nombre de leurs descendants, dont la plupart, isolés au sein des races slaves, restaient fidèles de cœur à leur origine.

Vers la même époque, en 1758, le comte Olavidé, à l'instigation de son roi, Charles III, introduisait en Espagne, dans la Sierra-Morena, la chaîne montagneuse qui sépare la Nouvelle-Castille de l'Andalousie, des familles allemandes dont la postérité occupe aujourd'hui une soixantaine de villages dans la région que traverse la route de Madrid à Séville.

Des essais aventureux, en Sicile et en Grèce, n'ont laissé que des souvenirs fugitifs. Le sang germanique, ami du froid, s'est mieux accommodé des bruyères du Jutland et de la Gallicie, des plaines de la Pologne, des neiges même de la Laponie.

A la Martinique, il a mal réussi, par la faute des administrations peut-être plus encore que par celle du climat.

Vocation bien manifeste d'un peuple qui, placé au centre de l'Europe, court à la circonférence, et sans avoir jamais vu la mer que sur son horizon le plus lointain, se livre sans peur à toutes les chances des plus longues navigations, pourvu qu'il y ait au bout des terres à défricher et coloniser, des familles humaines à constituer en tribus et en sociétés!

Ce rapide aperçu établit avec une suffisante autorité que lorsque l'émigration allemande recommença en 1815, avec une ardeur qui étonna les esprits oublieux ou ignorants du passé, c'était un courant, quinze ans interrompu, qui reprenait sa marche historique.

Comme il arrive à l'origine de tout mouvement, le premier élan fut vif, et l'on n'évalua pas à moins de 30,000 les émigrants des deux années, 1817 et 1818, mais il se calma bientôt et retomba aux proportions les plus modestes [1], 2 à 4,000. Vers 1827, reprise assez

---

[1] La statistique allemande renferme sur les faits et les chiffres relatifs à l'émigration jusque vers 1846, des lacunes et des contradictions que les savants d'outre-Rhin ont en vain essayé d'éclaircir. La lumière ne se fait sur cette matière que depuis une dixaine d'années, et encore pas autant que l'amour désintéressé de la vérité le

marquée pour susciter des discussions dans les assemblées publiques d'Allemagne. Après 1830, sous le contre-coup de la révolution de France, surcroît d'immigration qui atteint, par une hausse graduelle, le chiffre de 33,000 en 1837, soutenu les années suivantes. En 1843, cette persistance inspire à plusieurs princes et gentilshommes allemands la patriotique pensée de fonder une colonie germanique, qui porterait au delà des mers, avec les garanties d'une libre et longue vitalité, les mœurs et la langue de la mère-patrie dans l'unité qui lui manque. On se réunit à Wiesbaden; on constitua une société; le Texas fut choisi pour devenir le théâtre de cette expérience; le comte Joseph de Roos se rendit sur les lieux. — Malheureusement pour ce noble projet, l'annexion du Texas à la Confédération, accomplie en 1845, détruisant l'espoir de l'indépendance, découragea les chefs de l'entreprise, et les colons qui se rendirent au Texas, dans les années suivantes, livrés à eux-mêmes, ne tardèrent pas à subir l'influence américaine, dont il est douteux, du reste, qu'aucune tutelle eût pu les préserver entièrement.

Pendant les années 1846 et 1847, l'Allemagne se met pour l'émigration au pas de l'Angleterre. Les fatigués d'Europe, comme ils s'appellent (*Europamüde*), dépassent alors le nombre jusqu'alors inouï de 100,000, qui est ramené, durant les trois années subséquentes, entre 80 et 90,000. A partir de 1852, hausse nouvelle et plus prononcée que jamais et qui atteint, en 1854, le point culminant de 250,000. De cette hauteur, on retomba brusquement au-dessous de 100,000, niveau qui n'a plus été atteint, malgré une reprise assez vive en 1857. (Voir le tableau figuratif.)

Le bond de 1817-1819 correspond à la restitution de la liberté d'émigration et aux vives déceptions qui suivirent la paix de 1815 chez les peuples allemands qui ne recueillaient ni la liberté, ni l'unité que la guerre leur avait promises : en même temps sévissait la disette de 1817. La hausse de 1827 à 1830, succédant à une réaction de plusieurs années, est attribuée aux inondations et aux

souhaiterait. Voilà pourquoi nous glissons rapidement sur une période que nous aurions désiré mieux éclaircir.

mauvaises récoltes ; celle de 1830 et années suivantes à la révolution de Juillet en France.

La maladie de la pomme de terre dès 1846 et le déficit des céréales en 1847 expliquent avec plus de certitude et de précision l'élan extraordinaire de ces deux années, parallèle à celui que nous avons constaté pour l'Irlande.

La révolution française de 1848, à la différence de celle de 1830, ramena pendant trois ans une proportion plus faible dans les départs. Il semble que la lutte engagée sur le sol germanique entre les gouvernements et les peuples retenait les âmes en suspens, et qu'un triomphe prochain dût relever le prix avili des terres : on voulait suivre les péripéties d'un drame émouvant où le cœur et les intérêts étaient engagés. Le travail abondait d'ailleurs, en 1850, dans les fabriques des provinces rhénanes, et les saisons étaient propices aux récoltes. Dès que la défaite de la démocratie fut certaine, les rigueurs politiques ou la crainte multiplièrent les adieux à la patrie ; en même temps, les mines d'or de la Californie et de l'Australie offrirent aux plus aventureux la séduction de leurs mirages. A ces mobiles se joignirent la cherté extrême de 1851 et 1852. La crainte de voir l'Allemagne entraînée dans la guerre de Crimée contribua à la hausse énorme de l'émigration en 1854, qui ébranla les classes aisées bien plus qu'autrefois.

A partir de 1855, nouvelle décroissance pour les causes déjà signalées à propos de l'Irlande, grossies de quelques autres ; prospérité agricole et industrielle, moindre cherté des vivres, spéculations financières qui attirent les capitaux, levées pour le service militaire. On constata même le retour d'un assez grand nombre d'émigrants *Amerikamüde*, fatigués d'Amérique.

Depuis quelques années, le courant flotte autour de 50 à 60,000 départs, conclusion modérée d'un mouvement dont le tableau suivant suit les fluctuations [1].

---

[1] Dressé par Gäbler pour *l'Annuaire* de Otto Hübner, 1re année. — Le mouvement de 1815 à 1819 n'y figure pas.

Années.	Émigrants allemands.	Années.	Émigrants allemands.	Années.	Émigrants allemands.
1819.	4,700	1833.	20,000	1847.	109,531
1820.	2,200	1834.	24,000	1848.	81,895
1821.	2,200	1835.	17,600	1849.	89,102
1822.	2,400	1836.	24,000	1850.	82,404
1823.	2,500	1837.	33,000	1851.	112,547
1824.	2,700	1838.	20,000	1852.	162,301
1825.	4,300	1839.	28,000	1853.	162,568
1826.	4,800	1840.	28,000	1854.	251,931
1827.	11,000	1841.	22,000	1855.	81,698
1828.	9,500	1842.	20,000	1856.	98,573
1829.	8,000	1843.	23,000		
1830.	15,000	1844.	43,701	1857	
1831.	15,100	1845.	67,209	1858	50 à 60,000 par an.
1832.	24,200	1846.	94,581	1859	

§ 2. — INTERVENTION OFFICIELLE ET PHILANTHROPIQUE.

Au spectacle de ces flots d'hommes s'écoulant vers l'Océan et à jamais perdus pour leur patrie, les gouvernements allemands se sont émus, les uns d'une pitié sincère pour des malheureux qui couraient après l'inconnu, les autres d'une sollicitude sérieuse de leurs propres intérêts. Que deviendraient leurs armées et leurs finances si les sujets désertaient ainsi, l'un après l'autre, leurs devoirs de soldats et de contribuables ! Contre cette fuite, la plupart prirent ou renouvelèrent des mesures de vigilance et de sévérité.

L'esprit du siècle ne permettait plus de prononcer contre de tels coupables ou leurs complices la peine de mort, comme osa le faire la Bavière au siècle dernier contre quiconque recruterait pour l'Espagne, comme le fit Frédéric-Guillaume dans ses États. La Bavière qui paraît être, entre toutes les puissances germaniques, la plus embarrassée de retenir ses peuples, frappa, par une ordonnance du 16 juillet 1804, d'un prélèvement de 10 pour 100 les valeurs emportées par les émigrants. D'autres gouvernements déclarèrent nulles les ventes de terres faites par des personnes agissant avec l'intention préconçue d'abandonner le pays. Malgré ces sévérités officielles,

les longues polémiques sur cette question aboutirent, en 1848, dans l'assemblée fédérale de Francfort, à une déclaration des droits fondamentaux du peuple allemand, au nombre desquels l'émigration fut comprise, sans aucune taxe à payer au départ. Placée sous la protection et la sollicitude de l'empire, la liberté d'émigrer ne fut refusée qu'aux citoyens compris dans certaines catégories exceptionnelles : 1º les débiteurs en retard avec leurs créanciers ; 2º les jeunes gens que leur âge pourrait appeler prochainement sous le drapeau ; 3º les adultes inscrits sur les registres de la *Landwehr*, et pendant le pied de guerre (*Kriegsbereitschaft*), voté par la Diète. En outre, les lois communes à toute la confédération germanique permettent d'arrêter, même lorsqu'ils sont déjà embarqués sur un navire de Brême ou de Hambourg, les banqueroutiers frauduleux, les voleurs, débiteurs, meurtriers, etc.

Sans briser ouvertement ce cadre légal, la plupart des États ont introduit des règlements restrictifs qui réduisent un grand nombre de citoyens aux subterfuges de l'émigration clandestine, surtout dans les pays qui mesurent leur force à leur importance militaire.

Des efforts ont été faits à diverses reprises pour introduire une législation fédérale de l'émigration, commune à tous les États germaniques ; et en vue de porter la question devant la Diète, la Prusse demanda, en 1847, à ses ambassadeurs et consuls du Nord de l'Amérique, des rapports sur les conditions de sol, de culture et de climat, sur les moyens de communication, les règlements administratifs et généralement tout ce qui concernait l'émigration en grand dans les pays où ils résidaient. Le plan de la Prusse fut interrompu par les événements de 1848 : néanmoins, l'assemblée de Francfort se saisit de la question ; et s'en tenant au principe supérieur, elle renouvela sa déclaration en faveur de la liberté d'émigration, et prescrivit l'étude d'une loi spéciale à cet effet, qui fut prête dès le mois de mars 1849 ; mais, par suite de la dissolution de l'assemblée nationale, elle n'y fut pas prise en considération. A cette occasion les membres de la Diète reconnurent, comme l'un de leurs devoirs, les soins à prendre pour l'émigration des Allemands, ce qui amena, au mois de juillet 1850, la présentation d'un projet de loi d'après lequel un bureau pour l'émigration et la colonisation serait ouvert au ministère de l'intérieur et des affaires étrangères, avec mission de pourvoir à une direction des émigrants profitable à eux-mêmes et à la mère-patrie. Ce projet avorta comme le précédent et par le même incident [1].

Cependant, plusieurs États agissant séparément avaient tenté, sans plus de succès, de négocier avec divers membres de la confédération et avec des nations voisines pour faire repousser les émigrants qui ne seraient pas munis des papiers de légitimation. La Hesse-Darmstadt et la Bavière avaient particulièrement déployé leur zèle en ces démarches, qui n'en restèrent pas moins infructueuses. La France notamment, tant par hommage au droit que par sa participation au transit, avait refusé d'interdire le passage de sa frontière à quiconque ne justifierait pas d'un permis officiel d'émigration.

La pensée d'une législation fédérale de l'émigration reparut à l'assemblée de Francfort, au mois d'août 1856, sous les auspices de la Bavière, persévérante dans ses inquiètes doléances. Elle proposait d'inviter tous les gouvernements allemands à communiquer leur législation sur ce sujet, en vue de l'unité à introduire ; elle voulait, en outre, que l'émigration fût dirigée sur des contrées vierges de spéculations, exemptes de risques, où les émigrants conserveraient, avec leur nationalité, leurs rapports avec la patrie allemande. La Hongrie, les Principautés danubiennes lui paraissaient offrir ces avantages mieux que l'Amérique du Nord et le Brésil.

La commission nommée pour examiner la proposition de la Bavière, fit, peu après, un rapport où se trouvaient indiquées les mesures principales sur lesquelles il s'agissait de s'entendre. Il y était traité des conditions auxquelles on accorderait la permission d'émigrer, des mesures à prendre contre l'émigration secrète, de la protection à assurer aux émigrants dans les ports d'embarquement, de la direction à donner à l'émigration ; enfin, de la représentation diploma-

---

[1] *Dictionnaire universel* de Pierer, 1855.

tique et consulaire à établir dans les pays où seraient dirigés les émigrés. De leur côté les gouvernements transmirent copie de leurs lois et ordonnances spéciales, dont l'étude éclaira un rapport détaillé et définitif de la question, qui fut envoyé aux chefs des divers États, avec un délai de deux mois pour donner leurs instructions à leurs représentants au sein de la Diète.

Au jour de la délibération, la diversité d'idées et d'intérêts qui caractérise la fédération germanique se traduisit dans les votes, lesquels se partagèrent ainsi qu'il suit :

	Pour.	Contre.
Permis d'émigration à exiger.	20	12
Exhibition préalable de ces permis aux agents avant de passer le contrat.	20	11
Recrutement réservé aux courtiers allemands, combiné avec les garanties exigées des armateurs.	18	14
Visa préalable des consuls respectifs à montrer aux expéditeurs des ports.	19	12
Intervention des consuls allemands dans les ports, en faveur d'Allemands autres que leurs nationaux.	25	6

La majorité, comme on le voit, réclame des précautions rigoureuses ; elle suit l'impulsion des États de l'Allemagne méridionale surtout, Autriche, Bavière, Wurtemberg, et s'adjoint plusieurs de ceux de l'Allemagne centrale et septentrionale, Hesse-Darmstadt, Hesse-Cassel, Hanovre, Prusse, etc., mais elle trouve de la résistance surtout dans les États maritimes, Brême, Hambourg, et quelques autres qui profitent soit du transit, soit du transport des émigrants. Ces derniers rallient à eux les États qui ont, comme le grand-duché de Bade, subventionné l'émigration, en retour de la renonciation des émigrants à leurs droits aux biens communaux, et ceux qui aiment à se débarrasser de leurs pauvres en les transportant, aux frais du budget, en Amérique ou en Algérie.

On a dû s'arrêter à des paroles, la Diète comprenant bien qu'elle n'a ni représentants au dehors pour protéger ses nationaux, ni argent pour acheter des terres ou accorder des subsides.

A l'indifférence des gouvernements, à l'impuissance de la Diète, une patriotique philanthropie a suppléé de son mieux par des comités librement constitués dans les principaux centres d'émigration. Il s'en forma successivement à Giessen (1833), Dusseldorf (1843), Leipzig (1846), à Francfort. A la suite d'un congrès tenu dans cette ville, au mois d'octobre 1848, une association nationale pour éclairer, diriger, modérer l'émigration, relia des comités locaux institués à Darmstadt, Brunswick, Reutlinger (Wurtemberg), Carlsruhe, Hanau, Limbourg, Wiesbaden, Francfort même, où elle publia le *deutsche Auswanderer* (l'Émigrant allemand). Un second congrès s'assembla en 1850. Dans le nord de l'Allemagne, Berlin eut son grand comité à Berlin, en 1849, sans compter un autre à Breslau; et la Saxe, non moins zélée, en posséda plusieurs de courte durée, il est vrai, à Zwickau, Chemnitz, Meissen. De tout ce mouvement, il ne reste guère aujourd'hui que des comités purement consultatifs à Berlin et à Francfort, en dehors des institutions spéciales créées par les villes hanséatiques, Brême et Hambourg, pour protéger jusqu'au moment du départ les émigrants qui, de tous les points de l'Allemagne, affluent sur leurs quais.

§ 3. — DIRECTION DE L'ÉMIGRATION.

Des directions multiples répondent aux goûts cosmopolites de l'émigration allemande. Nulle autre race n'éprouve une curiosité aussi variée dans son objet, aussi ferme dans sa confiance en l'accueil hospitalier que lui doivent partout la nature et l'humanité. Aussi la trouve-t-on en tout pays qui ne ferme pas absolument ses portes. Dans l'Europe orientale, les Germains visitent les Magyars de la Hongrie, les Slaves de la Pologne et de la Russie, les Roumains du Danube, les Turcs et les Grecs. Au delà même, ils pénètrent jusqu'aux vallées du Caucase, aux jardins de la Turquie d'Asie, aux plages de l'Égypte. Dans l'Europe occidentale, ils colonisèrent, on l'a vu, la Sierra-Morena. Ils abordent l'Afrique au nord par l'Algérie, au sud par les colonies anglaises du Cap, de la Cafrerie, de Natal.

Mais c'est en Amérique surtout que se porte le corps de l'armée des émigrants, pour y rejoindre les parents et les compatriotes qui les appellent, et souvent leur fournissent les moyens de faire le voyage. N'oubliant pas que leurs pères y instituèrent, il y a plus d'un siècle (1738), la première école pour les enfants des esclaves, ils préfèrent les États du Nord, où d'ailleurs le climat diffère moins de celui de l'Allemagne. Du littoral qu'ils occupèrent au début, et où beaucoup s'arrêtent encore le lendemain du débarquement, à New-York, Boston ou Philadelphie, ils marchent, en troupes pressées d'abord, et se disséminant, à mesure qu'ils avancent à l'intérieur, le long de l'Ohio, du haut Mississipi, sur les bords des lacs, et jusque dans les solitudes les plus reculées de l'ouest. Un autre courant débarque à la Nouvelle-Orléans et remonte le Mississipi pour se jeter dans les immenses plaines que baignent l'Arkansas et le Missouri. Un troisième courant, enfin, débarque droit à Galveston et se porte au cœur du Texas, entamé déjà de toute part. Au nord comme au sud, à l'ouest comme à l'est, les Allemands fondent des journaux qui maintiennent la langue et défendent les personnes contre l'invasion anglo-saxonne, et tiennent tête au parti du *nativisme*, rajeuni naguère sous le nom de *know-nothing*. Sans y trouver l'Arcadie sociale et politique que rêvèrent beaucoup d'entre eux au départ, ils se rallient franchement à un pays qui leur donne toutes les libertés, leur offre la propriété, favorise l'éducation de leurs enfants, ne leur impose que des taxes modérées, les dispense enfin, bienfait inappréciable, du service militaire. Sur une population de 28 à 30 millions d'habitants, les États-Unis en comptent environ 4 millions d'origine germanique.

Depuis quelques années, plusieurs rivaux disputent aux États-Unis l'émigration allemande ; au nord, le Canada et le Nouveau-Brunswick, qui se plaignent de recevoir trop de pauvres ; au sud, les États de l'Amérique centrale et méridionale. Il n'est pas de république hispano-américaine qui n'ait tenté la confiance naïve des enfants de la Germanie, et pour eux la religion d'État s'est pliée à des promesses de tolérance. La confiance germanique a été sensible à ces bons procédés. Du Mexique jusqu'au Chili et à la Plata, les Allemands ont semé partout quelques germes de société, au Guatemala comme à Costa-Rica, au Vénézuela comme en Bolivie, à la Nouvelle-Grenade comme au Pérou. Le Brésil a fait les choses plus grandement. Il a fait publier des livres, il a envoyé des délégués; il a tant besoin de suppléer par des bras libres à l'esclavage qui s'écroule! Il n'est pas jusqu'à la Guyane, la Jamaïque, Cuba et la Trinité, qui n'aient jeté quelque hameçon à la curiosité teutonique.

Les pays latins ont fait à l'Union américaine moins de concurrence que l'Australie, où les Allemands se sont précipités, séduits par le passage gratuit, bien que sujet à remboursement, offert par les Compagnies. En arrivant, ils se sont divisés en deux bandes : les enthousiastes qui ont couru aux *placers* de Victoria et de la Nouvelle-Galles, les sages qui se sont arrêtés aux jardins de Melbourne ou ont pris le chemin des fermes de l'Australie du Sud. Comme entre ces provinces et la Tasmanie et même la Nouvelle-Zélande, il n'y avait qu'un fossé liquide ou quelques lieues de mer, nos pèlerins de la colonisation les ont bien vite franchies, et les voilà aujourd'hui citoyens de Hobart-Town, députés peut-être d'Auckland, à l'antipode géographique des sapinières odorantes de la Forêt-Noire, et des horizons bleus du Taunus et des fraîches vallées du Neckar, dont ils gardent jusqu'au dernier jour un pieux souvenir.

Et dulces moriens reminiscitur Argos.

Malgré ces amorces, les États-Unis conservent le premier rang de popularité parmi les émigrants allemands. Une seule année suffit pour montrer dans quelle proportion, en 1854, marquée par le maximum d'émigration, les principaux ports où s'embarque l'émigration germanique firent les expéditions suivantes pour les États-Unis.

Ports.	Total des émigrants.	Part pour les États-Unis.
Brême.	76,875	75,500
Hambourg.	28,310	20,835
Anvers.	25,843	22,178
Le Havre (1857).	30,000	27,000

§ 4. — CAUSES DE L'ÉMIGRATION.

Une tendance qui se manifeste par des phénomènes aussi persévérants et aussi généraux ne saurait s'expliquer par des causes locales et temporaires : elle dérive de l'essence même du caractère allemand. A l'instar de certains animaux et de certains hommes, la race germanique est douée de l'instinct des migrations. Il semble que le rôle des Germains dans le monde consiste à recevoir de la main d'autrui des ébauches de colonisation pour les achever, en y introduisant le travail des champs, la famille, la commune, la religion, l'honnêteté, la gravité, tous les signes d'une société régulière. D'autres font le cadre; ils le remplissent. Les Allemands, initiateurs de seconde main, ne fondent aucune colonie nationale; mais ils fécondent, par leurs aptitudes propres, les colonies créées par d'autres. Dans cette carrière, l'Allemagne se montre l'auxiliaire et la sœur de la Grande-Bretagne à laquelle l'unissent des origines communes.

Cette inclination naturelle à la dispersion au dehors est moins combattue en Allemagne qu'ailleurs par le culte de la patrie. Tandis que les peuples de race latine personnifient la patrie surtout dans le pays lui-même, symbole matériel et chéri de l'unité invisible des âmes, chez les Germains comme chez les Sémites, la famille et la tribu sont la patrie, plutôt que l'État, plutôt que le sol : avec elles, ils ne se sentent nulle part exilés. C'est sans doute ce fonds de caractère qui empêche la race teutonique de se constituer en corps unique de nation; et la disposition naturelle des âmes prend appui à son tour dans cette multitude d'États secondaires, incapables d'exercer sur les cœurs aucune puissante attraction.

Les lois et l'administration viennent en aide à l'émigration par leurs mutilations arbitraires des droits légitimes de la vie sociale.

Au dire des émigrants, les obstacles légaux au mariage sont les plus graves de ces entraves importunes.

En Bavière, le mariage n'est permis qu'aux bourgeois, titre qui ne s'accorde que sur justification de la propriété d'une maison de certaine valeur et d'un champ de quelque étendue.

Dans le Wurtemberg, le jeune homme assujetti au service militaire ne peut se marier avant 25 ans, et, même à cet âge, il est tenu de prouver que lui et sa future possèdent ensemble de quoi s'établir et élever une famille, c'est-à-dire dans les grandes villes, 800 à 1,000 florins, dans les petites, 400 à 500, et 200 florins dans les villages.

Dans le Mecklembourg, les mariages sont retardés par la conscription jusqu'à la vingt-deuxième année, et par le service militaire, six ans de plus : en outre, les futurs époux doivent avoir un domicile légal, sans quoi le pasteur leur refuse sa bénédiction.

En Saxe, l'homme ne peut se marier avant vingt-un ans, s'il est propre au service militaire; à Dresde, les artisans ne peuvent se marier qu'après être passés maîtres.

A Francfort, les futurs époux doivent justifier de moyens suffisants d'existence.

A Lubeck, l'homme doit prouver qu'il a une profession capable de subvenir aux besoins du ménage, avoir été reçu bourgeois et posséder l'uniforme de la garde bourgeoise, qui coûte une centaine de francs.

Ces restrictions blessent comme une servitude envers l'autorité; la dignité humaine s'en offusque plus que l'amour lui-même, plus que la raison.

Le régime industriel froisse aussi. Dans toute l'Allemagne règne encore, avec plus ou moins de rigueur, le vieux système des maîtrises privilégiées, des apprentissages forcés, des chefs-d'œuvre ruineux[1]. Encore ici, les corporations ne déplaisent guère en elles-mêmes aux ouvriers, car partout où elles sont tombées, ils tendent volontiers à les reconstituer; mais les caractères et les intérêts qu'un jour ou l'autre elles atteignent ne manquent pas de les comparer aux franchises de la liberté américaine.

---

[1] A Francfort, en 1857, on nous montra un plafond délabré dont la réparation était suspendue, parce qu'on n'était pas encore fixé sur la corporation d'ouvriers à laquelle ce travail appartenait.

Aussi vives sont les plaintes que soulève la propriété territoriale. En certains États, tels que le duché de Bade, où règne le Code Napoléon, le morcellement a atteint des limites si extrêmes, que les frais de culture absorbent la production ; en quelques communes on a réussi, par l'échange des parcelles, à recomposer des biens d'une étendue raisonnable, mais ce n'est que le petit nombre ; les autres se désespèrent d'un mal qui paraît sans remède : alors il faut bien que les uns, ne pouvant vivre, partent. En Autriche, en Bavière et en Wurtemberg, la même nécessité résulte d'une législation contraire : les lois s'opposant à la division du sol, les cadets n'ont qu'à laisser à l'aîné le manoir paternel. En Autriche, l'unité indivisible est d'environ 27 hectares.

En Mecklembourg, le sol est presque en entier aux mains de la noblesse, de l'État ou des communes ; la propriété privée est si rare qu'elle est à peu près inaccessible à tous.

Des institutions imparfaites sont quelquefois corrigées par la main qui les applique, et le dommage est moindre dans l'application qu'on ne devait s'y attendre. Il ne paraît pas qu'en Allemagne le régime politique et administratif fasse oublier le vice des institutions civiles.

La plupart des personnes qui émigrent accusent, à tort ou à raison, la brutalité des fonctionnaires subalternes. A mesure que les populations s'éclairent, et l'Allemagne est l'un des pays où l'instruction est le plus répandue, devenues plus chatouilleuses elles repoussent ce que leurs pères subissaient. Le Mecklembourg, les deux Hesses, le duché de Nassau, sont les États où ces plaintes sont le plus générales. Cette relation directe entre une mauvaise administration et l'émigration est si connue, qu'un axiome l'exprime aux États-Unis. « Toutes les fois qu'en Europe un pays est mal gouverné, disent les Américains, nous sommes les premiers à nous en apercevoir et en profiter, » parole qui est l'écho fidèle de celle qu'on entend tous les jours en Allemagne à propos de toute contrariété : « C'est intolérable, dit le laboureur ou l'artisan, j'aime mieux partir pour l'Amérique. »

Lors même que les émigrants ne précisent aucun grief contre leur gouvernement, s'ils souffrent, ils l'accusent de leurs souffrances. Le présent est loin de les satisfaire, l'avenir les inquiète pour leurs enfants. Les impôts sont lourds, et, sous leurs yeux, servent à l'entretien, sévèrement jugé, de plus de trente cours souveraines avec leurs listes civiles, états majors, palais, parades, etc. Grief plus vif encore, ces impôts se dépensent en pure perte, aux budgets de la guerre, et le service militaire, après avoir prélevé le plus pur de leurs revenus, enlève à toutes les familles les jeunes gens qui en sont la force et l'espoir. A ces sacrifices, il n'y a pas même la compensation d'un grand rôle politique en Europe, et trop souvent l'on joue sa vie pour le triomphe des causes les moins sympathiques à l'âme.

Telles sont les récriminations qui s'échangent sourdement dans l'intimité de la famille et de l'amitié. Qu'à travers ces dispositions de l'âme surviennent une mauvaise récolte qui renchérisse les vivres, le chômage des usines ou des manufactures par le contre-coup d'une crise lointaine, un moindre emploi de main-d'œuvre par l'introduction de machines, une baisse de salaires par l'effet de la concurrence, et la mesure de l'irritation se comble : le projet longtemps caressé de l'émigration est résolûment adopté.

Depuis dix ans, tous ces incidents de la vie économique d'un peuple se sont manifestés en Allemagne : les céréales ont mal réussi plusieurs années ; la maladie de la pomme de terre est devenue presque permanente ; le tissage à la main du coton et du lin, le travail des dentelles ont reculé, presque disparu devant la mécanique ; les usines ont éteint parfois leurs fourneaux et les mines congédié leurs ouvriers ; la passementerie a perdu ses débouchés ; aux coalitions d'ouvriers, les fabricants ont opposé des coalitions contraires, qui ont pesé sur les salaires, etc.

L'action de ces causes n'a pas agi seulement sur les opposants de la démocratie ou sur les prolétaires, qui se plaignent d'être, dans l'industrie, des ouvriers serfs des maîtres, dans la culture, des paysans serfs des propriétaires ; des chefs de famille, membres honnêtes et sages de la classe moyenne, sans hostilité systématique contre les monarchies, sans illusions chimériques sur les républiques, émigrent.

Heureux sous les gouvernements de leur pays, ils n'en chercheraient pas d'autres; malheureux sous les monarchies allemandes, ils les accusent : en voyant aux États-Unis le même travail procurer la prospérité privée et publique, ils concluent que, régie comme les États-Unis, l'Allemagne prospérerait de même.

C'est dans cette mesure seulement que l'on a pu attribuer à l'émigration un caractère politique ; sauf chez quelques individus peu nombreux, elle est tellement étrangère à toute théorie préconçue contre les monarchies que beaucoup d'émigrants vont se ranger sous l'autorité d'une couronne royale ou impériale, au Canada, en Australie, au Brésil. Il n'y a de bien prononcé en eux que le double sentiment de la dignité humaine à conquérir par la liberté politique, du bien-être à obtenir par un travail assuré.

L'esprit de secte n'agit que dans la sphère religieuse, et il est vrai qu'il provoque quelques émigrations même dans un pays que l'on croirait livré sans aucun frein à toutes les excentricités des novateurs. Nous avons déjà cité, dans les temps passés, les Quakers et les Memnonites, qui sont une variété d'Anabaptistes, comme ayant concouru à la colonisation américaine : les Anabaptistes subsistent encore de nos jours. Se refusant au service militaire, ils se soustraient aux exigences légales en émigrant en Russie, où ils sont bien accueillis comme habiles cultivateurs. Ils s'y retrouvent avec les séparatistes qui refusent le serment que l'État persiste à exiger, et les baptistes, qui ont d'autres scrupules, etc... Ceux-ci ont fondé Catherinenfeld, et les Memnonites Alexanderthal, près de Samara, sur les bords du Volga. Cette fuite est vue avec déplaisir par le gouvernement prussien, qui punit rigoureusement toute tentative d'embauchage pour la Russie.

L'Amérique n'est pas tout à fait abandonnée par cette catégorie d'émigrants, et l'on a vu, après la révolution d'il y a dix ans, le professeur Wislicems, de Halle, chercher dans le nouveau monde un refuge contre les persécutions que ses doctrines théologiques lui ont attiré de la part du gouvernement prussien. Il a publié des Lettres de l'Amérique du Nord qui ont paru en 1854.

C'est aussi en Amérique que beaucoup de Juifs vont chercher l'égalité, la liberté, la dignité d'existence que leur refusent les lois et les mœurs de l'Allemagne.

Nous avons parcouru une série déjà bien longue de causes ou de prétextes d'émigrations, et nous n'avons pas nommé encore l'excès de population : n'y a-t-il donc aucune part à lui faire?

Pour éclairer le problème, voici la densité respective des principaux États allemands, déduction faite des territoires qui ne comprennent que des villes avec leur banlieue, telles que Francfort, Brême, Hambourg, Lubeck [1].

	Par kil. carré.		Par kil. carré.
Royaume de Saxe	145	Brunswick	73
Duché de Saxe-Altembourg	101	Prusse	63
Hesse-Grand-ducale	101	Bavière	60
Nassau	92	Autriche	59
Lippe	94	Hanovre	47
Bade	87	Oldembourg	46
Wurtemberg	86	Mecklembourg-Schwerin	41
Hesse-Cassel	76	— Strélitz	35

Sauf dans les Saxes, la moyenne, considérée comme normale par beaucoup d'économistes (100 habitants par kilomètre carré, ou 1 habitant par hectare), n'est atteinte nulle part, et le royaume de Saxe est précisément un des États germaniques où l'émigration, après avoir été assez intense, s'est le plus ralentie. On peut dire cependant que dans la plupart des États qui suivent, jusqu'à la Prusse et à la Bavière, la population touche de près, si elle n'y atteint, au terme au delà duquel elle se sent trop à l'étroit. Les plaines et les vallées y sont couvertes d'habitants, et les parties moins peuplées doivent généralement leur solitude à des terrains sablonneux couverts de bruyères et impropres à de riches cultures, ou à des forêts dont l'exploitation réclame peu de monde, quand elle est permise. Même dans la Prusse et la Bavière, quoique la moyenne ne soit pas très-haute, (au-dessous de la France), les pro-

---

[1] Nous prenons pour guide l'*Annuaire de l'Économie politique*, 1859 et 60.

vinces rhénanes qui en font partie sont fort peuplées (en territoire de Coblentz, 280 habitants par kilomètre carré).

Si le paupérisme exerce ses ravages dans la plupart des États germaniques, même dans ceux qui paraissent les plus florissants à la surface, la faute en est à l'insuffisance de la production ou à des consommations improductives, non à l'excès de population. La misère arrive quelquefois à des extrémités inouïes, que nous révèlent des correspondances consulaires mieux que des documents publics.

On trouve des familles parquées en une seule chambre avec une ligne de craie pour toute séparation. Celles-là se croient privilégiées qui possèdent une chaise, une table, un lit pour tous, un pot de grès pour tout ustensile. Il en est qui sont vêtues de lambeaux en défroque, dont les enfants vont à peu près nus et sans chaussure, même en hiver. Beaucoup de pauvres ne vivent que de pommes de terre et d'une liqueur factice qu'ils qualifient de café : les plus altérés boivent une affreuse eau-de-vie fabriquée avec des pommes de terre, ruineuse pour la santé plus encore que pour la bourse. A ce degré de déchéance, la misère dégénère en une effrayante démoralisation, au-dessus de tout remède, et dont les révoltes ou émeutes d'ouvriers ne sont pas le pire symptôme, car elles attestent encore un reste d'énergie [1].

Tous les motifs de mécontentement sont exploités par les courtiers, payés pour vanter, tantôt telle compagnie de transport, tantôt telle contrée aux dépens des autres. Par leurs soins, des notices hyperboliques sont distribuées à profusion, les nouvelles favorables circulent dans les campagnes avec les lettres encourageantes. Les mauvaises nouvelles ou les plaintes sont supprimées, commentées et atténuées. Une presse spéciale à l'émigration s'est formée pour guider les émigrants et discuter le mérite des pays de destination : elle a ses préférences et ses antipathies [2].

---

[1] Extrait de correspondances officielles déposées dans les archives du bureau d'émigration à Paris.

[2] Au premier rang d'importance de la presse consacrée à l'émigration, on compte le *deutsche Auswanderer Zeitung* de Brême,

Suscitée par ces multiples ressorts, la manie de l'émigration a envahi comme une contagion, disent certains publicistes allemands, tous les États de la confédération.

§ 5. — EFFETS DE L'ÉMIGRATION. — POPULATION. — COMMERCE. — INDUSTRIE.

Par ses effets l'émigration mérite-t-elle cette sévère qualification? Essayons de le dire, en la considérant d'abord chez les émigrants eux-mêmes dont le sort constitue le principal intérêt en cause.

L'Allemand réussit dans l'émigration : il en a le goût et le talent. Patient, persévérant, appliqué, aimant le travail pour le travail même, alliant facilement quelque métier d'artisan au métier agricole, supportant avec courage, mais sans résignation fataliste, les épreuves d'une situation nouvelle, résistant à l'oppression au nom de son droit, puisant sa force morale dans les joies de la famille, doué d'ambition et d'aptitude pour l'administration municipale, il réunit à un rare degré la plupart des qualités qui assurent le succès du colon. Il n'a qu'à se défendre contre les tentations des spiritueux qui, dans les pays chauds surtout, lui promettent des forces, et ne lui donnent que la faiblesse, acheminement vers la maladie.

La prospérité des Allemands est attestée par le spectacle même des pays où ils s'établissent en nombre, tels que l'Ohio, le Michigan, le Wisconsin, l'Australie du Sud, dont les merveilleux développements confondent notre torpeur. Comme les Irlandais, ils envoient annuellement leurs épargnes au pays natal par devoir de piété filiale ou conjugale et pour aider à de nouveaux départs. On révoque parfois en doute la sincérité des lettres écrites par les émigrants à la gloire de leur patrie nouvelle ; on les accuse de spéculation ou de complaisance ; mais que répondre à des remises pécuniaires, à l'appel qu'ils font de leur propre famille, à leur étonnante multiplication !

Ils aident à leur succès en se groupant au lieu de se jeter isolément dans la solitude à l'instar des pionniers anglais. Ils redoutent des Anglais la morgue, des Français la vanité, des Américains la rudesse et le savoir-faire, des Espagnols l'emphase, et savent néanmoins vivre en amitié et en échange de services avec les colons de toute origine. Mais ils perdent leur caractère germanique dès la deuxième génération, s'ils se mêlent aux sociétés anglo-saxonnes, tandis que la fusion est beaucoup plus lente avec les branches de la race latine, sauf avec la française, qui est douée d'une grande puissance d'assimilation.

Que l'émigration profite aux émigrants, ce serait peut-être assez pour l'absoudre; mais en outre, les États qu'elle atteint en souffrent rarement en Allemagne, pas plus que dans le Royaume-Uni, quoiqu'elle n'y ait pas été provoquée par des nécessités aussi impérieuses. Nous avons à cet égard le témoignage officiel du grand-duché de Bade, un des pays où l'émigration a été pratiquée sur la plus grande échelle. Voici ce qu'on lit dans un rapport émané du ministère de l'intérieur :

L'émigration a eu lieu principalement dans les localités où la population s'était accrue plus vite que les occasions de gain. Elle s'est restreinte presque exclusivement à la partie pauvre de la population, et a eu l'heureuse conséquence de permettre aux travailleurs qui sont restés un gain meilleur et plus assuré. Bien que la vente des terres des partants ait pesé sur le prix des biens fonds, elle a permis aux autres l'accès de la propriété immobilière, tandis que dans ces derniers temps le prix des immeubles s'est relevé en raison des bonnes récoltes et du haut cours des produits.

Les sommes d'argent que les émigrants ont enlevées au pays, en bloc considérables, prouvent, si on les répartit par tête, que l'émigration doit avoir une action considérable sur la réduction du prolétariat dans le grand-duché [1]. D'ailleurs la perte d'argent résultant de l'émigration a été pour la plus grande partie compensée par les valeurs qu'ont apportées les étrangers qui ont acquis l'indigénat. Ainsi dans l'année 1855, 90 immigrants n'ont pas introduit moins de 350,000 florins.

La plus grande partie de la dépense a été supportée par la caisse des communes.

La caisse de l'État a dépensé pour les émigrants les sommes suivantes :

En 1850.	44,989 fl.	50 kr.
1851.	110,744	29
1852.	14,381	15
1853.	31,124	2
1854.	12,540	59
1855.	4,003	7

[1] Cela veut dire sans doute que les sommes se divisent en petites sommes et accusent de petites bourses.

Moyennant ces dépenses, on a pu dissoudre quelques communes, telles que Rineck et Ferdinansdorf, dont les dépenses municipales étaient presqu'en entier supportées par la caisse de l'État ; et d'autres, telles que Fréderiksdorf, Tollnaishof, Herrischried, Langenwickel, etc. qui recevaient aussi des subsides considérables de l'État, furent mises en situation de s'en passer, grâce à la diminution du nombre des gens qui manquaient de travail, et des secours qu'il fallait leur accorder.

L'assistance aux frais de l'État aux émigrants partis pour l'Amérique, s'établit ainsi qu'il suit :

Secours pour le voyage. . . . . . 11 fl.
Frais de traversée, vivres compris . . . 70
Secours en Amérique. 11

Total. 92

Dans quelques cas isolés la dépense a monté de 100 à 125 florins.

Les nouvelles des émigrants qui s'étaient rendus dans l'Amérique du Nord, ont été, à de rares exceptions près, très-favorables. Quiconque arrivait en la saison favorable et voulait travailler, trouvait bientôt un salaire convenable. Ce qui ressort des sommes considérables qu'ils envoyaient dans leur patrie, pour secourir leurs parents incapables de travail, et pour faire venir auprès d'eux ceux qui pouvaient travailler.

Par les émigrants, de nouveaux débouchés ont été ouverts aux produits de l'agriculture et de l'industrie badoise en diverses parties du Nord-Amérique, et ont acquis une grande importance pour plusieurs branches de l'activité de la mère-patrie.

..... Quelque émigrants sont rentrés dans leur ancienne patrie; mais ils y ont aussi rapporté la conviction que le pauvre au lieu de se fier à l'assistance publique, doit travailler. Ils cherchent à gagner leur vie honorablement.

L'amélioration générale du sort des travailleurs, après que l'émigration eût mieux équilibré leur nombre avec les moyens de travail, ressort, sans doute possible, de la réduction considérable des secours à distribuer aux pauvres sur les fonds publics, ainsi que de la diminution sensible de la mendicité, de celle des expropriations forcées et des faillites, aussi bien que des crimes et des délits contre la propriété. (Voir la quatrième partie des compléments pour la statistique.)

Après la mauvaise récolte de 1854, dans le Nord-Amérique, après le mouvement politique (des Know-nothing), qui rendit plus difficile l'établissement des immigrants, après que le nombre des émigrants aux frais des secours publics eut atteint à peu près le chiffre que réclamait l'intérêt général, l'émigration payée pour la plus grande partie aux frais des communes ou de l'État a cessé entièrement, et le nombre total des émigrans est descendu à 3,334 personnes en 1855.

En l'année courante (1856), elle est moindre encore, et peut être considérée comme finie, tout aussi longtemps que se maintiendra, dans la période nouvelle, l'amélioration introduite dans la condition économique du Grand-Duché [1]. »

Un aussi éclatant et formel témoignage réduit à de vaines doléances les plaintes des gouvernements et des publicistes de l'Alle-

---

[1] *Beiträge zur Statistik der inneren Verwaltung des Grossherzogthums Baden. Herausgegeben von dem Ministerium des Innern.* Fünftes Heft (Die Auswanderung in den Iahren 1840, bis 1855. — Carlsruhe, 1857.

magne, car l'émigration, partout identique dans ses causes et dans ses procédés, a dû produire partout les mêmes bienfaits, diminution du paupérisme et de la criminalité, des ventes forcées et des faillites, extension des débouchés de l'industrie nationale : elle a profité, en un mot, autant à l'ancienne qu'à la nouvelle patrie des émigrants.

De l'autre côté du Rhin, on déplore surtout la perte pour l'Allemagne d'une fraction plus ou moins considérable de la population, mais cette perte, fût-elle aussi grave numériquement qu'on l'imagine, serait-ce une cause d'affaiblissement, alors que les émigrants étaient en majorité des consommateurs oisifs vivant de la charité publique ou ne dépensant utilement que la moindre part de leurs facultés productives? En de telles conditions, le nombre n'est pas une force.

Mais l'émigration allemande n'a point dépeuplé l'Allemagne, les recensements le prouvent.

En 1826, Balbi évaluait la population de la confédération germanique à 13,900,000 habitants..

En 1842, elle était de 30,164,000.

En 1855, elle était de 32,731,121.

En 1858, elle était de 33,542,467.

Quoique inégalement répartie entre les divers États, la progression existe sur tous, même en ne remontant pas au delà de 1842, époque à laquelle fut fixée la matrice qui sert encore aujourd'hui à la répartition des contingents ainsi que des dépenses fédérales, et qui correspond en même temps à un essor marqué de l'émigration.

Le tableau suivant justifie cette proposition.

Tableau de la population des principaux États de l'Allemagne.

	1842.	1858.	Augmentation en 16 ans.
Anhalt-Bernbourg. . . .	37,046	56,031	18,985
Anhalt-Dessau	52,947	119,515	37,114
Anhalt-Gœthen.	32,454		
Autriche (1849).	36,965,192	37,939,618 [1]	974,426

[1] Lombardie non déduite. — 6 années d'accroissement.

	1842.	1848.	Augmentation. en 16 ans.
Bavière	3,569,000	4,615,748	1,046,748
Bade	1,000,000	1,335,952	335,952
Brême	48,500	(1855) 88,856	40,356
Brunswick	209,600	274,069	65,469
Francfort	47,850	(1861) 83,390	35,540
Hambourg	129,800	222,379	92,579
Hanovre	1,305,371	1,843,976	538,605
Hesse électorale	567,868	728,739	160,871
Hesse grand-ducale	619,500	845,571	226,071
Hesse-Hombourg	20,000	25,746	5,746
Lippe-Detmold	72,000	106,886	34,886
Lubeck	40,650	55,423	14,773
Mecklembourg-Schwerin	358,000	542,148	184,148
Mecklembourg-Strélitz	71,769	99,628	27,859
Nassau	302,769	459,454	136,685
Oldembourg	220,718	294,359	73,641
Prusse	16,112,000	17,739,913	1,627,913
Saxe-Royale	1,200,000	2,122,148	922,148
Saxe-Weimar-Eisenach	201,000	267,112	66,112
Saxe-Cobourg-Gotha	111,600	153,879	42,279
Saxe-Meiningen	115,000	168,816	53,816
Saxe-Altembourg	98,200	134,659	36,459
Wurtemberg	1,395,462	1,690,898	295,436

Ce tableau constate que malgré l'émigration, tous les États germaniques ont vu croître leur population dans une proportion très-rassurante durant la dernière période écoulée de seize années.

Les conséquences financières ne sont pas plus graves. On a vu précédemment que beaucoup d'émigrants envoyaient à leurs familles des secours qui peuvent être considérés comme des remboursements; en outre, une forte partie de l'argent emporté du pays reste en Allemagne, en dépenses de voyage, d'auberge, en prix de passage, en achat de mobilier : l'évaluation de 1,000 fr. en moyenne par tête que les publicistes allemands font sonner bien haut [1], se trouve donc exagérée de tout ce qui n'est qu'un déplacement de circulation. Enfin, beaucoup d'émigrants, on l'a vu, étaient à la charge des communes ou de l'État, de sorte que l'émigration

---

[1] Ces évaluations sont complétement arbitraires, car elles reposent sur la simple déclaration des partants, sans contrôle aucun. C'est pourquoi nous nous abstenons de les reproduire et de les discuter.

n'a été qu'un emploi plus efficace des sommes consacrées à l'assistance publique.

Dût-on mettre au compte de l'émigration les 50 à 80 millions de francs qu'elle est accusée d'enlever à la fortune germanique, soit 2 fr. au plus par tête de citoyen allemand, somme modique, après tout, si on la rapproche du revenu annuel de l'entière Allemagne, il y aurait à mettre en parallèle le développement d'affaires qui en résulte pour la marine, le commerce, la production nationale, et qui se concentre à Brême et Hambourg.

Les importations aux États-Unis, de provenance anséatique, et partant allemande, ont suivi une progression que rend plus sensible l'accroissement mis en contraste de la France et de l'Angleterre.

ALLEMAGNE.		ANGLETERRE.		FRANCE.	
Nombre absolu.	Rapport p. 100	Nombre absolu.	Rapport p. 100.	Nombre absolu.	Rapport p. 100.
1840-41. 2,450,000 dollars.		51 millions dollars.		24 millions dollars.	
1849-50. 8,780,000		85	—	27 1/2.	—
1852-53. 13,840,000		133 1/2	—	33 1/2.	—
1856-57. 15,360,000		130 1/2	—	47 1/2.	—
Progression en 27 ans. 526		156		97.	

Ainsi le trafic de l'Allemagne avec les États-Unis s'est accru dans le rapport de 526 pour 100, pendant que celui de l'Angleterre croissait de 156 pour 100, et celui de la France de 97 pour 100 seulement.

En dehors de l'émigration qui a introduit aux États-Unis, durant cette période, plus d'un million d'Allemands, quelle explication imaginer de cette surprenante progression? Bade, on l'a vu, avoue franchement ce qu'y a gagné sa production; il n'est aucun État qui n'en ait recueilli le même fruit [1].

---

[1] Un savant économiste, M. Roscher, nie la portée de ce rapprochement en prétendant qu'il ne faut tenir compte que du chiffre absolu de l'accroissement et non de la progression, ce qui met encore l'Allemagne bien loin de l'Angleterre et de la France. M. Roscher nous paraît dans l'erreur. Dans toutes les études de ce genre, c'est la loi d'accroissement qui mesure la marche ascendante, non le chiffre brut. Comment vouloir que l'Allemagne, qui débutait il y a dix-sept ans avec 2 millions d'échange aille de front avec ses rivales qui en étaient à 51 et 24 millions; mais, du pas dont elle marche, elle s'en rapproche de plus en plus, et l'on peut calculer l'époque où elle les atteindrait, si l'immigration continuait sur le même pied.

Dans les débouchés nouveaux ou qui s'étendent, les rives de la Plata entrent depuis quelques années pour une proportion rapidement croissante ; l'Australie est une véritable découverte, comme le fut la Californie quelques années auparavant.

En assurant à la marine allemande des cargaisons pour l'aller, l'émigration a procuré un fret moins cher aux cargaisons de retour, et particulièrement à l'importation de coton, au grand profit de l'industrie et de la consommation de l'Allemagne.

Pour desservir ce mouvement d'échanges, toute une flotte s'est créée, qui a ses principales stations à Brême et Hambourg ; tous les ans elle expédie au loin des centaines de navires avec les 100,000 passagers que versent dans les ports des villes libres et dans ceux du Holstein, du Hanovre, de l'Oldembourg, des convois pressés de chemins de fer et de bateaux à vapeur qui répandent la vie à travers tout le pays allemand. Par le travail qu'elles fournissent, les salaires qu'elles payent, les produits indigènes qu'elles achètent et emploient, les capitaux et les intelligences qu'elles rétribuent, toutes ces entreprises, filles de l'émigration, remboursent la meilleure partie de ce qu'elles prélèvent. Il n'y a donc aucune vérité dans ce mot que répètent les publicistes allemands, après J.-B. Say, que le départ de 100,000 émigrants par an, avec des millions de florins par dizaines, équivaut à la perte d'une armée de 100,000 hommes qui, tous les ans, serait engloutie avec armes et bagages. Les 100,000 partants sont immédiatement remplacés par un nombre égal de naissances, pendant que les millions de florins restent pour moitié, au moins, dans la patrie allemande ; l'autre moitié devient, sur la terre étrangère, un instrument de travail dont les revenus se consomment, pour une part, en produits allemands : en même temps les matelots se multiplient, indispensable élément de la marine militaire, tant désirée.

Le patriotisme et l'intérêt germaniques seraient sans doute plus satisfaits si l'émigration aboutissait à une colonisation nationale : le sang, la langue, les mœurs se conserveraient plus purs de mélange, et la consommation des produits indigènes serait plus considérable. Mais pourquoi l'Allemagne n'a-t-elle pas fondé de colonies ? De l'aveu de ses écrivains, la faute en est au caractère allemand même, qui ne se plie pas volontiers à l'unité de pensée, de volonté et d'action, nécessaire à une société naissante : par un trait qui leur est commun avec les Israélites, les Germains aiment mieux se séparer, ou plutôt se grouper en tribus, que se rapprocher en masses. La faute en est encore au roi Frédéric II, qui, plus soucieux du présent que prévoyant de l'avenir, répondait aux partisans d'une marine prussienne, qu'avec ce que lui coûterait un navire, il équiperait un régiment, ce qu'il estimait mieux. En constatant les faits, nous réservons notre jugement. N'y aurait-il pas des peuples, de même qu'il existe des hommes, préparés par leurs aptitudes à se mêler, comme un sel et un ferment, aux divers groupes de l'humanité, plutôt qu'à se constituer isolément en société indépendante? Qu'ils le veuillent ou non, les Allemands paraissent prédestinés à ce rôle, qui ne manque ni de grandeur, ni d'originalité.

En se résignant à ce parti, plusieurs gouvernements allemands, à la tête desquels la Bavière se distingue par l'ardeur de sa propagande, souhaiteraient que l'émigration de leurs sujets ne les détachât pas entièrement de la souche européenne. Ils accusent les correspondances venues d'Amérique de souffler dans leurs États l'esprit démocratique. De tels dangers n'existeraient pas, disent-ils, si les émigrés adoptaient pour patrie nouvelle la Hongrie, les principautés danubiennes, la Russie, même la Turquie ou la Grèce. Vœux et efforts bien inutiles! Les émigrants vont aux États-Unis ou aux colonies anglaises pour y trouver la liberté, la propriété, sans perdre la sécurité. Est-ce l'Autriche ou la Russie qui leur assureront la liberté? Est-ce la Turquie qui garantira à ces chrétiens la propriété et la sécurité? Et les Allemands ont-ils la moindre chance de trouver dans l'Attique ou sur les bords du Danube plus de bonheur que dans leur pays, qui possède une civilisation plus avancée? Il suffit même d'une ombre de régime militaire ou d'insurrection arabe pour leur rendre suspecte l'Algérie!

De l'Allemagne dans son ensemble, nous passons à la revue des divers États en descendant du sud au nord.

CHAPITRE III.

L'Autriche.

L'émigration autrichienne paraît se réduire à quelques milliers d'individus tous les ans [1], conformément au tableau ci-dessous (Hongrie et Transylvanie non comprises) :

1837.	 665	1850.	1,255
1840.	 662	1851.	2,842
1843.	 924	1853.	4,754
1849.	 933	1854.	4,779

Elle est donc à peu près nulle considérée dans l'ensemble de l'empire. La densité de sa population n'y porte pas, car elle se réduit (déduction faite de la Lombardie) à 34 millions et demi d'habitants pour 595,000 kilomètres carrés, soit 54 habitants par kilomètre carré. Les institutions et les lois économiques ont d'ailleurs subi, depuis une quinzaine d'années, des réformes qui ont donné satisfaction à l'intérêt public. C'est ainsi que les douanes intérieures ont été supprimées, les douanes extérieures ramenées à des tarifs généralement modérés, les chemins de fer ont développé de toutes parts l'activité de la circulation, les corvées et redevances de la propriété rurale ont été déclarées rachetables, l'*aviticité* où le droit par un gentilhomme de reprendre les biens aliénés par ses ancêtres contre remboursement du prix originaire de la vente, a été aboli, ainsi que l'immunité d'impôt des nobles, et quelques autres coutumes et priviléges consacrés par l'ancienne législation hongroise. Cependant les provinces italiennes étaient naguère les seules où régnât le principe de la libre concurrence; dans la plupart des autres États de

---

[1] De 1849 à 1851 on a constaté seulement 3,946 émigrants. Il est vrai que les émigrations clandestines passent pour être plus nombreuses.

l'empire, l'exercice d'un grand nombre d'industries et de professions restait subordonné à des concessions administratives ou continuait d'être assujetti aux maîtrises. Les corporations fermées subsistent encore dans les villes principales; ainsi que l'apprentissage obligatoire, les épreuves, les diplômes. Du moins, tel était le régime existant en 1860, lorsque l'on a annoncé la prochaine promulgation de la liberté industrielle. Mais le droit d'aînesse survit encore et les cadets sont exclus de la succession territoriale.

Les froissements qu'un tel état de choses fait naître vont rarement jusqu'à l'expatriation ; on en éprouve de bien plus graves à raison des charges personnelles et financières qui résultent de l'énorme fardeau d'une armée de 600,000 soldats et du discrédit des titres de la dette publique, et néanmoins on s'y résigne, tantôt par habitude, tantôt par espérance de meilleurs jours. L'esprit de la législation est d'ailleurs très-sévère envers l'émigration, laquelle doit être autorisée. Même autorisée, elle fait perdre la qualité de sujet autrichien, et par une conséquence nécessaire, prive de toute protection consulaire dans la patrie nouvelle. Si l'émigrant rentre dans le pays natal, il est traité en étranger. Pour détourner jusqu'à l'idée des départs, le journal de Brême consacré à l'émigration fut prohibé, et le recrutement par des agents est interdit.

Malgré ces précautions, le Tyrol a donné depuis quelques années l'exemple de l'infidélité à la monarchie, bien qu'il soit le moins peuplé des États autrichiens. C'est de la vallée de l'Inn que partent des couples nombreux qui s'en vont chercher au Pérou et au Brésil un climat moins sévère, une culture moins aléatoire. Telles sont en effet les causes toutes locales de ces expatriations ; les frimas des Alpes, les inondations qui mettent le sol à nu et entraînent les terres : d'où une misère et des dettes écrasantes, qui disposent les montagnards à prêter une oreille attentive aux offres séduisantes des agents secrets à qui de fortes primes donnent le courage de braver les défenses officielles [1]. On promet aux paysans des terres à bon marché,

---

[1] Toute la presse allemande a retenti du nom de Damian de Schutz, recruteur pour le Pérou.

l'exemption d'impôts et de service militaire, la liberté de cultiver toute plante, même le tabac, ce qui leur est interdit dans leur pays. Malgré la discorde suscitée au sein des familles, malgré les efforts de l'administration, beaucoup se décident et quelques-uns commencent même à se diriger spontanément vers les États-Unis.

Ne pouvant retenir ces fugitifs malgré eux, le gouvernement voudrait du moins les diriger sur quelque autre partie de ses vastes domaines, la Hongrie particulièrement.

La colonisation de la Hongrie par la race allemande rentre dans la politique traditionnelle de la maison d'Autriche. Au XVIIIe siècle, Marie-Thérèse et Joseph II fondèrent, avec des colons venus du Palatinat, de la Souabe et d'autres parties de l'Allemagne, et même de la Lorraine, des villages dont l'installation coûta des sommes fabuleuses. Après que la révolution de 1849 eût été comprimée, le pouvoir vainqueur dut s'occuper de repeupler ce malheureux pays, et une commission instituée à cet effet, en 1850, proposa au gouvernement de choisir les propriétés les plus convenables et de les offrir à des comités allemands de colonisation. Il y eut quelques essais dans cette voie, mais avec un succès généralement médiocre. Les fièvres déciment les émigrants ; les Hongrois, inspirés par le mécontentement politique et l'antipathie de race, leur font mauvais accueil. Dans les mœurs des Magyars le servage survit aux réformes libérales. La terre ne se donne pas ou ne se vend pas à des conditions aussi modérées qu'on l'annonçait. La nostalgie finit par dissoudre le lien des nouveaux intérêts et les familles se décomposent ou rentrent, repentantes comme des enfants prodigues, au pays natal, plutôt que de se rattacher aux villages allemands du dernier siècle qui se sont conservés, surtout dans le Banat. On a remarqué dans cette dernière province que les orphelins, laissés par les colons décédés, s'acclimatent plus aisément que leurs pères : aussi a-t-on fondé une colonie avec des enfants-trouvés emmenés du nord de l'Allemagne, et l'on se déclare encouragé par les résultats à développer ce plan sur une grande échelle. Jusque-là le courant de l'émigration allemande vers la Hongrie se réduit à quelques familles de Bavière, de Hanovre, de Saxe, de

Wurtemberg, du Tyrol. Pour vaincre les obstacles, l'empereur François-Joseph a signé, le 23 décembre 1848, une ordonnance qui accorde de nouvelles faveurs aux nationaux ou étrangers qui voudront fonder soit des communes entières, soit des exploitations isolées en Hongrie, Croatie, Esclavonie, Servie, Transylvanie et dans le Banat. Les communes nouvelles devront posséder au moins mille *yochs* chacune, le *yoch* équivalant à une surface de 1,600 toises carrées, mesure de Vienne. Chaque commune devra se composer d'au moins 50 familles. Les colons isolés dans des fermes trop peu nombreuses pour constituer une commune auront leur part d'avantages quoique moindre. Les uns et les autres seront exemptés tant du service militaire pour eux et leurs fils nés à l'étranger que des prestations en nature, des logements militaires, et des contributions ordinaires et extraordinaires. Par le fait même de leur installation, les colons seront naturalisés Autrichiens. Les actes d'achats et de ventes ne seront soumis à aucune taxe, et les immigrants pourront importer, sans payer aucun droit, tout ce qui leur appartiendra en propre, matériel et bestiaux.

Toutes ces promesses ne vaincront pas, on peut en être sûr, la liberté et le droit commun des pays colonisés par la race anglo-saxonne, parce qu'elles laissent le colon sous la dépendance de l'administration. A peine l'ordonnance était-elle rendue, que la presse critiquait un article en vertu duquel toute commune à fonder ne pourrait être habitée que par des familles appartenant à la même race et religion : entrave pour les robustes travailleurs du nord de l'Allemagne, généralement luthériens, qui craindront de ne pouvoir exercer librement leur culte. Cette crainte est justifiée d'ailleurs par l'exemple d'un grand nombre de familles protestantes demeurant sur les bords du lac de Neusiedel, qui se croyant, à tort ou non, menacées dans leur religion par les catholiques du voisinage, ont pris le parti de s'expatrier et d'aller s'établir aux États-Unis.

Les dissidents pour cause religieuse ne sont pas les seuls qui fuient ainsi un pays fermé à la liberté; la politique, avec ses irritations, la misère avec ses souffrances conduisent en Amérique bon nombre de Hongrois, et l'on a vu un jour 60 paysans du comitat d'Eisembourg, s'embarquer ensemble à Brême pour le nouveau monde.

L'Autriche n'a pas moins de peine à détourner l'émigration allemande vers la Bohême, la Galicie, la Transylvanie qui manquent d'une suffisante population pour exploiter leurs terres. Et pendant qu'un petit nombre d'Allemands s'y rendent des pays circonvoisins, attirés par de séduisantes perspectives, un nombre plus considérable émigre pour l'étranger. La misère est leur excuse ; elle sévit trop habituellement chez les montagnards des *Reisenbirge*. Les rivalités de race y influent peut-être aussi, car on remarque en Bohême, dont le nom rappelle à lui seul l'instinct le plus vivace des races nomades, que les Tchèques et les Slaves partent plus nombreux que les Allemands. L'esprit d'aventure s'en mêle enfin, et la Nouvelle-Zélande a trouvé des adeptes parmi de riches officiers. Mais c'est toujours l'Amérique qui est l'épouvantail des autorités, au point que le gouvernement a adressé aux curés catholiques et aux pasteurs protestants une circulaire pour les inviter à éclairer les habitants des campagnes sur les dangers de ce pays livré à une turbulente démocratie. — Aujourd'hui la guerre civile ne leur donne que trop raison !

Le meilleur succès de ces avertissements est atteint lorsque les exilés volontaires de la Bohême se contentent d'un simple changement de domicile, comme font certains d'entre eux qui se rendent en Transylvanie, pour remplacer les Transylvaniens qui vont dans les principautés danubiennes chercher la liberté industrielle dont ils sont privés. Il existe, dit-on, plus de 180,000 Allemands dans cette province frontière de l'empire, où ils trouvent, dans un climat sain et un sol fertile, des éléments de prospérité qui laisseraient peu à désirer, s'il s'y joignait des lois favorables pour la naturalisation, un droit plus entier de propriété, l'administration communale, les libertés civiles, politiques et religieuses, toutes ces amorces des colonies anglaises et des États-Unis. « Tant que les garanties que désirent les colons et qu'ils trouvent aux États-Unis n'existeront pas en Transylvanie et en Hongrie, il ne faudra pas penser à déverser sur ces contrées les flots de l'émigration allemande. » C'est la *Gazette d'Augsbourg* elle-même qui parle si bien [1]. Il n'est pas néanmoins sans exemple que, de nos jours même, ces provinces n'aient obtenu une passagère popularité. En 1845, le pasteur Étienne-Louis Roth, de Nimeck, fit en faveur de la Transylvanie une propagande si chaleureuse, qu'une foule empressée afflua, surtout du Wurtemberg; mais c'étaient des pauvres, mendiants et vagabonds, que les communes, situées sur leur route, durent nourrir, et qui s'abattirent comme des sauterelles sur la terre promise. Le gouvernement se hâta d'arrêter un zèle trop compromettant.

Quant à la Galicie, elle attire quelques-uns des émigrants de la Silésie prussienne; en même temps que ses propres habitants, bien que leur nombre soit hors de proportion avec l'étendue du territoire, vont chercher du travail dans les plaines de la Pologne.

CHAPITRE IV.

La Bavière.

L'émigration bavaroise roule entre 10 et 20,000 départs par an, se divisant à peu près également en deux lots, suivant qu'elle est ou n'est pas autorisée.

	Total.	Moyenne annuelle.
1835-36 à 1839-40.	32,057	6,411
1840-41 1844-45.	28,963	5,792
1845-46 1849-50.	54,990	10,998

	Total annuel.
1850-51	11,749
1851-52	19,943
1852-53	21,565
1853-54	25,304
1854-55	9,639
1855-56	7,168
1856-57	9,596

[1] Numéro du 28 juillet 1856.

Le gros de l'émigration part du Palatinat, où les causes générales de mal-être se compliquent d'irritations politiques, fruit de la révolution locale de 1848 et 49. Un second essaim descend des Alpes bavaroises, où les conditions d'existence sont difficiles comme dans toute la région alpestre. Le reste provient des plaines basses, où la vie est cependant des plus faciles : on morcelle et on vend de belles propriétés territoriales pour s'en aller, sans invoquer d'autre motif que le désir de trouver mieux ailleurs. Des mécontentements administratifs paraissent être la cause la plus fréquente de ces fuites, nom qui convient aux émigrations clandestines, nées, comme toute contrebande, de la prohibition d'émigrer ou des difficultés extrêmes.

Telle est, en effet, la voie que suit la Bavière, depuis près d'un siècle, avec une constance qui fait peu d'honneur à son gouvernement. Au lieu de sonder avec franchise les causes de tant d'antipathie et d'y remédier dans la mesure du possible, elle accumule loi sur loi, règlement sur règlement; elle recourt uniquement aux gendarmes et à la police pour garder ses peuples malgré eux. Peine de mort au xviiie siècle contre les agents de recrutement, confiscation du dixième des biens, confiscation totale en cas de départ non autorisé, cautionnements, etc. Le recrutement a été soumis à des rigueurs destinées à le supprimer. Malgré tout, la progression ascendante s'est manifestée en Bavière avec plus d'intensité que nulle autre part : seulement, l'émigration clandestine remplace l'émigration avouée, et l'on condamne à violer des lois arbitraires et injustes des hommes qui usent d'un des droits les moins contestables de l'homme, celui de se choisir sa demeure. La conduite de cette puissance a été jugée sévèrement à la Diète de Francfort en 1856, où la Bavière avait porté la question d'une législation fédérale sur ce sujet. C'est le prince d'OEttingen Wallenstein qui s'est fait l'organe du sentiment général. « La législation bavaroise, a-t-il dit, est hostile à l'émigration, comme si le sujet bavarois était encore un serf attaché à la glèbe. Il ne conçoit pas ces entraves apportées à l'émigration et au mariage des prolétaires, alors que la misère d'une foule de districts semble exiger l'émigration comme remède héroïque. Moins libéral que la plupart des autres gouvernements de l'Allemagne, le gouvernement bavarois ne permet l'émigration qu'à ceux qui lui prouvent qu'ils ont acquis l'indigénat à l'étranger, ou bien il exige un cautionnement; même bien avant l'âge de la conscription, un jeune Bavarois ne peut émigrer qu'en déposant un cautionnement de 1,200 florins. Par des retards exagérés mis à la délivrance des permis d'émigration, le gouvernement bavarois force à des séjours prolongés dans les ports d'embarquement (*outports*), et réduit souvent à la misère les émigrants même avant leur départ d'Allemagne. »

Cependant les rigueurs officielles ont dû quelquefois fléchir devant d'impérieuses nécessités, et en 1855, une commune de la Bavière rhénane a été autorisée à faire transporter à ses frais, au Canada, 228 de ses membres indigents : c'est l'un des faits qui ont excité les réclamations du gouvernement du Canada auprès de la Diète germanique.

La Bavière se montre aussi impuissante à diriger qu'à arrêter l'émigration. Par haine pour la démocratie américaine, elle a tenté maintes fois de détourner le courant vers les États voisins et amis, la Hesse, l'Autriche, ou vers l'Europe orientale, comme elle arrosée par le Danube, vers la Grèce, où règne un de ses enfants; ses conseils n'ont jamais trouvé dociles que quelques centaines d'individus, indécis dans leurs projets : la presque totalité a continué à se rendre en Amérique où, par un trait qui fait peu d'honneur à leur ancienne patrie, ils se distinguent entre tous les Allemands par leur empressement à se fondre dans le peuple hospitalier qui les accueille et à oublier le pays de leur naissance.

On peut augurer un changement de politique de l'allocation récente de 10,000 florins, faite par le roi Maximilien au docteur Moritz Wagner, avec mission d'explorer l'Amérique centrale et méridionale en vue d'y découvrir des emplacements favorables à l'établissement de colonies allemandes.

La Bavière est du petit nombre des États de la confédération dont la population a subi, depuis quelques années, une réduction numérique. Le dommage n'est pas bien grave, puisqu'il lui reste encore

4,541,556 habitants pour une superficie de 77,897 kilomètres carrés, soit 58 habitants par kilomètre carré, et que l'excédant des naissances ne peut manquer de combler bientôt les vides : toutefois, le gouvernement de la Bavière, au lieu d'accuser l'ingratitude de ses sujets, au lieu de prétendre les garder malgré eux, ferait sagement de voir dans cette diminution une leçon à comprendre. A toutes les réformes qui ressortent de l'exposé qui précède, il devra ajouter la réduction d'un effectif militaire de 90,000 soldats, source de charges personnelles et financières vexatoires pour un peuple enclin aux arts de la paix. Ce fardeau, disproportionné aux forces du pays, n'est pas étranger à l'émigration.

CHAPITRE V.

Le Wurtemberg.

L'émigration wurtembergeoise suit la progression indiquée par les chiffres des autorisations :

Périodes.	Moyennes annuelles.
1843 à 1847	4,681
1848 1852	6,175
1853 1857	11,507

A ces données se joignent les émigrations clandestines, dont l'évaluation, fort difficile, trouble la concordance des statistiques.

Cette clandestinité, dès qu'elle atteint des proportions considérables, qui ne permettent pas de la rejeter en entier sur les malfaiteurs et les débiteurs de mauvaise foi, est une accusation contre le régime légal du Wurtemberg, qui prête en effet à la critique sous le rapport des obstacles au mariage et des formalités d'autorisation.

En Angleterre, en Belgique, en France, dans les pays scandinaves, les honnêtes gens ne sont pas réduits à émigrer secrètement.

La majorité des émigrants appartient au pays et à la vallée du Neckar; la moindre partie, au pays élevé (l'Oberland), qui entoure, au nord, le lac de Constance, bien qu'ici la population soit plus dense. La différence de fertilité du sol paraît être la vraie cause de cette différence dans la stabilité des populations, et se traduit en pauvreté dont le gouvernement wurtembergeois a reconnu la légitime influence sur l'émigration. Il l'a, en effet, subventionnée pendant plusieurs années aux frais de l'État, à concurrence de 50,000 florins par an, dans le cercle du Neckar et principalement dans le district de Heilbronn. La maladie de la pomme de terre, en aggravant la gêne des cultivateurs, n'a pas été étrangère à l'accroissement de l'émigration. Les mécontentements politiques, l'exemple, l'appel des parents déjà partis font le reste. Au-dessus des causes immédiates plane, comme cause générale, une densité de population fort élevée. Celle-ci est, en effet, de 1,690,000 habitants pour 19,450 kilomètres carrés, soit 87 habitants par kilomètre carré : c'est beaucoup pour un pays dont une partie considérable est couverte des sombres massifs de la Forêt-Noire.

Les pertes de personnes sont, au surplus, en partie compensées par d'assez nombreux immigrants de la Bavière, de Bade, de Suisse, de Prusse, des Hohenzollern. On enregistra, en 1855, l'arrivée de 635 personnes avec une fortune de 941,981 florins.

La plupart des émigrants se rendent aux États-Unis : on a vu précédemment que certaines familles se dirigeaient vers la Hongrie et la Transylvanie. D'autres, plus aventureuses, sont allées se fixer en Australie; et les plus hardies peut-être, sont celles qui ont fondé, dans la Guyane hollandaise, la colonie d'Albina. On trouve, du reste, des groupes du Wurtembergeois épars dans toute l'Amérique, depuis le haut Canada jusqu'au sud du Chili : ils comptent parmi les plus intrépides en fait de courses lointaines.

CHAPITRE VI.

Bade.

Le grand-duché de Bade, un des pays d'Europe où la nature a répandu le plus de charmes pour l'œil, présente l'étonnant contraste de l'émigration proportionnellement la plus nombreuse de toute l'Allemagne.

	Total.	Moyenne annuelle.
1840-49.	23,966 émigr.	2,396
1850-55.	62,444	10,407

Cette dernière période se décomposait comme suit :

1850.	2,338
1851.	7,913
1852.	14,366
1853.	17,922
1854.	21,561
1855.	3,334
Moyenne de 1850 à 1855.	11,239
1856.	1,969
1857.	3,477
1858.	1,970

L'idée de l'émigration prit faveur dans les années 1846 et 1847 sous le coup de la disette alimentaire. Le gouvernement grand-ducal accepta lui-même cette solution d'insurmontables difficultés; en vue d'organiser la surveillance et la direction de l'émigration, il fit rédiger, en juin 1845, un mémoire qui fut communiqué à la seconde chambre des États. Des encouragements furent accordés, d'accord avec le comité spécial, qui se forma au printemps de 1848. Ce mouvement, suspendu par la sanglante révolution de 1848, qui mit aux prises le gouvernement badois avec les partis, fut repris dans les années suivantes : il grandit en 1852 et se développa surtout pendant les trois années suivantes, jusqu'en 1854, où il atteignit le chiffre de 21,561, énorme pour une population de 1,300,000 habitants, car il en représente la soixantième partie. Des communes entières furent même transportées aux États-Unis aux frais du trésor; mais beaucoup d'indigents, repoussés par la police vigilante de la république, furent ramenés au lieu du départ. L'Algérie n'usa point des mêmes rigueurs envers des bandes de pauvres sans ressources qui lui furent adressées; beaucoup de ces malheureux périrent de maladie et de misère, malgré les secours toujours insuffisants en pareils cas, et le renom de l'Afrique française en souffrit.

Jusqu'à 1855, le montant des subsides accordés à l'émigration monta à 1,776,419 florins.

De tels sacrifices accusent d'impérieuses nécessités, dont la plus générale est une forte densité de population, même après qu'elle a été éclaircie, savoir 84 par kilomètre carré (en 1858, 1,335,952 habitants sur 15,284 kilomètres). Sans être absolument excessive, elle l'est sans doute relativement à l'essor du travail et des capitaux, et à l'étendue des surfaces cultivables, car la misère s'y montre sur beaucoup de points avec une authenticité non contestable. Sont venues ensuite les calamités naturelles et les calamités politiques, qui ont atteint les produits et les producteurs. Beaucoup de familles ont été rejoindre leurs chefs fugitifs ou proscrits; d'autres, se voyant ruinées par les conséquences de la lutte, ont pris le parti de s'expatrier.

Aujourd'hui, le grand-duché de Bade est rentré dans une situation normale sous le double rapport économique et politique, et déjà la population a repris, en 1858, sa marche ascendante suspendue depuis quelques années. Il est donc probable que l'émigration s'y maintiendra aussi comme déversoir du trop plein qui ne tarderait pas à reparaître, mais toute volontaire et modérée par l'amour d'un pays dont aucune crainte n'invite à s'éloigner.

De son côté, le gouvernement adoucira sans doute les rigueurs légales et les règlements industriels dont le poids se fait d'autant plus vivement sentir que ses sujets ont le spectacle quotidien des libertés économiques de la France. Dans le duché de Bade règne encore, en effet, le régime des maîtrises, de l'apprentissage obligatoire, des voyages forcés, des chefs-d'œuvre, médiocres recommandations pour l'ardeur entreprenante de la jeunesse, et qui aboutissent aux émigrations clandestines.

Dans cet état, l'esprit public se montre indulgent et juste envers l'émigration, par la voix même du gouvernement, comme on l'a vu précédemment [1], parce que les excellents résultats qu'elle a donnés éclatent aux yeux de tous, et aussi parce qu'elle est un des aliments les plus appréciés des chemins de fer et des bateaux à vapeur qui sillonnent le grand-duché.

CHAPITRE VII.

Francfort-sur-Mein.

A Francfort, tout est profit en fait d'émigration, car c'est un point important de transit pour les émigrants. Aussi le sénat de la ville libre a-t-il refusé de s'associer aux exigences des gouvernements au milieu desquels elle est enclavée; et il a permis aux agents d'émigration d'avoir des sous-agents, ce qui leur est défendu dans plusieurs États de la confédération. L'un d'eux [2] a été autorisé, depuis 1855, à recruter pour le Brésil; d'autres recrutent pour l'Australie. La plupart des émigrants se rendent dans l'Amérique du Nord, par la voie du Havre ou des villes anséatiques.

[1] Voir page 67.
[2] M. Textor.

CHAPITRE VIII.

Nassau.

Émigration intermittente et irrégulière. En 1853, des communes n'ayant plus de moyens de subsistance, émigrèrent en masse avec des subsides du gouvernement, vendant leurs immeubles pour aller s'établir aux États-Unis. En 1855, il n'était presque plus question de départs grâce surtout à la prospérité des usines du duché.

Le gouvernement local est un de ceux qui entravent le plus l'émigration. C'est la police elle-même qui remet à l'émigrant le duplicata de son engagement. Il est enjoint aux fonctionnaires de s'opposer, par tous les moyens, au recrutement pour le Pérou.

Les gouvernements qu'animent les mêmes sentiments trouvent appui à la cour de Wiesbaden. Elle a défendu aux entrepreneurs d'émigration de passer des contrats avec des sujets bavarois ou prussiens non autorisés par leur gouvernement à émigrer, condescendance à laquelle se sont refusés les villes libres de Francfort, de Hambourg et de Brême, et le gouvernement de France.

CHAPITRE IX.

La Hesse électorale.

En trois ans, de 1852 à 1855, la Hesse a perdu par l'émigration 28,000 habitants, soit 9,300 par an, 1/80e de la population par an, la plupart partis clandestinement. Ce sont des artisans, des cultivateurs, des fils d'employés et de grands industriels. Dans chacun des districts il manque tous les ans, pour le recrutement, 25 ou 50 jeunes gens. On estime qu'en 1859, 300 ont disparu et se sont rendus dans l'Amérique du Nord.

Le gouvernement de Cassel est un de ceux que les Américains considèrent comme faisant le mieux leurs affaires : aussi regrettent-ils qu'il n'ait pas de plus vastes États.

A part les reproches politiques et administratifs qui sont adressés à l'Électeur, la densité de la population n'est pas sans influence sur l'émigration, car elle est de 76 habitants par kilomètre carré (728,739 âmes pour 9,540 kilomètres carrés)[1] et la fertilité du pays n'est pas de nature à prévenir la misère. Mais en outre l'intolérance en éloigne les Israélites, et les agitations politiques, qui s'entretiennent par l'éternelle question hessoise, pomme de discorde pour la confédération, ne pèsent pas moins à tous les gens amis de la paix et du travail. Ennuyés de toutes ces luttes, ils vont chercher ailleurs des libertés moins contestées.

Une émigration plus honorable pour le pays est celle qui procède de l'université de Marbourg, laquelle fournit tous les ans un contingent de médecins aux États-Unis et à l'Australie, aussi bien qu'à la Prusse, à l'Autriche et autres États allemands.

Pour conjurer les désertions, il n'est pas d'expédients que n'imagine le gouvernement de l'Électeur, excepté pourtant la réforme de lui-même. Entre autres mesures de l'intelligence qui dirige sa conduite, il a défendu d'accorder des passeports à des travailleurs pour la saison d'été, s'ils ne prouvaient l'impossibilité de s'employer dans le pays. Inutile d'ajouter que l'émigration doit être autorisée, et ne peut l'être que moyennant des justifications à peu près impossibles.

Le résultat de ces exigences tyranniques est prévu d'avance : l'émigration n'en est que plus active, mais elle est clandestine, et d'innocents citoyens sont déclarés criminels par la loi et condamnés par les tribunaux, pour être partis sans permission. Heureusement ils ont mis l'Océan entre eux et leurs juges.

---

[1] En 1858, la population serait tombée à 699,798 d'après quelques documents.

CHAPITRE X.

La Hesse grand-ducale.

Dans cet autre État de l'Allemagne centrale, l'émigration est passée de longue date dans les mœurs des populations, et pour des causes qui n'incriminent pas au même degré le gouvernement. Jadis les séparatistes du pays émigrèrent en Russie, où ils introduisirent, dans la colonie de Catherinenfeld, l'esprit d'ordre et de probité. Avant 1848, on constata les chiffres suivants :

1842.	1,287	1845.	1,469
1843.	758	1846.	6,020
1844.	653	1847.	4,773

Après les troubles de 1848 et 1849 le mouvement reprit avec une nouvelle activité, et de 1852 à 1855, il enleva à la Hesse 18,000 habitants, savoir : 10,000 de la Hesse supérieure; 7,000 du Starkenbourg; 1,000 de la Hesse-Rhénane. En 1856, ce fut encore 5,500 individus, la plupart journaliers et domestiques, découragés par la misère croissante et la cherté des vivres.

Par ces défections successives se produisent d'étranges spectacles. En 1853, le village de Wernings avait peu à peu disparu depuis huit ou dix ans, les habitants ayant tous émigré et vendu leurs propriétés au comte de S. Laubach, qui a fait démolir toutes les maisons et les a remplacées par une métairie. — A Pferdsbach, les habitants avaient quitté leur village, dont il ne restait plus que trois maisons : le territoire avait été réuni à la métairie de Christinenhoff, appartenant au prince d'Yzembourg-Büdingen.

De ces tristes incidents, il est juste d'imputer une grande part à la densité de la population, qui est vraiment excessive pour un terrain en partie sablonneux, couvert de bruyères, de genêts et de sapins : 845,571 habitants pour 8,391 kilomètres, soit 107 habitants par kilomètre carré, même après le *drainage* opéré. En une telle exubérance le dégagement par l'émigration est un bienfait pour tout le monde. Le grand-duc ferait mieux de le comprendre que de multiplier les règlements restrictifs.

Mayence, qui représente la Hesse grand-ducale sur le Rhin, bénéficie de l'émigration allemande par les services de bateaux à vapeur qui descendent le fleuve chargés d'émigrants

CHAPITRE XI.

Hesse-Hombourg.

Lieu de plaisirs indifférent à l'émigration, laquelle met en jeu de tout autres intérêts que ceux des tables vertes.

CHAPITRE XII.

Les Saxes.

Royaume de Saxe. Après y avoir été très-active en 1848 et 1849 sous l'influence des crises industrielles et commerciales de cette époque, l'émigration s'affaissa presque entièrement dès 1851. Les passe-ports cessèrent d'indiquer la qualité particulière d'émigrants ; les comités d'émigration tombèrent en dissolution ; l'allocation pour subsides aux émigrants fut retirée du budget, faute d'emploi. La Saxe passa au dernier rang parmi les États de l'Allemagne qui alimentaient l'émigration, bien que la population y atteignît en ce point son maximum de densité, 2,122,148 habitants pour 14,908 kilomètres carrés, soit 142 par kilomètre carré, et que l'excédant des naissances sur les décès fût de plus en plus prononcé. Cette situation exceptionnelle tient surtout au développement de l'industrie manufacturière qui agglomère et resserre sur d'étroites surfaces de nombreuses populations. Pour accepter comme un progrès une telle modification à l'état de choses antérieur, nous voudrions avoir la certitude qui nous manque, que de l'industrie ne naît pas le paupérisme, en Saxe comme en maints autres lieux ; sinon des populations, qui auraient perdu l'énergie nécessaire pour émigrer, quand viennent les jours de longues crises, auraient, à nos yeux, dégénéré au lieu de s'élever.

Aussi accueillons-nous sans regret le retour à l'émigration qui s'est manifesté en 1859 par l'autorisation accordée à 92 personnes du district de Leipzig d'émigrer, en même temps que 210 étrangers obtenaient l'indigénat ; circulation de personnes aussi salutaire au corps social que la circulation du sang au corps humain. Il est fâcheux d'ajouter que les Mormons ont fait quelques recrues en Saxe, le seul point de la confédération où l'on ait signalé leur propagande.

En parlant tout à l'heure d'autorisation, nous avons constaté qu'elle était exigée en Saxe : cette entrave n'est pas la seule, car le gouvernement de ce royaume s'est signalé, tant qu'il y a eu dans ses États un mouvement d'émigration, par la rigueur de ses règlements.

Saxe-Weimar Eisenach. Alternative de hausse et de baisse dans l'émigration, dont le trait le plus saillant est peut-être la colonie fondée à Sainte-Marthe, dans la Nouvelle-Grenade.

Saxe-Cobourg-Gotha. Depuis 1848, l'émigration s'y dessina en faits assez graves pour que le gouvernement lui vînt en aide par ses subsides ; les départs furent assez nombreux pour réduire la population de quelques cantons ; mais sur l'ensemble du pays l'augmentation est générale.

On annonçait dernièrement qu'un habitant du duché de Saxe-

Cobourg-Gotha, étant revenu dans sa patrie avec 11 ou 12,000 fr., après être parti sans un sou vaillant pour la Californie, il en était résulté une telle fièvre d'émigration, que de pauvres journaliers dépensent follement les quelques épargnes qu'ils ont faites jusqu'ici dans l'espoir de trouver, eux aussi, des trésors en Californie.

Saxe-Altembourg. L'émigration y existe sans que nous puissions en préciser le chiffre. L'autorité locale se montre sévère envers les émigrants.

Saxe-Meiningen. Même lacune de renseignements distincts.

CHAPITRE XIII.

La Prusse.

Les souverains de la Prusse au dernier siècle, impatients d'élever leurs États au rang de grande puissance, favorisèrent l'immigration et sévirent contre l'émigration avec une ardeur égale [1].

Dans le cours de son règne, Frédéric-Guillaume Ier, consacra, estime-t-on, 5 millions de thalers à l'établissement de colonies intérieures. Il installa 20,000 familles en Prusse. En même temps il défendit, sous peine de mort, l'émigration de tout paysan, prononça le même châtiment contre les complices, et offrit une récompense de 200 thalers pour l'arrestation d'un émigré. Héritant de ces monstrueuses violences, Frédéric II s'attacha surtout à retenir dans le pays les étrangers qui s'y rendaient périodiquement ; dans les environs de Magdebourg, les moissonneurs du Vogtland et dans les faubourgs de Berlin, les maçons du même pays. On dit qu'il fixa

---

[1] Roscher, trad. de Wolowski, t. II, p. 344.

42,000 familles pour la plupart étrangères dans 539 villages, mais sur ce nombre, beaucoup cédaient plutôt à l'attrait des faveurs royales qu'au désir sérieux de s'élever et s'enrichir par le travail. Il défendit d'émigrer aux gens de bonne conduite, aux bons ouvriers, à ceux qui ne manquaient pas de ressources.

De nos jours, ce mouvement d'entrées et de sorties se développe en Prusse, suivant des proportions résumées par les chiffres suivants :

		Période septennale.	Moyenne annuelle.
1844-45	7,108		
1845-46	14,577		
1846-47	12,788		
1847-48	6,217	59,143	8,449
1848-49	6,872		
1849-50	5,345		
1850-51	6,336		
1851-52	18,722		
1852-53	15,641		
1853-54	30,344		
1855	14,776	136,149	19,449
1856	18,699		
1857	23,972		
1858	13,995		

A ces chiffres il faudrait ajouter l'émigration clandestine pour laquelle on n'a que des aperçus hasardés, mais qui paraît être tellement considérable d'après le rapport des naissances aux décès, que les statisticiens portent à 157,000 les départs de 1849, 50 et 51, que les autorisations n'élèveraient pas à 38,000. En 1858, on a calculé que l'émigration secrète atteint un quart de l'émigration avouée.

Ce mouvement s'opère d'une manière très-inégale dans les diverses provinces, mais à un degré quelconque dans toutes. C'est dans les provinces rhénanes, ainsi qu'en Poméranie et en Silésie, que le mouvement est le plus prononcé. Dans cette dernière, l'évêque de Breslau a engagé tout son clergé à empêcher de son mieux l'émigration des catholiques ; mais en même temps, un prêtre catholique avait fondé une colonie au Texas.

Les causes de cette expatriation sont multiples : misère, mécontentement politique, esprit de secte, ambition raisonnée, tout y contribue. Le patriotisme s'y joint pour le duché de Posen, que la monarchie prussienne ne s'est pas encore assimilé au bout d'un siècle. La densité de la population, excessive en certaines provinces, comme les bords du Rhin et la Silésie, ne dépasse pas 63 habitants par kilomètre carré pour l'ensemble de l'État (17,739,913 habitants sur 280,194 kilomètres) : l'équilibre s'établirait donc naturellement de l'une à l'autre, s'il n'y avait pas un esprit général d'émigration, indépendant des causes locales.

Cet esprit dérive des causes générales qui pèsent sur la Prusse entière ou du moins sur des régions entières : insuffisance des libertés civiles, politiques, religieuses (ces dernières manquent surtout aux protestants séparatistes [1] et aux israélites), le morcellement excessif de la propriété dans les provinces rhénanes et la constitution aristocratique du sol dans les provinces orientales, les entraves du régime industriel, le fardeau du service militaire qui est à la fois une charge personnelle et un obstacle réel sinon légal au mariage des jeunes gens, etc...

Les Prussiens, après avoir longtemps porté leurs vues sur les États-Unis seuls, se dispersent maintenant de toutes parts : au Brésil, dans l'Amérique centrale, en Australie, en Russie, au Cap de Bonne-Espérance. Ils composent en Algérie la majorité des villages de la Stidia et de Sainte-Léonie dans la province d'Oran, et sont mêlés à leurs compatriotes allemands dans plusieurs autres.

CHAPITRE XIV.

Le Mecklembourg.

Le Mecklembourg est une des provinces allemandes où l'émigration date de plus loin. Dès 1611, les paysans de ces lieux émigrèrent jus-

---

[1] On a vu des communes entières de séparatistes (*alt-Lutheraner*), plutôt que de se soumettre aux lois rendues contre leur culte, s'exiler et émigrer vers l'Amérique du Nord sous la conduite de leurs pasteurs.

qu'en Russie pour échapper à la tyrannie cupide des seigneurs.

De notre temps ils n'ont cessé de montrer de pareilles dispositions à s'expatrier. Dans les trois années 1852, 1853 et 1854, on n'en compte pas moins de 20,000 dans le Mecklembourg-Schwerin, laboureurs en majorité, sur une population de 542,000. En 1855, il y eut une réaction due à la hausse des salaires agricoles, mais en 1856, nouvelle recrudescence, qui s'est soutenue les années suivantes ; on évalue à 8,000 les départs de 1857.

Une cause générale de malaise qui pèse sur toute l'économie de la production est la part infiniment petite qui est faite à la propriété privée. Sur la totalité du territoire 0,42 appartiennent à l'État, 0,47 à la noblesse, presque tout le reste aux villes et aux communes. Aussi le Mecklembourg conserve-t-il beaucoup de vestiges de l'âge féodal. Dans l'industrie fleurissent les corporations, jurandes et maîtrises ; dans les campagnes le servage établi par les actes de 1621 et de 1751 est encore en vigueur, sauf quelques atténuations introduites par l'acte constitutif de la confédération germanique, et qui ont à peu près transformé les serfs en petits fermiers, n'ayant pas moins à se plaindre, assurent-ils, des seigneurs et des régisseurs qui les traitent avec une violence qui va jusqu'aux coups, sans parler de redevances écrasantes. Les empêchements au mariage avivent l'irritation. Toute union légale est retardée par la conscription jusqu'à la 22e année, et par le service militaire six ans de plus ; en outre, les futurs époux doivent avoir un domicile légal (chose, paraît-il, assez difficile à qui est pauvre), sans quoi le ministre n'a pas le droit de les marier. Les hommes retardent donc, pour s'établir en ménage, jusqu'à l'âge de 25 à 30 ans et les femmes à peu près. L'immoralité des relations sexuelles en résulte au point que le Mecklembourg présente le scandale d'un enfant illégitime sur trois naissances ; une émigration excessive en découle également.

Pour arrêter la dépopulation, le gouvernement a présenté aux chambres un projet de loi contre l'émigration que les nobles ont appuyé : parmi ceux-ci, les uns proposaient de supprimer toutes les agences, les autres de frapper d'une taxe spéciale les émigrants ;

pour cette fois les chambres ont refusé de se rendre complices d'une telle tyrannie, déclarant qu'elles ne voyaient pas de raison pour retenir malgré eux des gens qui voulaient s'en aller. La presse allemande a applaudi en ajoutant avec une haute raison : « Vous voulez empêcher le peuple d'émigrer; assurez aux mécontents dans votre pays, les avantages qu'ils vont chercher au delà des mers. Qu'il leur soit désormais plus facile de trouver une maison, qu'ils puissent librement exercer leurs facultés, que leur industrie ait un essor illimité, qu'il leur soit permis d'espérer, après une vie active et irréprochable, une douce et heureuse vieillesse, ainsi que l'aisance pour leurs enfants. »

On ne peut accuser des souffrances publiques l'excès de populations ; le Mecklembourg-Schwerin ne possède, pour 13,125 kilomètres carrés que 542,148 habitants, soit 40 habitants par kilomètre carré. Les naissances d'ailleurs y excèdent les décès, ce qui met hors de cause le milieu climatérique.

La vraie cause de tant de départs se trahit, en ce qu'ils sont moins communs dans les domaines de la couronne que dans ceux de la noblesse. L'une conserve envers le peuple des ménagements que l'autre dédaigne : aussi celle-ci est-elle de plus en plus délaissée dans les châteaux et villas splendides qu'elle élève au-dessus d'amas de misérables huttes destinées à ses paysans ! Démoralisée par le découragement et la colère, la population rurale s'éloigne, mène une vie errante et dissolue, au point que dans les campagnes, le nombre des naissances illégitimes égale, assure-t-on, celui des naissances légitimes. Les paysans veulent-ils se marier pour émigrer, ils obtiennent, sous cette condition, l'exemption du domicile légal dont la justification est imposée; mais si, le mariage une fois célébré, ils n'émigrent point, ou si, après avoir émigré, ils reviennent au pays et tombent dans l'indigence, ils sont enfermés dans le *Landarbeitshaus*, espèce de colonie agricole peuplée de travailleurs non libres.

Les Mecklembourgeois, ainsi détachés de leur pays du côté du cœur et des intérêts, écoutent volontiers toutes les tentations : beaucoup d'entre eux s'enrôlèrent, lors de la guerre de Crimée, dans la légion allemande que recruta l'Angleterre sur l'îlot qu'elle possède, en face de l'embouchure du Weser, à Héligoland.

Les défenseurs du Mecklembourg ont annoncé que des auxiliaires accourront des contrées voisines où le salaire est moins élevé, en nombre suffisant pour remplacer les absents : espoir peu fondé, tant que le Mecklembourg sera aussi discrédité qu'il l'est aujourd'hui pour son régime politique et social.

Parmi les destinations nouvelles des émigrants mecklembourgeois, on doit mentionner Vénézuela, où ils ont fondé une petite colonie.

CHAPITRE XV.

Le Brunswick.

L'émigration de ce duché se résume dans les chiffres suivants :

	Total.	Moyenne.
De 1837 à 1845.	6,500	722
1846 1855.	7,072	707

Les trois dernières années de cette période ont fourni :

1852.	894
1853.	1,678 (alias, 1,435)
1855.	668 — 572)
1856.	546

La misère y a eu une grande part, car l'État a dû fournir des subventions aux communes trop pauvres pour payer l'émigration de leurs indigents ; et cette misère elle-même n'est pas étrangère à la densité de population qui, sans être extrême, dépasse celle de la France : (274,069 habitants pour 3,718 kilomètres carrés, soit 73 par kilomètre carré). En vue sans doute des rapports qui naissent de l'émigration, le gouvernement a conclu avec les États-Unis un traité qui

7

accorde aux habitants des deux pays contractants réciprocité de droits en ce qui concerne les acquisitions d'immeubles. Le traité est conclu pour douze ans avec la prévision d'une prolongation indéfinie.

Le nombre des émigrations clandestines, évaluées à 131 en 1853, trahit, là comme ailleurs, des exigences abusives.

CHAPITRE XVI.

Le Hanovre.

Depuis trente ans, la moyenne de l'émigration se maintient autour de 10,000. Malgré les nombreuses lois et ordonnances rendues pour l'entraver ou la régulariser, c'est un des États de la confédération qui soulève le plus de mécontentements. Quant à la misère, ou du moins la gêne qui seule détermine les grands courants d'émigration, ce qui en existe ne saurait être attribué à l'excès de population, car le Hanovre ne possède que 49 habitants par kilomètre carré (1,819,777 habitants sur 36,456 kilomètres carrés).

Le Hanovre prend sa part des profits de l'émigration, grâce à sa position sur le trajet des familles qui, du nord-ouest, du centre et du sud de l'Allemagne, se rendent, soit à Brême, soit à Hambourg; le pavillon hanovrien flotte sur un grand nombre de navires d'émigrants à Emden, à Harbourg, même à Hambourg et à Brême. C'est à ce trafic qu'est dû en grande partie l'importance du matériel naval du Hanovre, autrefois nul, et qui était, au 1er janvier 1855, de 22 navires pour les voyages sur l'Océan, jaugeant 8,790 tonneaux.

La plupart des émigrants hanovriens se rendent aux États-Unis; depuis deux ans, on a remarqué quelques convois qui se sont dirigés vers la Hongrie, pour les environs de Pesth. Les enrôlements pour la légion étrangère anglaise auraient probablement recruté beaucoup de mécontents sans les mesures sévères que prit le gouvernement hanovrien.

CHAPITRE XVII.

Le Luxembourg.

Le mécontentement politique est signalé comme la principale cause de l'émigration observée dans ce duché, sans toutefois que nous possédions des renseignements précis sur le nombre des émigrants.

CHAPITRE XVIII.

L'Oldenbourg.

Les chiffres suivants résument l'émigration de ce duché :

1851	682
1852	630
1853	936
1854	600 (alias, 759)
1855	298
1858	571

On attribue ces départs qui ont lieu en général de la partie méridionale du duché, à la pauvreté qui lutte contre un sol ingrat, aux difficultés qui entourent l'acquisition de la propriété, aux agents d'émigration, nombreux et zélés. L'émigration a favorisé l'essor de la marine de l'Oldenbourg, qui se composait, au 1er janvier de 1855, de 159 navires propres aux voyages sur l'Océan, jaugeant 51,753 tonneaux; des chantiers de constructions maritimes se sont développés dans ses ports; le pavillon oldenbourgeois prend une part d'année en année croissante à la navigation de Brême. Des immigrants en assez grand nombre (en 1855, 109 avec 42,000 florins; en 1858, 150 avec 294,000 florins), ont comblé les vides. La densité de la population permet ces échanges, car elle n'est que de 46 habitants par kilomètre carré (287,163 habitants pour 61,309 kilomètres carrés).

Après s'être dirigée exclusivement vers les États-Unis, l'émigration oldenbourgeoise a essayé, depuis quelques années, de la Hongrie. Un arrangement a été conclu entre les deux gouvernements pour faciliter l'émigration. Ces nouvelles recrues ont, en général, quelque aisance, et comptent des représentants de tous les métiers nécessaires à une colonie naissante, et particulièrement des petits cultivateurs. Les seules communes de Sogel, Lomingen et Linden, fournirent 300 familles en 1855; l'année précédente, 15 seulement avaient émigré.

CHAPITRE XIX.

Les Villes anséatiques.

Tandis que les divers États de l'Allemagne s'affligent, généralement outre mesure, de ce qu'ils perdent d'hommes et d'argent par l'émigration, les deux villes anséatiques de la mer du Nord se réjouissent de posséder une source précieuse de prospérité. Pour elles, en effet, tout est bénéfice dans ce mouvement : hospitalité lucrative, commerce de vivres et objets de voyage, transport surtout. Pour apprécier l'importance de ce trafic, nous joindrons ici le simple relevé des passagers transportés depuis 1846, époque où l'émigration a pris de sérieuses proportions.

	Brême.	Hambourg.
1846.	32,372	4,857
1847.	33,682	7,628

CHAP. XIX. — LES VILLES ANSÉATIQUES.

	Brême.	Hambourg.
1848.	29,947	6,385
1849.	28,629	5,620
1850.	25,776	7,430
1851.	37,493	12,279
1852.	58,551	21,916
1853.	58,511	29,480
1854.	76,875	50,819
1855.	31,550	18,652
1856.	36,511	26,203
1857.	49,399	31,566
1858.	23,095	19,799
1859.	21,992	13,242
	564,803	255,876
	820,679	

Le tableau suivant des expéditions de Brême dans l'année 1859 montre la multiplicité et l'étendue des opérations maritimes créées par ce seul article de fret.

En 1859, Brême a expédié :

		Passagers.
A New-York.	50 navires à voile portant.	7,953
—	15 navires à vapeur	4,834
—	23 navires à voile.	3,626
—	22	3,949
—	6	683
—	7	403
—	2	179
—	1	62
	126	21,669
A Rio Grande-do-Sul (Brésil)	2	278
Buénos-Ayres.	5	25
Valparaiso.	1	7
Honolulu	2	6
Le Cap.	2	5
La Guayra et Porto-Cabello (Nouvelle-Grenade).	2	4
	140	21,992

Le rayon d'attraction des villes anséatiques, sous le rapport des émigrants à transporter, comprend la plus grande partie de l'Allemagne sur la rive droite du Rhin et jusqu'à la Scandinavie. Elles disputent même au Havre une petite fraction de la Suisse allemande et des provinces rhénanes. Ces succès sont dus, outre les avantages de position et de nationalité, aux soins que les deux villes de Brême et de Hambourg ont déployés pour attirer et protéger les émigrants, au loin comme de près.

Toutes les grandes lignes de navigation qui relient aujourd'hui Brême et Hambourg avec l'Australie, la Californie, les Antilles et les États-Unis, ont dû aux expéditions d'émigrants leur création et leurs progrès, et toutes ont si bien réussi, que longtemps on les vit, à chaque campagne nouvelle, croître en nombre et en importance. Par les relations commerciales qu'elles développent au loin, l'Allemagne entre en communauté d'échanges avec le monde entier, et c'est ainsi que l'émigration rachète, par d'éminents et fructueux services, les pertes d'hommes et d'argent dont ses adversaires veulent la rendre responsable. Il n'y a de coupable que la politique qui fait aux émigrants une situation douloureuse dans la patrie allemande : le reste est dû au malheur des situations économiques et des calamités naturelles, ou à des vocations providentielles.

CHAPITRE XX.

La France.

De l'Allemagne nous rentrons en France : ici l'émigration, en proportion quelque peu forte, date du XVIIe siècle. Elle fonda et peupla nos colonies du Canada et de la Louisiane, celles des Antilles et de la mer des Indes, tant par les chefs qui portèrent en ces pays lointains le drapeau français que par les *engagés* qui les cultivèrent. La révocation de l'Édit de Nantes provoqua une émigration religieuse et la révolution française une émigration politique, qui dispersèrent, l'une et l'autre, les enfants de la patrie à travers le monde, avec cette différence que les émigrés de la révolution rentrèrent au bout de quelques années, tandis que les émigrés de la religion condamnés à un exil irrévocable, au nombre de 3 à 400,000, devinrent à l'étranger les souches de familles dont un grand nombre subsistent encore, enrichies par le travail de l'industrie ou éminentes par les fonctions publiques et les titres scientifiques ou littéraires.

Après les événements de 1815, des hommes qui se considéraient comme vaincus et proscrits avec l'empire, pensèrent à créer, en Amérique, une colonie de refuge et de liberté. Ils choisirent la Louisiane d'abord, puis le Texas où ils fondèrent, sous la conduite des généraux Lallemand et Rigaud, l'établissement du *Champ d'Asile*, qui réunit dans son enceinte fortifiée 300 émigrés français ou étrangers ayant servi dans l'armée française. L'installation était achevée dans l'été de 1818, et l'on se disposait aux travaux de défrichement et de culture, l'on s'était assuré l'amitié des sauvages voisins, lorsqu'un parti d'Espagnols vint sommer les colons d'évacuer le territoire. Ceux-ci ne se croyant pas en état de résister, et ne daignant pas négocier, abandonnèrent leurs campements et se retirèrent dans l'île de Galveston à portée du littoral. Une tempête vint aggraver leur malheur en détruisant, sous leurs yeux, plusieurs navires qui renfermaient leurs vivres. La pêche et la chasse ne purent écarter longtemps le danger imminent de la famine. Leurs ressources pécuniaires, qu'avait accrues une souscription ouverte en France, s'épuisait avec une inquiétante rapidité, au mois d'octobre 1818 ils durent se résigner à abandonner un pays où le malheur les avait frappés, mais dont ils avaient, les premiers peut-être entre les émigrants européens, pressenti les futures destinées. Quelques colons restèrent en Amérique, en Louisiane ; le plus grand nombre rentra en France, et y recueillit des témoignages de sympathie pour son courage supérieur à sa prévoyance.

A la même époque, une entreprise qu'inspiraient des sentiments moins honorables, entraînait par de fallacieuses promesses, dans les parages du cap Vert, une centaine d'émigrants français, qui périssaient, à terre ou en mer, à Gorée ou à Dakar, victimes d'un climat que la spéculation n'avait songé à vaincre par aucune prévoyance.

Ces échecs détournèrent les esprits de toute nouvelle tentative d'émigration lointaine jusqu'en 1829, où se forma à Paris, sous la présidence de MM. Laisné de Villelévêque, questeur de la chambre des députés, et avec le concours de MM. Baradère et Giordan, un projet de colonisation au Mexique, dans l'isthme de Tehuantepec, au lieu de Goazacoalcos. Par un décret du 3 juillet 1828, le général Santa-Anna, « convaincu des avantages et de l'utilité qui doivent résulter pour l'État et pour la fédération, de la population et de la culture d'un aussi intéressant pays par des familles laborieuses, amenées du dit royaume (de France) dans le dit isthme, défrayées, pourvues, fournies, soutenues et entretenues conformément aux dispositions de la dite loi, leur accorda et concéda 300 lieues carrées de terrain..., bien entendu que ces terrains leur sont accordés et concédés sous la condition expresse et formelle que les entrepreneurs s'engageront à remplir la promesse qu'ils font, d'établir et d'encourager la culture de la vigne, de l'olivier, de la soie et des autres produits qu'ils indiquent dans leur demande, et d'y amener à leurs frais... 500 familles au moins de deux nations différentes, toutes d'une complexion robuste, de bonne vie et mœurs, et laborieuses, dans le terme et délai de trois ans... » En exécution des engagements ci-dessus, la Société expédia, du mois de novembre 1829 à juin 1830, trois navires qui partirent du Havre, emportant 328 émigrants à la destination de Goazacoalcos. L'année 1831 n'était pas expirée, que la colonie était en pleine dissolution, et les colons se sauvaient, maudissant les hommes dont les promesses les avaient attirés dans ces déserts où rien n'avait été préparé pour les recevoir, où la réalité donnait de terribles démentis aux mirages des prospectus. Les promoteurs de l'entreprise récriminèrent à leur tour contre les colons. Quoiqu'il en fût, l'œuvre avait avorté, et quelques années après, M. Giordan essayait vainement de la ranimer.

En ce temps la prise d'Alger, prélude imprévu de la révolution de juillet, venait donner une autre direction aux esprits en quête d'inconnu. L'Algérie s'offrait à tous les mécontentements et à toutes les espérances, comme une terre d'émigration et de colonisation. La population française s'y porta, tantôt spontanément, tantôt sur les invitations du pouvoir, non par foules précipitées, mais par une lente infiltration qui a successivement amené l'élément français dans l'Afrique septentrionale à un chiffre de 120,000 habitants.

Un courant opposé conduit un assez grand nombre de Français sur les rives de la Plata ; les mines d'or de la Californie en ont attiré quelques milliers ; des individus isolés ou en groupes épars, se dispersent dans tous les pays du monde, pour y prendre ou conquérir des rangs élevés dans l'armée, l'enseignement, les arts, le sacerdoce, les travaux publics, le commerce, l'éducation privée, etc. Ils forment dans la plupart des pays étrangers de petites colonies qui se distinguent par la langue, l'esprit et le caractère, sans que tous ces départs constituent une émigration de quelque importance. La plupart d'ailleurs de ces éloignés volontaires conservent l'esprit de retour : beaucoup reviennent en effet; et enfin ceux qui manquent définitivement sont remplacés, en nombre supérieur peut-être, par les étrangers qui prennent racine en France, après y avoir été attirés par les affaires ou les plaisirs. En résumé, le phénomène de l'émigration présente, en France, un intérêt plutôt scientifique que politique ou social, comme le prouvent les documents précis, en petit nombre, qui ont été publiés sur ce sujet.

Le nombre des personnes auxquelles il a été délivré des passeports avec *projet d'établissement au dehors*, et que l'on peut en conséquence considérer comme émigrants, a été :

```
En 1853 de   9,694  dont pour l'Algérie.  4,437
   1854     18,079          —             7,684
   1855     19,957          —             9,802  (alias,  4,745)
   1856     17,997          —             8,564
   1857     18,800          —             7,992
   1858     13,813          —             4,809
```

Les dix départements qui ont fourni le plus grand nombre d'émigrants ont été :

	En 1857.		En 1858.
1. Basses-Pyrénées	1,937	1. Haut-Rhin	1,203
2. Seine	1,863	2. Bouches-du-Rhône	1,164
3. Bouches-du-Rhône	1,458	3. Seine	1,121

4. Hautes-Pyrénées	1,287	4. Basses-Pyrénées	1,103
5. Haut-Rhin	1,107	5. Gironde	576
6. Pyrénées-Orientales	915	6. Hautes-Pyrénées	567
7. Haute-Garonne	936	7. Bas-Rhin	466
8. Bas-Rhin	879	8. Haute-Garonne	450
9. Gironde	694	9. Aude	443
10. Aude	488	10. Pyrénées-Orientales	422

Viennent ensuite le Doubs, la Haute-Saône, l'Hérault, le Gers, la Drôme, les Côtes-du-Nord, le Gard, les Vosges, la Meurthe, etc.

Le classement diffère suivant que l'on considère les départs pour l'Algérie ou les départs pour l'étranger.

Voici les dix départements qui ont fourni, en 1858, le plus d'émigrants : 1° pour l'étranger ; 2° pour l'Algérie.

Étranger.		Algérie.	
Haut-Rhin	1,139	Bouches-du-Rhône	587
Basses-Pyrénées	1,050	Seine	520
Bouches-du-Rhône	627	Aude	443
Seine	601	Pyrénées-Orientales	235
Gironde	576	Haute-Garonne	207
Bas-Rhin	466	Vaucluse	188
Doubs	400	Hautes-Pyrénées	180
Hautes-Pyrénées	387	Haute-Saône	162
Haute-Garonne	243	Basses-Pyrénées	153
Côtes-du-Nord	218	Ariége	148
Cantal	191	Tarn	126

L'examen de ces tableaux constate que, en écartant le département de la Seine, rendez-vous commun de tous les éléments mobiles de France, l'émigration française se développe dans trois foyers principaux, l'Alsace, le pays basque, le littoral de la Méditerranée.

L'émigration alsacienne a son centre dans le Haut-Rhin, d'où elle rayonne tout autour d'elle dans le Bas-Rhin, le Doubs, la Haute-Saône, et se fait même sentir dans la Lorraine allemande. Elle se rend aux États-Unis.

L'émigration basque a son centre dans les Basses-Pyrénées, d'où elle s'étend dans les Hautes-Pyrénées et le Gers ; à la même impulsion se rattache celle de la Gironde, quoique séparée par les Landes, parce que Bordeaux est un des ports d'embarquement du sud-ouest de la France pour la Plata, destination commune de tous les partants.

L'émigration méditerranéenne a son centre ou plutôt son point d'attache à Marseille, et recrute dans l'Aude et les Pyrénées-Orientales, plus encore que dans l'Hérault, le Gard et le Var : elle se dirige sur l'Algérie.

Placée sur la ligne de partage entre le bassin de l'Océan et celui de la Méditerranée, la Haute-Garonne envoie des deux côtés.

Hors de ces zones, les déplacements intérieurs se bornent à quelques nombres peu élevés, témoignages d'inspirations isolées et individuelles, plutôt que d'influences générales et collectives ; et ces déplacements se limitent d'ordinaire à des mouvements des campagnes vers les villes, des départements vers Paris, qui constituent les émigrations intérieures.

Comme le régime politique et économique de la France est le même dans tout l'empire, ces variations d'un département à l'autre ne peuvent s'expliquer que par des causes locales, toutes très-manifestes.

En Alsace, le principe d'émigration n'est autre que l'esprit allemand, caractéristique de la race tout entière qui la porte, par un instinct, inexplicable pour qui ne reconnaît pas les vocations naturelles, à visiter, peupler et cultiver le monde. On peut dire seulement que l'esprit d'indépendance personnelle, qui lui est propre, souffre plus vivement que d'autres de la centralisation excessive qui absorbe la famille et la commune dans l'État, et que ses mœurs patriarcales, qui l'invitent à s'entourer d'un cortége de nombreux enfants [1] ont besoin de plus d'espace que n'en peuvent accorder aux nombreuses familles les sociétés qui approchent de leur maximum de population.

---

[1] Les deux départements du Haut-Rhin et du Bas-Rhin se distinguent entre tous par la fécondité des mariages. Tandis qu'en France la moyenne générale des enfants par famille n'est que de 3,52; elle est de 4 et 5 à Colmar et Schélestadt. Aussi tandis que de 1836 à 1846 l'augmentation de la population par l'excédant des naissances sur les décès est en moyenne de 2 à 4 1/2 pour 100 par département, elle est dans le Haut et le Bas-Rhin de 9 et 10 pour 100.

Le même sentiment patriarcal remplit l'âme des Basques, et il s'y fortifie d'un goût très-prononcé d'aventures, ou plutôt de hardies entreprises que le voisinage de la mer éveilla de tout temps dans les populations riveraines du golfe de Gascogne.

Quant à l'émigration méditerranéenne, elle s'explique par l'Algérie, qui la sollicite, et dont le recrutement gagne de proche en proche, à l'ouest, l'Ariége et le Tarn ; au nord, le Vaucluse et la Drôme ; plus au loin, par une raison locale qui sera tout à l'heure expliquée, la Haute-Saône.

A part ces mouvements d'un cadre et d'une intensité peu étendus, l'expatriation n'est, en France, qu'une exception dont la rareté étonne au milieu de l'entraînement de notre temps vers les pays lointains. On l'a souvent expliqué par l'attachement des Français au sol natal, leur goût de stabilité, leurs habitudes un peu casanières : explication fort contestable, en se rappelant que les Gaulois étaient renommés, au contraire, par leur humeur vagabonde, qui les conduisit partout : en Italie, en Grèce, en Asie et en Afrique. Les Francs, une tribu de nomades germains, ne durent pas mêler au sang gaulois le lest de l'immobilité : aussi l'histoire moderne montre-t-elle dans les Français les dignes fils des Gaulois, greffés de Francs. Quel peuple fut emporté avec plus d'élan vers les croisades, ces migrations belliqueuses autant que religieuses du moyen age ? Et si depuis la renaissance ils s'attardent un peu dans la carrière des découvertes et de la colonisation, retenus qu'ils sont par les guerres civiles, dès que la monarchie victorieuse rend le calme à la nation, les Français se précipitent vers l'Amérique découverte par Colomb, et dans l'Orient, ouvert de nouveau par Gama et Albuquerque. Cartier, Champlain, La Salle, d'Enambuc, Flacourt, plus tard Labourdonnais et Dupleix, personnifient avec éclat le génie colonisateur de la race française ; elle proteste au surplus par l'éclat de ses expéditions maritimes et de ses missions catholiques contre cette réputation d'immuabilité sur le sol natal, qui est le triste privilège des animaux inférieurs et des végétaux. Il fut un temps où les colonies françaises ne le cédaient à aucune autre en nombre, en étendue, en importance, en prospérité, attestant, par leur seule existence, que le patriotisme français se plaît aussi bien aux entreprises lointaines et difficiles de la marine et de la colonisation qu'aux succès de la guerre sur le continent.

Il faut donc chercher ailleurs que dans l'essence du caractère national ce déclin de l'esprit d'expansion qui se remarque dans le peuple français. Il provient surtout de la révolution et de l'empire qui, par l'aliénation des biens nationaux et par le Code civil, ont ouvert à tout le monde l'accès de la propriété territoriale. Tous les déshérités de l'ancien régime, cadets et pauvres, se sont pris d'amour pour la terre dont ils acquéraient une part, et s'y sont attachés avec la passion du propriétaire. C'est surtout le Code civil qui, en attribuant à tout héritier un droit à la propriété du sol, au lieu d'un droit personnel à l'héritage, qui suffisait à la justice, est venu amortir l'esprit d'émigration et de colonisation. Jusqu'à présent on peut prétendre que la France n'a recueilli que les bienfaits d'une telle politique, par l'élan admirable de toutes les forces vives du pays. A l'intérieur cependant le moment approche, s'il n'est déjà venu, où la nation qui s'absorberait tout entière dans l'administration et la culture de son territoire, tandis que les autres, et surtout sa rivale la plus redoutée, prennent possession du globe par les essaims de leurs peuples, se trouverait un jour dans une humiliante et dangereuse infériorité.

Là, suivant nous, est la vraie cause de l'absence d'émigration : elle se renforce du régime d'une centralisation excessive qui, embrassant tout et l'étreignant mal, étouffe en germe les entreprises fondées, comme la colonisation, sur l'essor des forces personnelles. Nous reléguons au second plan, sans les exclure tout à fait, d'autres raisons : la douceur du climat (il en est d'aussi doux en Allemagne) ; — les libertés civiques (elles sont plus grandes en Angleterre et en Suisse) ; — l'aménité des mœurs (ou pourrait dire la mollesse ; mais les Français du XVIIe et du XVIIIe siècle brillaient plus encore de ce côté) ; — le travail partout abondant et bien payé (les tableaux de l'assistance publique ne ratifient pas ces consolantes illusions). La meilleure excuse se tire de la densité de population (67 habitants par kilomètre carré), qui n'est pas en disproportion avec les forces productives de la France, et ne fait pas sentir encore l'aiguillon du paupérisme ; mais nous approchons de la limite, et il sera prudent de ne pas l'atteindre.

Malgré des proportions aussi modestes, l'émigration a soulevé, depuis plusieurs années, de vives plaintes de la part du conseil général des Basses-Pyrénées, au sein des pays basques, l'un des trois foyers de recrutement que nous avons constatés.

Autrefois, dit un écrivain qui a consacré une étude spéciale à ce sujet [1], quelques jeunes gens, séduits par l'esprit d'aventure qui a toujours distingué le caractère des Béarnais et surtout des Basques, ou poussés par le désir de se dérober à l'obligation du service militaire, allaient chaque année chercher fortune en Espagne, au Brésil ou au Mexique ; mais le nombre des émigrants était assez restreint [2] pour que leur départ ne laissât pas un vide bien sensible dans la population. Il y a vingt-cinq ans, en même temps que se développait le courant qui entraîne les habitants des campagnes vers les grandes villes, un mouvement d'expatriation en masse vers la colonie de Montévidéo commença à se manifester dans les arrondissements de Mauléon et de Bayonne, par l'action d'une maison anglaise, connue sous le nom de Lafone et Wilson établie à Montévidéo, qui avait fondé une colonie dans la république de l'Uruguay. Les départs commencèrent en 1832 ; peu nombreux au début, ils se multiplièrent rapidement, malgré tous les efforts des autorités locales. En 1840, 1,575 individus prenaient des passeports pour Montévidéo ; en 1841, c'étaient 2,827, sans compter les départs pour l'Espagne où se rendaient clandestinement, en vue de s'embarquer au port du Passage, les jeunes gens qui voulaient échapper au service militaire. En 1844 et 1845 l'Algérie fit concurrence à la Plata, mais non pour longtemps.

[1] O'Quin, *Études sur le décroissement de la population dans le département des Basses-Pyrénées*, Pau, 1857.

[2] Ce nombre était plus considérable que ne le dit l'auteur. Dès le XVIᵉ siècle, au témoignage de Bodin, près de 20,000 Français se rendaient annuellement en Espagne. Le plus grand nombre devait appartenir à la région citra-pyrénéenne.

Le courant reprit sa voie dès les années suivantes et l'a toujours conservée, variant dans ses fluctuations annuelles entre 3 et 6,000.

Préfets et conseils généraux se sont vainement mis à la traverse, et ont signalé aux ministres avec une éloquence infatigable, ce qu'ils appelaient la plaie de l'émigration : tous les ministres ont eu le courage de répondre qu'ils n'y pouvaient rien, les Français étant libres d'aller où bon leur semble. Seulement des mesures de police ont été prescrites pour assurer toutes garanties aux émigrants contre les excitations frauduleuses ; pour veiller à ce que nul débiteur du service militaire n'y échappât. C'était aux propriétaires du pays à faire le reste en multipliant les travaux à des prix assez élevés pour contrebalancer la tentation d'aller chercher ailleurs une meilleure fortune, et pour attirer des départements voisins une main-d'œuvre nouvelle en remplacement de celle qui fuyait.

Au sein du conseil général de la Haute-Saône, l'émigration algérienne a été aussi accusée d'enlever au département les bras qui lui étaient nécessaires. Ce conseil oubliait que, quelques années auparavant le préfet de ce même département [1] avait favorisé de tous ses efforts le départ pour l'Algérie des familles franc-comtoises, qui languissaient dans la misère. Ces familles ayant prospéré [2] il était bien naturel que leur nombre grossît.

D'après leur destination, les émigrants français se répartissaient ainsi dans les années 1857 et 1858.

	1857.	1858.		1857.	1858.
Algérie.	7,992	4,809	Espagne.	1,167	1,558
États-Unis.	3,602	2,156	Suisse.	324	720
Amérique du Sud.	3,275	2,510	Autres pays.	2,449	2,060

Les émigrants pour l'Algérie partent de Marseille : la plupart reçoivent des secours de route jusqu'au port d'embarquement et le passage gratuit. Ces dépenses sont supportées par le budget de l'Algérie, annexé au budget de la guerre.

Les émigrants pour les États-Unis s'embarquent généralement au

---

[1] M. Dieu.
[2] *Notes sur les colonies franc-comtoises de Vesoul-Bénian et Aïn-Sultan.*

Havre; une partie de ceux qui se rendent à la Nouvelle-Orléans s'embarque à Bordeaux.

C'est de Bordeaux et de Bayonne que partent les émigrants du midi de la France qui vont dans les États du Rio de la Plata.

En s'embarquant au Havre pour les États-Unis [1] les Alsaciens y rencontrent leurs frères d'origine, les Allemands venus des États limitrophes ou voisins de la frontière française, Bade, Wurtemberg, Hesse, Luxembourg, Bavière et Prusse rhénanes, et en même temps les Suisses tant allemands que français. La traversée se fait tantôt sur les navires américains qui sont venus chargés de coton, tantôt sur des navires français qui ont à faire des chargements en Amérique. Dans les deux cas, ce genre de transport, en supportant la moitié du fret, réduit en proportion la dépense à faire pour les importations [2] de marchandises.

Contrairement à un préjugé fort répandu aujourd'hui, les émigrants français sont admirablement appropriés aux exigences de la colonisation, et en supportent à merveille les épreuves. Les Basques, grands, sveltes, forts et adroits, sobres, durs à la fatigue, soit qu'ils se livrent à la culture, soit qu'ils pratiquent des métiers, sont le type des meilleurs colons. Les Gascons, moins bien doués peut-être pour la résistance au travail, y suppléent par une industrieuse habileté. Les montagnards de l'Ariége et du Tarn, les laboureurs des plaines de la Haute-Garonne, les vignerons du midi depuis Perpignan jusqu'à Draguignan, les cultivateurs d'oliviers, de mûriers, de garance, dans la Drôme et le Vaucluse, supportent la comparaison avec les travailleurs de tout pays [3]. Les Alsaciens participent à toutes ces vertus, et suppléent à ce qui leur manque par cette application sérieuse et patiente que rien ne lasse, et que relèvent un sens moral, une estime

---

[1] Les embarquements au Havre ont été en 1857 de 34,223
— — 1858 18,370
— — 1859 15,392

[2] Note sur les transports effectués par les ports d'émigration.— En 1855, 122 navires transportèrent des émigrants.

[3] Voir ce que dit de ces derniers M. de Gasparin dans son *Cours d'agriculture*.

du travail, un amour de la famille qui, en devenant français, n'ont rien perdu de leur cachet germanique.

De quelque province qu'ils soient originaires, les émigrants français se montrent intelligents, ardents, féconds en ressources, d'une gaîté et d'un entrain que n'abat aucune mésaventure. Plus qu'aucun autre peuple ils possèdent l'esprit et le sentiment de la sociabilité qui les rend d'un facile accommodement avec toutes les races, toutes les mœurs et toutes les couleurs. Aussi se firent-ils dans le nouveau monde des amis et des alliés parmi les sauvages dont ils épousaient volontiers les filles, et en Algérie ils s'accordent fort bien avec les Arabes et les Kabyles. Nulle nation n'a résolu avec le même bonheur le problème de cette entente cordiale de la sauvagerie et de la barbarie avec la civilisation.

La mobilité ou l'inconstance, que nous reprochent nos rivaux du dehors, se trouve en effet dans un assez grand nombre d'émigrants qui appartiennent à la bourgeoisie, et se lancent dans les chances de l'expatriation un peu à la légère : êtres déclassés qui cherchent leur place, et, ne la trouvant pas, courent de pays en pays et d'affaire en affaire. Dans le gros de l'émigration ils sont des exceptions, mais des exceptions peut-être plus nombreuses qu'en d'autres peuples, parce que notre système d'éducation universitaire multiplie plus qu'ailleurs les individus qui prennent en dédain la ferme ou l'atelier de leur père, sans devenir propres à des fonctions d'ordre supérieur.

L'aptitude des émigrants français à la colonisation est souvent méconnue, elle est même annulée, parce que l'on s'obstine, par un patriotisme malavisé, à les maintenir groupés ensemble dans une étroite union. Il est difficile qu'ils se plaisent dans une fraternité d'existence qui, pour leur sociabilité cosmopolite, paraît être l'isolement et les livre à des rivalités destructives de toute harmonie. Les Français ne déploient leurs précieuses facultés que lorsqu'ils sont mêlés à d'autres coopérateurs, surtout s'ils peuvent acquérir sur eux un certain ascendant. Dans une association pour le travail de la colonisation, ils prennent volontiers le rôle d'officiers, et ce n'est pas un signe d'infériorité, pas même un malheur quand il se trouve un nombre suffisant de pionniers de toute autre nation se contentant du rôle plus modeste de sous-officiers et de soldats.

Les Français n'ont pourtant pas eu toujours à se louer de leurs émigrations : les désastres du Mississipi et de la Louisiane ont retenti au loin ; la perte de nos plus importantes colonies est une blessure non encore guérie, malgré la possession de l'Algérie, si difficile, paraît-il, à mettre en valeur. Tous ces malheurs et toutes ces difficultés se résument en un mot : l'absorption de l'individu par l'État. Quand l'État a été prévoyant, rare phénomène ! les colonies ont prospéré ; quand il les a livrées à des administrateurs incapables, indignes ou insouciants, elles ont dépéri et succombé sous les coups ennemis. Même avec une sollicitude loyale et vigilante, dès que l'État prétend devenir le pivot de la colonisation il amoindrit les forces individuelles, et la meilleure part des qualités propres à l'émigrant français, qui est l'esprit d'iniative, d'élan et d'aventure, s'évanouit. Le colon échoue, non par insuffisance des facultés nécessaires, mais parce que ces facultés ont été étouffées par trop de tutèle.

Les Français ont pourtant des défauts qui ajoutent pour eux aux difficultés naturelles de toute colonisation. Ils sont vains et par là blessent les susceptibilités étrangères presque autant que le fait la morgue britannique. La vie de famille n'a pas pour eux ce charme exclusif qui, dans les solitudes, doit remplacer toutes les joies de la société. Il leur manque aussi le sentiment religieux qui élève et ennoblit tous les autres. Ils dépensent en phrases une part précieuse de leurs forces. Nous parlons des Français nos contemporains, tels que les a faits un demi-siècle de révolution; mais si nous allons au Canada et en Acadie observer des colons d'origine française, qui sont encore les enfants du XVIIe siècle, nous retrouverons en eux toutes les qualités et les vertus dont nous regrettons l'absence en notre époque.

Au nombre de ces vertus, qui survivent encore, brille la fidélité de cœur à la patrie qui les a délaissés et presque oubliés ; ils y puisent l'énergie nécessaire pour se maintenir en corps vivant de nation, réfractaire à toutes les attaques ouvertes ou déguisées de la domination anglo-saxonne. Peut-être lui doivent-ils cette fécondité prodigieuse qui leur permet de tenir tête au débordement de l'émigration britannique, en faisant de la procréation d'une nombreuse postérité un acte de patriotisme.

Un sentiment de même ordre ramène au pays natal un grand nombre d'émigrants français, surtout ceux des départements pyrénéens. Il sont partis avec l'ambition de faire fortune, et reviennent, en effet, avec leur petit trésor grossi par une sévère épargne, objet d'émulation pour leurs imitateurs, compensation surabondante du capital emporté au départ. Ce retour est plus facile aux artisans qu'aux cultivateurs, et c'est pourquoi il est plus fréquent dans les populations basques qui envoient à Montévidéo en majorité des ouvriers d'art, tandis que les Alsaciens et les riverains de la Méditerranée sont des cultivateurs que la propriété rurale attache pour toujours à leur patrie adoptive.

L'administration française respecte la liberté des uns et des autres, à l'égal de l'Angleterre, sauf pour le service militaire. Les lois et règlements sur cette matière ont été loyalement inspirés par l'intérêt réel des émigrants, peut-être même avec quelque exagération.

CHAPITRE XXI.

La Belgique.

La Belgique est un des pays où l'émigration est réclamée par une extrême densité de population. Sur une surface de 29,456 kilomètres carrés, elle contient 4,577,236 habitants, soit 155 habitants par kilomètre carré, plus qu'aucun autre État de l'Europe et du monde peut-être. Cette densité engendre ou entretient le paupérisme. De 1840 à 1850, le nombre des indigents inscrits sur les registres de la charité publique a monté de 401,675 à 901,456, c'est-à-dire qu'il a plus que doublé, tandis que la population croissait à peine d'un vingtième. La moyenne des trois dernières années donnait 1 indigent sur 4 habitants des villes, près de 1 indigent sur 5 campagnards, et 1 sur 4,65 dans le pays entier. Telle est la misère que 2 ouvriers sur 5 sont assistés [1].

Dans les deux Flandres particulièrement, ni le travail industriel, ni les terres cultivables morcelées à l'extrême, ni les produits agricoles ne sont plus en rapport avec le chiffre de la population. En même temps que baissent les salaires, les denrées haussent : la concurrence de la plèbe produit ce double et contraire effet. La charité publique s'étend à 1 indigent sur 3,32 habitants de la Flandre occidentale, sur 4,15 de la Flandre orientale. Entre les deux se place le Brabant qui compte un pauvre secouru par 4,02 habitants. Trop fréquemment, dans les rues et sur les routes, mendiants et estropiés tendent la main et étalent leurs infirmités. Les prisons regorgent.

Les dépenses officielles en secours sont évaluées à 25 millions de francs par an.

Depuis 1850, cette déplorable situation ne s'est pas améliorée. Tandis que le nombre des indigents décroissait légèrement dans les provinces de Brabant, des deux Flandres et de Liége, il augmentait en une forte proportion dans le Hainaut, le Limbourg et le Luxembourg. L'augmentation est surtout frappante dans les communes rurales de cette dernière province, où le nombre des indigents a plus que doublé en quatre ans.

« Ainsi, dit un publiciste, inspecteur général des établissements de bienfaisance en Belgique, malgré les récoltes favorables de 1849 à 1852, la misère n'a guère trouvé d'allégement. Une fois inscrit sur les registres de l'assistance publique, l'ouvrier ne se relève plus d'ordinaire de cette espèce du tutèle ; il l'accepte, soit par nécessité, soit par habitude, et le chiffre des inscriptions ne peut plus que s'accroître à raison des nouveaux désastres, qui viennent pour ainsi dire, périodiquement affliger les populations [2].

Contre de tels maux l'émigration qui, dès le XIIe et le XIIIe siècles,

---

[1] Ducpétiaux, *Budgets économiques des classes ouvrières*, pages 6, 7, 8.
[2] Ducpétiaux, *Budgets économiques*, page 190. — Au moment où nous mettons sous presse, la crise cotonnière aggrave toutes ces charges.

conduisait les Belges en Allemagne, et sous la domination espagnole aux îles Açores, se présente naturellement à l'esprit : aussi une société de citoyens belges, entre les plus éminents par le rang et la fortune, appuyée par le gouvernement et le sacerdoce, se forma-t-elle en 1841 pour tenter, à l'aide d'émigrants belges, une entreprise de colonisation. Elle choisit pour théâtre de ses opérations Santo-Thomas de Guatemala, dans l'Amérique centrale, et y expédia successivement des navires qui transportèrent un millier de personnes. Au bout de deux ans, 211 avaient péri, et la colonie était en pleine décomposition. En février 1847, le gouvernement expédiait à Santo-Thomas un navire pour ramener en Belgique les orphelins et ceux des colons belges qui manifesteraient le désir de quitter la colonie. Beaucoup aimèrent mieux rester dans le pays, mais vivant hors de tout cadre administratif, car au 1er janvier 1850, on y comptait encore établis 100 Belges, 51 Allemands, 10 créoles, enfants de colons, 7 Français, 3 Anglais, 2 Portugais, 4 Hollandais, 1 Suisse, 8 centro-Américains, et 150 centro-Américains de population flottante, en tout 336 individus [1]. Depuis cette époque, la *Compagnie belge de Colonisation* n'ayant pu remplir ses engagements a été déclarée déchue de sa concession ; mais des titres individuels de propriété ont été accordés par le gouvernement de Guatemala aux colons qui s'étaient établis sur les lieux. Ce ne sont pas les seuls survivants de cette expédition ; d'autres ont quitté Santo-Thomas sans abandonner l'Amérique ; et la ville de Balize, dans le Honduras anglais, en a recueilli un certain nombre à titre de jardiniers.

Suivant l'usage, on a accusé les émigrants belges de leur insuccès, tandis que leur énergie a sauvé, autant qu'elle a pu l'être, une entreprise mal conçue, mal dirigée, mal placée. Mal conçue : au lieu d'adopter le principe vivifiant de toute colonisation, la liberté et la propriété individuelle, elle formait, sous le nom *d'Union*, une communauté ayant pour objet de subordonner le travail au capital, ce qui mène à une organisation disciplinaire répugnante aux colons ; —

---

[1] X. Heuschling, *Résumé de la statistique générale de la Belgique*, page 45.

mal dirigée : par une déplorable fatalité, tous les directeurs qui se succédèrent à la tête de l'entreprise furent au-dessous de leur mission, chance très-commune dans les pays étrangers à l'art de coloniser ;
— mal placée : on s'installa sur le littoral, sous le coup d'un climat insalubre, au lieu de s'élever sur les plateaux de l'intérieur où règne une température supportable aux Européens.

Le gouvernement belge, jugeant que l'expérience n'était pas concluante contre ses concitoyens, présenta, le 23 février 1848, à la chambre des représentants, un projet de loi dans lequel figurait une somme de 500,000 fr. pour un essai d'émigration et de colonisation d'indigents des Flandres. « Cet essai, disait l'exposé des motifs, pourrait être tenté, soit dans les vastes contrées qui s'étendent à l'ouest des États-Unis de l'Amérique septentrionale, soit dans l'Amérique centrale, soit au Brésil, soit enfin dans l'Algérie, que sa plus grande proximité ferait envisager peut-être avec moins de répugnance par l'émigration. En provoquant un essai de colonisation extérieure, en soutenant cet essai par des encouragements distribués avec intelligence, le gouvernement agirait d'après le même ordre d'idées que lorsqu'il favorise l'introduction des industries inconnues dans le pays : son but serait de frayer à l'activité flamande des voies nouvelles, de créer des précédents utiles à imiter, d'éclairer enfin les populations par l'autorité d'une expérience sagement conduite.

» Un mouvement modéré d'émigration lui paraît propre à concilier les intérêts de l'État avec ceux des bureaux de bienfaisance et des communes, les sacrifices temporaires qui pourraient être demandés à ces dernières en faveur de l'émigration, ne pouvant être que bien inférieures aux charges, pour ainsi dire permanentes, que leur occasionne l'entretien des nécessiteux.

» L'émigration ne serait pas moins favorable aux populations elles-mêmes si, comme nous le croyons possible, elle les mettait à même d'échanger, contre une situation très-misérable, les avantages assurés qu'offriraient un espace pour ainsi dire illimité, un sol fertile et d'abondants moyens de subsistance. »

Dans la communication faite aux conseils provinciaux des deux

Flandres, le ministre de l'intérieur insista de nouveau sur les avantages de l'émigration et de la colonisation à l'extérieur.

« Dans la pensée du gouvernement, une émigration peut être tentée à titre d'essai, sous la direction et la garantie de l'autorité publique.

» Dans quelles contrées convient-il de faire cette expérience ? Ne faudrait-il pas donner la préférence à celles qui offrent avec la Belgique des similitudes de climat et de salubrité ?

» Quelle part les provinces, les communes et les bureaux de bienfaisance devraient-ils prendre dans la dépense ?

» Ne conviendrait-il pas que le gouvernement prît le soin de prouver, par un essai limité à 500 familles au plus, qu'une émigration sagement conçue, dirigée dans un pays fertile et salubre, aurait pour résultat assuré de mettre en peu de temps, dans une situation heureuse et même prospère, les colons qu'une douloureuse nécessité déterminerait à s'expatrier ? Il se chargerait de les transporter au siége de l'émigration ; il leur procurerait des terres dont ils rembourseraient le prix sur les bénéfices de culture ; il leur procurerait des instruments aratoires, du bétail et des moyens d'existence jusqu'au moment où ils pourraient se suffire à eux-mêmes. L'émigration serait assez considérable pour former une agglomération et serait accompagnée d'un ou plusieurs prêtres flamands et d'un agent civil connaissant la langue du pays. L'État pourvoirait aux exigences du culte et de l'enseignement. »

En réponse à cette communication, le conseil provincial de la Flandre occidentale se rallia aux résolutions suivantes :

« Tout en partant du principe que l'exubérance de la population n'est pas la cause première du paupérisme des Flandres, le conseil est cependant conduit à reconnaître, mais non sans quelque opposition, qu'en présence de la misère et en l'absence de toute mesure prochaine à l'effet de pouvoir porter un remède efficace à la position de la classe ouvrière, soit par des traités de commerce, soit par des débouchés qui puissent faire revivre l'ancienne industrie linière, l'émigration est dans la nécessité de la situation.

» Le conseil est aussi d'avis que la situation financière de la presque totalité des communes et des institutions de bienfaisance, situation qui a été amenée forcément par des sacrifices nombreux et incessants auxquels il a bien fallu se résigner pour le soutien des pauvres, ne leur permet pas d'intervenir pécuniairement pour favoriser l'émigration. Et, quant au gouvernement, le conseil est d'avis que, lorsque l'émigration se fait vers une colonie de la mère-patrie, le gouvernement doit la favoriser pécuniairement; que, dans le cas contraire, son intervention ne doit être qu'une protection toute de bienveillance, comme celle à laquelle a droit toute entreprise recommandable, qui est exécutée en vue de l'utilité générale et de la protection du pays.

» Il émet enfin le vœu que le gouvernement, avant de faire choix d'une contrée désignée pour l'émigration, veuille, par un voyage d'exploration aux divers lieux susceptibles de colonisation, faire examiner la situation, le climat, la nature du terrain, la salubrité et les ressources que le pays peut offrir. »

Conformément à ce vœu, le gouvernement envoya aux États-Unis des agents chargés de prendre des renseignements précis et complets sur les chances que pourrait présenter un essai de colonisation de familles flamandes dans ce pays; puis il se décida à encourager un double essai d'établissement, entrepris en 1849 et 1850, l'un dans l'État de Pensylvanie, l'autre dans l'État de Missouri. Le nombre des émigrants embarqués à Anvers, en destination de la colonie de New-Flanders (Sainte-Marie de Pensylvanie), fut de 59, dont 36 du sexe masculin et 23 du sexe féminin; l'établissement agricole du Kansas a reçu 50 émigrants belges, dont 40 hommes et 10 femmes. Diverses familles des Flandres, et même d'autres provinces, partirent aussi pour l'Amérique du Nord, mais ce ne sont là que de faibles commencements qui ne préjugent que très-indirectement la solution que pourra recevoir en Belgique la question de l'émigration lorsque son importance sera mieux comprise [1]. Les nouvelles reçues de la

---

[1] Ducpétiaux, *Budgets économiques des classes ouvrières*, p. 295 296.

colonie de Sainte-Marie sont peu favorables; après dix ans d'existence, elle ne comptait que 200 habitants.

Ces envois officiels d'émigrants aux États-Unis ne furent pas les seuls, à en croire les journaux américains, qui racontaient, en 1854, qu'un certain nombre de mendiants invalides et de condamnés libérés, ayant débarqué à New-York, le gouvernement de cette ville, qui en eut vent, les fit réintégrer dans leur pays d'origine, la Belgique, non sans se faire rembourser la dépense, et que depuis lors, l'administration préposée à l'émigration redoubla de vigilance contre ces surprises interdites par la loi américaine.

Cependant, la question du paupérisme et de l'émigration ne cessait de préoccuper la Belgique. Elle fut l'objet d'un débat à la chambre des représentants, dans la séance du 7 avril 1856, au sujet d'une pétition réclamant des mesures pour arrêter l'émigration[1]. M. Rodenbach protesta contre une telle tendance : « Le gouvernement, dit-il, n'a pas le droit d'empêcher l'émigration, il doit la protéger. » MM. Jalliot, F. de Mérode, de Haërne, et la plupart des membres parlèrent dans le même sens, qui reçut la sanction du vote de la chambre.

Dans le courant de la même année, les rédacteurs du programme du Congrès de bienfaisance qui devait se tenir à Bruxelles, au mois de septembre, y introduisirent la proposition suivante :

« Aviser aux moyens de prévenir l'accroissement désordonné de la population, notamment par l'organisation permanente et régulière de l'émigration. »

La présence du roi des Belges et du comte de Brabant donna au débat une solennité inaccoutumée.

---

[1] Dans les Flandres l'émigration est, à ce qu'il paraît, réduite par suite des vides qu'ont fait les premiers départs; par suite des maladies et des décès qui sont résultés de la misère, par suite, enfin, des mesures prises pour procurer du travail aux ouvriers de ces malheureuses provinces. L'émigration part actuellement de la partie centrale de la Belgique, des arrondissements de Louvain et de Nivelle; des villages entiers du Brabant sont dépeuplés. Les populations qui abandonnent leur patrie sont actives et vigoureuses, la plupart sont agricoles et peuvent former de très-bons cultivateurs; ils se trouve même parmi les émigrants de petits fermiers possédant des capitaux d'une certaine importance. On en cite qui ont emporté en Amérique 20 et même 40,000 fr.

Par l'organe de son rapporteur, M. Jules Duval, la commission présenta des conclusions qui furent adoptées dans les termes suivants :

« 1º L'accroissement de la population ne peut et ne doit être combattu par aucun règlement légal ;

» 2º Les maux du paupérisme, dus à l'extension de la population, peuvent être atténués d'une manière efficace, quoique indirecte, par l'émigration ;

» 3º En conséquence, toute liberté et toute protection doivent être accordées à l'émigration ;

» 4º Les gouvernements, les associations et les individus doivent combiner leurs efforts, chacun dans sa propre sphère, pour obtenir de l'émigration tous les bienfaits qu'elle peut donner ;

» 5º L'institution projetée d'une correspondance internationale doit embrasser particulièrement l'émigration dans le cadre de ses renseignements. »

Depuis lors, tous les doutes de l'esprit public paraissent levés. L'émigration, comme système d'atténuation, et peut-être d'extinction du paupérisme, a été appuyée par ses économistes les plus éminents et par la presse locale, et divers projets ont été publiés pour la colonisation par familles belges, toutefois [1] sans qu'aucune réalisation ait suivi jusqu'à ce jour.

De cet exposé historique des faits et des idées belges en matière d'émigration, passant aux documents statistiques, nous les résumons dans les chiffres suivants :

Ont émigré :

En 1851	6,080	1856.	13,261
1852	7,781	1857.	8,580
1853	9,530	1858.	8,081
1854	7,995	1860.	9,339
1855	9,546		

En 1856, des paysans et ouvriers du Brabant wallon, possédant

[1] M. Gustave de Baelen; M. le comte C.-A.-F. de Berlaymont.

quelque aisance, ont vendu terres, récoltes, meubles, et sont allés aux États-Unis rejoindre leurs concitoyens qui ont déjà fondé des établissements dans le Wisconsin, l'Ohio et autres États de l'intérieur. Ce mouvement n'a été contenu que lorsque le salaire de la journée de moisson a atteint quatre francs. Au prix de bien des épreuves, sans doute, ils réussiront, quoique des observateurs critiques jugent les Brabançons et les Flamands, habitués à cultiver une terre fertile, moins propres à défricher les forêts du *Far-West* que les habitants des pays boisés de Luxembourg et de Namur. A vrai dire, les moins aptes à l'émigration sont plutôt les ouvriers des Flandres en qui la vie de manufacture a amoindri les forces physiques, énervé les forces morales : le rude apprentissage des champs est celui qui prépare le mieux les hommes aux fatigues de la colonisation.

Tous les embarquements se font au port d'Anvers qui reçoit aussi un certain nombre d'émigrants allemands : nombre que diminue d'année en année la concurrence des ports anséatiques et du Havre. Grâce aux émigrants, le fret y est moindre qu'à Rotterdam, ce qui amène dans ce port même une partie des émigrants hollandais.

En Belgique, pleine liberté est laissée à l'émigration, soumise seulement à des règlements administratifs dans l'intérêt des émigrants.

L'émigration belge se porte de préférence dans l'Union américaine où la statistique officielle constatait, de 1819 à 1855, les entrées suivantes [1].

---

[1] D'après M. Mali, consul belge à New-York, il est arrivé en cette ville :

	Belges.	Documents américains.
En 1850	250	
1851	873	
1852	82	
1853	36	
1854	398	266
1855		1,575
1856		1,982

Ces chiffres ne concordent pas avec la statistique officielle de M. Bronwell.

	Total.	Moyenne annuelle.
1831 à 1840.	22	2.2
1841 1850.	5,074	507.6
1851 1855.	1,887	317
Total en 25 ans.	6,983	

En 1850, on ne comptait, aux États-Unis, que 1,312 Belges dispersés dans les États de l'Illinois, de New-York (à Sheldon noyau belge), du Wisconsin (à Green-Bay ou Belgium-Town noyau belge), d'Iowa, Missouri, Kansas (Jefferson-City). On en trouve aussi quelques-uns en Iowa, Minnesota, Michigan, Indiana (colonie de Léopold), Ohio, etc.

En 1857, l'émigration du port d'Anvers s'est ouvert de nouvelles directions vers le Brésil et Buénos-Ayres.

Les documents qui précèdent ne comprennent pas une émigration qui se fait sur la frontière de terre, celle des ouvriers qui se rendent dans les ateliers et usines des pays limitrophes, le plus souvent avec esprit de retour, en laissant même la famille sur le territoire belge. On a relevé, de 1841 à 1850, 45,470 émigrants de ce genre, en partie compensés par 33,466 étrangers immigrés. On a remarqué que l'habitant des villes est plus porté à s'expatrier que celui des campagnes; la moyenne de 9 années, donne, pour les villes, 1 émigrant sur 679 habitants, et pour les campagnes 1 émigrant sur 926.

Dans ces aperçus ne figurent pas non plus les comptoirs et établissements commerciaux que des Belges créeraient sur les divers points du globe, sans prétention à fonder des colonies. Cet essor de l'activité nationale, qui provoquerait une émigration des talents et des capitaux, aussi fructueuse pour la patrie que pour eux-mêmes, a été vivement patronné par le duc de Brabant, dans un brillant et solide discours prononcé le 17 février 1860 devant le sénat belge.

CHAPITRE XXII.

Les Pays-Bas.

Dans le cours du moyen âge, les Néerlandais émigraient déjà; ils y étaient forcés par les invasions de la mer ou les inondations des fleuves; ils y étaient portés par leur vocation de marins; au XVIe siècle, la guerre civile vint en aide à la nature.

Dès le XIIe siècle, ils se rendaient comme cultivateurs dans le cœur de l'Allemagne et s'avançaient jusqu'à la Transylvanie. Au XVIIe siècle, la compagnie de pêche fondait de vastes établissements dans les îles désertes des mers polaires, et le village de Smeerenberg s'élevait dans les solitudes arctiques. Visitée chaque année par douze ou dix-huit mille marins des Pays-Bas, la colonie prit un développement inattendu. Le village de Smeerenberg et l'île d'Amsterdam tout entière présentaient alors l'aspect d'une ville manufacturière et commerciale. Un nombre considérable de colons se rendait tous les ans sur les lieux pour vendre aux marins certaines provisions, telles que l'eau-de-vie, du vin, du tabac. Des artisans de tous les métiers ne tardèrent point à les suivre. Autour des factoreries et des autres édifices de la compagnie s'élevèrent ainsi des maisons particulières qu'on abandonnait pendant l'hiver et qu'on reprenait au printemps suivant. Smeerenberg était la Batavia des glaces [1].

A la même époque, les Néerlandais avaient déjà jeté autour de la vraie Batavia, dans les mers d'Asie, les bases d'une prospérité plus durable; ils donnaient à l'île Maurice un nom qu'elle devait reprendre après avoir porté glorieusement pendant un siècle celui de l'Ile de France; en Amérique, ils fondaient la Nouvelle-Amsterdam et la Nouvelle-Belgique, semence d'une récolte destinée à d'autres

---

[1] Esquiros, *La Néerlande et la vie néerlandaise.*

moissonneurs, comme le Brésil au sud de l'Équateur. La même destinée attendait leur colonie du Cap, où leurs descendants les plus résolus, les Boërs (*Bauers*), plutôt que de subir le joug anglais, ont, au XIXe siècle, abandonné les champs paternels pour aller constituer, dans l'intérieur des terres, les deux républiques indépendantes de Transvaal et d'Orange.

A cette époque de leur suprématie maritime, les Hollandais conduisaient avec une joie fière, à travers tous les océans, le cortége de leurs émigrants, qui partout réussissaient à créer du moins, sinon à conserver. Patients, mais énergiques dans leur lenteur, appliqués en toute besogne avec une opiniâtreté persévérante, simples et sobres, tolérants quoique religieux, familiers avec la mer et les barrières destinées à la contenir, recommençant partout leurs digues avec l'intelligence et l'obstination des castors, leur vrai symbole pour l'union comme pour le travail, les Hollandais possèdent au suprême degré les aptitudes qui conviennent à l'émigration en vue du commerce maritime, mieux encore que de la colonisation.

Aussi doit-on s'attendre à les retrouver de nos jours dans la même voie, malgré la différence des temps. Autrefois ils émigraient en troupes nombreuses pour fonder des empires et des villes; aujourd'hui ils émigrent par familles isolées, seulement pour rajeunir, par un renouvellement continu, les œuvres de leur grandeur passée, ou poursuivent individuellement la fortune en pays étranger.

De 1831 à 1847, 8,052 individus seulement, soit en moyenne 500 par an, sortirent des Pays-Bas. De 1845 à 1854, on en compta 20,407 ou 2,041 par an, perte sans effet appréciable sur le mouvement de la population. Dans les deux périodes, les départs se classaient ainsi par origine provinciale.

	1831-1847.		1845-1854.
Gueldre	3,027	Gueldre	5,192
Zélande	1,624	Zélande	4,745
Sud-Hollande	953	Sud-Hollande	2,897
Over-Yssel	874	Nord-Brabant	1,585
Frise	443	Over-Yssel	1,418
Drenthe	315	Groningue	1,376
Nord-Hollande	233	Frise	1,175

	1831-1847.		1845-1854.
Groningue.	227	Nord-Hollande.	989
Utrecht.	215	Drenthe.	594
Nord-Brabant.	137	Utrecht.	367
Limbourg.	4	Limbourg.	69
Total.	8,052	Total	20,427

En 1856, le nombre des émigrants descendit à 1924 et en 1857 à 1663.

L'expatriation doit se ressentir de la densité de la population, laquelle est de 3,543,775 âmes pour 32,589 kilomètres carrés [1], soit 108 habitants par kilomètre carré, proportion très-forte pour un pays que les herbages couvrent en grande partie, et dont un quart n'est pas cultivable. A cette cause générale qui se trahit par de nombreuses habitations établies sur l'eau, comme en Chine, surtout dans le Drenthe et l'Over-Yssel, la maladie des pommes de terre en 1846 et les années suivantes, le manque de récoltes en 1847, ajoutèrent leurs effets immédiats. Le personnel des pauvres recueillis dans les colonies agricoles atteignit le chiffre de 11,000 en 1847-48, signe incontestable de ce paupérisme auquel on ne croit pas volontiers pour un pays où fleurissent l'agriculture et le commerce, avec la liberté économique non moins que la liberté politique et religieuse. Comment le révoquer en doute en voyant qu'Amsterdam consacre à l'assistance publique le tiers de ses dépenses ordinaires, Leyde près de la moitié, Harlem les deux cinquièmes, La Haye et Rotterdam le tiers environ? On compte dans les villes 220 nécessiteux sur 1,000 habitants; dans le reste du pays, le rapport est de 150 à 1,000.

Le très-médiocre succès des colonies agricoles à l'intérieur, qui s'explique par l'absence des trois ressorts moteurs de l'activité humaine, la liberté, la propriété, la famille, devrait engager le peuple hollandais à consacrer de préférence les dons de la charité privée et publique au remède bien autrement efficace et fécond de l'émigration extérieure.

---

[1] Luxembourg compris, qui ne figure pas dans les tableaux précédents, comme appartenant à la confédération germanique.

Malgré la tolérance des lois et des mœurs hollandaises en fait de religion, l'esprit de secte y recrute quelques émigrants : à diverses époques, des frères moraves partirent des Pays-Bas pour aller fonder des colonies en Pensylvanie. De nos jours, les Mormons y ont séduit le bon sens de quelques individus, et un prédicateur séparatiste d'Utrecht, le docteur Scholten, a entraîné un assez grand nombre d'adeptes dans l'Iowa. La liberté ne suffit pas à l'esprit de secte qui veut un milieu nouveau où son fanatisme ait meilleure chance d'expansion.

Le gouvernement hollandais assiste impassible à ces mouvements, n'intervenant que pour garantir aux passagers de loyales et sûres conditions de transport. Le désir d'attirer à Rotterdam une partie des émigrants allemands a inspiré en outre des ménagements envers les étrangers, qui ne répondent pourtant pas à ces avances, parce que les navires et les capitaines de ce port se sont discrédités, assure-t-on, par des manquements graves dans l'exécution de leurs engagements.

Le gros des émigrants se porte aux États-Unis où la statistique officielle constate, de 1819 à 1855, l'arrivée de 17,583 Hollandais, ainsi répartis par périodes décennales :

			Moyenne.
1819 à 1825 (6 années).	. . .	252	50
1826 1835 (10 années).	. . .	1,505	150
1836 1845 (10 années).	. . .	2,731	273
1846 1855 (10 années).	. . .	13,195	1,319

L'année 1855 vit arriver 2,588 immigrants hollandais.

Arrivés à New-York, la Nouvelle-Amsterdam que fondèrent leurs pères, ils s'avancent à l'intérieur, invités à ne pas trop se disperser par l'isolement que leur fait une langue peu répandue. Les uns se rendent au Michigan, dans la colonie qu'y a fondée Mannich van Züldjich, de Groningue ; d'autres dans l'Iowa où prospère la colonie de Péra, peuplée de 1,500 de leurs compatriotes [1]. Ils maintiennent

---

[1] Rapport de M. Poncelet, consul belge à Chicago.

leur unité d'origine par des journaux et des sociétés; ils se concilient l'estime par leur conduite.

Dans l'Amérique du Sud, quelques familles hollandaises sont disséminées dans le Vénézuéla et sur les bords de la Plata.

La communauté de race et de langue maintient un courant d'émigration entre les Pays-Bas et ses deux anciennes colonies, devenues anglaises, du Cap de Bonne-Espérance et de Natal : ministres de la religion, instituteurs et institutrices y trouvent aisément des familles et des communes disposées à les accueillir. Aussi cette direction est-elle devenue l'une des spécialités de l'éducation hollandaise. En retour l'université d'Utrecht reçoit dans ses cours les enfants du Cap : on y en comptait 15 en 1854.

Des relations de même ordre et plus intimes, sans doute, conduisent une partie des pasteurs et des instituteurs, émigrant pour l'Afrique du Sud, dans les républiques libres que nous avons nommées, Transvaal et Orange, où ils retrouvent les fils de leurs aïeux communs, en pleine possession d'une liberté reconnue par l'Angleterre elle-même.

On annonçait, il y a quelque temps, que la Hollande organisait une émigration d'orphelins destinés à la colonie du Cap. Une telle entreprise serait peu en harmonie avec les efforts qu'elle fait pour détourner vers ses propres colonies américaines ou asiatiques ceux de ses enfants qui la quittent, aussi bien que les étrangers.

C'est ainsi qu'en 1852 le gouvernement des Pays-Bas tenta de diriger vers la Guyane des immigrants allemands, sans que ses offres fussent acceptées, à cause de l'insalubrité du climat dont une enquête constata les dangers. Cependant des paysans hollandais, installés à Surinam, s'y étaient adonnés au travail immédiatement après leur arrivée, et y avaient résisté aux chaleurs pendant plusieurs années. Malgré cette apparence de succès, la population hollandaise, dans la Guyane, tend plutôt à diminuer par l'absentéisme des propriétaires qu'à croître par l'arrivée des cultivateurs européens.

Des vues plus soutenues se sont portées sur les colonies asiatiques distribuées dans le grand archipel d'Asie. Dans le dessein d'y attirer l'émigration allemande, le gouvernement des Pays-Bas invita ceux de la confédération germanique à y envoyer des commissaires qui pussent apprécier sur les lieux mêmes les chances de prospérité qu'offraient les îles célèbres de Java, Sumatra, Bornéo. Les commissaires s'y rendirent et firent à leur retour un rapport qui n'était pas défavorable. Les plans de colonisation européenne en furent consolidés, et une concession fut accordée en 1859 à M. van Vlissingen, dans l'ouest de Bornéo, avec autorisation d'y introduire des Européens dont les Hollandais eussent composé la majorité. La Compagnie devait se constituer au capital de 2,500,000 florins. Malheureusement, en cette même année, un soulèvement éclata parmi les populations indigènes, et la guerre d'Italie ébranla le crédit public en Europe ; la Compagnie ne put se constituer dans les délais stipulés. Sa demande en prorogation de délai fut, sur les conclusions conformes d'une commission nommée *ad hoc*, repoussée par l'autorité. Dans l'intervalle, une opinion s'était formée et avait pris consistance, qui considérait l'introduction des Européens comme plus dangereuse qu'utile ; on inquiéterait les indigènes ; on changerait le caractère de l'administration hollandaise ; le travail de la terre tuerait l'Européen sous la zone torride et le prestige de la race dominante en serait diminué ; les dépenses pour le transport et l'établissement des colons seraient finalement perdues. Le parti contraire a maintenu l'opportunité d'une réorganisation des colonies de l'Asie par le travail, par l'adjonction de l'élément européen, même des condamnés. De la controverse les opinions se sont traduites en projets positifs et en pétitions au roi. Sur quoi le gouvernement a nommé une commission chargée d'approfondir ces difficiles et importants problèmes de la vie coloniale, sous la présidence de M. Rochussen, ancien gouverneur général des possessions néerlandaises dans l'Inde.

Nous mentionnerons enfin les petits comptoirs hollandais sur la côte de Guinée, pour dire qu'ils ne reçoivent d'autres émigrants que quelques fonctionnaires et agents commerciaux, tous animés de l'esprit de retour.

CHAPITRE XXIII.

États scandinaves.

Une émigration, conduite par Odin, peupla de barbares le pays scandinave jusqu'alors désert ou parcouru par quelques Lapons nomades et leurs troupeaux. Leurs descendants, campés sur les rivages plutôt que fixés au sol par la culture, sillonnèrent pendant de longs siècles, de leurs navires de pirates les mers de l'Europe occidentale. Sous le nom de Goths ou Jutes, d'Angles, de Normands, ils furent la terreur des populations maritimes, et les légendes conservent encore le souvenir de leurs terribles exploits. Aujourd'hui, par une évolution digne d'être remarquée, cette race est devenue l'une des plus pacifiques et des plus sédentaires du monde moderne. Entourée par la Russie et l'Allemagne du côté du continent, par l'Angleterre du côté de la mer, n'ayant d'issue libre que vers l'Océan arctique, elle se sent resserrée et presque étouffée entre ses puissants voisins. La vie expansive est comprimée. Comme les arbres de ses froides montagnes, sa population croit lentement; comme eux elle enfonce ses racines dans le sol plutôt qu'elle n'étale ses branches, pour mieux résister aux vents. Après quelques élans au XVIIe siècle, l'émigration s'est repliée sur elle-même : depuis quelques années seulement elle a repris confiance, et par une singularité qui lui est propre, elle a pris, sous l'influence des Mormons, un caractère religieux autant qu'économique. Là, mieux que dans aucune partie de l'Europe, le mormonisme a réussi à tenir ses conciliabules, fonder des journaux, organiser des quêtes, bien que le tumulte de ses assemblées et le scandale de ses baptêmes aient motivé plus d'une fois l'intervention de la police.

En s'éloignant de leurs froides patries, les Scandinaves des trois royaumes sentent se resserrer, malgré quelque diversité d'idiomes, de mœurs et d'idées, leur fraternité de race. Souvent Danois et Suédois confondent leur contingent sur les navires qui partent de Copenhague; les uns et les autres retrouvent les Norvégiens dans les gares de Kiel, sur les quais d'Altona et les bâtiments de Hambourg. Au delà des mers, la fraternité se soutient dans les diverses parties du monde où ils se dispersent.

Les moins aventureux ou les plus pauvres se rendent au Canada où les attire l'analogie du climat, des travaux et des cultures avec les mêmes éléments dans leur pays. Ils trouvent à s'occuper immédiatement dans les chemins de fer pour lesquels on vient même recruter les Norvégiens jusqu'à Christiania.

Le plus grand nombre s'avance vers les États-Unis pour se rendre dans l'ouest où, poussés à l'isolement comme les Hollandais par leur langue, ils forment des communes presque entières. Dans l'Illinois, le Wisconsin, le Minnesota et l'Iowa sont leurs principales stations, sauf pour les recrues du mormonisme qui se rendent à l'Utah par la Nouvelle-Orléans et Saint-Louis. Pendant quelque temps, les séduisantes promesses d'un riche scandinave, le musicien Oll-Bull, attirèrent quelques émigrants en Pensylvanie, dans la colonie d'Oléana; mais elle n'a pas réussi, et le fondateur, après l'avoir quittée, a entraîné, dit-on, ses compatriotes en Californie où s'étaient portés les plus entreprenants. Une autre colonie scandinave, dans la Pensylvanie, celle de New-Bergen, a vendu toutes ses terres à une Compagnie allemande de colonisation, pour aller rejoindre dans l'ouest les compatriotes qui y prospèrent.

Dans la période écoulée de 1819 à 1855, la statistique américaine a enregistré l'immigration de 3,059 Danois, et 29,441 Suédois et Norvégiens, chiffre probablement inférieur à la réalité, d'après la comparaison avec les données recueillies en Europe. En tenant compte des arrivages de toute la période, on n'évalue pas à moins de 200,000 âmes les habitants de l'Union, de souche scandinave. La communauté d'origine est entretenue par les journaux [1].

[1] Dans ces derniers temps, on en comptait 3 en suédois, 3 en norvégien, 1 en

Malgré ce lien intellectuel, des pasteurs luthériens, qui soient familiers avec les idiomes scandinaves, manquent aux populations. Pour s'en procurer, un grand meeting, tenu à Wawerley, en 1856, décréta la création, à l'université de Spriengfields, d'une chaire de littérature scandinave, et pour la payer une souscription fut ouverte tant aux États-Unis qu'en Europe.

L'Afrique ne séduit qu'un petit nombre de Scandinaves qui craignent, avec raison, de se sentir dépaysés sous ce ciel de feu. En partie ils appartiennent aux missions, et se rendent à New-Hermansbourg, sur le territoire de Natal ; avec eux partent de jeunes filles qui vont, aux mêmes lieux, rejoindre leurs fiancés ou trouver des maris.

L'Australie leur plaît davantage.

En 1859, sont partis de Copenhague une centaine de tailleurs de pierre pour l'Australie, où les réclamait le chemin de fer de Melbourne à Sandhurst. Ils ont dû y retrouver une bande de 380 Scandinaves précédemment partis pour la même destination, et en outre une vingtaine d'émigrés de l'île Bornholm.

L'Europe en garde quelques-uns, sans parler de l'échange qui se fait entre les trois États scandinaves et qui peut ne pas compter pour émigration.

Certains Danois se rendent en Russie, aux environs de Riga, où un compatriote du Sleswig les emploie sur les propriétés d'un riche seigneur : ce sont surtout les émigrants de race allemande.

Les colonies danoises ne profitent pas du courant d'émigration.

L'Islande, où jadis un roi de Norvége défendait d'émigrer, n'est plus abordée que par des pêcheurs.

Le Groënland, où les anciens Danois fondèrent, au xe siècle, des établissements dont la société des antiquaires de Copenhague fait explorer les ruines, ne reçoit plus qu'un petit nombre d'employés et de marchands : aussi la population danoise n'y compte-t-elle plus que 300 âmes.

Il n'y en a guère davantage dans les Antilles danoises (Saint-

---

danois : 5 paraissaient dans l'Illinois, 1 dans le Wisconsin, 1 dans le Minnesota. Les uns et les autres sont fortement empreints de mysticité religieuse.

Thomas, Saint-Jean et Sainte-Croix) où prédomine par le nombre la race de couleur.

Quant aux comptoirs du golfe de Guinée et à l'établissement indien de Tranquebar, la vente qui en a été faite à l'Angleterre en a éloigné le peu d'habitants danois qui s'y trouvaient et qui ont aussi abandonné l'archipel de Nicobar, après d'infructueuses et coûteuses tentatives de colonisation.

L'émigration délaisse également la colonie suédoise de Saint-Barthélemy où la Suède n'envoie guère que des fonctionnaires en petit nombre isolés au milieu d'une population de couleur.

Chacun des trois royaumes scandinaves imprime à l'émigration son cachet propre que nous allons reconnaître, en nous portant successivement en Danemark, en Suède et en Norvége.

CHAPITRE XXIV.

Le Danemark.

L'émigration danoise, n'ayant pas provoqué jusqu'à ce jour de recherches officielles, ne peut s'évaluer que très-approximativement, d'après les listes des départs d'Altona et de Hambourg. Le chiffre des deux ports paraît varier entre 3 et 5,000, soit en moyenne 4,000.

Dans le royaume proprement dit du Danemark et dans le Sleswig, cette perte est en partie réparée par les recrues de travailleurs que l'exécution des chemins de fer et des canaux, combinés avec les travaux de la briqueterie et de l'agriculture, y attire de la Hesse électorale, du Mecklembourg, de Lippe Detmond, du Bückebourg, du cercle prussien de Minden, de la Suède enfin : plusieurs de ces immigrants se fixent dans le pays.

La classe riche a perdu le goût des entreprises lointaines, et l'émigration se recrute presque exclusivement parmi les matelots, les paysans, les ouvriers.

Les matelots, estimés pour leur vigueur, surtout sur les côtes de la mer du Nord, trouvent bon accueil chez la plupart des nations maritimes de l'Europe et de l'Amérique : beaucoup d'entre eux, après quelques années d'aventures et d'épargnes, rentrent dans leur patrie.

Les paysans s'irritent de trouver des obstacles pour l'acquisition de la propriété, dans le système agraire établi par une longue tradition. La couronne et les grands propriétaires y possèdent de vastes domaines, qu'ils divisent en petits corps de ferme, loués à bail à des paysans. Bien que les corvées aient été abolies, les rentes ne laissent pas que d'être lourdes, les redevances antipathiques. La proportion de ces domaines à la totalité des terres cultivables est assez forte pour réduire à des cas rares l'achat d'une propriété rurale par les fermiers enrichis. Aussi s'est-il constitué un parti qui se qualifie d'*ami des paysans*, pour faire la guerre aux *latifundia* danois, et obtenir une réforme dans le sens démocratique.

Cédant à sa pression autant qu'à des conseils amis, le gouvernement consentit, il y a une dizaine d'années (loi du 28 avril 1851), à vendre à très-bas prix, aux fermiers paysans, une partie des domaines royaux, qu'ils cultivaient comme tenanciers, quelquefois par bail héréditaire. On n'exigea pas même le paiement comptant, et le prix tout entier de l'achat put demeurer hypothéqué sur la propriété acquise. Le parti des paysans ne pouvant obtenir des grands propriétaires les mêmes concessions, s'est retourné vers les biens appartenant aux fondations pieuses, et, quoique une proposition particulière pour en obtenir la vente légale n'ait pu se faire accepter comme projet de loi, le ministre de la justice s'est cru autorisé à permettre, par voie administrative, des ventes à l'amiable et d'après des règles analogues à celles qui ont été suivies par les domaines royaux. Une presse libre appuie de toutes ses forces le retour des terres à la liberté de circulation.

Un pareil mouvement d'opinion a déjà triomphé plus complétement des corporations industrielles dont la suppression, décrétée en 1857, sera entièrement accomplie en 1862. Les entraves qu'elles opposaient à la liberté du travail ont dû, plus que toute autre cause, faciliter le recrutement des Mormons qui ont établi à Copenhague leur quartier général, et fait de l'*Étoile du Nord* leur organe. En 1851, un de leurs chefs, suivi de plusieurs missionnaires, s'y rendit, et, déployant une grande activité, y créa toute une hiérarchie d'apôtres, d'évangélistes, d'amis, de prêtres, de pasteurs, de prophètes. Ils recrutent des adeptes dans les diverses parties du Jutland, du Sleswig et de l'archipel danois, et par les ports de Copenhague, Rönne et Flemsbörg, les dirigent par convois sur Kiel et Hambourg, d'où ils les embarquent pour Hull et Liverpool. Pour ce dernier embarquement, ils ont repris le privilége qu'ils avaient accordé, pendant quelques années, à une maison de Hambourg.

Dans les populations scandinaves qui composent le royaume de Danemark et la plus grande partie du duché de Sleswig, la politique est étrangère à l'émigration. Au sud du Sleswig, au contraire, et dans tout le Holstein, le sang et l'esprit germanique règnent; et, mécontents des conditions qui leur sont faites, les habitants appuient, par l'émigration, les protestations qu'ils ne cessent de faire auprès de la diète de Francfort. Ici, les classes inférieures ne sont pas seules à partir : des familles éminentes et aisées leur donnent l'exemple, par le motif qu'elles sont le plus froissées dans leur sentiment politique. Aussi beaucoup de terres et d'habitations rurales sont-elles à vendre.

La densité de population et la misère qui en naît ne sont pour rien dans ces départs. Sur un territoire de 56,843 kilomètres carrés, une population de 2,468,713 âmes, soit de 43 habitants par kilomètre carré, peut aisément trouver à vivre, quoique le sol, en partie sablonneux ou tourbeux, entrecoupé de blocs erratiques, de lacs et d'étangs, bordé de rivages exposés aux inondations,[1] ne permette pas

---

[1] En 1634, plus de 15,000 habitants furent engloutis dans la mer qui déborda à l'intérieur des terres. (Malte-Brun, édition Huot, IV, 404.)

d'y entretenir dans l'aisance une population proportionnelle à celle des pays mieux favorisés par la nature.

Dans la limite des nombres actuels, une population sobre et laborieuse trouve l'emploi fructueux de ses forces dans l'élève du bétail et la culture des champs, dans quelques industries, dans le commerce extérieur et de transit, ressources auxquelles se joint la pêche maritime. Le paupérisme n'y dépasse guère le rapport de 2 pour 100, relativement à l'ensemble de la population. Cependant les mauvaises récoltes n'ont pas, depuis dix ans, épargné le Danemark, et on leur doit sans doute le départ de quelques familles que n'ont pu retenir les soupes de charité distribuées à Copenhague. Mais il n'y a pas place pour une immigration supérieure au courant actuel, et des Suédois qui étaient allés chercher du travail en Danemark, ayant cessé d'être occupés par leurs patrons danois, sont tombés à la charge de la bienfaisance publique, de sorte que le gouvernement a dû les rapatrier.

Autrefois, on avait essayé de prévenir toute émigration, au moyen de colonies intérieures de pauvres, composées de vingt familles, dotées de quelques verges de terre, pour jardinage et cultures diverses : on y a renoncé, faute de pouvoir y introduire l'esprit d'ordre, d'économie et de discipline nécessaire au succès.

En cette matière, le gouvernement danois, fidèle à ses principes de liberté, s'est abstenu de toute entrave à l'émigration, qui reste pleinement libre, n'entraînant pas même la renonciation à l'indigénat ou la perte de la patente de citoyen : celle-ci, remise au départ entre les mains de l'autorité, est rendue au titulaire à son retour. Il y a toutefois suspension d'émigration dans la période de 22 à 30 ans, pendant laquelle tout Danois appartient à l'armée.

Il n'y a ni règlement, ni contrôle, ni surveillance autres que quelques mesures de police pour faire participer la ville d'Altona aux profits des transports d'émigrants. De ce port franc, le commerce les embarque pour Hull, d'où ils sont transférés par terre à Liverpool, mince affluent du fleuve humain, qui de ce port coule vers l'Amérique. A Hull, ils sont rejoints par une fraction de leurs compatriotes, venus de Hambourg, tandis que le reste est parti directement pour sa destination.

CHAPITRE XXV.

La Suède.

Au XVIIe siècle, les Suédois, entraînés comme tous leurs voisins vers le nouveau monde, y fondèrent des colonies dans le New-Jersey et la Delaware; mais le nom de la Nouvelle-Suède fut éphémère comme la souveraineté de ses fondateurs. A cette époque, l'émigration parut prendre des proportions assez inquiétantes pour appeler des règlements restrictifs, qui firent bientôt place à la liberté pure et simple, l'inexactitude des renseignements relatifs au nombre des partants ayant été démontrée.

Pendant la première moitié du XIXe siècle, les départs furent si peu nombreux que la statistique dédaigna d'en tenir compte. En 1845 seulement, une centaine de paysans s'embarqua pour l'Amérique du Nord, et ouvrit la route à d'assez nombreux successeurs. De 1851 à 1855, le gouvernement constata le départ de 12,744 individus, en moyenne 2,548 par an. Les années suivantes ont fourni des chiffres moindres:

```
1856 . . . . . environ.  1,000 ⎫
1857. . . . . . . . . .  1,500 ⎬ 3,200 moyenne 800
1858. . . . . . . . . .    500 ⎪
1859. . . . . . . . . .    200 ⎭
```

Une partie de ces émigrants ne quitte pas les États scandinaves; ils s'engagent comme domestiques et travailleurs à divers titres, en Danemark et en Norvége.

Les causes de l'émigration sont à la fois économiques, politiques et religieuses. Économiques, elles dérivent de la rudesse du climat, de la stérilité du sol, contre lequel lutte avec plus de courage que de succès une laborieuse population. Les causes politiques découlent de la constitution suédoise, qui divise en quatre classes la nation, et ne donne aux paysans qu'un quart d'autorité dans la représentation nationale, alors qu'ils sont en nombre les neuf dixièmes. Les mœurs renchérissent sur les lois : ainsi les domestiques sont passibles de châtiments corporels.

Enfin, les causes religieuses sont plus vivaces peut-être dans ce pays brumeux, qui semble avoir hérité de Swedemborg le goût des visions mystiques. Le premier signal des émigrations collectives fut donné en 1845 par un chef d'anabaptistes, plus tard jugé et condamné par le tribunal de Gotha. Les lois sévères qui punissent l'abandon du luthéranisme irritent plus qu'elle ne calment ce besoin d'innovations religieuses ; à certaines époques, le pays est traversé par des missionnaires mormons, baptistes, méthodistes, *lecteurs*, lammériens et catholiques, dont les mystérieuses menées aboutissent toujours à quelques embarquements.

Des accidents sont venus raviver toutes ces influences. Les mauvaises récoltes, après 1850, et le choléra de 1853, accrurent la misère à un tel point que les assistés, à un titre quelconque, qui ne formaient en 1850 qu'un vingt-cinquième de la population, environ 14,000, montèrent, de 1851 à 1855, au chiffre considérable de 25,000. Durant l'hiver de 1855-56, une horrible famine sévit en Laponie et en Norrland, et la charité organisa à Stockholm et à Gothembourg des aumônes publiques pareilles aux distributions de la cuisine hanovrienne de Egestorff.

La densité de la population n'est pour rien dans tous ces malheurs ; on sait que la Suède est un des pays où elle est moindre, à peine 8 habitants par kilomètre carré (3,639,332 habitants sur 432,000 kilomètres carrés). Quelque large part qu'il y ait à faire aux montagnes stériles, aux forêts, aux sables, le sol, convenablement cultivé, avec le complément des industries propres au pays, peut nourrir largement une population plus serrée.

Le gouvernement ne se mêle en rien de l'émigration : il refuse seulement des passeports aux conscrits qui n'ont pas fourni de remplaçants.

CHAPITRE XXVI.

La Norvége.

En Norvége, l'émigration se résume en d'autres chiffres, et procède de causes un peu différentes. Nulle pendant les trente premières années du xixe siècle, elle resta insignifiante de 1830 à 1840; de 1841 à 1855, elle se dessina.

On constata :

De 1846 à 1850.	10,779 émigrants.	Moyenne.	2,156
1851 à 1855.	21,921 —	—	4,337
Total.	32,700 —	—	3,270

Dans la dernière période quinquennale (1856 à 1860), dont les résultats authentiques ne seront connus qu'après le recensement de 1860, le chiffre des départs s'est maintenu élevé, et l'on a compté, en un seul mois, plus d'un millier d'émigrants. L'argent qu'ils ont emporté, et que l'on évalue à 50,000 rixdalers (280,000 francs), constate quelques ressources, et l'on remarque du reste parmi eux des propriétaires aisés ou même riches, qui vendent leurs domaines de médiocre étendue, pour en acquérir de plus vastes ailleurs. Aussi en certains cantons le prix des terres a-t-il baissé en 1856.

Dans un pays où, depuis plus de trente ans, n'existent plus de terres nobles, où nulle restriction n'est opposée à la libre circulation des terres, c'est dans les conditions naturelles du pays, surtout dans la stérilité d'une grande partie de la Norvége, qu'il faut chercher la principale cause de l'émigration. Les partants, quand on les interroge, répondent : *Der et saa tungvindt bijemme i Fjeldbygden !*

(il est si difficile d'arracher quelque chose au sable de nos montagnes!) En outre, les routes sont mauvaises, les communications coûteuses et difficiles. On va donc chercher au-delà de l'Océan des terres moins ingrates, des relations plus faciles, une existence plus supportable : on fonde surtout l'espoir de la fortune sur l'acquisition à meilleur prix de la propriété territoriale. Ces aspirations positives, se combinant avec les instincts de religiosité mystique, facilitent aux Mormons leurs recrutements.

Une autre classe d'émigrants est celle des marins que l'appât d'un salaire plus élevé pour un travail moins rude engage au service de navires étrangers.

Les lois norvégiennes, comme celles de la Suède et du Danemark, respectent la liberté d'émigration, sous la seule condition d'avoir satisfait au service militaire ou fourni un remplaçant : encore le jeune homme qui fait partie de la réserve (*væmepflittige*), bien qu'il n'ait pas atteint l'âge de la libération, peut-il s'en aller, après en avoir toutefois informé l'autorité compétente.

CHAPITRE XXVII.

La Suisse.

En rentrant de cette excursion vers le nord sur les flancs de l'Allemagne, nous constaterons que de tout temps les Suisses s'expatrièrent. Montagnards comme les Scandinaves, les Alpes leur font cette nécessité, qui se concilie avec un amour fidèle du pays natal; un instinct devenu héréditaire en a fait une habitude.

Dans les guerres modernes et jusqu'en nos jours on trouve les Suisses enrôlés au service des princes étrangers ou au service plus pacifique des églises et des grandes maisons. Dans les villes ils exercent les industries les plus diverses; dans les campagnes ils se plaisent surtout à l'agriculture pastorale. De l'ancien monde ils sont passés dans le nouveau avec moins d'empressement pourtant que les peuples plus familiers avec la mer. La Pensylvanie obtint leur préférence.

C'est en Russie que commencèrent les émigrations en vue de la colonisation agricole, la seule qui exclut l'esprit de retour. En 1660, le baron de Beauregard conduisit des groupes de familles dans le gouvernement de Saratoff sur le Volga, où huit villages portent encore des noms suisses. Le même peuple fournit de nombreuses recrues aux colonies que Catherine fonda, au moyen d'étrangers, dans la Russie méridionale, et où l'on comptait, en 1790, 3,634 familles, environ 30,900 individus. D'autres Suisses se joignirent aux colons allemands qui, vers la même époque, allèrent peupler et cultiver la Sierra-Morena, où leurs descendants vivent encore.

Au commencement du XIXe siècle, vers 1803, le major Escher, de Zurich, emmène en Crimée une nombreuse émigration pour une colonisation agricole; elle ne prospère pas à la première génération, mais les enfants sont heureusement établis. En 1822, M. Tardent, de Vevey, conduit d'autres familles, pour une destination pareille à Chabaz, près d'Akerman, en Bessarabie, où il avait obtenu une concession de 60 déciatines de terre pour chaque colon : après de premiers échecs dus aux fièvres, au défaut de soins, à l'intempérance des pères, des temps meilleurs sont venus pour les fils mieux acclimatés, mieux dociles aux lois hygiéniques du pays.

Dix ans plus tard, un magnat hongrois, le baron d'Orezy, appela dans ses vastes propriétés, situées au comitat d'Arad, une cinquantaine de familles de l'Oberland bernois. Elles devaient émigrer sous la conduite du ministre Scherrer, pasteur d'une commune de la préfecture d'Interlaken, chacune d'elles possédant la somme nécessaire pour subvenir aux frais d'exploitation et aux besoins de la première année. D'autres familles tout à fait pauvres et peu scrupuleuses se substituèrent aux premières en les gagnant de vitesse. Mais ne trouvant en Hongrie ni subsistances, ni instruments aratoires, incapables dès lors de se livrer aux travaux des champs, et bientôt décimés par la misère et les maladies, ces colons usurpateurs furent trop heureux de regagner la Suisse, au moyen de quelques secours que leur fournit le gouvernement de Berne. La Hongrie n'en conserva pas moins les sympathies des publicistes de la Suisse qui suivirent avec intérêt le voyage que fit, en 1844, le docteur List, pour en étudier les conditions économiques et administratives dans l'intérêt de ses compatriotes [1].

Mais déjà l'Amérique exerçait sur les émigrants européens une attraction plus puissante que l'Europe orientale : dans l'estime populaire la liberté l'emportait sur le voisinage de la servitude. En 1830 l'on vit des propriétaires suisses vendre leurs biens pour acheter des terrains vingt à trente fois plus étendus aux États-Unis ; et ces résolutions extrêmes se multiplièrent, quinze ans plus tard, lorsque le Sonderbund eut divisé la patrie en deux camps armés. Après s'être dirigée presque entière vers les États-Unis, l'émigration suisse a suivi, dans ces dernières années, le courant allemand vers le Brésil et la Plata. Une autre branche s'est tournée vers l'Algérie, sous l'impulsion de la Compagnie genevoise de Sétif.

Avant le recensement de 1850, tout document précis manquait pour traduire ce mouvement en chiffres. Ce document a constaté l'absence de 72,498 Suisses, savoir 51,797 hommes et 20,701 femmes : sur ce nombre total 32,596 individus seulement sont considérés comme partis sans esprit de retour.

Le mouvement annuel reste livré à des appréciations incertaines, faute de statistique officielle. D'après les registres du Havre où s'embarquent la plupart des émigrants qui vont en Amérique, il est parti :

En 1851-52. . . . . 6,675 Suisses.
1852-53. 5,273
1853-54. 12,058
1857. 3,843
1858. 1,803

Ces nombres doivent être grossis des émigrants partis par d'autres

[1] Enquête de 1845, p. 136.

voies, Anvers, Brême, Hambourg, et de ceux qui se répandent dans toute l'Europe par les voies de terre, et en Algérie par les ports de la Méditerranée. Cette colonie française a reçu de 1853 à 1857 environ 700 Suisses, presque tous Vaudois, recrutés par la Compagnie genevoise, sans compter quelques centaines venus à leurs risques.

Le tableau ci-après indique les cantons qui, dans l'année 1853-1854, ont fourni le plus grand nombre d'émigrants :

Berne.	2,667	Glaris	654
Argovie	2,523	Tessin.	469
Zurich	1,256	Schaffouse	453
Soleure	829	Saint-Gall	405
Grisons	654		

Les cantons d'Uri, de Schwytz, d'Unterwalden, qui furent le berceau de la nationalité suisse, se signalent, ainsi que le Valais, par le petit nombre des émigrants.

Les absences, qui représentent en outre l'émigration temporaire, suivraient un autre ordre de classement : les cantons du Tessin, de Glaris et des Grisons y tiennent la tête. Au Tessin et à Glaris les 10/100 manquent, chez les Grisons les 11/100 ; à eux trois ils fournissent le tiers des absents de toute la Suisse ; Berne et Zurich n'ont d'absents que les 2/100. Cependant, à raison d'une population absolue plus considérable, le canton de Berne fournit presque la moitié des émigrants, et la majeure partie du reste.

Divers cantons ont des spécialités bien tranchées dans le rôle de l'émigration.

Les Grisons fournissent des pâtissiers et des confiseurs à toute l'Europe, bien qu'ils eussent débuté, au XVIIe siècle, par un métier fort différent : c'est comme cordonniers qu'ils avaient l'habitude de se rendre, au nombre de mille quelquefois, sur le territoire de Venise, où ils jouissaient paisiblement des fruits de leur modeste travail, lorsqu'en 1766 la république les expulsa. Depuis lors ils adoptèrent une industrie exposée à moins de concurrence.

Le Tessin fournit une plus grande variété de métiers, mais se rattachant presque tous à la construction soit des maisons, soit des routes : entrepreneurs, maçons, marbriers, plâtriers, charpentiers, menuisiers, forgerons, tuiliers, paveurs, vitriers, marchands de cadres. Il n'y a que les rôtisseurs de marrons qui sortent de cette spécialité complexe, et ils le doivent à leurs châtaigneraies.

Les bergers et vachers d'Appenzell sont partout recherchés.

Genève et Neuchâtel expédient des horlogers par tout pays avec leurs montres.

Les villes financières de Genève et de Bâle envoient les fils de famille, des commis, des représentants de leurs maisons de banque et de commerce apprendre les affaires dans les principales cités de France et d'Angleterre, même du nouveau monde.

L'attachement des Suisses pour leurs vertes montagnes et leurs fraîches vallées, et leurs lacs ombragés, ainsi que le grand nombre d'absences avec esprit de retour, révèlent bien que l'émigration définitive s'y fait à contre-cœur. La densité de population y pousse comme une invincible fatalité. Elle est de 59 habitants par kilomètre carré (2,392,740 âmes sur 40,378 kilomètres carrés) et ce rapport qui, en d'autres pays, ne serait que très-modéré, est élevé, sinon absolument excessif, dans une contrée où les herbages et les terrains, soustraits à la culture par leur pente ou leur altitude, tiennent une si grande place, où de longs et froids hivers neigeux condamnent au chômage une partie de la population agricole.

La maladie de la pomme de terre, les mauvaises récoltes aggravent fréquemment les difficultés naturelles de l'existence, et l'industrieuse activité du peuple, bien que servie par une grande simplicité d'habitudes, ne peut triompher partout de la misère. « On n'émigre de la Suisse aujourd'hui, disait en 1845 un de ses citoyens [1] ni pour la religion, ni pour la politique, ces deux grands et puissants mobiles des émigrations d'autres siècles; on quitte la patrie par dégoût de ne pouvoir y posséder plus ou moins de sol pour vivre mieux, et enfin pour ne pas mourir de faim et vivre d'une manière quelcon-

[1] Huber-Saladin. Discours prononcé devant la Société d'utilité publique fédérale le 18 septembre 1844.

que. » Les événements du Sonderbund introduisirent pour un temps les deux causes qui manquaient au moment où se prononçaient ces paroles, mais leur effet fut passager, tandis que celui des causes économiques subsiste encore : il en est beaucoup d'autres qui se joignent à la densité de population et aux intempéries atmosphériques pour accroître la gêne.

Les héritages et les droits *communiers* se divisent de plus en plus en parcelles qui n'offrent pas à l'économie rurale de la Suisse la même inépuisable fécondité que dans les terres privilégiées de la culture intensive ; la main-d'œuvre absorbe tout le revenu brut qui souvent même ne suffit plus à entretenir le travailleur, loin de lui procurer quelques réserves.

Dans l'Oberland bernois et ailleurs les gains faciles de la belle saison corrompent les mœurs et les habitudes qui faisaient la vraie richesse ainsi que la vertu de la Suisse patriarcale : la démoralisation de l'été déconseille le travail de l'hiver.

Des coupes et des ventes de forêts, imprudemment consenties sous la pression de besoins momentanés, ne soulagent le présent qu'en grevant l'avenir.

Des lois ont chargé les communes de l'entretien des enfants illégitimes, ce qui, dans les plus pauvres, accélère le paupérisme.

La propriété communale usurpe, dans une trop forte proportion, la place de la propriété privée.

Il y a aussi une part d'influence à faire aux événements fortuits, indépendants des institutions et de la nature.

La concurrence française a ruiné quelques fabriques de paille en Argovie et à Zurich. Les guerres franco-sarde et autrichienne ont provoqué, par le blocus de la frontière, en 1859, un contre-coup d'appauvrissement.

Les causes propres au pays se sont manifestées avec le plus d'évidence dans le canton de Glaris. « Au fond de vallons sans issues, dit l'écrivain que nous citions plus haut, cernés par les plus hautes Alpes et les glaciers qui séparent le canton de Glaris des Grisons, quelques communes, fidèles aux mœurs pastorales de leurs pères, ont continué à vivre de la vie alpestre, sans prendre part à l'activité industrielle de la vallée inférieure. Trop insouciantes peut-être de l'avenir, allant au jour le jour, au moyen de redevances communales, de leurs morceaux de terre héréditaires et de quelques ressources accessoires, elles ont vu leur population s'accroître à ce point que l'émigration peut seule maintenant venir en aide à leur détresse. Une d'elles, qui compte 1,200 habitants, ne possède que 27,000 toises carrées de terres communales cultivables, divisées par 250 droits communiers. Dans une autre, la population, de 1550 âmes en 1817, est aujourd'hui (1844), de 2,400, ce qui établit en moyenne une augmentation de 30 individus par année, progression toujours croissante, formidable sur cette petite échelle, et déjà des plus critiques, eu égard aux faibles ressources d'une vallée qui n'a pas le privilége de s'élargir avec le nombre de ses habitants. Ici l'on voit cent familles sans un pouce de terrain, qui vivent d'un droit communier d'environ cent toises carrées. Là, c'est le bois qui manque au partage, encore réduit par la distribution aux communiers non pauvres ; le pâturage ne suffit plus aux vaches et aux chèvres nécessaires au soutien des premiers besoins de la vie. Tout ce qui a pu être accepté pour gages est grevé de dettes ; les meilleures forêts ont été vendues. Quelques coins de terre où l'on ne peut semer que des pommes de terre, se réduisent à des parcelles. On n'a jamais fait de pain dans ces communes, toujours tributaires, par leur pauvreté, des gros boulangers de la basse vallée. La ressource d'une carrière d'ardoise exploitée par elle leur fait défaut, la tuile étant maintenant employée dans les constructions nouvelles. Le filage a presque cessé, le tissage ne donne plus que des bénéfices insignifiants, les salaires ont baissé, et les grandes fabriques qui auraient pu occuper quelques bras en refusent de nouveaux ; l'industrie des étoffes imprimées, menacée par la concurrence anglaise, est sur la défensive, devient prudente et serre ses voiles. »

En face d'une si affligeante détresse, l'émigration n'a pu que se présenter à l'esprit, comme seul moyen immédiat de dégager le trop plein de la population. Les conseils communaux l'ont annoncé au conseil cantonal, en réclamant son concours dans une déclaration empreinte d'une mâle et simple éloquence, où ils réfutent les critiques dont leurs concitoyens peuvent être l'objet. « On nous accusera peut-être d'inactivité dans l'administration de nos biens communaux, on dira que les habitants du *Kleinthal* sont nonchalants. Sans doute il y a des oisifs chez nous, où ne s'en trouve-t-il pas? Mais aussi ne doit-on pas excuser le manque d'une certaine activité, chez des montagnards habitués de tout temps à l'extrême simplicité de la vie de pâtre, séparés et pour ainsi dire oubliés du du reste du monde, dont ils ne reçoivent aucune impulsion? Lorsque malgré les efforts les plus pénibles, on ne peut se procurer aucun bien-être, est-il étonnant de voir naître le découragement, le relâchement et l'inertie? Nous pouvons affirmer que les familles les plus laborieuses et qui réunissent tous leurs efforts ne parviennent à soutenir leur existence qu'en s'imposant les plus grandes privations, et encore n'y parviennent-elles qu'autant que les maladies ne leur enlèvent pas les forces. Quand tous les individus de nos communes, sans exception, déploieraient l'activité la plus soutenue, il ne s'ensuivrait pas qu'ils pussent exister à la longue. »

Les conseillers communaux demandaient, en conséquence, que la question de l'émigration devienne cantonale, que le gouvernement achète des terres en Amérique, dans une contrée dont le climat se rapproche de celui de la Suisse, qu'il choisisse parmi les émigrants les ouvriers nécessaires pour que tout soit prêt à recevoir les familles et que l'émigration soit réglée surtout dans l'intérêt des plus pauvres. L'État ferait les avances de tous les frais et fixerait un mode de remboursement à la caisse cantonale ; enfin, de concert avec le gouvernement des États-Unis, il dirigerait la marche et le développement de la colonie, jusqu'au moment où elle sera organisée et agrégée à l'Union fédérale américaine, sous le nom de Nouvelle-Glaris, nom destiné à conserver, du moins dans le cœur des enfants de la Suisse expatriés, le souvenir de la patrie. Ce plan a reçu un commencement d'exécution : dix communes ont acheté, dans le Wisconsin, 12,000 acres de terre, et y ont fondé la Nouvelle-Glaris.

Une résolution aussi extrême n'est conjurée, dans la plupart des hautes vallées de la Suisse, que grâce au développement de l'industrie, dont le grand nombre des chutes d'eau et le voisinage des forêts favorisent la création première. Il s'y joint le déplacement continu de l'excédant de population qui, des montagnes descend dans les plaines, où il trouve des terres qui réclament plus de bras et permettent une vie plus douce. Ce déplacement, qui se règle naturellement sur l'étendue des vallées inférieures et de la plaine, est très-sensible dans le Valais, par exemple, et dans toutes les contrées qui offrent de l'espace aux meilleures cultures, aux défrichements et à l'accroissement de population agricole ou industrielle. Il est accéléré quelquefois par la création de la grande propriété agricole, qui arrondit ses domaines en achetant les lots de ses voisins pauvres, et à l'instar de l'aristocratie anglaise, étend ses pâturages en s'inspirant des conseils de l'économie rurale. Arrive enfin un terme où même le bas pays possède autant de population qu'il en peut nourrir, et alors les regards se tournent vers les horizons plus lointains de l'émigration extérieure. Les communes et les cantons en reconnaissent la nécessité et y concourent par leurs subventions. Des paysans partent avec le prix de leurs petits héritages; d'autres se livrent à des sociétés et à des agences qui leur aplanissent les voies, trop souvent aux dépens de leur bourse.

Aux États-Unis, où la plupart se rendent, ils trouvent déjà quelques centres de société suisse.

Dans l'Indiana, au comté de Schwitzerland, est bâtie la Nouvelle-Vevey, fondée, il y a un demi-siècle, par des émigrants de cette commune. Leur postérité, sans être nombreuse, a prospéré : elle a conservé le caractère primitif des bons citoyens suisses.

D'autres sont disséminés en groupes compacts dans les États intérieurs du Nord jusqu'au Sud, Michigan, Wisconsin, Iowa, Ohio, Indiana, Illinois, Kentucky même, quelquefois isolés, le plus souvent mêlés aux Allemands. L'Utah en attire aussi quelques-uns, recrutés par les menées des Mormons, dont la propagande ne se lasse point, surtout aux environs de Zurich et de Thoun, malgré les sévérités de la police et les plaintes de la presse locale. Partout ils se distinguent par leur moralité, et si les documents qu'invoquent leurs compatriotes sont exacts, ils ne compteraient que 25 condamnations par mille habitants, au lieu que les autres Européens en compteraient de 67 à 110 ; mais, en Amérique, on confond souvent les Suisses avec leurs congénères allemands, français ou italiens, suivant la langue qu'ils parlent. Cette source de confusion ne permet d'accueillir qu'avec réserve le tableau suivant de leur immigration aux États-Unis, dressé par Bromwell :

	Total.	Moyenne annuelle.
1819 à 1825 (6 ans)	700	116
1826 à 1835 (10 ans)	5,318	531
1836 à 1845 (10 ans)	5,155	515
1846 à 1855 (10 ans)	19,896	1,989
	31,069	

Chiffres inférieurs à la réalité, d'après les données plus authentiques citées précédemment. La progression de la dernière période ayant porté en grande partie sur des indigents, le conseil fédéral a été prévenu par l'ambassadeur des États-Unis que désormais les immigrants sans ressources seraient renvoyés en Europe aux frais de leurs cantons respectifs.

Après les États-Unis vient le Brésil, où les Suisses fondèrent, dès l'année 1820, la colonie de Nouvelle-Fribourg, située à 30 lieues de Rio-Janeiro, dans des montagnes où le climat est frais, sain, mais le terroir improductif. Comme le nom l'indique, c'est du canton de Fribourg que provenait la majorité de ces émigrants, et le reste du Jura bernois. Embarqués en Hollande, ils furent décimés, avant leur départ et pendant la traversée, par des maladies qu'engendraient la misère, la longueur du voyage et le manque de vivres. Seize cents furent installés dans leur nouvelle résidence, sur des terres mauvaises où ils furent démoralisés, faute de bonnes directions, gênés dans l'exercice de leur religion, la plupart des protestants ayant dû suivre les pratiques du culte catholique pour échapper aux persécutions. Dès le principe, plusieurs allèrent s'établir sur des terrains plus éloignés et meilleurs en général, où ils ont prospéré; d'autres prirent du service dans les troupes; ceux qui restèrent dans la colonie ont végété. Des 1,600 colons arrivés en 1820, il ne restait à la Nouvelle-Fribourg, quinze ans après, que 710 individus [1], qui commençaient à prospérer, la nouvelle génération étant mieux façonnée aux exigences du climat et des cultures. Elle eût plus promptement triomphé des difficultés si elle ne se fût énervée par le contact de l'esclavage. Ces colons chrétiens et suisses s'étaient empressés d'acquérir des esclaves et ils en possédaient 152, presque autant que de chefs de famille.

Malgré une première période marquée par plus de revers que de succès, l'émigration suisse continua de diriger quelques familles sur le Brésil jusqu'en 1851 où elle prit un caractère plus prononcé, à la suite des efforts tentés par le gouvernement de cet empire pour attirer des colons européens. De 1852 à 1856 plus de 200 familles originaires des cantons d'Argovie, Berne, Fribourg, Glaris, Grisons, Lucerne, Saint-Gall, Schaffouse, Schwitz, Thurgovie, Unterwalden, Vaud et Zurich, émigrèrent pour les colonies établies dans la province de Saint-Paul par la maison Vergueiro et d'autres propriétaires. Leur condition nouvelle a donné lieu à de graves plaintes, suivies d'enquêtes et de rapports dont nous aurons à parler quand nous traiterons du Brésil, comme pays de destination. Quoi qu'il en soit, les communes qui avaient stipulé le remboursement de leurs avances en cafés à prélever sur la part de leurs concitoyens, comme colons partiaires, n'ont rien reçu; à travers les nouvelles les plus contradictoires le recrutement brésilien, favorisé par des agences et des journaux dévoués, se continue en Suisse, et embarque tous les ans quelques centaines de colons à Hambourg.

La Plata commence à faire concurrence au Brésil. La Société suisse de colonisation, Beck, Herzog et Cie, de Bâle, qui a fondé des établissements à Santa-Fé et Espéranza, y dirige, en même temps que des Savoisiens et des Allemands, des Suisses de qui elle n'exige que

---

[1] Enquête suisse de 1845.

200 francs pour le transport de Bâle à Santa-Fé, le solde du prix, évalué à égale somme, devant être payé sur les salaires ou les récoltes.

Dans l'Amérique centrale, l'État de Costa-Rica a attiré les regards d'un groupe de colons des environs de Zurich ; M. Wilhem Joos, de Schaffouse, s'y est rendu pour étudier le cadre d'une vaste entreprise en vue des émigrés suisses.

Les colonies anglaises ont aussi recueilli leur part de ces essaims nomades qui, du haut des Alpes, s'envolent à travers le monde : c'est moins par un recrutement direct, que par le licenciement de la légion étrangère que l'Angleterre avait levée pour la guerre de Crimée. Faisant servir, avec l'habileté qui la caractérise, les sacrifices de la guerre au progrès de ses colonies, elle a offert à ces soldats mercenaires, en Canada ou au Cap de Bonne-Espérance, des avantages qui les ont séduits. Pour l'Australie, comme pour la Californie, l'attrait de l'or suffit pour y conduire quelques bandes de Grisons, de Neuchâtelois et de Tessinois, lorsque l'Autriche eût bloqué, en 1853, le Tessin vers la frontière lombarde. A la nouvelle que l'on cherchait à y entraîner des maçons par centaines, la Suisse s'est émue, mais que pourra une telle émotion contre l'appât des hauts salaires, contre le droit des citoyens que la constitution suisse respecte aussi bien dans la liberté d'émigrer que dans toutes les autres libertés !

L'Algérie a vu venir à elle, de 1853 à 1860, un contingent d'émigrés, sous les auspices de la colonie genevoise de Sétif : Vaudois en majorité ils étaient entremêlés à des Savoisiens et quelques Français. Le succès apparent des premières années a tourné en déceptions assez graves et pour les colons et pour la compagnie. Le choix du personnel devrait en être responsable, si nous prenions à la lettre le portrait suivant que fait des Vaudois une plume suisse :

« Les Vaudois sont pressés de jouir et se laissent facilement rebuter. Les longs et pénibles travaux de défrichement les énervent et mettent leur patience à bout : l'isolement, le silence, l'immensité du désert les accablent ; le souvenir de la patrie, de ses réunions bruyantes, de ses gaies et fréquentes fêtes, de sa vie toujours palpitante présente un contraste piquant avec cette nature muette qui ne dit rien à leurs yeux ni à leurs cœurs. Le découragement, les regrets, la nostalgie les paralysent, et souvent ils abandonnent un établissement où ils ne peuvent plus vivre et où ils ne veulent pas mourir [1]. »

De tels hommes ne seraient pas de la trempe qu'il les faut pour en faire des colons : la Suisse ne reconnaîtrait pas en eux ses fils, aux viriles allures. Nous aimons mieux ne voir en ce portrait qu'une fantaisie littéraire et expliquer par des raisons, bien plus positives, le complet échec des colonies suisses : conditions par trop tutélaires imposées par le gouvernement à la compagnie et qui, pour chacun de ses pas, l'enchaînaient à des négociations avec les fonctionnaires; minimum de 3,000 fr. dont tout colon devait justifier; liens trop intimes, pécuniaires et légaux, du colon envers la compagnie; inexpérience des directeurs en fait d'agriculture, excessives dépenses d'installation et d'état-major, inhérentes à toute grande compagnie, fausses spéculations de commerce et d'innovations agricoles; enfin, comme cause fondamentale, l'absence à peu près complète de débouchés, tant à cause de la distance que du mauvais état des routes. Le plateau inhabité de Sétif, impropre aux cultures industrielles, abordable seulement par un énorme détour sur Constantine, faute d'issue ouverte vers les ports du littoral, était un lieu très-mal choisi pour une colonisation naissante.

D'autres groupes de colons suisses, originaires du bas Valais, ont trouvé place dans le voisinage de Coléah, dans la province d'Alger. Chassés de leur pays par la misère, ils sont arrivés presque tous sans ressources, et malgré les secours reçus de l'État, n'ont pu que difficilement vaincre ce malheur capital de tout début en colonisation. Les plus valides et les plus aisés sont néanmoins aujourd'hui en voie de prospérité.

Au 30 juin 1860, on comptait en Algérie 1,853 Suisses.

Le conseil fédéral, pas plus que les conseils cantonaux et com-

---

[1] Rapport sur l'émigration de Vaud, p. 23.

munaux, n'a gêné par aucune loi le mouvement naturel de l'émigration, tout en imposant des garanties aux agences de recrutement. Outre le droit humain, fortement respecté en Suisse, on y admet, sans difficulté, qu'à la surabondance de population, l'émigration est un correctif légitime ; que les concitoyens, dispersés en tout pays, y font une éducation industrielle qui profite à leur patrie quand ils y reviennent, et que ceux-là même qui sont perdus pour elle lui rendent service en devenant les correspondants de ses fabriques et les propagateurs de ses produits. On considère que les sacrifices d'argent faits à un moment donné pour transporter au loin des émigrants dispensent du paiement d'une rente perpétuelle à la misère locale.

Beaucoup de Suisses d'ailleurs rentrent dans leurs foyers, où les rappelle le souvenir de leurs montagnes et de leurs vallées, les fêtes du village, les solennités nationales, qui, dès l'enfance, ont fait sur les âmes une impression ineffaçable. Ils y rapportent avec leurs épargnes les fruits d'une précieuse expérience. Et ceux qui manquent sont remplacés en partie par l'immigration. Tantôt des familles riches, après avoir résidé dans ces verdoyantes campagnes, s'y naturalisent [1] ; tantôt des artisans y arrivent des pays environnants : Français, qui construisent des routes et des chemins de fer ; Allemands, qui offrent à bon marché leurs services comme tailleurs, tisserands, cordonniers, tonneliers ; Italiens, qui remplacent les maçons, remouleurs, vitriers partis ; Savoisiens, qui cultivent la vigne.

Compensations bien appréciées qui portent la Suisse à envisager l'émigration comme un bienfait plutôt que comme une calamité !

---

[1] En 1857, 98 étrangers, dont 35 Allemands, ont été naturalisés Genevois.

CHAPITRE XXVIII.

L'Italie.

Avant la formation du royaume d'Italie, beaucoup de déplacements constituaient une émigration extérieure qui appartiennent maintenant à l'émigration intérieure. Les Bergamasques se rendent à Gênes, les Abruzziens dans la campagne de Rome, les maçons du lac de Côme et de Lugano dans toute l'Italie. Aujourd'hui, si l'on peut noter encore les tournées que font en Corse les Modenais et les Lucquois, il n'y a d'émigration extérieure, lointaine et définitive à enregistrer que chez les habitants des États sardes.

De tout temps les Génois furent renommés comme navigateurs (le nom de Christophe Colomb personnifie leur gloire), et de nos jours encore un proverbe assure que, *dans quelque endroit du monde que l'on ouvre un œuf il en sort un Génois*. Ces dispositions naturelles ont, dans ces dernières années, trouvé de puissants auxiliaires dans l'oïdium qui a frappé le raisin, dans le chômage des travaux, la cherté des vivres, la détresse générale, dans l'influence des compagnies d'émigration et de colonisation. En septembre 1856, plus de 3,000 émigrants avaient pris leurs passeports depuis le commencement de l'année.

Dans l'intérieur, de nombreuses familles sont parties ou partent tous les jours, le poids des impôts et des levées d'hommes, que le patriotisme allége mais ne supprime pas, rendant l'agriculture de plus en plus difficile.

La Lombardie elle-même ne retient pas sur ses terres fertiles tous ses habitants ; on en a vu 500 partir sur un seul navire pour aller au loin chercher une existence moins menacée. Les cœurs timides ou trop prévoyants redoutent pour cette province le risque de redevenir le théâtre d'une guerre implacable.

Avant l'annexion de la Savoie à la France, nous aurions ajouté les Savoyards qui, descendant de leurs âpres montagnes, viennent porter dans les villes de France leurs humbles industries, et forment à Paris une colonie fort curieuse à étudier ; mais ce mouvement appartient aujourd'hui à l'émigration intérieure.

Sans attenter à une liberté qui fait partie des droits constitutionnels, le gouvernement du Piémont a réglé le transport des passagers par un arrêté ministériel du 16 avril 1855, et donnant l'exemple des contre-poids à opposer à cette tendance qu'il déplore, il a mûri des projets pour la colonisation de l'île de Sardaigne, laquelle peut recevoir dans ses vastes et incultes solitudes l'excédant de population qui se presse déjà dans les parties du royaume plus favorisées par la politique. (Sur le continent, la densité de population est de 87 habitants par kilomètre carré, ou 8,023,948 âmes pour 92,037 kilomètres carrés, Lombardie comprise.)

Une convention, consacrant l'aliénation de 60,000 hectares de terres domaniales dans cette île, fut conclue entre le gouvernement et une compagnie qui devait se constituer au capital de 20 millions de francs[1]. Un projet de loi fut même soumis, en 1856, à la chambre élective qui l'approuva, mais le sénat la rejeta, en vue, suppose-t-on, des propositions d'un capitaliste français[2] qui furent elles-mêmes ultérieurement écartées. Cependant des chemins furent établis dans toutes les directions ; l'agriculture progressive s'est installée dans l'île, et la perspective de la fortune à gagner sans quitter la patrie, a retenu un grand nombre de citoyens sardes à qui le continent ne garantissait plus l'avenir[3].

L'émigration sarde a suivi, jusqu'à présent, deux directions principales, l'Algérie et la Plata.

L'Algérie a facilement attiré les Italiens, par son voisinage et l'analogie du climat et des cultures. Les Génois ont rivalisé avec les

---

[1] Composée de MM. Bolmida, Barbaroux, Beltrami, Bambrini et de La Rue.
[2] M. Bonnard.
[3] Les chemins de fer de la Sardaigne concédés en 1862 à une compagnie anglaise concourront au même résultat.

Espagnols pour la création des jardins. Les Piémontais y ont introduit des industries plus variées, celles surtout qui se rattachent à la construction des maisons et des routes, où ils excellent comme les Tessinois[1]. Ils ont fait partie des contingents recrutés par la compagnie genevoise pour les colonies de Sétif qui, de 1853 au 31 décembre 1857, y a introduit un millier de Piémontais et Savoisiens, en compagnie de 343 Allemands et Italiens. En juin 1860, on a constaté, en Algérie, la présence de 12,755 Italiens.

La majorité des autres émigrants se rend sur les bords de la Plata, à Buénos-Ayres et à Montévidéo, où elle a constitué un noyau de quelque importance[2]. Le reste se disperse un peu partout autour du bassin de la Méditerranée, dans les échelles du Levant; au Brésil, à Vénézuela et les autres républiques de l'Amérique méridionale. Au Mexique, le colonel Luigi Maffi négocia une convention avec le gouvernement pour une colonie italienne à fonder sur les rives du fleuve Tecolutla. Un premier convoi de colons est parti de Gênes, ayant à leur tête tout le personnel de la direction.

Aux États-Unis, la statistique officielle constate, de 1819 à 1855, l'arrivée de 7,185 Italiens, dont 2,995 dans la dernière période quinquennale.

Il en va jusqu'en Australie sur les navires expédiés de Gênes par des compagnies.

MALTE.

La géographie et l'ethnographie, redressant la politique, rapprochent des Italiens les Maltais, leurs voisins. Sur le rocher, à peine couvert de terre, qui constitue leur île, ils cultivent, avec une patience infatigable, tous les produits du bassin méditerranéen, et multiplient eux-mêmes avec une telle fécondité, qu'ils ont atteint une densité de population de 277 habitants par kilomètre carré (124,000 âmes pour 448 kilomètres carrés). Cette séve surabondante

---

[1] Voir ci-dessus, page 145.
[2] Sur les 2,116 Européens arrivés à Montévidéo en 1852, 674 étaient Italiens. — Sur 5,790 Européens arrivés à Buénos-Ayres en 1856, on comptait 2,788 Italiens.

déborde sur les pays circonvoisins, et particulièrement sur l'Algérie, où ils affluent dans la province de Constantine, arborant, par devoir plus que par affection, le drapeau anglais, et se liant rapidement d'affaires avec les Arabes dont ils comprennent la langue à l'aide de leur propre idiome. Ils pratiquent les petites industries, les petites cultures, les petits commerces avec une ardeur de travail, une âpreté de gain et une sobriété de dépenses qui aboutissent assez vite à de moyennes fortunes. Un petit nombre d'entre eux parvient au rang de riches propriétaires et grands négociants. En juin 1860, on comptait 8,767 Maltais dans l'Afrique française.

Une autre partie de Maltais se rend à Tunis, où elle s'adonne au commerce, comme tous les étrangers qui s'y rendent des États de l'Europe méridionale. Leur nombre échappe à toute statistique.

CHAPITRE XXIX.

L'Espagne.

L'établissement des colonies espagnoles dans l'Amérique depuis le Mexique et la Floride jusqu'à la terre des Patagons, raconte la dramatique histoire des émigrants espagnols. Du jour où Christophe Colomb, en 1492, quitta le port de Palos, s'élançant à la recherche d'un nouveau monde, jusqu'à la proclamation de l'indépendance des républiques hispano-américaines, dans la première moitié du XIXe siècle, ce fut un courant continu de départs qui assurent à l'Espagne l'immortel honneur d'avoir ouvert aux nations modernes la voie de l'émigration par l'Océan. Après le divorce violemment accompli entre la métropole et ses colonies, ce mouvement cessa brusquement; à la longue l'irritation s'est calmée, et depuis quelques années s'observe un retour à des communications et des échanges de personnes, profitables à tout le monde. L'Algérie est venue en même temps offrir un nouveau but à ce besoin de circulation expansive qui fut, à toute époque, un des traits distinctifs des habitants de la Péninsule.

Faute de documents officiels il est difficile d'évaluer, même approximativement, l'importance de ces mouvements : on en distingue seulement trois foyers : l'un, au nord, dans la Navarre et les provinces basques, qui se dirige vers la Plata; l'autre, au nord-ouest, dans la Galice, qui descend vers les plaines et les rivages du Portugal; le troisième, de l'est au sud, qui va vers l'Algérie située en face. Les îles espagnoles offrent aussi le même spectacle de dispersion : les Baléares peuplent l'Afrique de leurs enfants; les Canaries disséminent les leurs, comme engagés temporaires plutôt que comme émigrants à perpétuité, dans les Indes occidentales.

Les enfants de la Navarre et de la Biscaye, qui veulent aller tenter au loin la fortune, s'embarquent aux ports de Saint-Sébastien et du Passage, mêlés avec les jeunes Français qui veulent, par la fuite, échapper au service militaire. Pour la plupart ils se rendent soit à Montévidéo, soit à Buénos-Ayres et dans les provinces intérieures de la confédération argentine. Les ouvriers y gagnent de bonnes journées comme maçons, charpentiers, menuisiers; les gens sans état se font, dans les *barracas*, saleurs (*saladores*) de la viande fraîche destinée à l'exportation. L'humeur aventureuse des Basques est habilement exploitée par les compagnies de transport et de colonisation, que les armateurs espagnols ont constituées, dès 1856, pour partager les bénéfices du commerce de Bayonne et de Bordeaux. Contre tous ces entraînements, les conseils et les efforts des autorités locales ne peuvent rien. A les entendre, « la Navarre et la Biscaye se dépeuplent, car tous les pays semblent bons à leurs habitants, quand des compatriotes les attendent [1]. »

Les Galegos, enfants de la Galice, sont très-répandus en Portugal, dans les grandes villes, où ils exercent depuis un temps immémorial, organisés en corporations, les métiers les plus pénibles et les

---

[1] On évalue à 1,450 les Espagnols débarqués à Buénos-Ayres en 1856.

plus humbles : portefaix, porteurs d'eau, charbonniers, commissionnaires. On en porte le nombre à 50,000, la plupart disposés à rentrer dans leur pays, comme les Auvergnats et les Savoyards de France et les Biskris d'Algérie, après qu'ils auront amassé une petite épargne. D'autres Galegos viennent, pour une saison seulement, offrir leurs bras aux Portugais pour la levée des récoltes, comme font sur la frontière du Roussillon les Catalans des Pyrénées.

L'émigration espagnole à destination de l'Algérie, se recrute sur le continent, dans l'est et au sud de la Péninsule, et s'embarque, sur des balancelles ou des bateaux caboteurs, dans les ports échelonnés de Valence à Malaga, pour un prix qui ne dépasse guère une piastre (5 fr. 40 c.). Au même prix, de Mayorque et de Minorque des émigrants plus nombreux encore voguent vers la côte d'Afrique, où ils abordent tous sous le nom de Mahonais. Les Espagnols du continent se répandent de préférence dans la province d'Oran plus voisine de leurs ports d'embarquement, les Mahonais dans la province d'Alger. Ils abandonnent aux Maltais toute la région orientale.

En Afrique, les Espagnols se sentent à leur aise et comme chez eux : ils y retrouvent, avec les monuments de leur antique domination, le ciel, le sol, les cultures, à peu près les mœurs de leur pays. Ils n'ont rien à changer à leur costume, presque rien à leurs habitudes. Alliant à la fierté un peu sauvage du caractère national, l'amour du travail agricole, ils se font avec ardeur les pionniers des solitudes, les défricheurs des palmiers nains et des jujubiers sauvages. Propriétaires quand ils peuvent, sinon colons partiaires, plus rarement fermiers, ils cultivent tout ce que la terre comporte, céréales, légumes, arbres fruitiers. Familiers dès l'enfance avec l'irrigation, ils se plaisent et s'entendent surtout aux cultures maraîchères. Autour des villes de l'ouest et du centre ils ont créé la plupart des jardins qui alimentent les populations; ils exportent même des primeurs en France. Sobres, laborieux, persévérants, relevant l'humilité de leur fortune par une certaine grandeur de sentiments, courageusement résignés aux fièvres et à toutes les tribulations d'une colonisation naissante, ils prospèrent et se multiplient, accueillant toujours la fécondité des familles comme une bénédiction divine. Avant de se marier, les filles entrent dans la domesticité, dont elles remplissent presque exclusivement les cadres.

Le progrès de la population espagnole en Algérie se résume dans les chiffres suivants, qui indiquent tous les individus de souche espagnole, présents à une date donnée, même les enfants nés en Afrique.

1833 à 1837, moyenne.	3,055	1855.		42,839
1840.	7,693	1857.		46,245
1845.	25,335	1860.		54,125
1850.	41,525			

Les villages, peuplés de Mahonais, entre autres celui du Fort-de-l'Eau, dans la province d'Alger, sont cités pour leur bon ordre et leur prospérité.

En dehors de ces deux principales destinations, l'Algérie et la Plata, où l'émigration des Espagnols peut être considérée comme collective, partout ailleurs elle est individuelle ou composée de familles isolées qui se dispersent en tous lieux. On en retrouve quelques-unes dans les divers États de l'Amérique méridionale et centrale, et, en remontant au nord, dans le Mexique et les États-Unis, dont la statistique officielle a enregistré, de 1815 à 1855, l'entrée de 11,251 Espagnols.

La densité de population n'est pour rien dans ces départs : pour une superficie de 506,648 kil. carrés (Baléares, Canaries et Présides comprises), l'Espagne ne compte qu'une population de 15,518,516 âmes, soit 30 habitants par kilomètre carré, de moitié moindre de ce qu'elle fut sous les Romains et les Maures. Dans certaines provinces, le rapport descend à 12. Il est des régions, comme les plateaux de l'Estramadure, qui sont de vrais déserts sous le plus beau climat. L'expulsion des Maures, émigration forcée et imméritée de tout un peuple, fit ces vides, qui de longtemps ne seront comblés.

Nous avons raconté plus haut [1] les tentatives du gouvernement du

---

[1] Allemagne, page 49, Suisse, page 142.

roi Charles III pour appeler dans les solitudes de la Sierra-Morena une immigration allemande et suisse. Les établissements qui s'y formèrent bordent, embellissent et assurent, sur une longueur d'environ onze lieues et une largeur égale, la grande route de Madrid à Séville. On y comptait, à la fin du dernier siècle, près de 8,000 habitants, de beaucoup réduits aujourd'hui. En 1850, une proposition, dont nous ignorons le résultat, a été faite aux cortès d'Espagne pour demander de nouveaux subsides en faveur de ces colonies.

Les causes qui suscitent l'émigration espagnole, malgré la dépopulation du royaume, sont politiques et sociales. Le soudain enrichissement, dû aux métaux précieux de l'Amérique, détourna la Péninsule du travail de la terre au moment même où la sortie des musulmans le rendait plus nécessaire, et l'aristocratie tourna toute son ambition vers les honneurs, chercha toutes ses jouissances dans les villes où elle pouvait étaler son faste. En ses mains les capitaux demeurèrent stériles ou furent consommés follement. Les mœurs publiques s'amollirent dans l'oisiveté, et les munificences charitables des couvents aggravèrent le mal en faisant de la mendicité une habitude sans déshonneur. Des guerres survinrent, les unes entre les partis, les autres contre l'invasion étrangère, qui enlevèrent des bras à l'agriculture, et infestèrent les campagnes de bandits quand la paix mit fin aux combats. Par la combinaison de toutes ces causes, dont l'effet dure encore, le travail avec un salaire convenable manque aux classes laborieuses qui ne peuvent ainsi ni élever leurs nombreuses familles ni parvenir par l'épargne à la propriété ; la sécurité manque dans les campagnes, où la population, au lieu de se répandre dans des fermes, suivant le conseil de l'économie rurale, s'agglomère en gros villages.

Trop souvent encore les Espagnols ont eu à se plaindre des spoliations de la guerre, des exactions du fisc, des vexations des autorités, du poids des impôts : ils s'éloignent pour trouver ailleurs plus de sécurité, plus de salaires, plus de chances pour monter au rang de propriétaires.

Dans les îles Baléares, la densité de la population qui est bien plus forte que sur le continent, se joint à la rareté des bonnes récoltes pour accroître l'émigration.

Dans les Canaries une sécheresse obstinée a, pendant plusieurs années, enlevé les récoltes et réduit les habitants à s'expatrier.

Pour dériver au profit de sa puissance coloniale ces tendances à l'émigration qu'elle déplore, l'Espagne a dernièrement expédié aux îles d'Annobon, de Fernando-Po et de Corisco, dans le golfe de Guinée, quelques familles de colons, sous la conduite de prêtres jésuites et la protection d'une petite garnison. Ces îlots perdus dans les flots de la mer, sous les feux d'un soleil vertical, attireront peu d'émigrants, croyons-nous. L'Espagnol qui voudra vivre loin des rivages, mais sous le drapeau de la patrie, trouvera dans les plaines de Cuba et de Porto-Rico une carrière plus séduisante : c'est là que se portent encore les fils de familles, que les affaires ou les fonctions de leurs parents réclament dans les colonies.

Quant aux Philippines et aux Mariannes qui, dans le grand archipel d'Asie, prolongent la puissance espagnole, elles ne paraissent pas devoir, de quelque temps encore, entrer dans le cadre de la colonisation européenne. Des fonctionnaires et des missionnaires suffisent, assure-t-on, à leurs besoins présents.

Toute inopportune que puisse paraître l'émigration, dans un pays qui, comme l'Espagne, est si loin de posséder sa population normale, cette émigration n'en a pas enrayé l'accroissement comme le constate le tableau ci-dessous :

	Population.	Accroissement. Total.	Moyenne annuelle.
1594.	8,206,791		
1768.	9,159,999	533,208	3,018
1787.	10,268,150	108,151	6,218
1797.	10,541,221	273,071	27,307
1833.	12,286,941	1,845,720	51,325
1857.	15,466,340	3,177,399	132,396

Ainsi la période de 1833-1857, qui correspond précisément aux détournements de personnel que l'Espagne pourrait reprocher à l'Algérie, est signalée par un accroissement près de trois fois plus élevé que dans la période antérieure, bien que les îles Baléares aient vu diminuer leur population [1], service dont elles se louent, car il a répandu un énorme accroissement de bien-être dû aux subsides envoyés par les émigrés en Afrique à leurs parents.

Cette émigration a, en outre, multiplié, au grand profit de l'Espagne, ses rapports commerciaux avec l'Algérie qui est devenue un important débouché pour ses légumes, ses fruits, ses vins.

Le gouvernement espagnol, appréciant avec impartialité ces heureux résultats, a laissé à l'émigration toute sa liberté, en instituant toutefois un système de précautions et de garanties dans l'intérêt des émigrants eux-mêmes [2].

GIBRALTAR.

Détenu par l'Angleterre, Gibraltar ne cesse pas d'être espagnol par le sang, la langue et les sentiments. Notons donc ici, sans pouvoir le traduire en chiffres, le courant régulier d'émigration qui, de cette ville et de son territoire, se porte sur les côtes de l'Algérie, où il se confond avec la population espagnole.

CHAPITRE XXX.

Le Portugal.

Dès le XVIᵉ siècle, le Portugal partage avec l'Espagne, la gloire des lointaines émigrations. Pendant que l'une accomplissait des découvertes à l'Occident, l'autre en poursuivait de pareilles à l'Orient ; l'Amérique et l'Asie étaient le théâtre de leurs ambitions rivales. La

		L'île Minorque.	
[1] Mahon, en 1829.	17,750	En 1829.	40,000
1838.	13,444	1846.	23,000
1846.	9,957		

[2] En 1860 seulement, l'Algérie a eu à se plaindre de publications officielles qui la discréditent en vue de retenir les ouvriers sur les chantiers des travaux publics.

destinée les rapprocha eu Amérique même où le Brésil opposa ses diamants aux mines d'or du Pérou, aux mines d'argent du Mexique. Les liens qui, pendant plus de deux siècles, unirent le Brésil au Portugal, ont survécu, par les relations personnelles et commerciales, à la séparation politique : c'est à Rio-Janeiro que se dirige encore presque exclusivement l'émigration portugaise.

A défaut de documents précis, une pétition de la ville de Porto évaluait, en 1856, à 13,000 le nombre des individus qui allaient chercher fortune au Brésil ; et quoiqu'il y ait probablement quelque exagération dans cette donnée [1], ce qu'elle qualifiait de malheur parut assez grave pour mériter une mention dans le discours du roi prononcé à l'ouvertures des chambres, le 7 janvier 1857 :

« L'accroissement que dans ces derniers temps a pris l'émigration, principalement dans nos districts de Porto, Vianna-do-Castillo et Braga, réclame également votre sérieuse attention. Mon gouvernement soumettra à votre approbation les mesures qu'il croit propres à diminuer la gravité du mal. Appréciant comme il convient les causes auxquelles peut être attribué cet accroissement, j'espère que vous prendrez les décisions réellement nécessaires au bien de ces différents districts. »

A Braga, le gouverneur civil avait eu recours, pour retenir ses administrés, à une proclamation dans laquelle il leur annonçait que désormais, pour obtenir la permission de partir, il faudrait justifier du consentement des parents, de la satisfaction donnée à la loi du recrutement, de la permission de la femme pour l'homme marié. Sans avoir rien d'exorbitant, ces restrictions ne sont pas précisément inspirées par le désir d'appliquer dans toute sa sincérité l'article de la charte constitutionnelle qui porte « que tout Portugais peut sortir du royaume comme il lui plaît, en emportant ce qui lui appartient, en se conformant aux règlements de police, pourvu qu'il ne porte pas préjudice à des tiers. » Une loi du 20 juillet 1855,

---

[1] Un rapport du consul portugais à Rio-Janeiro, évalue à 25,000 le nombre de Portugais arrivés en 1853, 1854 et 1855.

en réglant le transport des émigrants, avait plus discrètement tempéré la constitution.

La recrudescence des départs, au lendemain de la promulgation de cette loi, vint constater l'existence de causes sérieuses contre lesquelles on ne pouvait rien : les unes permanentes et plus dignes d'honneur que de reproche ; les autres nées des imperfections sociales ou des calamités atmosphériques.

En voyant l'émigration poindre et grandir, surtout dans la province de Minho, la plus riche, la plus libérale et l'une des plus fertiles du royaume, celle où l'instruction est le plus répandue parmi le peuple, il faut renoncer à accuser l'ignorance ou la misère. C'est au contraire la richesse même du pays et l'intelligence de ses habitants qui les conduisent du Portugal au Brésil. A l'époque de l'union politique, un courant s'était établi du premier pays au second pour les fonctions publiques et les affaires commerciales. Les négociants de la métropole fondaient au Brésil des maisons où ils installaient leurs enfants et leurs agents : leurs belles et rapides fortunes servaient d'exemple aux rivaux. Après la rupture dynastique, les habitudes anciennes, un moment troublées, n'ont pas tardé à renaître et à renouer les rapports entre les deux familles de la race portugaise ; les esprits entreprenants du Portugal ont de nouveau tourné leurs espérances et leurs spéculations vers le Brésil, suivant le génie même de cette race qui aima, dans ses jours de grandeur, à s'élancer vers les lointains espaces.

En d'autres provinces des causes moins louables déterminent l'émigration ; la pauvreté y résulte d'une certaine atonie dans l'activité de la nation qui se manifeste surtout par le faible essor imprimé aux travaux publics, pour lesquels l'État n'est pas aidé par les communes. Les forces productives des populations rurales sont en outre paralysées par les majorats indivisibles qui embrassent la plus grande partie du pays, particulièrement de l'Alentejo, et s'opposent à la division des propriétés au point que la moyenne des héritages dépasse 58 hectares, tandis qu'en Angleterre même elle n'est que de 40, et en France de 5 à 6 hectares. L'abolition des majorats, votée par la chambre des députés, a été repoussée par celle des pairs.

Enfin, les calamités qui ont frappé les vins et les vers à soie, les citronniers et les orangers, le manque de récoltes de céréales en diminuant les ressources ont éveillé l'esprit d'émigration. Ces malheurs ont seuls causé les départs des insulaires des Açores, de Madère et du Cap-Vert, qui contractent des engagements dans les Indes occidentales, quand ils ne partent pas pour le Brésil ou ne s'engagent pas à bord des navires anglais et américains en relâche dans ces parages.

La densité de la population n'a pu y contribuer; elle est, dans la partie continentale, seulement de 30 habitants par kilomètre carré (3,499,000 pour 100,031 kilom.) et bien moindre dans les îles et colonies adjacentes.

Plus encore que les campagnards, les populations maritimes émigrent volontiers. Peu ou point payés, trop souvent mal vêtus, sans aucune garantie d'avenir, recrutés par une sorte de presse d'une légalité mal réglée, les matelots s'engagent volontiers au service étranger, celui de l'Angleterre surtout, ou bien ils émigrent au Brésil.

Pour les entraîner, les compagnies se donnent beaucoup de soins. Une société, qui s'organisait en 1856, pour la colonisation des bords de l'Amazone, avançait les frais de passage et faisait toutes les dépenses d'embarquement, moyennant un contrat de deux ans : elle devait se rembourser par des retenues sur les salaires. En général, on engage toute personne de 15 à 40 ans, des familles entières. Aux femmes seules on demande des certificats de bonne conduite. Les ouvriers sont logés et reçoivent 2 fr. 25 c. par jour, et quelquefois des terres à cultiver pour leur compte. Moyennant un cautionnement, la même compagnie avance le passage à d'autres colons qui désirent conserver leur liberté. La plupart des émigrants portugais sont des jeunes gens qui vont remplir les emplois de commis, garçons de boutique, surveillants de nègres, ou qui exercent quelques métiers, tels que ceux de tonneliers, chaudronniers, ferblantiers : ils se vouent rarement à l'agriculture.

Au reste, l'émigration portugaise n'est pas, à vrai dire, une expatriation. Devenus riches, les émigrants rentrent volontiers en Portugal avec leurs capitaux, achètent les belles maisons, les belles terres, se placent à la tête des grandes affaires, et font ainsi concourir leur expérience et leur fortune au progrès de leur pays. Les *Brasileiros* conservent le type, aujourd'hui inconnu en France, des oncles millionnaires des colonies : utile aiguillon de l'esprit d'entreprise.

En poursuivant la richesse dans le seul pays d'Amérique, où se parle la langue portugaise, ces émigrants ont maintenu le goût et l'usage des produits de la mère-patrie, dont le Brésil est resté le principal débouché. A l'exportation de Lisbonne, en 1858, le Brésil compte pour 8,211,000 francs, tandis que l'Angleterre elle-même n'atteint qu'à 7,989,000 francs.

De rares individus se portent aux États-Unis, dont la statistique officielle ne constate, de 1819 à 1855, que 2,049 entrées de Portugais. Plus d'une fois, sans doute, la douane les aura confondus avec les Espagnols, comme ont fait souvent les documents administratifs de l'Algérie. Ici on évaluait le nombre à 141, en juin 1860. Il n'est peut-être pas de peuple dont l'émigration convînt mieux à cette possession française, car aux qualités viriles de l'Espagnol, le Portugais joint la vivacité et l'esprit sociable des Français.

Le Portugal voudrait bien, et ce désir l'honore, ranimer ses lointaines possessions en y dirigeant l'émigration. En vue de ce résultat, un jeune frère du roi a fait dernièrement un voyage dans les colonies de l'Afrique occidentale. Une première difficulté viendra du climat, peu favorable aux Européens dans les régions intertropicales, où les colonies portugaises sont toutes situées, depuis San-Thomas et le Prince jusqu'à Timor, points extrêmes de la chaîne dont les anneaux sont Angola et Benguela, Mozambique, Goa et ses dépendances, enfin Macao.

Une autre difficulté, heureusement moins fatale, proviendra des réformes à accomplir pour procurer aux colons les avantages qu'ils entendent ne pas abandonner en quittant l'Europe, surtout lorsqu'ils restent sous la protection de leur pavillon national : la propriété garantie, la liberté respectée, l'égalité devant la loi, des impôts modérés, la probité dans l'administration, l'indépendance envers l'État et ses représentants civils et religieux, dans la mesure que comporte l'ordre public.

Les plans du gouvernement à l'égard d'une restauration coloniale se justifient par une vraie appréciation des intérêts de la monarchie portugaise; ils s'appuieraient sur une base bien étroite, s'ils invoquaient le dommage que cause l'émigration à l'étranger. Les dénombrements constatent une marche ascendante de la population, et la fortune publique, si elle pouvait être établie avec la même précision, se trouverait probablement avoir plus gagné au retour des émigrants que perdu à leur départ.

CHAPITRE XXXI.

L'Europe orientale.

Loin d'être disposée à une émigration systématique, la région orientale d'Europe possède une population si disproportionnée à l'étendue de son territoire, qu'elle appelle et accueille avec empressement des bras étrangers. Cependant il s'y manifeste quelques faits isolés et accidentels d'émigration qui, dans cette revue générale, méritent une mention.

CHAPITRE XXXII.

La Russie.

Du royaume de Pologne est parti, après l'insurrection de Varsovie, comprimée en 1831, une des plus fortes émigrations des temps modernes qui soient issues de la guerre. Des milliers de citoyens, proscrits ou menacés, se sont répandus dans tous les États libres de l'Europe, et même dans le nouveau monde, vivantes protestations du droit vaincu contre la force victorieuse. Au Texas s'est formé un noyau de colons polonais, où les émigrants de Varsovie retrouvent leurs frères de Posen et de Galicie.

Du même infortuné pays partent tous les ans des centaines de Juifs, usant de l'émigration comme de la seule voie sûre pour échapper au régime oppressif qui pèse sur eux. Cette dure extrémité leur est même refusée par un ukase, qui interdit l'émigration israélite, sous peine d'amende et d'emprisonnement.

Dans le courant des années 1860 et 1861, 30,000 Tartares environ ont quitté la Russie méridionale, emmenant familles et troupeaux, emportant leurs tentes et toutes leurs richesses mobilières, pour aller chercher un nouveau séjour dans les États de la Turquie. La cause de ce départ était-elle dans des vexations administratives, ou des persécutions religieuses, ou des calamités atmosphériques? ne témoignait-on pas trop de rancune à ces populations de l'accueil peu hostile qu'elles avaient fait aux armées alliées pendant la guerre de Crimée? C'est un point qui est resté entouré de mystère. Durant la dernière guerre de Crimée, plusieurs bandes de ces peuples, cultivateurs et pasteurs, s'étaient également réfugiées de Russie dans la Dobrodja, où elles avaient fondé la ville de Medjidié et un grand nombre de villages et de hameaux.

L'administration turque a interné ces Tartares dans la province d'Andrinople, et leur a accordé, outre des terrains étendus, des semences et des instruments aratoires ; elle les a libérés de toute taxe et de la conscription pour une durée de dix ans.

Dans le nombre se trouvent, en dehors de la majorité qui est musulmane et se rapproche volontiers de ses coreligionnaires, plusieurs juifs et chrétiens orthodoxes.

On voudrait espérer pour eux un meilleur sort que pour une troupe de 1,500 paysans qui émigrèrent de Russie, en 1843, et furent installés en Bulgarie, dans les vallées du Balkan. Expulsés au bout de peu d'années, ils ont disparu sans laisser de traces.

Nous ne parlons pas des convois de condamnés qui sont transportés en Sibérie, ni des tentatives de colonisation qui se font en ce moment, dans le bassin de l'Amour, avec des sujets russes. En passant d'Europe en Asie, les uns et les autres émigrent géographiquement, mais sous le rapport politique, ils ne sortent pas de l'empire russe. Ils sont déplacés, non expatriés.

CHAPITRE XXXIII.

Les Principautés Danubiennes.

Pendant que les villes de Bucharest et de Iassy attirent, par les séductions de la vie urbaine, les belles filles slaves et allemandes des pays circonvoisins, et que les franchises industrielles y facilitent le recrutement des ouvriers, les plaines danubiennes ont assisté, depuis deux ou trois siècles, à des émigrations dignes d'inspirer la pitié, car elles n'ont eu d'autres causes que la dure condition des paysans. Ce fut le fruit du servage introduit en Valachie par Michel le Brave et Matthieu Bessarab, et en Moldavie par Basile le Loup, au commencement du xvII[e] siècle. Cette grande injustice produisit une décadence rapide et profonde ; la nation fut énervée dans ses forces vitales ; les paysans émigrèrent en masse pendant le xviie et durant la première moitié du xviiie siècle. Depuis 1832, après un règlement qui riva les chaînes des serfs, les émigrations ont recommencé : 12,000 familles ont passé en Transylvanie, 40,000 en Servie, 10,000 en Bulgarie et jusqu'en Roumélie. Ces malheureux ont trouvé le régime turc ou autrichien préférable à celui de leur pays natal ! Une colonie de Bulgares, composée de 30,000 familles, établie dans le pays depuis 1828, s'est dissoute, et la plupart de ses membres ont repris le chemin de leur patrie [1].

CHAPITRE XXXIV.

La Turquie.

Pendant que le gouvernement de Constantinople accueille avec bienveillance les Tartares venus de la Russie, les sujets du sultan, sur la plupart des frontières, se dérobent à l'oppression ou à l'anarchie par la retraite dans les États chrétiens limitrophes. Nous citerons seulement les paysans bosniaques qui, accablés de vexations, se sont réfugiés en Autriche et en Servie.

Des paysans bulgares ont aussi prémédité, en ces derniers temps, de passer en Russie, où ils auraient rempli les vides laissés par l'émigration tartare. Plusieurs milliers d'individus, appartenant à 55 villages, s'étaient fait inscrire sur les registres des recruteurs, et déjà les bâtiments à vapeur russes qui devaient les recevoir à bord pour les transporter sur les terres en Crimée, étaient arrivés à Widdin, lorsque ce mouvement fut arrêté par l'influence des patriotes bulgares, qui éveillèrent la méfiance des paysans contre la Russie,

---

[1] *Journal des Économistes*, nov. 1831, p. 266. — Compte-rendu du livre de Constantin Boeresco, sur *l'Amélioration de l'état des paysans roumains*.

et fomentèrent en eux l'espérance qu'ils deviendraient un jour un peuple libre. La plupart des promoteurs de l'émigration se refugièrent en Servie pour échapper aux poursuites des autorités turques.

CHAPITRE XXXV.

Les États comparés de l'Europe. — L'Europe en bloc.

Il nous reste, pour résumer et rapprocher les principaux faits que nous avons constatés dans l'étude qui précède, à comparer les divers États ou pays d'Europe sous le rapport de l'émigration.

Si l'on divise l'Europe en deux moitiés à peu près égales du nord au sud, en suivant le 15ᵉ degré de longitude à l'est de Paris, on constatera que le phénomène social dont nous nous occupons se produit, en règle générale, dans la région occidentale, et par exceptions tout à fait secondaires et accidentelles, dans la région orientale. D'un côté se trouvent les États les plus peuplés, les plus éclairés, les plus civilisés de l'Europe; de l'autre les États ou les provinces les plus attardés dans cette voie, toute la Russie, la Turquie d'Europe, la Hongrie, les provinces slaves de l'Autriche et de la Prusse, les provinces danubiennes.

Dans l'Europe occidentale, le rapport du nombre des émigrants à la population totale est établi par le tableau ci-après, où nous avons dû suppléer, par des hypothèses approximatives, à la précision des documents pour certains États.

	Population générale.	Moyenne annuelle des émigrants.	Rapport des migrants à la population générale.
1. Irlande.	6,215,794	140,000	1 sur 44 hab.
2. Hesse électorale (1859).	736,392	9,300	79
3. Mecklembourg (1855).	640,719	7,500	85
4. Royaume-Uni (1850).	27,621,862	244,000	113
5. Bade (1855)	1,314,314	16,239	101
6. Hesse grand-ducale (1852).	854,314	4,700	181
7. Wurtemberg (1854)	1,783,967	8,340	214
8. Bavière (1855).	4,541,556	17,912	253
9. Suisse (1850).	2,392,740	8,000 ?	300
10. Brunswick (1855)	269,213	884	304
11. Portugal (1854).	3,499,000	8,000	437
12. Oldenbourg (1852).	287,163	619	453
13. Norvége (1856)	1,490,047	3,270	455
14. Allemagne (1856)	64,043,728 [1]	120,000	533
15. Belgique (1851)	4,577,236	8,000 ?	572
16. Danemark (1858)	2,468,713	4,000 ?	616
17. Hanovre (1858)	1,843,916	2,500 ?	737
18. Prusse (1855).	17,202,831	19,450	880
19. Hollande (1859).	3,543,775	1,876	888
20. Espagne (1857)	15,518,516	8,000 ?	1,929
21. France (1856).	36,039,364	16,390	2,196
22. Suède (1855)	3,639,332	1,674	2,253
23. Italie (1860)	22,000,000 ?	4,000 ?	5,500
24. Autriche (1858)	39,000,000	2,000 [2]	19,000

La Grande-Bretagne étant le seul pays qui publie depuis longtemps une statistique régulière de l'émigration, les données, pour la plupart des autres États, sont plus ou moins hasardées. Comme contrôle, nous joignons ici l'extrait d'un rapport adressé au gouvernement belge sur l'émigration européenne en 1858.

Allemands.	109,600
Anglais, Écossais.	90,634 } 76,872
Irlandais	86,238
Français	18,809
Suédois.	8,151

[1] Nombre formé de :

Confédération germanique (1853).	43,286,116
États non confédérés d'Autriche (Hongrie, etc.).	16,492,009
États non confédérés de Prusse (Posen, etc.).	4,265,203
	64,043,328

[2] Pour l'Autriche seule, Hongrie et Transylvanie non comprises, on a constaté 1,720 émigrants.

Suisses.	5,000
Hollandais.	1,754
Sardes.	800
Belges.	660
	321,446 [1]

On remarquera que l'Italie centrale et méridionale, l'Espagne et le Portugal manquent dans cette dernière évaluation. En tenant compte des autres lacunes, on peut porter à 400,000 âmes la moyenne annuelle des départs d'émigrants depuis l'année 1854, où ce chiffre, grossi des émigrations clandestines, atteignit et peut-être dépassa 500,000. La population totale de l'Europe étant d'environ 250 millions d'habitants, il en résulte le rapport moyen d'un émigrant sur 625 habitants; et si l'on déduit 80 millions pour l'Europe orientale, à peu près étrangère à ce mouvement, le rapport ne s'élève qu'à 1 sur 425, proportion tout à fait insignifiante.

Encore ces départs sont-ils compensés, en partie, du moins, sur le continent, par l'immigration qui introduit dans chaque État des étrangers que des motifs divers y attirent, d'où résulte, dans une certaine mesure, un balancement de gains et de pertes par le déplacement des populations, bien plus qu'une véritable déperdition.

---

[1] Ce total de l'émigration européenne est plus vraisemblable que celui donné par le tableau ci-dessous que nous trouvons dans un journal.

	1857.	1858.	1859.
Embarquements en Angleterre	213,000	114,000	79,386
— à Brême	40,000	23,000	21,708
— à Hambourg	31,000	19,000	13,028
— à Anvers	13,000	4,000	1,328
— au Havre	34,223	370	15,392
	331,223	178,370	138,842

N. B. Pour juger du peu de foi que mérite ce document, il suffit de remarquer que l'émigration d'Angleterre en 1859, n'est inscrite que pour 79,386, tandis qu'elle a été de 120,432.

CHAPITRE XXXVI.

Les contrées non européennes.

Bien qu'elle y soit moins intense qu'en Europe, l'émigration s'observe dans les autres grandes divisions de la terre, dans l'ancien et le nouveau monde.

CHAPITRE XXXVII.

L'Afrique.

Depuis que les limites de la domination française ont été reculées jusqu'à la zone saharienne au sud, l'on ne peut plus qualifier que d'émigration intérieure celle qui conduit dans les villes du Tell, les enfants de Biskra, de Laghouat, du Mzab, des montagnes kabyles, pour y exercer les métiers inférieurs. L'administration française les a organisés en corporations soumises à des règlements de police.

Une véritable émigration est celle qui conduit librement les Marocains dans la province d'Oran, où ils se rendent fort utiles comme journaliers et manœuvres.

On donnerait le même nom à celle qui nous amènera un jour les noirs du Soudan à la suite des caravanes, non pas serfs ravis à leurs familles, comme l'a demandé la spéculation masquée de philanthropie, mais libres de leurs personnes et de leur travail. C'est à titre d'esclaves qu'ils sont encore enlevés de l'Afrique intérieure pour être conduits au Maroc, au Darfour, au Kordofan, dans la Nubie, où des chasses d'hommes sont organisées par des Européens se disant chrétiens. Dans tout le bassin du haut Nil, et sur la côte orientale, ils sont également enlevés pour la traite en Asie.

Le pays des noirs est traversé de l'est à l'ouest par les Fellatahs, propagateurs de l'islamisme qui s'avancent, vainqueurs, d'un État à l'autre, jusqu'aux frontières du Sénégal, où le drapeau français les a arrêtés.

CHAPITRE XXXVIII.

L'Asie.

De l'Inde et de la Chine partent, tous les ans, des milliers d'indigènes qui vont porter leur industrie dans les divers pays de l'Orient et dans les colonies européennes. Comme le caractère d'engagements temporaires domine dans ces départs, nous en parlerons dans le second livre.

CHAPITRE XXXIX.

L'Amérique.

L'Amérique elle-même a ses émigrants. Les citoyens de l'Union se répandent dans l'Amérique centrale et méridionale, pendant que les habitants de ces régions vont en Californie courir les chances d'une fortune rapide.

Les abolitionistes de l'Union ont organisé une émigration de noirs libres à la côte occidentale d'Afrique et fondé la république de Libéria.

Ils ont poussé la même classe d'individus à l'émigration dans la république de Haïti et dans les républiques espagnoles.

CHAPITRE XL.

L'Océanie.

Sur leurs pirogues, les Océaniens voguent d'un archipel à l'autre de l'Océan Pacifique; beaucoup d'indigènes des îles Fijis sont des métis issus des relations des habitants polynésiens de l'archipel de Tonga avec les femmes fijiennes; car les vents, soufflant de l'est durant dix mois de l'année, poussent les migrations vers l'ouest dans cette partie de l'Océanie [1].

Les Océaniens prennent parfois du service à bord des navires, et se trouvent conduits dans les colonies où ils demeurent comme engagés.

L'île de la Réunion en a reçu un certain nombre à ce titre.

CHAPITRE XLI.

Conclusion de la première Partie.

Le trait le plus saillant de la revue qui précède, est l'universalité de l'émigration se combinant avec une grande variété de causes occasionnelles.

La pauvreté, souvent poussée jusqu'à la misère, se retrouve en tous pays, comme cause dominante; mais elle-même dérive de sources très-diverses : la densité des populations, les mauvaises récoltes, la compression des forces productives, les rigueurs du climat, la stérilité du sol, l'insuffisance ou la dissipation des capitaux, les fautes

---

[1] Alfred Jacobs, l'*Océanie nouvelle*.

de l'administration ou les vices de la législation. Puis les sentiments d'ordre moral interviennent, qui se résument à peu près tous dans l'amour de la propriété et de la liberté tant politique que religieuse. Enfin l'or de la Californie et de l'Australie a surexcité à un très-haut degré les causes locales et les tendances personnelles qui ont trouvé, dans la rapidité des communications, des facilités inconnues en d'autres temps.

Déjà Sénèque, dans l'antiquité, avait analysé, avec une remarquable précision, les causes de l'expatriation : la guerre étrangère, la guerre civile, une population excessive, les calamités naturelles, l'infertilité du sol, l'attrait d'un meilleur séjour [1].

En dehors de ces mobiles, il est difficile d'en découvrir qui tiennent à la situation géographique, ou à la constitution politique, ou à la religion. Le nord et le midi, le littoral et l'intérieur se rapprochent aux divers degrés de l'échelle, comme les monarchies de toutes les nuances et les religions de tout symbole : le midi de l'Europe cependant paraît dans l'ensemble moins enclin à l'expatriation que le centre et le nord, ce qui veut dire, malgré l'exception, peut-être plus apparente que réelle de l'Autriche, que les races de souche germanique y sont, le climat aidant, plus portées que les races latines.

De ces rapprochements qui échappent à tout système, se dégage, avec une éclatante certitude, la vérité que nous inscrivions en tête de cet ouvrage : L'émigration a ses racines profondes dans la nature humaine, elle est de tout temps et de tout pays, et les circonstances locales ou accidentelles ne peuvent qu'en modifier les proportions sans en altérer le caractère.

---

[1] Nec omnibus eadem causa relinquendi quærendique patriam fuit. Alios excidia urbium suarum, hostilibus armis elapsos, in aliena, spoliatos suis, expulerunt. Alios domestica seditio submovit. Alios nimia superfluentis populi frequentia, ad exonerandas vires, emisit. Alios pestilentia aut frequens terrarum hiatus, aut aliqua intoleranda infelicis soli vitia ejecerunt, quosdam fertilis oræ et in majus laudatæ fama corrupit (Seneca, *Consolatio ad Helviam*, c. VI).

2ᵉ PARTIE

LES PAYS DE DESTINATION.

Ubi benè ibi patria.

CHAPITRE I.

Distribution générale des émigrants.

Dans son rayonnement extérieur l'émigration se divise en trois branches, suivant la distance de ses stations finales. A petite distance c'est une émigration de frontières qui a lieu par une sorte de filtration réciproque entre les États limitrophes ou peu éloignés; elle naît des relations quotidiennes dues au voisinage : l'amour, l'intérêt, la curiosité, qui tiennent peu de compte des barrières naturelles ou politiques qui séparent les États, sont les ressorts habituels de ce mouvement : il aboutit à des mariages, à des établissements de commerce et d'industrie, à des résidences temporaires en projet, prolongées en fait, qui créent des liens multiples entre les populations de nationalité différente.

Sans insister sur un phénomène facile à constater, mais difficile à traduire en chiffres, nous citerons les nombreux groupes d'Anglais établis, du côté français de la Manche, entre Calais et le Havre; les Suisses et les Allemands disséminés en Alsace; nous avons mentionné les ouvriers belges qui viennent travailler dans le département français du Nord, les Catalans qui passent dans le Roussillon; nous pourrions y ajouter les Français des Pyrénées qui vont à Barcelone. Mais un exemple de circulation locale plus considérable est celui des divers États de l'Allemagne. Comme le droit de cité ou l'indigénat consacre des priviléges qui ne s'accordent qu'après une enquête et une inscription régulières, les autorités enregistrent ces mouvements avec plus de soin qu'ailleurs, et la statistique trouve quelques données sûres dans les documents officiels. Elle constate, dans la plupart des États, un mouvement d'immigration qui compense par les apports des nouveaux citoyens la plupart des pertes d'argent dont on accuse l'émigration. Si le nombre des venants est moindre que celui des partants, au point de vue politique la qualité est meilleure. Par là beaucoup d'apparentes expatriations se réduisent à de simples déplacements au sein de la grande patrie allemande.

Une seconde branche d'émigration se dirige vers les capitales et les grandes villes du continent. Paris et Londres attirent des étrangers de tous les rangs et de tous les métiers, des Allemands surtout que l'on compte, ici et là, par centaines de mille, groupés dans certains quartiers, certains faubourgs, et où ils exercent des professions spéciales, l'ébénisterie surtout. Rome est le rendez-vous des grandes existences déclassées, rêveuses ou pieuses. Pétersbourg oppose à la rigueur effayante de son climat l'attrait de ses roubles pour appeler des éléments de la civilisation nécessaires à son aristocratie. Vienne, Berlin, Florence, Bruxelles, Genève, Berne, Constantinople même reçoivent ainsi des colonies d'étrangers, dont la plupart sont venus avec esprit de retour, mais dont beaucoup sont retenus par les incidents de leur destinée. Dans ces colonies les Français représentent généralement les arts d'agrément, les industries de luxe, l'enseignement de la langue et de la littérature françaises; les Anglais la banque, le commerce, la grande industrie; les Allemands les métiers manuels; les Suisses un peu de tout. La domesticité et l'éducation recrutent aussi des bonnes, des gouvernantes et des institutrices chez ces quatre peuples suivant les convenances des familles; le théâtre engage surtout des acteurs, chanteurs, artistes italiens et français. L'opulence anglaise promène plus que toute autre ses loisirs et sème ses guinées, le long du Rhin, au bord des lacs suisses, au pied des Alpes et des Pyrénées, sous le soleil d'Italie.

Les travaux publics, et surtout les chemins de fer, ont introduit depuis trente ans, dans l'émigration à moyenne distance, un élément nouveau tout composé d'employés, d'ingénieurs, de chefs d'ateliers et d'ouvriers, qui vont inaugurer en tous lieux les créations du génie civilisé.

L'Angleterre a ouvert la carrière, la France la suit. Après avoir longtemps troublé le monde de leurs luttes, et sans renoncer à leurs rivalités, ces deux puissances emploient aujourd'hui leurs capitaux et l'élite de leurs industriels à inaugurer dans le monde l'ère des travaux pacifiques. Sous leurs auspices, Espagne, Portugal, Autriche, Russie, Turquie, Italie, Algérie, Tunisie, l'Égypte, l'Asie même, se couvrent d'un réseau de voies ferrées, se jalonnent de poteaux télégraphiques ; îles et continents s'unissent par des câbles sous-marins ; fleuves et mers sont sillonnés de navires, et toutes ces entreprises, où la spéculation privée s'élève à la hauteur de l'utilité publique, entraînent avec elle des groupes de mécaniciens, de conducteurs, d'ouvriers de tous les états dont une partie seulement reviendra au pays natal. Le reste confiera sa fortune aux lieux où le sort l'a conduit, et, retenu par le gain ou par le cœur y fondera une famille, pépinière de générations mixtes par où s'entre-croisent les peuples. Par le développement des travaux publics, il se forme peu à peu, au sein des nations, une classe cosmopolite de financiers, d'entrepreneurs et de chefs d'industrie, disposée à se porter partout où les gouvernements lui offrent l'appât des bénéfices rehaussés de perspectives aventureuses.

L'émigration à grande distance, la seule vraiment digne de ce nom, abandonne l'Europe pour toujours. Elle se déverse en Amérique, dans toute l'étendue du continent; en Afrique, aux extrémités nord et sud; en Océanie, dans les possessions anglaises et françaises; en Asie, elle a pris pied sur quelques îles et quelques villes du littoral, mais pénètre à peine dans l'intérieur du continent par la Turquie d'Asie et l'Inde.

Considérée sous le rapport politique, l'émigration européenne se répartit en trois grandes directions : les États indépendants d'Amérique, divisés en deux massifs suivant l'origine anglo-saxonne ou celto-latine du peuple dominant; les colonies anglaises des continents et des archipels; enfin les divers pays de colonisation, à la tête desquels se place l'Algérie.

C'est dans cet ordre que nous étudierons les mouvements extérieurs de l'émigration.

CHAPITRE II.

L'Union américaine.

On a vu, dans les chapitres précédents, la plupart des peuples de l'Europe occidentale concourir à la fondation des colonies de l'Amérique septentrionale qui sont devenues les États-Unis par la conquête de leur indépendance au siècle dernier; les Anglais prenant pied dans la Nouvelle-Angleterre et la Virginie, ces deux centres de formation de la puissante république; les Français dans la Louisiane, depuis l'embouchure du Mississipi jusqu'à ses sources au voisinage de la région des lacs; les Espagnols dans la Floride et le Texas; les Suédois et les Hollandais sur quelques points du rivage oriental; les Allemands partout. Considérons les émigrants dans l'ensemble de l'Union et séparément dans chaque État.

§ 1. — ENSEMBLE DE LA CONFÉDÉRATION.

Dans l'Amérique du Nord, l'émigration, établie dès la fin du XVIe siècle, ne cessa d'accroître de ses alluvions humaines, le nombre, la richesse et la force des colons, mais sur des proportions fort modérées. Dans la longue période qui s'écoula depuis les débuts jusqu'en 1790, date du premier recensement authentique et général, le contingent annuel des émigrants ne dépassa guère 5,000, soit environ 1 million pour les deux cents ans qui séparaient cette époque des premières familles emmenées par Walter Raleigh. De 1790 à 1810, date du troisième recensement, l'élan qu'aurait donné l'indépendance conquise fut comprimé par l'état de guerre qui détourna vers la lutte toutes les forces, et l'immigration annuelle ne dépassa pas 6,000 âmes [1]. De 1810 à 1819, les arrivages annuels remontèrent entre 15 et 20,000. Cette dernière année, le Congrès ayant ordonné par un acte du 2 mars 1819, réglant les transports de passagers, l'enregistrement par la douane de tous les débarquants, la statistique posséda des données certaines pour ses estimations. Relevées dans un livre substantiel [2], elles fournissent une instructive enquête des éléments multiples qui se sont déposés et combinés sur le sol américain.

Du 30 septembre 1819 au 31 décembre 1855, il est entré aux États-Unis 4,212,624 immigrants étrangers, ainsi répartis par périodes :

	Total.	Moyenne annuelle.
Du 30 septembre 1819 au 30 septembre 1829 (10 ans)	128,502	12,850
— — 1829 au 31 décembre 1839 (10 ans 1/4)	538,381	52,212
Du 31 décembre 1839 au 30 septembre 1849 (9 ans 3/4)	1,479,478	151,740
Du 30 septembre 1849 au 31 décembre 1855 (6 ans 1/4)	2,279,007	364,232

Sur les 4,212,624 immigrants, de 1819 à 1855, les nationalités se distribuaient ainsi qu'il suit :

Du Royaume-Uni.		2,343,445
dont Irlande	747,390	
Angleterre	207,492	
Écosse	34,559	
Pays de Galles	4,782	
Non distingués	1,348,682	
Allemands.		1,206,087
Français.		188,725
Prussiens		35,995
Suisses.		31,071
Norvégiens et Suédois.		29,441
Hollandais.		17,583
Espagnols.		11,251
Italiens.		7,185
Belges.		6,991
Portugais.		6,049
Danois.		3,059
Polonais.		1,318

---

[1] Bromwell donne comme plausibles les chiffres suivants, malheureusement isolés :

De 1784 à 1794	4,000 par an.
1794	10,000
1790 à 1810	6,000
1817	22,240
De 1783 à 1819	250,000

[2] Bromwell, *History of immigration to the United-States*, 1856, New-York.

La Russie, la Sardaigne, la Sicile, Malte, la Grèce, la Corse comptaient chacune pour moins de 1,000 individus.

L'Asie est représentée par...	16,714 Chinois.
— —	101 Indiens.
— —	7 Persans.
L'Amérique par......	91,699 de l'Amérique anglaise.
—	35,317 des Indes occidentales.
—	15,969 Mexicains.
—	5,440 Sud-Américains.
—	640 Centre-Américains.
L'Afrique par........	1,288 natifs des Açores.
—	278 des Canaries.
—	203 de Madère.

et par quelques individus nés à Libéria, en Égypte, au Maroc, en Algérie, au Cap, à l'Ile-de-France, à Sainte-Hélène.

L'Océanie elle-même avait envoyé un petit nombre de ses indigènes nés en Australie, aux îles Sandwich, aux îles de la Société, dans la mer du Sud.

Si élevés que paraissent ces chiffres, ils sont encore au-dessous de la vérité. Les registres de la douane, pendant les premiers temps, furent imparfaitement tenus : ils ne font pas compte d'ailleurs des immigrants venus par la frontière du Canada ou du Mexique. L'insuffisance des indications ressort de la comparaison avec les statistiques les plus certaines d'Europe, comme celles de la Grande-Bretagne. En comblant les lacunes, en remontant jusqu'en 1815 et descendant jusqu'en 1859, on ne peut évaluer à moins de six millions d'âmes les immigrants aux États-Unis durant une période de quarante-cinq ans seulement, soit en moyenne 110,000 par an; moyenne qui est plus que triple dans la dernière période décennale [1].

Un document donné comme officiel [2], confirme cette appréciation.

	Nombre total des immigrants.	Moyenne annuelle.
1790-1810:.........	120,000	12,000
1810-1820..........	114,000	11,400

---

[1] Ce chiffre résulte des calculs de M. Jessé Chickering, auteur d'un écrit intitulé : *Immigration to the United-States* (Boston, 1848), qui évalue les omissions à moitié des inscriptions.

[2] Legoyt, v° *Émigration* dans le nouveau *Dictionnaire du commerce*, de Guillaumin.

	Nombre total des immigrants.	Moyenne annuelle.
1820-1830.	203,979	20,397
1830-1840.	778,500	77,850
1840-1850.	1,542,850	154,285
1850-1857.	3,010,951	377,494
	5,779,280	

En ajoutant les apports de 1858 et de 1859, le chiffre de 6 millions est dépassé, et les sept années 1850-1857, à elles seules, constatent une immigration de 3 millions d'individus !

L'apogée a été atteint en 1854 avec le chiffre de 427,833 immigrants. Depuis lors il y a eu déclin marqué par l'action de plusieurs causes dont nous avons indiqué les unes à propos d'une réduction correspondante dans les départs d'Europe : celles propres aux États-Unis sont l'hostilité des *know-nothing*, la mauvaise récolte de 1854, la crise commerciale de 1857, événements qui se sont traduits en avertissements préventifs et en mauvaises nouvelles aux amis et journaux d'Europe.

Le parti des *know-nothing* était né d'une antipathie particulière à l'égard des étrangers. En voyant affluer, comme de véritables légions, des masses de 3 à 400,000 étrangers par an, ce parti entra en scène vers le milieu de l'année 1854, invoquant, au nom de la stabilité politique de l'Union, les doctrines de l'ancien parti des *native Americans*. « L'Amérique pour les Américains ! » telle était sa devise, dirigée aussi bien contre les puissances européennes qui voudraient intervenir dans les affaires du nouveau monde, que contre les individus qui introduisaient au sein de la confédération des éléments suspects. Ils tenaient en haine particulière le catholicisme et ses adeptes les Irlandais. C'est contre ceux-ci que furent dirigés, comme première démonstration, des coups de fusil dans les rues de la Nouvelle-Orléans, à Saint-Louis, dans l'Ohio. En maints endroits, églises et maisons furent saccagées et incendiées; les personnes assassinées. De violentes et grossières enquêtes furent dirigées par les *know-nothing* contre les couvents catholiques du Massachussets : à New-York et à Philadelphie ils tinrent des réunions solennelles, formèrent des conventions. On s'attendait à voir un nouveau parti ajouter à l'anarchie des opinions au sein de la confédération, lorsqu'il s'affaissa peu à peu sous divers échecs. Deux ans après son apparition, il avait accompli sa carrière et disparu de la scène politique. Mais en même temps les étrangers avaient diminué de moitié. Les uns ne venaient pas, les autres partaient[1], retour en arrière qui n'avait pas encore été observé. Il y avait bien peut-être dans le nombre quelque Irlandais enrichi qui allait, de son plein gré, revoir sa verte Érin; d'autres repartaient faute de travail; quelques-uns étaient renvoyés pour cause d'indigence; mais un certain nombre aussi fuyait devant les menaces et les périls : ils se déclaraient *Amerikamüde*, fatigués d'Amérique.

Cette hostilité contre les étrangers n'a été qu'un incident passager; au fond des esprits a survécu, après comme avant, un vif et sincère désir de voir affluer des immigrants qui élèvent par leurs bras, comme par leur intelligence et même par leurs capitaux, si modestes qu'ils soient, la puissance de l'Union. La ferme volonté d'offrir une patrie nouvelle à tous les mécontents de l'ancien monde, a inspiré de tout temps au gouvernement des États-Unis les règlements les plus propres à les attirer, soit par des garanties durant le passage et à l'arrivée, soit par une légalité bienveillante à l'intérieur. Il lui a suffi de les faire jouir du bénéfice des lois que les citoyens s'étaient données eux-mêmes.

La liberté d'abord, comme séve vivifiante de tout le corps social : en tout elle est aussi absolue qu'il soit possible de la souhaiter, un peu trop même, au dire d'Européens qui abdiquent, sans trop de regrets, aux mains de l'autorité, la tutelle de leurs personnes et de leurs intérêts. Liberté d'association, liberté du travail et d'industrie, libertés religieuses, liberté d'enseignement, libertés politiques, libertés communales et provinciales, et, pour les couronner toutes, la liberté illimitée de la presse. Grâce à cette dernière, tour à tour arme d'attaque et de défense, les étrangers plaident leur cause

---

[1] 12 à 18,000 dans les années 1856, 1857 et 1858.

devant l'opinion publique avec une indépendance qui est la meilleure protection des minorités. Pour le nouveau venu du continent européen, c'est comme un enivrement qui trouble d'abord l'esprit, mais bientôt la raison se reconnaît au milieu de ce chaos et prend en ses droits une confiance qui décuple ses forces.

La liberté religieuse, l'une des plus chères au cœur des émigrants, est des mieux respectées aux États-Unis par l'État comme par les citoyens, à la seule condition de respecter elle-même la loi générale du repos dominical, jugée aussi nécessaire au repos du corps qu'au recueillement de l'âme [1]. Tout culte, il est vrai, doit vivre de ses propres revenus.

[1] Voici d'après le *Church Journal* de New-York, une liste à peu près complète des sectes religieuses protestantes qui existent dans cette ville :

1. Anabaptistes.
2. Baptistes.
3. Nouveaux baptistes.
4. Baptistes libres.
5. Baptistes séparés.
6. Baptistes rigoureux.
7. Baptistes libéraux.
8. Baptistes paisibles.
9. Baptistes petits-enfants.
10. Baptistes gloire.
11. Baptistes halleluyah.
12. Baptistes chrétiens.
13. Baptistes au bras de fer.
14. Baptistes généraux.
15. Baptistes particuliers.
16. Baptistes du 7e jour.
17. Baptistes écossais.
18. Baptistes de la nouvelle communion générale.
19. Baptistes nègres.
20. Baptistes indépendants ou puritains.
21. Caméroniens.
22. Crispites (frisés).
23. Daléites.
24. Combellites ou réformés.
25. Dunkers ou tunkers.
26. Libres penseurs.
27. Haldanites.
28. Hantingdonians.
29. Irvingiens.
30. Inghanites.
31. Sauteurs.
32. Chrétiens bibliques.
33. Glassites ou sandomonians.
34. Anciens presbytériens.
35. Nouveaux presbytériens.
36. Écossais.
37. Congrégationalistes.
38. Quakers ou amis.
39. Trembleurs.
40. Unitariens.
41. Sociniens.
42. Moraves ou frères de l'unité.
43. Méthodistes.
44. Wesleyens.
45. Méthodistes primitifs.
46. Wesleyens réformés calvinistes.
47. Méthodistes français.
48. Originaux connexistes
49. Nouveaux connexistes.
50. Swedenborgiens.
51. Frères de Plymouth.
52. Chrétiens rebaptisés
53. Mormons.
54. Kellyites.
55. Muggletoniens.
56. Romaniens perfectionnalistes.
57. Rogessiens.
58. Secklers.
59. Universalistes.
60. Marcheurs.
61. Whitefieldistes.
62. Disciples amis libres ou agapémonistes.
63. Shakers.
64. Luthériens.
65. Protestants français.
66. Réformés allemands.
67. Catholiques ou allemands disciples de Ronge.
68. Nouveaux illuminés.
69. Anglicans anglais.
70. Anglicans allemands.
71. Anglicans français.

Dans l'ensemble de la confédération, on compte 36,011 églises appartenant à plus de 30 cultes différents.

Les catholiques romains en ont 4,412
Anabaptistes . . . 8,794
Méthodistes . . . 12,467
Presbytériens . . 4,584
Congrégationalistes. 1,674
Épiscopaux . . . 1,422
Luthériens. . . . 1,203
Chrétiens 812
Quakers. 714
Unionistes. . . . 619
Universels. . . . 404
Libres 361
Swedenborgiens. . 15
Moraviens 331
Allemands réformés. 327
Hollandais réformés. 324
Unitaires. 243
Memnonites. . . . 110
Tunkériens. . . . 52
Juifs 31

La rivalité qui naît de cette multitude de sectes et d'églises trouble rarement l'ordre public.

La liberté religieuse est cependant méconnue par les lois de plusieurs États qui excluent les catholiques des fonctions publiques. Il paraît même que les prêtres catholiques ne peuvent devenir citoyens de l'Union parce qu'ils sont soumis au pape.

La liberté, don gratuit offert à quiconque met le pied sur le sol libre des États-Unis (les noirs exceptés), s'ennoblit par les droits civiques et politiques, privilége des citoyens de l'Union. La naturalisation est mise à la portée de tous les immigrants par des conditions faciles à remplir qui sont les suivantes :

1º Déclarer, deux ans avant de la requérir, l'intention de devenir citoyen des États-Unis, et renoncer à toute *allégeance* envers le souverain ou l'État dont on était sujet;

2º Jurer ou affirmer (pour les sectes qui ne jurent point) que l'on défendra la constitution des États-Unis;

3º Justifier d'une résidence de cinq ans aux États-Unis, et d'un an dans l'État ou territoire de la cour qui reçoit le serment, avant l'admission; justifier en même temps que l'on est homme de bonne conduite, attaché aux principes de la constitution, et bien disposé en faveur de l'ordre et du bonheur des États-Unis;

4º Renoncer à tout titre de noblesse.

La naturalisation obtenue, le nouveau citoyen est assimilé aux natifs, sauf l'exclusion qui subsiste contre lui des fonctions de président ou vice-président de la confédération. — Le congrès ne peut faire de loi contre le libre exercice de sa religion, ni restreindre le libre usage de sa langue. — Il a droit à la sécurité de sa personne, de ses maisons, papiers et effets, contre toutes recherches et saisies illégales; il peut acquérir et posséder toutes terres appartenant au gouvernement. Dans les États particuliers, il jouit des mêmes droits locaux que les natifs de l'État, celui entre autres d'être électeur ou élu pour les fonctions publiques, en justifiant de l'âge de vingt et un ans, d'une résidence qui varie de trois mois à un an, et d'un cens variable suivant chaque État. Le même esprit généreux s'étend aux enfants.

Tout enfant, né sur le sol des États-Unis de parents étrangers, *même non naturalisés*, est, par le seul fait de sa naissance, réputé naturalisé, et *peut*, par la suite, réclamer la qualité de citoyen[1]. —

---

[1] C'est une circulaire du secrétaire d'État qui a introduit cette large interpréta-

Mais il est libre de conserver la nationalité de ses parents. Heureuse conciliation de l'intérêt général avec les exceptions légitimes !

La protection de sa nouvelle patrie couvre le citoyen naturalisé à l'étranger, même dans son pays natal, et l'y soustrait au service militaire. C'est la déclaration que, le 8 juillet 1859, M. Lewis Cass, ministre des affaires étrangères à Washington, a écrit au représentant de l'Union américaine près le cabinet de Berlin : « Du moment où un étranger devient citoyen des États-Unis, les liens qui l'unissaient à son pays natal sont rompus pour toujours. S'il retourne dans sa patrie, il y retourne comme citoyen de l'Union américaine, et exclusivement en cette qualité. Il serait absurde de prétendre qu'un étranger arrivé ici à l'âge de douze ans, et devenu plus tard citoyen américain, puisse être soumis aux obligations du service militaire dans son pays natal. Une prétention contraire soulèverait entre le gouvernement qui l'émettrait et celui des États-Unis un conflit sérieux. »

Pour prévenir les abus d'une aussi large profusion de droits et de libertés, l'instruction publique est répandue dans les populations, à tous les degrés, sous toutes les formes. Sur les terres vendues par l'État, la trente-sixième partie est la dotation de l'enseignement, et les mœurs, venant en aide aux lois, ont introduit la noble coutume des fondations particulières, d'écoles, de colléges et d'universités. Aux États-Unis, tout natif apprend à lire et à écrire, tout colon est abonné à un journal, entretient une correspondance, se compose une petite bibliothèque.

Comme amorce à l'émigration, la facile acquisition de la propriété a peut-être, pour les étrangers, plus de charme encore que la liberté [1].

---

tion des lois sur la naturalisation des enfants (Voir Roguet, *Législation de l'étranger aux États-Unis*, p. 81.)

[1] Voir l'exposé complet du système de la vente des terres aux États-Unis dans les *Lettres sur l'Amérique du Nord*, de M. Michel Chevalier, qui, le premier, a répandu en Europe des idées exactes et précises sur cette partie capitale de la législation de l'Union.

Les terres domaniales, comprenant la totalité du territoire de l'Union, qui n'ont pas été déjà appropriées ou reconnues appartenir aux tribus indiennes, sont arpentées, levées, allotties par de véritables brigades de géomètres et d'ingénieurs. Chaque année, le président de l'Union fixe la quantité des terres à vendre dans chaque État, et trois mois avant la vente, le jour et le lieu sont publiquement annoncés. En principe, la vente se fait aux enchères, sur la mise à prix de un dollar 1/4 l'acre (de 40 ares 40 cent.), soit 16 fr. 48 cent. par hectare. Comme il y a plus de terres vacantes que d'acheteurs, il est rare qu'il y ait aucune enchère. Alors, deux semaines après la mise en adjudication non suivie d'effet, les terres sont vendues, de gré à gré et à bureau ouvert, toujours au taux minimum de la mise à prix. Depuis 1820, toute vente est faite au comptant. Tout immigrant peut donc, le lendemain même de son arrivée, se rendre sur un territoire mis en vente et y acheter un lot, pour lequel il reçoit, au bout de quelques semaines, un titre émané du président de l'Union. Le voilà dès lors devenu, avec une merveilleuse facilité, à un prix des plus modiques, dans une sécurité parfaite, propriétaire incommutable. Pendant cinq ans il sera affranchi de toute taxe.

L'étendue des lots rehausse le mérite du système.

L'unité territoriale est dite *township*, divisé en 36 sections, subdivisées en quarts, huitièmes et seizièmes, dont voici les contenances :

	Milles.		Acres (40 ares, 4671).	Hectares.
	coté.	surface.		
District ou township.	6	36	23,040	9,323
Divisé en 36 sections, chacune de.		1	640	259
Divisé en 4 quarts chacun de.			160	65
Divisé en 1/2 quarts ou 8ᵉ de section de.			80	32
Divisé en 1/4 de quart ou 16ᵉ de section.			40	16

La vente se fait par section qu'un acquéreur peut acheter seul, et le morcellement ne descend pas au-dessous du seizième de section ou lot de 16 hectares. — Pour 25 cents on se procure le plan d'un *township*.

Là ne s'arrêtent point les facilités.

D'après une loi du 14 août 1854, les terres restées en vente pendant dix ans, sans trouver d'acquéreurs, peuvent être vendues à 1 dollar l'acre = 100 cents.

Au bout de quinze ans, à 75 cents.

Au bout de vingt ans, à 50 cents.

Au bout de vingt-cinq ans, à 25 cents.

Au bout de trente ans, à 12 cents 1/2.

Seulement l'acheteur doit certifier qu'il prend la terre pour s'y établir et la cultiver, ou pour la joindre à une exploitation voisine qu'il possède ou qu'il occupe, et qu'il n'a pas acheté déjà plus de 320 acres, ou une demi-section de terres du domaine public.

Les règles qui précèdent ne s'appliquent qu'aux terres alloties et mises en vente. Elles n'enlèvent pas le droit de première occupation sur les terres alloties et non encore mises en vente, dans la limite de 320 acres. Cette prise de possession, qui doit être immédiatement constatée, donne lieu à une perception de 1 schelling par acre, et au droit de préemption, à 1 dollar 1/4 l'acre, lorsque la terre sera vendue.

Outre les terres fédérales, toujours disponibles aux conditions ci-dessus en quantités pour ainsi dire illimitées, l'immigrant peut jeter les yeux sur d'autres terres que l'Union a aliénées gratuitement ou sous condition, et dont la mise à prix est bien inférieure à celle de l'État.

Tels sont les marais et terrains sujets aux inondations, concédés aux États particuliers ou aux districts; — les zones latérales aux chemins de fer concédés aux compagnies, sur une largeur de plusieurs milles, à titre de subvention; — les concessions faites à des militaires. Ces concessions sont revendues à vil prix, quelquefois même données gratuitement sous condition de s'établir, ou bien le droit de préemption est reconnu, même sur des terrains non allotis ni arpentés.

Ces combinaisons, qui varient à l'infini, multiplient pour tout immigrant les facilités d'acquérir des terres, à titre de propriétaire, en tels lieux, de telle étendue et qualité, à tel prix qui lui conviennent, sans risque, obstacle ni délai.

Dans sa condition nouvelle, la liberté double ses forces.

Guidé d'instinct par les lois de l'économie rurale, il s'installe sur sa terre et s'y loge à sa guise : au début très-simplement, dans une hutte qu'il bâtit avec les troncs et les planches provenant de la forêt qu'il défriche ; il entoure ses champs d'une haie, barrière contre les troupeaux, et cultive les plantes, élève les animaux qui lui promettent le plus de bénéfices, sans que jamais l'État intervienne. Quand le succès lui a donné l'aisance, il agrandit et embellit sa demeure [1].

Sur un des 36 lots de chaque *township*, le plus central, celui dont la propriété a été attribuée aux écoles, qui le revendent en détail, se groupe le village, séjour des commerçants et des artisans, qui s'y établissent aussi à leur gré, le long des alignements tracés par l'autorité. Leurs boutiques et comptoirs s'y trouvent entremêlés aux écoles, églises, prétoires, halles et marchés, et autres services qui rapprochent les citoyens, aussi légitimement que l'économie rurale les disperse dans la campagne [2].

Dans son œuvre de production, le cultivateur est aidé par les banques qui, sur tous les points du territoire où semble poindre quelque lueur d'activité, se créent, avec une facilité et une liberté qui aboutissent bien de temps à autre à des crises, mais qui, jusque-là, donnent au travail une merveilleuse fécondité.

Pour les approvisionnements et pour la vente des produits, les routes ordinaires, les chemins de fer, les canaux, s'offrent au colon dans tous les sens, à des prix que la concurrence et l'intérêt bien compris suffisent à modérer. Pour le percement des routes, une

[1] On doit relire les belles pages de Tocqueville sur le pionnier américain et sa famille, isolés dans la forêt, joyeux dans leur cabane de bois.
[2] Les architectes ou ingénieurs qui ont tracé le plan de ces villages paraissent tous avoir commencé par ouvrir une rue ou avenue de 75 à 95 mètres avec une double rangée d'arbres de chaque côté, et une promenade au milieu. Puis les maisons s'élèvent invariablement détachées l'une de l'autre, à 10 ou 12 mètres des allées ombragées. L'espace intermédiaire est rempli par des bosquets, pelouses, sentiers sablés. (Basil Hall, *Voyage aux États-Unis*.)

somme de 3 pour 100 est prélevée par l'État sur le prix des terres vendues, et les communes pourvoient à l'entretien, au moyen d'une taxe spéciale sur les propriétés.

Les intérêts privés de tout ordre se coordonnent avec l'intérêt général, dans le cercle du *township*, du comté, de l'État, de l'Union, au moyen d'administrateurs et d'assemblées dépendant du suffrage des citoyens pour la nomination, l'élection, le contrôle. L'étranger naturalisé y a partout sa place, et son ambition ne s'abaisse que devant la plus haute dignité de l'Union, seule réservée aux natifs.

C'est ainsi que le colon américain, en pleine possession de toutes ses forces, maître de tous ses actes, aidé par le crédit et la viabilité perfectionnée, se gouvernant lui-même et prenant part au gouvernement de son pays, indépendant de l'État et des fonctionnaires dans les limites de la paix publique, pourvoyant à l'éducation de ses enfants, fondant en toute sécurité une famille et une fortune dans sa patrie adoptive, et payant tous ces dons de la liberté par une responsabilité dont personne n'allége le fardeau, devient ce vaillant pionnier que les hommes d'État admirent, et que la poésie célèbre. Sous sa hache, les forêts tombent ; sous sa charrue, les récoltes germent ; le sein de sa femme, béni et fécond comme celui de la terre, multiplie autour de lui la troupe alerte de ses enfants ; dans les solitudes de la prairie murmure bientôt le bourdonnement d'une ruche humaine. Un jour, de nouveaux essaims s'en détachent, et vont, sur l'aile des wagons, porter au loin, dans l'Ouest, la même ardeur de création.

Cet homme est une puissance ; il le sent, il en a le légitime orgueil, et dans son admiration reconnaissante du pouvoir qui lui est départi, comparé à sa condition passée, il en remercie Dieu tous les dimanches par le repos, la prière et le culte. Sa propre grandeur l'élève et fortifie en lui la religion, parce qu'il se voit et se dit l'instrument de la volonté divine sur le coin du globe où sa destinée l'a conduit. Et quand arrive le jour des derniers adieux, il part avec la conscience d'avoir dignement accompli sa mission terrestre, en défrichant les déserts au profit des générations futures.

L'Européen qui vient apporter sa pierre à ce monument ne se sent-il pas la trempe de corps et d'esprit nécessaire à un fondateur? Il trouve des exploitations dégrossies et façonnées au point qu'il désire. Ébaucher, préparer des fermes est une industrie agricole devenue la spéculation des Yankees, les vrais pionniers américains. Dans les territoires les plus éloignés, ils les construisent et les vendent toutes installées avec terres défrichées, bestiaux dans les étables, fourrages en grange, semences en greniers, instruments aratoires sous les hangars, meubles dans la maison. Ils en organisent de toute étendue, depuis 40 jusqu'à 500 acres, et à des prix qui varient de 4 à 25 dollars l'acre (50 à 320 francs l'hectare), suivant l'importance des bâtiments, la qualité du sol, etc... Les achats se font, tantôt de *visu*, tantôt par correspondance, sur facture on pourrait dire, ou par l'intermédiaire de parents et d'amis déjà établis sur les lieux. Le jour où une famille arrive à l'endroit indiqué, elle n'a qu'à payer le prix comptant pour recevoir les clefs, et le lendemain elle poursuit les travaux accoutumés. Content d'une affaire réussie, le pionnier américain va façonner plus loin un autre domaine qu'il vendra de même. Et sa vie s'écoule ainsi en créations successives devenues l'objet d'une profession des plus lucratives.

L'immigrant, arrivé sans capital, débute par le travail au compte d'autrui. Dans les villes comme dans les campagnes, les salaires sont fort élevés, parce que l'offre de la main-d'œuvre est toujours fort inférieure à la demande, et cependant les vivres sont à bon marché, parce qu'ils dépassent les besoins. De là, pour peu que le travailleur soit simple dans ses goûts et sobre, de faciles épargnes qui lui permettent, au bout de peu d'années, d'imiter ses aînés en colonisation. Il acquiert des terres fertiles, et les exploite, grâce à l'expérience acquise, mieux qu'il n'eût fait au lendemain de son arrivée. Il prospère, envoie des secours à sa famille et appelle auprès de lui ses parents valides.

Les vestiges du système anglais de l'aubaine, en matière de succession des étrangers, disparaissent de jour en jour de la législation américaine; mais ce qui en survit, malgré de justes critiques des gouvernements d'Europe, malgré même la pression du gouvernement fédéral, n'empêche pas l'acquisition des terres par l'émigrant avant qu'il ne soit naturalisé. Dans l'État de New-York, par exemple, il lui suffit de déclarer devant l'officier public compétent, qu'il demeure aux États-Unis, et qu'il a l'intention d'y résider toujours, d'en devenir citoyen aussitôt qu'il pourra être naturalisé, et qu'il a fait les démarches nécessaires requises par les lois des États-Unis, pour se mettre en mesure d'obtenir la naturalisation. Cette déclaration faite, il peut recevoir et posséder des biens immeubles pour lui et ses héritiers, substitués ou cessionnaires pour toujours, et il peut, durant les six années qui suivront cette déclaration, vendre, céder, assigner, hypothéquer, léguer et disposer des mêmes biens de quelque manière que ce soit, tout comme s'il était citoyen natif de cet État ou de l'Union, excepté qu'il n'aura pas droit de donner à bail ou d'affermer aucun bien qu'il recevra ou possédera en vertu des présentes, tant qu'il ne sera pas naturalisé [1].

Dans les autres États, la règle n'est pas moins libérale, et dans plusieurs elle ne contient même pas la restriction ci-dessus relative au bail à ferme.

On a plusieurs fois agité au Congrès l'idée d'interdire aux étrangers l'acquisition du sol pour le réserver aux natifs ; mais la proposition a toujours été repoussée à une immense majorité. Des millions d'acres vacantes appellent le travail de millions d'hommes [2]. La fortune et la puissance des États-Unis sont en cause ; on ne les sacrifiera pas à d'étroites jalousies ou à de pusillanimes inquiétudes sur l'altération de l'esprit américain par ces flots d'Européens. Ce sont bien plutôt les Européens qui perdent, dans le milieu nouveau où ils se plongent avec ivresse, les souvenirs et quelquefois les scrupules

[1] Acte du 2 décembre 1828.
[2] Dans la période de 15 mois écoulés du 1er juillet 1857 jusqu'au 1er octobre 1858, il a été arpenté 12,209,370 acres (4,883,748 hectares), de terres fédérales, ce qui porte à 61,951,046 acres (24,780,418) l'ensemble des terres arpentées et à vendre. Durant ces 15 mois, 4,804,919 acres (1,921,967 hectares) ont été vendues à raison de 2,534,192 dollars (de 6 à 7 fr. l'hectare). (*Rapport du commissaire du bureau général des terres*). Les terres non arpentées sont en quantité bien supérieure.

civilisés de leur éducation première, en matière d'esclavage surtout. Dans l'âme des pères, l'homme nouveau et l'homme ancien concluent une transaction qui manque d'harmonie; les fils et surtout les petits-fils seront des Américains purs.

Le secret de la prospérité des émigrants aux États-Unis et de la vogue qui en a porté le nombre à plusieurs centaines de mille, gît tout entier dans ce régime politique et administratif si propice à la liberté et à la propriété. Le climat et le sol n'y ont pas nui, mais ils n'y ont aidé par aucune vertu particulière. Un élan pareil, moins intense pourtant, s'observe au Canada, tandis que dans l'Amérique méridionale, sous les mêmes parallèles de latitude de l'hémisphère sud, avec des conditions naturelles au moins égales à celles de l'hémisphère nord, l'émigration n'accourt pas.

Il s'en faut d'ailleurs que les États-Unis soient le pays qu'imaginent beaucoup de gens, où la nature hospitalière ne se révèle aux pionniers que par ses largesses. Là, comme dans l'ancien monde, elle se défend contre l'invasion de l'homme par des obstacles que l'homme ne dompte qu'à force d'énergie et au prix de bien des sacrifices.

La traversée est une première et dure épreuve qui, sans parler de la mortalité à bord et des naufrages ou autres accidents, prépare mal les émigrants à subir l'acclimatement. Les privations et les souffrances les prédisposent aux maladies régnantes à terre, au moment où ils débarquent; les hôpitaux de New-York et de la Nouvelle-Orléans se remplissent d'étrangers fraîchement débarqués auxquels on impose, en vue des soins dont ils auront besoin jusqu'à ce qu'ils soient naturalisés, une capitation de 1 à 2 dollars par tête.

Quant à la Nouvelle-Orléans et tous les États du Sud, qui bordent l'océan Atlantique et le golfe du Mexique, on sait avec quelle terrible violence la fièvre jaune y éclate tous les ans. En quelques mois de l'été de 1858 elle a emporté 5 à 6,000 personnes dans la capitale de la Louisiane : il en mourait 5 à 600 par semaine, tribut payé au climat par les nouveaux venus. Si la salubrité était la condition première de toute colonisation, comme on l'imprime dans les livres destinés aux émigrants, toute la zone maritime depuis le Texas jusqu'à Philadelphie serait encore inhabitée.

Moins dangereuses, les fièvres intermittentes sont bien plus générales. Ce pays, que les romans littéraires et économiques peignent volontiers comme un paradis terrestre où un doux zéphyr purifie l'atmosphère, est du nord au sud, de l'est à l'ouest, ravagé par les fièvres périodiques. Elles commencent à New-York et assaillent les arrivants, mal vêtus et mal nourris ; elles les poursuivent à l'intérieur au voisinage des marais, le long des cours d'eau bordés de terres basses. Tous ces grands fleuves qui font à juste titre l'orgueil de l'Amérique du Nord, le Mississipi, le Missouri, l'Ohio, exhalent de leurs rives paludéennes des miasmes morbides, et quand les inondations ont déposé leurs alluvions sur les vastes plaines, ces terres, longtemps humides, empoisonnent au loin le pays de leurs émanations. Les animaux eux-mêmes sont atteints, et le *black-tongue* (la langue noire) jette les fermes dans la consternation et les villes dans la panique. L'Ouest tout entier est renommé pour ses fièvres.

Ces inondations du Mississipi et de ses affluents remplissent presque tous les ans de récits lamentables les colonnes des journaux américains ; mais l'Europe distraite n'y prend pas garde et continue à croire l'Amérique bien mieux dotée que l'ancien monde. Le versant oriental des Alleghanys n'échappe pas plus aux fléaux que les plaines du centre et du *Far-West*. Et tandis que la zone septentrionale de l'Union est fréquemment affligée de pluies torrentielles qui engendrent d'innombrables calamités, la zone méridionale se désole de sécheresses qui brûlent les récoltes. Au Texas, ce pays qui pourtant se peuple et se cultive par des Européens (Allemands, Polonais, Français), il se passe fréquemment dix et onze mois sans une goutte de pluie ; dès le mois de juin toutes les sources y sont taries. Les récoltes, à moins de recourir à l'irrigation, y réussissent à peine une fois tous les trois ou quatre ans. Et par un contraste qui aggrave les intempéries estivales, les colons n'ont pas même la compensation d'un doux hiver. Le thermomètre qui monte à + 45° en été, descend à — 15° en hiver ; il y gèle la moitié des jours de décembre et de janvier, et jusqu'en mars. On y a vu les arbres chargés de givre pendant huit jours comme dans le pays des frimas, et la végétation des récoltes, prompte à s'épanouir à la moindre chaleur, trois fois détruite par des retours de froid qui déchiraient et ébranchaient les arbres[1]. Avec quelque différence dans les intempéries et les dégâts, suivant les hauteurs et les latitudes, ce sont partout des fléaux pareils ou analogues (sauterelles, moustiques, etc.). L'homme doit donc aux États-Unis, comme en toute colonie naissante, non-seulement corriger, mais *faire* le climat, dont la nature ne fournit que les éléments bruts. Grâce à la liberté et à la propriété, le pionnier américain, à l'œuvre depuis deux siècles et demi, a fort avancé cette tâche dans les anciens États; il la commence dans les nouveaux, et nulle part il n'a trouvé la besogne toute accomplie par des génies invisibles. On n'en doute pas, en voyant combien de sociétés philanthropiques ont dû se former pour assister les malheureux par des secours toujours insuffisants.

Il est pourtant trois avantages qui, sans constituer la richesse même, peuvent y mener vite les pays qui les possèdent, et les États-Unis sont de ce nombre : des forêts vierges, des terres neuves, des prairies naturelles. L'abondance du bois facilite à l'homme son installation sur le sol et le dégage de toute servitude envers les ouvriers du bâtiment, qui, dans les régions dénudées, deviennent facilement ses maîtres. La fertilité d'un sol neuf multiplie les récoltes. Les fourrages naturels nourrissent à bon marché un nombreux bétail. Mais ces avantages, quelque précieux qu'ils soient, ne dispensent pas d'un rude et incessant travail, pour extirper les rejetons toujours renaissants des forêts, pour défricher le sol et préserver les récoltes des mauvaises herbes, non moins vivaces que les bonnes, pour diriger l'éducation du bétail. L'Amérique méridionale n'a rien à envier, sous ce triple rapport, à l'Union du Nord : pourquoi l'émigration n'y verse-t-elle pas ses flots?

Les tribus sauvages sont des ennemis avec lesquels l'émigrant doit

---

[1] Savardan, *Un naufrage au Texas*, p. 259 et suiv.

compter. Dans tous les États dont la colonisation n'a pas encore pris pleine possession, leur voisinage est un danger de tous les jours : maisons incendiées, récoltes ravagées, personnes assassinées, têtes scalpées, sont les récits quotidiens dans les journaux de ces pays. Que le refoulement des Peaux-Rouges soit une fatale conséquence de l'invasion de la race blanche, ou qu'il faille l'imputer, ce que nous croyons plutôt, à des abus de la force qu'aurait prévenus un sincère amour de l'humanité même dans ses races déchues, économiquement le résultat est le même : une lutte incessante, une menace pleine de périls, vestiges des guerres prolongées qui, en d'autres temps, armèrent les deux races l'une contre l'autre, et ne furent pas un des moindres malheurs de la colonisation.

Trouvant les voies légales ouvertes et aplanies, disposée à vaincre la nature et les hommes, l'émigration a pénétré au cœur de la société américaine ; elle s'est insinuée dans toutes ses couches depuis le défricheur jusqu'au membre des assemblées publiques, et dans toutes les stations, depuis le quai de New-York et de la Nouvelle-Orléans jusqu'au littoral de la Californie et aux mines des Montagnes Rocheuses : dans ce vaste corps de l'Union aux membres multiples et épars, quel rôle joue l'élément nouveau ? Quelle influence exerce-t-il sur le chiffre de la population générale, sur la production agricole et industrielle, sur le développement moral et social, sur la puissance politique des États-Unis ? C'est le problème que nous devons aborder.

Les sept recensements décennaux effectués aux États-Unis se résument dans le tableau suivant :

	1790.	1800.	1810.	1820.	1830.	1840.	1850.
Blancs.	3,172,464	4,304,489	5,862,004	7,872,711	10,537,378	14,189,705	19,668,736
Libres.	59,446	108,395	186,446	238,197	319,599	386,295	419,173
Esclaves.	697,897	893,041	1,191,364	1,543,688	2,009,043	2,487,335	3,179,589
Total.	3,929,827	5,305,925	7,239,814	9,654,596	12,866,020	17,063,355	23,267,498 [1]

A ne considérer que les blancs, les seuls dont l'émigration grossisse le nombre, le chiffre absolu s'est élevé de 3,172,464 en 1790,

---

[1] Le recensement de 1860 a constaté 31,648,496 habitants.

à 19,668,736 en 1850, et l'on s'attend à le voir atteindre 25 à 26 millions au prochain recensement de 1860, suivant la progression de 3 1/2 pour 100 en moyenne constatée jusqu'à ce jour [1].

La commission de recensement de 1850 a fait de grands efforts pour constater la part que l'immigration avait eue dans l'accroissement merveilleux de la population des États-Unis. D'après les renseignements qu'elle a recueillis directement, il y avait sur les 19,553,068 personnes qui composaient, en 1850, la population libre des États-Unis, 2,240,535 individus nés en pays étranger. Sur ce nombre, les quatre cinquièmes habitaient les États sans esclaves, ce qui expliqua l'appui que le Sud donnait au parti des *know-nothing*. Ainsi les immigrants entrent pour 11,06 pour 100 dans la population totale, et ils sont distribués conformément au tableau suivant [2].

	Population totale.	Nés hors de l'Union.	Proportion par 100.
En 1850 : Wisconsin	304,756	110,471	39.2
Minnesota	6,038	1,977	32.7
E Louisiane [3]	255,491	67,308	25.5
New-York	3,048,325	655,224	21.4
Californie	91,635	21,629	23.5
Utah	11,330	2,044	18.0
Massachussets	985,450	163,598	16.5
Michigan	395,071	54,593	14.3
Rhode-Island	143,875	23,832	15.8
Illinois	846,034	111,860	13.2
Pensylvanie	2,258,160	303,105	13.9
E Columbia (dist.) [4]	37,941	4,913	12.9
E Missouri	592,004	76,570	12.2
New-Jersey	465,509	59,804	12.6
E Maryland	117,943	51,011	12.2
E Texas	154,034	17,620	11.4
Ohio	1,955,050	218,099	11.3
Iowa	191,881	20,968	10.8
Connecticut	363,099	38,374	10.5
Vermont	313,402	33,688	10.7
Oregon	13,087	959	7.3

[1] Le recensement de 1860 a constaté 27,644,642 libres.

[2] La lettre E marque les États à esclaves en 1860. Le Kansas, admis depuis 1850, n'y figure pas.

[3] La forte proportion d'émigrants dans la Louisane est due au port de la Nouvelle-Orléans.

[4] L'esclavage a été aboli dans le district fédéral de Columbia en 1861.

	Population totale.	Nés hors de l'Union.	Proportion par 100.
E Delaware.	71,169	5.243	7.3
E Floride.	47,803	2,740	5.8
Indiana	977,154	55,537	5.5
Maine	581,813	31,695	5.4
New-Hampshire . .	317,456	14,257	4.7
E Kentucky. . . .	761,413	31,401	4.1
E New-Mexico . . .	61,525	2,151	3.4
E Sud-Caroline . . .	274,563	8,508	3.0
E Virginie.	894,800	22,953	2.5
E Alabama.	426,514	7,498	1.7
E Mississipi	295,718	4,782	1,6
E Arkansas	162,129	1,468	0.8
E Tennessée. . . .	756,836	5,638	0.7
E Géorgie.	521,572	6,452	0.8
E Nord-Caroline. . .	553,028	2,565	0.4

Voici maintenant dans quelle proportion les étrangers étaient venus de divers pays.

Nés en Irlande.	961,719	961,719
en Allemagne.	573,225	
en Angleterre.	278,675	278,675
au Canada.	147,700	
en Écosse.	70,550	70,550
dans le pays de Galles. . . .	29,868	29,868
en France.	54,069	
en d'autres pays.	95,022	
Total.	2,210,828	
Parmi lesquels étaient nés dans le Royaume-Uni. .		1,340,812

La commission de recensement s'est livrée ensuite à un travail un peu conjectural, en calculant, d'après les données que fournissent la statistique et la science des probabilités, le nombre des descendants d'immigrants depuis 1790. Elle a trouvé le chiffre de 4,304,416, comme expression du nombre des immigrants et de leurs descendants [1].

---

[1] *Annuaire de l'Économie politique*, 1854, p. 314. — Cette estimation est jugée bien inférieure à la réalité par M Louis Shade, de Washington, lequel établit que, si depuis 1790, il n'y avait pas eu d'immigration, la population (blanche) des États-Unis, en 1850, n'aurait été que de 7,555,423 habitants; or, comme elle en comptait 19,987,573, l'immigration y aurait apporté 12,432,150, soit près des deux tiers.

A la date de 1850, l'émigration pouvait donc revendiquer, en ne remontant pas au delà de 1790, près du quart des forces humaines qui composaient le peuple des États-Unis. Depuis 1850, la proportion a dû s'accroître comme le mouvement des entrées lui-même, lequel dans la période décennale qui s'achèvera en 1860, aura certainement dépassé 2 millions d'âmes. C'est assez dire le rôle important que joue l'émigration dans le développement de la République, et l'injustice des préjugés qui l'ont un instant poursuivie de leurs anathèmes. Quelle incalculable quantité de richesse matérielle et intellectuelle ont dû verser dans le pays les sept millions et plus d'émigrants qui, depuis soixante ans, lui ont apporté le concours de leurs talents, de leurs bras et de leurs capitaux !

Mais ce serait réduire à une appréciation trop modeste les services de l'émigration, que de s'arrêter à 1790, sous le prétexte qu'à cette date commence le premier recensement. La population de cette époque n'était pas autochthone ; née dans le pays, elle descendait elle-même d'aïeux qui, une année ou l'autre, avaient été des émigrants. Les États-Unis, comme toutes les portions civilisées de l'Amérique et de l'Australie, doivent donc leur naissance à l'émigration, et l'honneur doit lui en revenir, comme revient au gland la gloire du chêne ; et ce n'est certes pas le moins étonnant phénomène de l'histoire que ce spectacle de malheureux, végétant pauvrement dans le vieux monde, devenus capables de fonder au delà des mers une société qui, jusqu'aux derniers ébranlements, a grandi par ses propres forces au delà de toute prévision, et a pu s'assimiler sans effort les affluents nouveaux qui lui arrivent d'Europe.

Aussi la logique appelle-t-elle ici quelques chiffres qui résumaient avant la scission la prospérité des États-Unis pour montrer quels fruits a portés, en deux siècles et demi de temps, l'émigration européenne appliquée à la colonisation du territoire occupé par l'Union [1].

---

[1] Ces chiffres sont en grande partie empruntés au beau livre de M. Aug. Cochin, sur *l'Abolition de l'esclavage*.

Superficie (1853) . . . . 2,983,153 milles carrés ou 3,306,865 kil
Population (1850) . . . . 23,283,488 habitants.
— (1861). . . . . 31 millions.
Villes principales : New-York (1855). 623,179
      Philadelphie (1850) 408,762
      Baltimore (1850). 169,054
      Boston (1850). 136,881
      Chicago id. 130,000
      Nouvelle-Orléans id. 116,375
      Cincinnati 115,436
Budget des recettes (1858-59) (dollars) 81,692,471
— des dépenses, id. (dollars). 83,751,511
Dette publique (dollars) 58,821,777
Terres vendues (de 1833 à 1857), acres. 114,271,800
— pour un prix de. . . . . . dollars. . 132,656,347
Armée (1859), hommes 12,923
Milice (1859), id 2,727,086
Marine (1859), id., 80 navires, dont 10 vaisseaux et 13 frégates avec 2,371 canons.
Monnaie d'or et d'argent frappée (dollars) 61,123,087
Banques, nombre 1,478
Dépense pour les postes (dollars) 7,795,418
Nombre de lettres transportées . . . . 215 à 220 millions.
Chemins de fer, longueur en milles 25,752
Commerce extérieur (1857-58), dollars 607,257,571
  Importations (dollars) 282,613,150
  Exportations, id. 293,758,279
  Réexportation, id. 30,886,142
Exportations de coton (57-58), 2,454,529 balles, 507 millions de kil., valant 131,386,661 dollars.
Intercourse maritime, 42,051 bâtiments en mer, chargés ou sur lest.
Intercourse maritime, jauge 13,407,837 tonneaux.
Effectif de la marine marchande, 5,049,808 tonneaux.
Navires construits (1857-58), 1,225 bâtiments, jauge, 242,287 ton.
Navigation à vapeur, effectif, 729,390 tonneaux.
Extraction de la houille (1858), 14,685,820 tonneaux.
Nombre des États, 32, et des territoires, 9.
Valeur de la propriété réelle et personnelle, 49,087,205,360 francs.
Impôts (1858), par tête d'habitants, 2 dollars 98 cents.

De tels résultats glorifient la cause puissante qui les a produits [1].

---

[1] Pour bien connaître les causes de la puissance productive des États-Unis, il faut lire les travaux historiques de M. Éd. Laboulaye sur la Confédération, et les Études littéraires et biographiques de M. Philarète Chasles.

§ 2. — ÉTATS PARTICULIERS.

Renonçant à suivre les colons dans leur circulation à travers les États de la confédération, parce que ces mouvements appartiennent à l'intermigration ou migration intérieure qui ne rentre pas dans le cadre de cet ouvrage, nous ne mentionnerons que les États et les faits où l'immigration étrangère est particulièrement en cause.

MASSACHUSSETS. Boston est un des ports de la Nouvelle-Angleterre qui reçoit des émigrants; le nombre en a été, pendant plusieurs années, de 4 à 5,000 par an, en presque totalité Irlandais.

NEW-YORK. Dans la ville de ce nom débarquent les deux tiers des émigrants : ils y sont reçus dans l'établissement de Castle-Garden, soignés en cas de maladie dans l'hospice de *Ward's Island*. C'est delà qu'ils se répandent dans l'intérieur, vers les États situés au nord du 40° parallèle, où les porte un magnifique réseau de chemins de fer, de fleuves et de canaux. La fleur des arrivants, industrieux ou savants, est retenue par la cité la plus opulente, par celle où des talents hors ligne peuvent espérer les plus hautes récompenses. C'est l'État qui a introduit les règlements les plus prévoyants sur le transport des passagers.

L'émigration a conduit à New-York :

1848.	189,176		1854.	319,223
1849.	220,791		1855.	136,233
1850.	212,796		1856.	142,342
1851.	289,601		1857.	185,753
1852.	300,292		1858.	77,484
1853.	284,915		1859.	79,858

En 1850 l'immigration comptait pour 27 pour 100 de la population totale.

NEW-JERSEY. De 1840 à 1850, la population s'est accrue de 31 pour 100, avec l'aide de l'immigration : sur 489,319 habitants, en 1850, 58,364 étaient étrangers de naissance.

Pensylvanie. L'immigration, qui débarque à Philadelphie, n'y reste pas, car en 1850 on constata, par 100,000 habitants, seulement 12,756 étrangers. Dans cet État, où le caractère germanique prédomine encore, une chaire de langue allemande a été créée à l'université de Philadelphie.

En 1857, un navire de Gênes a emmené 125 vignerons italiens qui se rendent dans l'ouest de l'État pour s'y livrer à la culture de la vigne.

Les Jésuites ont profité de la liberté américaine pour y fonder un établissement dirigé par eux, à Sainte-Marie.

Ohio. Si en cinquante années l'État d'Ohio est passé de 45,000 habitants à 2 millions, il le doit surtout à l'émigration, et pendant qu'il multipliait ainsi, il profitait de sa situation, à portée de l'Océan et des lacs à la fois, pour envoyer de nombreux essaims coloniser plus à l'ouest. En 1850, la population se décompose ainsi qu'il suit :

Natifs d'Amérique.		1,757,556
Colons de race anglo-saxonne { De la Grande-Bretagne. .	36,741	148,792
{ D'Allemagne.	112,051	
— D'autres races.		69,720

Dans le nombre de 69,720 non Anglo-Saxons figurent 52,000 cultivateurs irlandais. Les Allemands ont introduit la culture de la vigne.

Cincinnati, bâti par quelques émigrants de la Nouvelle-Angleterre et de la Nouvelle-Jersey, comptait, en 1800, 750 habitants; en 1853, 160,186.

Indiana. En quarante ans, cet État a passé, grâce à l'immigration, de 12,000 habitants à plus d'un million. Les Suisses ont introduit à la Nouvelle-Vevey la culture de la vigne.

Illinois. La même cause a donné à l'Illinois, qui avait 12,282 habitants en 1812, 851,470 en 1850. A cette date les colons avaient mis en valeur plus de 2 millions d'hectares; les fermes valaient 513 millions, le bétail, 129 millions. Quarante ans auparavant il n'y avait rien! C'est dans cet État que Smith fonda la secte des Mormons, à Nauvoo. Chassé par les habitants il y fut remplacé par M. Cabet et sa secte communiste, qui s'est dispersée après la mort du maître.

MICHIGAN. En 1810, 4,762 âmes; en 1850, 397,954.

Pour attirer les étrangers, cet État leur accorde le droit de suffrage même dans les élections des président et membres du congrès, avant le délai fixé par les lois fédérales sur la naturalisation. La politique ne suppléant pas aux conditions économiques, beaucoup de ces malheureux y ont été en proie à une extrême détresse.

WISCONSIN. En 1840, simple territoire occupé par 30,945 habitants; dix ans après, la population décuplait, grâce à l'immigration intérieure ou extérieure. En 1858-59 on en estimait le nombre à 540,000 âmes. C'est un des États où se portent le plus volontiers les émigrants de souche teutonique. Ils y sont suivis par les Suisses et les Norvégiens. C'est là que le comité philanthropique de Glaris acheta des terres en 1845, où il envoya les pauvres du canton, en leur donnant 20 acres à titre purement gratuit, à la condition qu'ils renonceraient à leur nationalité suisse pour n'être plus à la charge de leurs communes.

Dans cet État, il suffit d'un an de résidence pour être électeur et même éligible à tous les emplois.

IOWA. En quinze ans (1840 à 1855), l'émigration a porté la population de ce territoire, devenu État en 1846, de 43,112 à 500,000 environ, parmi lesquels 40,000 Allemands.

Au nord de l'Iowa, à l'ouest du Wisconsin, le MINNESOTA, fondé en 1849, avec 6,000 blancs, réunissait, dix ans après, une population suffisante pour le faire admettre au rang d'État. La partie occidentale était occupée par des Français, anciens soldats ou missionnaires, quelques-uns émigrés du Canada. La partie orientale est peuplée d'Allemands, de Yankees, d'Irlandais, de Suisses.

Nous revenons vers l'est pour entrer dans les États à esclaves.

MARYLAND. Baltimore est un des ports qui reçoivent des émigrants. Il en a débarqué, en 1858, 3,707, transportés par 21 navires, tous venant de Brême. De là ils se rendent, par les soins d'une société philanthropique allemande créée dans cette ville, dans le sud de l'Ohio, de l'Iowa et du Missouri.

VIRGINIE. Les émigrants étrangers s'y portent depuis quelques années, en place des natifs qui, en voyant leurs terres épuisées par la culture prolongée du tabac, vont dans l'ouest acheter et exploiter des terres neuves. Par leur départ, la Virginie décline ; en 1830, elle envoyait 23 membres au congrès, elle n'en envoie plus que 13. Les familles s'appauvrissent ; des districts entiers retournent à l'état sauvage. Dans ces circonstances, les Yankees et les émigrants débarqués à New-Nork viennent y acquérir à bon marché des terres moins éloignées du littoral et des centres de la civilisation américaine. Une compagnie s'est constituée pour y introduire le travail libre, tentative que la presse locale, voyant l'esclavage menacé par la concurrence, a accueillie comme un crime. « Cette entreprise, dit un journal de Richmond, est une expédition de pirates, dirigée contre la paix, la sécurité et le bien-être public. »

KENTUCKY. Dans cet état, foyer du *know-nothingisme*, les émigrants ne sauraient affluer; en 1850, les étrangers de naissance n'étaient que 29,189, 3 pour 100 de la population totale. C'est là qu'ont éclaté les scènes les plus violentes et qu'ont été rendues les lois les plus iniques, telles que l'expulsion de tout instituteur né hors de l'Union, ou catholique.

Dans la CAROLINE DU SUD, la proportion des émigrants aux natifs est encore moindre qu'au Kentucky.

FLORIDE. Une société se forma il y a une trentaine d'années pour établir une colonie allemande dans la Floride occidentale ; et des agriculteurs s'y fixèrent, mais en petit nombre.

Dans le MISSOURI, l'émigration européenne, favorisée par un climat plus tempéré que dans le Sud, reprend toute son importance. En 1817, il comptait 15,277 habitants blancs ; en 1850, 592,004. Ce progrès se personnifie dans sa capitale, Saint-Louis, dont la première maison en brique fut élevée en 1813 ; le premier bateau à vapeur aborda ses quais en 1817, après avoir mis six semaines à remonter le Mississipi, voyage qui se fait maintenant en six jours : avant l'emploi de la vapeur, il fallait six mois. En 1820, Saint-Louis ne comptait pas plus de 5,000 habitants ; vingt ans après, il en avait 47,000 ; en 1852, plus de 100,000 ; en 1858, on en compte de 150 à 180,000. La population se compose d'Anglais, Irlandais, Allemands, émigrants américains venant du Massachussets, du Connecticut et d'autres provinces de la Nouvelle-Angleterre, pour exploiter les grands et fertiles territoires qui s'étendent du Mississipi aux Montagnes Rocheuses et aux sources du Missouri. Il existe encore à Saint-Louis des propriétaires qui ont acheté des lots de ville, au prix officiel de 1 dollar et quart l'acre, et les vendent au prix de 600 à 1,000 dollars le pied de façade. La fortune ne ralentit pas l'ardeur des Missouriens ; entraînés par une passion de conquête perpétuelle sur la nature plus encore que de richesse, ils avancent dans les terres, disputant pied à pied l'espace aux sauvages, et s'appliquant plus à les détruire par les armes et les vices de la civilisation qu'à les séduire par ses bienfaits. Malgré le tomahawk toujours menaçant, les intrépides pionniers ne reculent jamais.

Dans la LOUISIANE l'on comptait, en 1850, 66,413 étrangers d'origine sur 235,491 blancs, soit plus du quart. La France entrait dans ce nombre pour 11,552, le sixième, tandis que dans le reste des États-Unis elle ne fournit qu'un émigrant sur 44 : l'ancienne nationalité de la Louisiane explique cette différence. La Nouvelle-

Orléans est, après New-York, le port où débarquent le plus de navires portant des passagers, malgré la fièvre jaune qui, tous les ans, y sévit avec une effroyable intensité contre les étrangers non acclimatés. L'Allemagne seule en a envoyé du 1er juin 1847 au 1er juin 1857, le nombre de 206,506, plus de 20,000 par an, moyenne qui a quelque peu baissé en 1858 et 1859 [1]. Le moindre nombre, à l'exception des Français, reste dans la Louisiane; la plupart remontent le Mississipi et se dispersent dans les États du centre et de l'ouest; quelques-uns passent au Texas par la frontière de terre.

C'est surtout par le port de Galveston que les émigrants abordent le Texas: au recensement de 1850, ils comptaient pour 17,501, sur une population blanche de 154,034; le reste se composait en partie de natifs, en partie d'Américains des autres États de l'Union. En 1765, le Texas ne renfermait que 750 habitants d'origine européenne; en 1857, il en possède plus de 300,000, parmi lesquels 50,000 Allemands. Nous avons raconté la tentative du *Champ d'asile* par des Français, en 1818, et celle des princes allemands, quinze ans plus tard [2]. Les premiers touchèrent à peine le sol; les seconds y envoyèrent quelques milliers de colons qui fondèrent, en 1845, la ville de Frédéricksbourg. Après une liquidation difficile et longue, la société a vendu son matériel, en 1852, pour 12,000 dollars, après avoir dépensé 1,500,000 dollars; mais il est resté un noyau de population germanique qui se grossit d'année en année, au grand déplaisir des planteurs du Sud. « Tout immigrant allemand, dit un journal, est un adversaire de l'esclavage; une grande partie de la contrée est déjà occupée par des Allemands qui sont maîtres des élections. Dans l'origine, nul ne pressentait un tel danger, les immi-

---

[1] L'immigration purement allemande a suivi la progression suivante :

1847-48	17,518	1853-54	35,965
1848-49	19,166	1854-55	27,012
1849-50	12,707	1855-56	10,752
1850-51	13,029	1856-57	
1851-52	25,264	1857-58	13,912
1852-1853	32,703	?1858-59	19,166

[2] Voir page 52.

grants vivaient isolés et ne s'occupant pas de politique. Aujourd'hui leurs opinions ne sont que trop connues, et, dès qu'ils le voudront, ils les feront triompher. »

Les Polonais ont fondé des colonies, où ils dominent, à Goliad et à Castroville. La première a moins bien réussi que la seconde.

Après avoir d'abord voulu coloniser le sud du Texas, les émigrants se portent plus volontiers dans le nord, où ils trouvent, sous un climat plus tempéré, les conditions propres aux cultures européennes, le maïs et le blé. Voisins des Mexicains et des sauvages, les Texiens vivent dans une sécurité incomplète peu favorable à l'adoucissement des mœurs. C'est là que M. Victor Considérant et ses amis ont fondé à Réunion, non pas un phalanstère, mais un centre de colonisation agricole et commerciale dont les débuts ont été des plus pénibles, et qui n'a pas encore pleinement surmonté les difficultés de premier établissement.

En franchissant les Montagnes Rocheuses et poursuivant notre marche jusqu'à l'océan Pacifique, nous poserons le pied dans l'État dont le nom a le plus retenti à notre époque, la CALIFORNIE, cédée aux États-Unis par le Mexique, après la guerre de 1847. Par un bonheur qui a souvent accompagné la bannière étoilée de l'Union, dès l'année suivante, l'or était découvert dans le bassin du Sacramento, le fleuve qui verse ses eaux dans la baie de San-Francisco. A cette nouvelle, de tous les pays de la terre accoururent des émigrants par milliers, foule désordonnée, violente, sacrifiant tout scrupule à la fièvre de l'or, mais qui s'est à la longue disciplinée et consolidée, a attiré autour d'elle une population de marchands et de jardiniers d'abord, bientôt après de cultivateurs et d'artisans. Du sein de ce chaos ont surgi peu à peu tous les éléments d'une société régulière, la police, la justice, la milice, l'administration, le sacerdoce, le gouvernement. Moins de douze ans se sont écoulés et la Californie récolte, outre l'or qu'elle continue d'envoyer par millions en Europe, des céréales à exporter. San-Francisco est devenu le port le plus important de la côte occidentale d'Amérique. En 1858, il y est entré 348 navires, jaugeant 258,320 tonneaux et portant pour 3,384,000 dollars de marchandises. Il en est sorti 396 navires jaugeant 262,252 tonneaux d'une valeur de 4,897,000 dollars, non compris l'or. La population était évaluée, à la fin de 1858, à 508,000 âmes, dont 434,000 blancs, presque tous émigrants de l'intérieur ou de l'extérieur, car la population féminine était en trop petite quantité pour accroître le nombre par les naissances. Dans le cours de dix ans plusieurs millions d'individus, malgré une taxe d'entrée de 25 francs par tête, s'étaient renouvelés dans les *placers* aurifères, chacun d'eux apportant sa pierre à l'édifice de la colonisation. Dans le nouveau monde, comme dans l'ancien aux âges reculés de nos origines historiques, l'or n'avait été, dans les lois providentielles, qu'un aimant destiné à attirer les hommes sur les points inhabités du globe. Trois siècles d'occupation pastorale et religieuse par les missionnaires espagnols y avaient appelé 12,000 habitants; trois ans d'explorations aurifères y en avaient conduit 70,000! L'émigration, rentrée dans ses proportions normales, dépassait à peine en 1858 cinq mille individus.

Au souvenir de la Californie se rattache la fameuse loterie du lingot d'or où l'on vit l'engouement populaire et la faveur administrative diriger sur un État étranger des forces qui eussent utilement accru la population des colonies françaises.

C'est en Californie que les salaires trouvent leur taux le plus élevé de toute l'Union américaine [1].

L'ouvrier qui gagne ces hauts salaires peut vivre avec un dollar par jour. Là est tout le secret de la force mystérieuse qui em-

[1] Le tableau suivant a été publié comme indiquant une situation normale.

	Salaires par jour.			Salaires par jour.	
Armuriers................	4	à 6 dollars	Fondeurs en cuivre......	4	à 5
Bourreliers..............	2 1/2	4	Forgerons...............	2 1/2	5
Brasseurs................	3	5	Graveurs sur bois........	7	8
Carrossiers..............	4	5	Horlogers...............	5	6
Chargeurs de nav., calfats..		6	Maçons.................	2 1/2	5
Charpentiers, menuisiers...	3	6	Mécaniciens............	3	5
Charpentiers de navires....	5	6	Meuniers...............	4	6
Chaudronniers...........	4	5	Modeleurs et mouleurs...	4	5
Chauffeurs...............	2 1/2	5	Peintres en bâtiments....		4
Cordonniers.............	2 1/2	5	Plombiers...............		6
Couturières..............	3	4	Scieurs de bois..........	2 1/2	3
Ferblantiers.............	3	4	Serruriers...............	3	6

porte les populations de l'Europe vers l'Amérique : la possibilité de l'épargne, mère du capital, qui est lui-même le père de la fortune !

L'occupation de l'Orégon par la race européenne est née du même mouvement que la Californie, mais avec moins de vogue parce qu'il possède moins d'or. Admis en 1859 au nombre des États, il a ajouté une trente-troisième étoile à la constellation de l'Union, au grand contentement des populations qui ont confié leur destinée au versant occidental des Montagnes Rocheuses.

Dans l'espace, large de 20 degrés de longitude, qui sépare la ligne extrême des États du centre (depuis l'Arkansas jusqu'au Minnesota), des limites de la Californie et de l'Orégon, s'étendent de vastes régions, occupées par des tribus sauvages, au milieu desquelles des noyaux de colonisation naissante attirent d'année en année de nouveaux dépôts d'émigration, se recrutant d'abord parmi les Yankees qui s'éloignent du pays natal, trop étroit pour leur ambition, des chercheurs d'or et des aventuriers qui viennent du côté de la Californie, enfin d'émigrants européens : tel est le Nouveau Mexique, où des réfugiés polonais ont fondé la colonie de Bratogrod ; tel est l'Utah, dans la contrée que caractérise le grand lac Salé, fondé, peuplé, colonisé par les Mormons, la secte la plus audacieuse dans ses actes et ses desseins qu'ait enfantée l'Amérique. Leur prise de

	Salaires au jour.			Salaires au mois.	
Tailleurs de pierre........	3	à 5 dollars	Bouchers...............	60	à 100
Tonneliers...............	4	5	Boulangers.............	40	90
Tourneurs { en bois.......	3	5	Briquetiers.............	50	75
en métaux....	4	5	Chauffeurs.............	50	60
Voituriers...............	2 1/2	3	Charretiers.............	50	75
			Coiffeurs..	50	100
			Commis................	75	125
			Domestiques. { Cuisiniers .	50	85
			Femmes de chambre.	25	30
			Maîtres d'hôtel. .	40	75
			Jardiniers.............	35	60
			Manœuvres.............	40	50
			Mineurs de quartz......	60	100
			Tailleurs..............	35	60
			Teneurs de livres.......	100	300

Sauf pour les coiffeurs, commis et teneurs de livres, ces appointements n'excluent pas la table et le logement.

possession de pays remonte à l'hiver de 1848-1849 ; ils sont aujourd'hui environ 150,000 recrutés dans la plupart des États européens, surtout en Angleterre, Écosse, dans le pays de Galles, les États scandinaves, la Suisse, la Hongrie. Ils envoient des missionnaires dans ces divers pays où ils obtiennent des succès qui auraient lieu de surprendre au sein de sociétés qui ne sont pas les plus ignorantes de l'Europe, si l'avance qu'ils font, pour le néophyte, des frais de voyage ne déterminait beaucoup de vocations apparentes qui s'évanouissent sur le sol américain, où le colon retrouve la plénitude de sa liberté. Les Mormons ont, assurent-ils, des avant-postes dans la mer du Sud, en Australie, en Asie ; ils publient des journaux à Copenhague et Liverpool. Les capitaines de navires rendent témoignage de leur esprit d'ordre et de leurs habitudes de propreté dans la traversée, et leur prospérité dans le triste désert de l'Utah ne s'explique que par la discipline qu'ils acceptent aveuglément, trouvant sans doute dans l'organisation qui leur procure, sans souci personnel pour eux, des terres, du travail, des vivres, une compensation suffisante au sacrifice de leur volonté particulière : nouvel exemple de l'empire que la théocratie et le despotisme, unissant la fermeté à l'intelligence, peuvent conquérir sur les hommes. La polygamie doit être là, comme partout, une cause de trouble et de faiblesse, autant qu'un scandale moral ; mais nous ne pouvons prendre au sérieux les récits dans lequel on attribue à chacun des Mormons des femmes par douzaines, à quelques-uns par centaines. S'il est incontestable qu'admise en principe pour tous, elle est pratiquée par les chefs, ce ne peut être qu'à titre de rare exception [1]. Les statistiques les plus certaines constatent que dans tous les départs d'émigrants d'Europe, le sexe masculin dépasse de beaucoup le sexe féminin : ainsi, sur 3,907,018 immigrants aux États-Unis, de 1844 à 1857, il y avait 2,343,181 hommes et 1,556,753 femmes ; c'est 69 femmes pour 100 hommes. L'Allemagne constate des rapports non moins inégaux.

L'inégalité des sexes dure même, en toute colonie, pendant une

---

[1] En 1862, une loi du Congrès a interdit la polygamie.

assez longue période, et ce n'est qu'à grand'peine que l'on parvient un jour à établir un équilibre approximatif. Cette loi, qu'expliquent bien la faiblesse naturelle et l'irrésolution des femmes devant une pénible et longue navigation, suivie de fatigants voyages à travers les terres, comment admettre qu'elle fléchisse dans leur esprit par la perspective de la polygamie? Tout au contraire, cet appât à la sensualité masculine doit accroître le contingent des hommes, diminuer celui des femmes et augmenter les risques de célibat forcé.

Observée dans son ensemble, la répartition de l'émigration européenne aux États-Unis se résume en quelques grandes lignes.

Elle arrive par un petit nombre de ports, New-York en tête, puis la Nouvelle-Orléans, que suivent à distance et avec des variantes annuelles qui modifient leur rang d'importance, Boston, Philadelphie, Baltimore, Galveston, San-Francisco. La masse, de beaucoup la plus considérable, celle qui débarque sur les ports de l'Atlantique, se dépose, en partie dans les villes du littoral et leur banlieue rurale ou industrielle, tandis que le reste pénètre dans l'intérieur par les chemins de fer et les fleuves et s'avance au cœur des solitudes, où l'ont devancée partout les natifs plus intrépides encore. Les quatre cinquièmes des émigrants se portent, par sympathie autant que par hygiène, dans les États sans esclaves qui sont en même temps les plus tempérés pour le climat : depuis quelques années seulement ils descendent de proche en proche dans le Sud, en Virginie, au Texas, au Missouri, où ils deviennent des points d'appui pour le parti contraire à l'esclavage. Parmi les arrivants à San-Francisco, les uns venus d'Europe ont traversé l'isthme de Panama; les autres ont pris passage sur les navires qui desservent la côte occidentale depuis Valparaiso; ils proviennent des diverses républiques de l'Amérique centrale et méridionale. Cette population flottante qu'attire l'appât de l'or, trouvant les meilleurs postes occupés et les *placers* déflorés, déborde à l'est vers le territoire nouvellement constitué de la Nevada, au nord vers l'Orégon et le territoire de Washington, et passant la frontière au 49ᵉ parallèle, pénètre dans le territoire anglais, dans la Colombie britannique baignée par le Frazer. Sur cette même frontière, prolongée à travers tout le continent jusqu'à la Nouvelle-Écosse, s'écoule un troisième courant qui échappe à toute statistique; il se compose en partie des natifs du Bas-Canada, en partie d'Européens qui ont trouvé plus d'avantage, pour se rendre dans le Michigan, le Wisconsin et le Minnesota, à débarquer à Québec et prendre la route des lacs, voie moins coûteuse en effet, sinon plus courte. Par la frontière opposée, une filtration s'opère presque inaperçue de l'ancien au Nouveau-Mexique.

Dans sa pacifique et laborieuse invasion, l'armée des émigrants a déjà conquis depuis 1815 quatorze États à la confédération et sept territoires. Les étrangers vivants comptaient pour un neuvième au moins dès 1850, dans les dénombrements, proportion que la nouvelle période décennale aura très-fortement accrue ; avec les descendants des colons arrivés seulement depuis le commencement du siècle, ils sont la quatrième partie de la population aujourd'hui contemporaine. Grâce à l'émigration, cette population double tous les vingt-six ans; que la marée continue à s'élever ainsi, par elle-même féconde et accrue de la fécondité extérieure, à la fin du XIXᵉ siècle, dans 40 ans, l'Union composera une nation de 100 millions d'habitants, la plus entreprenante et la plus riche qui puisse exister sur le globe. Et dût la densité croissante tempérer, comme c'est probable, l'accélération de cette marche ascendante, la république des États-Unis n'en fera pas moins contre-poids, par son nombre et sa force productive, aux plus florissantes monarchies d'Europe.[1]

Combien était juste et sensé l'homme d'État, qui, à la pensée des services passés et futurs de l'émigration, proclamait cette vérité importune à l'ancien monde, mais incontestable certes dans le nouveau ! « L'émigration, disait-il, est un élément de la prospérité nationale dont il est difficile d'exagérer l'importance. Les étrangers nous ap-

[1] Au moment où nous livrons ces pages à la presse, la guerre civile soulève toute l'Amérique, sans porter, à notre avis, une grave atteinte aux prédictions ci-dessus. En se multipliant, les nations n'en prospéreront que mieux dans le nouveau monde, comme elles ont fait dans l'ancien.

portent ce qui nous manque le plus : l'habileté et les bras. L'Angleterre et la France nous envoient des artistes et des ouvriers qui permettent à nos fabriques de soutenir à forces égales la concurrence de l'ancien monde. Le nord de l'Europe nous envoie des laboureurs et l'Irlande des bras qui vivifient nos canaux et nos chemins de fer. Si nos concitoyens comprenaient tout ce qu'ils doivent de progrès et de bien-être à l'immigration étrangère, ils seraient moins prompts à faire des lois tendant à entraver le peuplement des États de l'Ouest et à refuser le droit de cité aux étrangers [1]. »

CHAPITRE III.

Le Mexique.

Dans les trop rares entr'actes de repos que leur ont laissé les guerres civiles, les gouvernements des États-Unis du Mexique ont porté leurs pensées sur l'immigration européenne qui seule peut peupler une contrée presque inhabitée (7,859,544 âmes pour 1,613,127 kil. carr., soit 5 habitants par kilomètre carré), et les fortifier contre leurs redoutables voisins du nord.

En parlant de la France [2], nous avons mentionné l'essai de colonisation tenté, en 1829 et 1830, par quelques centaines de Français, sur des terres concédées par le président Santa-Anna dans le Guazacoalco et les déceptions qui en furent la suite. Cependant l'isthme de Tehuantepec, qui en était le théâtre, continua, grâce à ses conditions naturelles, à attirer l'attention de ceux à qui ne convenaient pas les allures un peu précipitées des Anglo-Saxons de l'Union : auprès des Indiens et des Espagnols ils trouvaient une existence moins active, mais plus douce sous un climat plus beau. Vers 1836, un

[1] Message du président de l'État de New-York en 1856.
[2] Voir page 104.

millier de colons étaient disséminés à Hidalgotitlan, Minatitlan, Tepejilote, Centralie, sur les rives du fleuve Guazacoalco, quelques-uns même à son embouchure : ils y avaient établi des fermes et des ateliers. S'appuyant sur ces exemples, les concessionnaires primitifs reconstituèrent en 1839 la compagnie colonisatrice de Téhuantepec, et offrirent aux émigrants des avantages qu'ils jugeaient les plus séduisants. Nous ignorons les résultats de cet appel.

En 1854, Santa-Anna, revenu au pouvoir, reprit les mêmes projets et fit rendre une loi qui chargeait le ministre d'*el Fomento* de nommer à l'étranger des agents pour recruter et embarquer des colons à destination du Mexique. Les colons pauvres obtiendraient le passage gratuit, dont ils auraient à rembourser le prix au gouvernement deux ans après leur arrivée. Chaque colon agricole recevrait 52,500 varas [1] carrées de terre, propre à la culture, chaque famille de 3 individus au moins recevrait 1 million de varas carrées, sous l'obligation d'en rembourser la valeur après cinq ans révolus et à résider sur les lieux. Les colons seraient considérés comme Mexicains dès leur arrivée, et subiraient les charges de cette qualité comme ils en recueilleraient les bénéfices.

Deux ans plus tard, le président Comonfort réglait [2] le droit des étrangers à acquérir la propriété, dans un esprit plus libéral que les lois antérieures sur quelques points, plus défiant sur d'autres.

C'était encore un appât offert aux étrangers que la fondation décrétée de trois villes dans l'isthme de Tehuantepec, devant porter les noms de Colomb, Iturbide, Humboldt.

Dans les clauses du traité avec la *Louisiana Techuanpec Company* pour l'exécution d'un chemin de fer à travers l'isthme, figure la concession de terres ouvertes à la colonisation, comme dans une convention faite, dès 1842, par Santa-Anna, avec José Garay.

Malgré ces faveurs, l'isthme de Tehuantepec est encore vierge de tout chemin de fer, et à peu près vierge aussi de toute colonisation.

---

[1] L'hectare vaut environ 10,000 varas, ce qui égalerait le vara au mètre carré.
[2] Décret du 1er février 1856.

Sur la frontière du nord, l'État de Sonora se peuple un peu plus vite, grâce à sa proximité de la Californie. C'est là que se réfugient les chercheurs d'or désabusés des *placers*, qui veulent vivre dans une laborieuse retraite. Une société s'est formée à Los Angelos (Californie), en majorité composée de Mexicains, pour favoriser cette émigration, qui est parfaitement acccueillie par l'autorité locale, mais qui doit exciter quelques méfiances à Mexico, à en juger d'après la loi précitée de 1856, qui interdit aux étrangers toute acquisition de biens immeubles, dans les provinces limitrophes des États-Unis, à vingt lieues de la frontière. Pour le gouvernement du Mexique tout étranger fut longtemps un ennemi, comme chez les Romains, un Yankee déguisé; et ces craintes ne sont que trop justifiées par l'annexion du Texas, du Nouveau-Mexique, de toute la Californie, par les projets qu'avouent hautement les citoyens, et que ne désavouent guère les présidents de l'Union, même par cette rectification des limites, consentie au prix de 100 millions, qui a fait passer le territoire de l'Arizona dans le domaine de la confédération anglo-saxonne.

Un troisième foyer d'immigration s'observe sur le golfe du Mexique, sur les bords de la rivière Nautla, à 20 lieues au nord de Vera-Cruz, au lieu appelé Ticaltepec. Elle se compose d'environ 2,000 Français, qui occupent les terres concédées primitivement à une ancienne compagnie française, et dont la distribution est faite aux arrivants, à titre gratuit, par un comité formé à cet effet. Cette colonie cultive, outre le maïs et le riz, qui sont les aliments, la canne à sucre, le café, la vanille, dont elle a presque le monopole, le cacao, le tabac, le tout sans esclaves. La prospérité rapide de l'établissement est due en partie à l'ouverture de la Nautla au cabotage; elle décuplerait par la construction d'un chemin de fer qui unirait Mexico à Jalapa, dans la direction de Ticaltepec, suivant la demande qu'en a faite le ministre de France à Mexico.

Les Allemands n'ont pas fait défaut au Mexique, pas plus qu'à aucun autre État de l'Amérique : on les trouve en grand nombre dans la capitale, où ils ont constitué une société de bienfaisance, chargée de guider les nouveaux venus dans la recherche du travail, et de les secourir dans le malheur. Pour avoir droit à son assistance il faut présenter un certificat de moralité sans tache, et dès qu'un des protégés se rend coupable d'immoralité ou de déloyauté, elle le fait expulser sans délai. Grâce à cette vigilance, le bon Allemand jouit à Mexico d'une haute considération.

Nous avons raconté précédemment [1] qu'une bande d'émigrants italiens s'était rendue au Mexique pour y fonder une colonie.

Ces essais isolés, sans lien ni suite, sans impulsion puissante ni succès éclatant, ne sauraient produire aucun effet considérable en faveur de la république mexicaine, qui elle-même ne peut les appuyer plus fortement ni les multiplier, tant qu'elle épuise ses forces dans des guerres civiles, et provoque, par ses torts, la guerre étrangère.

CHAPITRE IV.

Le Guatemala.

Dans l'histoire de l'émigration moderne, cet État a obtenu une sorte de notoriété par l'entreprise de colonisation que forma une société belge, en 1843, auprès de Santo-Thomas, un des deux ports de la république sur l'océan Atlantique. Nous en avons raconté brièvement le sort en parlant de la Belgique [2], et ne devons ajouter ici que quelques renseignements complémentaires.

La colonie de Santo-Thomas a échoué, comme la plupart de celles fondées de notre temps en dehors de la race anglo-saxonne, par des fautes qui accusent non le pays, ni les colons, mais l'organisation même et la conduite de ce genre d'entreprises. Lorsqu'au lieu d'y

[1] Voir le chapitre de *l'Italie*, page 157.
[2] Voir page 117.

voir des œuvres proposées aux forces personnelles des individus on les réduit à une opération administrative, il est bien rare qu'en pareille matière une administration, quelque bien choisie qu'elle soit, ne commette des fautes qui perdent une colonie.

Celle de Santo-Tomas, quoique représentée en Belgique par les personnages les plus éminents du royaume, a accumulé fautes sur fautes. La première, qui à elle seule aurait empêché tout succès, était la vie et la propriété communes avec le régime disciplinaire de la caserne et du camp de manœuvre, régime à peine déguisé sous le nom de communauté et une participation du travail aux profits du capital. Sous un tel régime l'homme enchaîné à la volonté d'autrui, dégagé de toute responsabilité, privé de la consolation de la propriété individuelle, ne pouvait déployer que la moindre partie de ses forces productives. Prolétaire en Europe il se retrouvait prolétaire en Amérique, avec beaucoup moins de liberté. Des expéditions trop rapprochées ne laissèrent pas le temps de préparer des installations, et les malheureux arrivants, entassés les uns sur les autres dans de mauvaises huttes, souffrirent des intempéries du climat et des privations de toutes sortes. Au lieu d'ouvrir dès le début, suivant le plan primitif, un chemin vers l'intérieur, et de se porter sur les plateaux élevés et salubres, faciles à cultiver par les Européens, on entassa les arrivants sur le littoral, où ils durent travailler aux défrichements sous un ciel brûlant et sur un sol humide : les maladies sévirent avec une déplorable gravité. Les directeurs se montrèrent si peu habiles à manier les hommes et conduire les travaux, qu'au bout de six mois les associés se sauvèrent l'un après l'autre pour aller chercher la liberté et le travail dans les États voisins ; quelques-uns même se réfugièrent parmi les naturels du pays avec qui ils entrèrent en échange de bons services. Alors seulement ces colons, débarrassés de toute tutèle, reprirent possession d'eux-mêmes et retrouvèrent toute leur valeur. Quelques-uns acquirent de la fortune, la plupart parvinrent à l'aisance. Les cultivateurs s'établirent dans des fermes, en pleine campagne, sur les hauteurs ; les artisans mirent leurs talents au service des particuliers, et devinrent les promoteurs de tous les progrès agricoles et industriels accomplis depuis lors dans le Guatemala. Et lorsqu'en 1854 fut annulée la concession faite à la compagnie, sous la réserve des droits des tiers, il se trouva bon nombre encore de survivants qui eurent à revendiquer le bénéfice de leurs travaux personnels. Le gouvernement belge rapatria à ses frais, sur un navire de l'État, ceux de ses nationaux qui voulurent rentrer en Europe.

Pour contrebalancer le discrédit qui rejaillit en Europe sur le Guatemala, à la suite de cet avortement, le gouvernement local rendit, le 16 janvier 1850, un décret qui exemptait, pendant dix ans, de toutes contributions directes et indirectes, autres que les charges municipales, les étrangers qui viendraient s'établir à Santo-Thomas. Peu en ont profité.

CHAPITRE V.

Le Honduras.

Le Honduras languit dans un délaissement pareil de la part de l'émigration européenne, quoique le gouvernement s'y montre, dit-on, libéral envers les émigrants; mais il se heurte contre un parti prétendu national qui se fait l'écho, dans l'Amérique centrale, des haines aveugles contre les étrangers. D'aussi déplorables sentiments se modifieront, surtout lorsque l'exécution du chemin de fer océanique projeté à travers le territoire de la république, aura fait apprécier les services de l'intervention étrangère.

HONDURAS ANGLAIS.

Sous le nom de Honduras anglais, s'est établi au nord du Honduras indépendant, une petite colonie britannique, qu se grossit tous les ans de quelques émigrants européens ; elle a son centre à Balize et se livre à un commerce considérable avec l'Yucatan et toute l'Amérique centrale, au moyen du bois d'acajou qu'elle exploite et exporte. En 1856, on y comptait 400 Européens.

CHAPITRE VI.

San-Salvador ou le Salvador.

San-Salvador offre aux Européens une bienveillance non disputée. Le gouvernement promet en toute propriété 25 hectares de terre par tête d'émigrant adulte, et 60 hectares par famille de quatre personnes. Les terres à concéder se trouvent sur divers points, particulièrement entre le port de la Libertad et la capitale. Le gouvernement fera des lots qui seront tirés au sort ; les colons qui ne seront pas satisfaits de leur chance, pourront aller s'établir sur tout autre point du pays, les terres domaniales étant situées dans plusieurs départements. Les cultivateurs et les artisans européens seraient également bien accueillis, car les uns et les autres manquent. Les représentants du gouvernement du Salvador en Europe, sans offrir le passage gratuit aux émigrants, sont disposés à le faciliter : tous objets d'utilité qui appartiennent à ces derniers entrent en franchise.

Par une condition qu'inspire peut-être un sentiment libéral, mais qui, en Europe, inspire la méfiance, l'émigration implique la naturalisation : pour quelques droits politiques et civils d'une valeur douteuse, l'étranger perd la protection de ses consuls. Du reste, les religions, en dehors du catholicisme, y sont garanties libres et protégées.

CHAPITRE VII.

Le Nicaragua.

La lutte entre les intérêts qui réclament le concours des étrangers et la prudence qui fait redouter leur domination, a tourné, au Nicaragua, au profit du sentiment le plus confiant.

En 1855, le gouvernement a annoncé qu'il accorderait 250 acres de terre à toute personne qui s'établirait dans le pays, et en outre, 100 acres par famille. La mise en possession serait immédiate, et le titre de propriété serait délivré au bout de six mois, si les conditions étaient remplies, de l'avis du directeur de la colonisation. Les objets à l'usage des colons seraient admis en franchise, et les colons exempts de taxes ou services publics, à moins que le salut de l'État ne fût en cause. Jusque-là il était défendu de vendre les terres à aucun gouvernement étranger ou à des particuliers.

Ces appels à l'immigration avaient quelque mérite, car ils succédaient aux entreprises que Kinney et Walker venaient de diriger contre les États de Nicaragua, sous couleur de colonisation : c'était le prétexte que le prétendant au pouvoir, Castillos, avait saisi pour attirer à son aide un parti d'audacieux flibustiers.

De 1857 à 1859, le projet de canal océanique par le lac de Nicaragua a conduit dans cet État quelques groupes d'ingénieurs et d'ouvriers dont le sort malheureux a été la conséquence de l'échec qui a frappé le projet conçu et dirigé par M. Félix Belly.

MOSQUITOS.

Sur le flanc oriental de Nicaragua s'étend le territoire des Mosquitos, autrefois protégé par les Anglais, où une centaine de Prussiens fondèrent, il y a une vingtaine d'années, la colonie de Carlsruhe : presque tous furent emportés par les maladies, la misère et l'abandon où ils se trouvèrent.

CHAPITRE VIII.

Costa-Rica.

L'État de Costa-Rica, profitant d'une longue période de calme, s'est montré le plus hospitalier des États de l'Amérique centrale envers l'immigration. En 1848 il proposa, a-t-on assuré, de recevoir les transportés de juin, et de leur donner des terres. En 1849 le gouvernement local concéda à M. Lafond de Lurcy un territoire de 12 lieues de terrain de labour, depuis le bord de la mer, dans la baie de Golfo-Dulce, sur l'océan Pacifique, jusqu'à la rivière de Chiriqui, sur l'océan Atlantique. Les colons seraient exemptés pendant quinze ans de toutes contributions, dîmes et prémices, de toutes taxes sur les objets nécessaires à la colonie. Toute la baie de Golfo-Dulce, ainsi que les rades et criques parallèles aux terres concédées, jouiraient pour tous navires qui viendraient y jeter l'ancre, quelle que fût leur nationalité, de la franchise de tous droits, y compris ceux de port et d'ancrage. Une zone d'une lieue de largeur, était par là offerte à la colonisation, entre les deux plus belles baies des deux océans. Malgré ces apparences, le concessionnaire dut, en 1855, solliciter une prorogation qui lui fut accordée. Un bureau de recrutement fut ouvert à Paris, et l'entrepreneur demanda, pour l'envoi de 1,500 émigrants, soit une subvention en argent, soit le transport gratuit sur un bâtiment de l'État, double faveur qui ne pouvait lui être accordée. Quelque temps après le bureau fut fermé, et la colonie de Golfo-Dulce accrut le nombre des tentatives avortées aux mains des Français, quoiqu'il n'y eut eu d'échec que pour la spéculation d'une grande compagnie.

Le baron prussien de Bülow n'avait pas mieux réussi, ce dont on avait accusé le mauvais choix de l'emplacement, et aussi, disait-on, les manières un peu trop seigneuriales du fondateur. Cependant des Allemands vinrent à sa suite d'abord, plus tard séparément, et ils constituent la partie la plus nombreuse de la population étrangère. Un parti des leurs se joignit au début aux bandes de Walker, trompés par le drapeau de la colonisation que l'impudent aventurier avait arboré ; mais désabusés bientôt ils l'abandonnèrent et se replièrent sur les travaux de la paix.

Les Anglais sont moins nombreux, mais rachetant le nombre par l'union.

Fidèle à ses plans, le gouvernement de Costa-Rica a conclu en 1860 le traité suivant avec un mandataire de la Suisse :

Aniceto Esquivel, ministre de l'Intérieur de la république de Costa-Rica, d'une part, et le docteur Guillaume Joos, recommandé par le Conseil fédéral suisse, d'autre part, ont fait relativement au projet d'immigration suisse la convention suivante :

1. Le gouvernement de Costa-Rica donne à la Société suisse d'utilité publique une portion du territoire de la république, mesurant dix lieues de longueur sur dix lieues de largeur (la lieue de 5,000 varas espagnoles [1]), dans une ou plusieurs localités, au gré du gouvernement, quelque éloignées qu'elles soient les unes des autres.

2. La donation a pour but de protéger l'immigration suisse.

3. Il est accordé à la susdite Société le droit de choisir elle-même les terres de l'État qui lui sont concédées, à la condition que la concession soit alors réduite d'un tiers, et que le choix soit fait dans les deux années qui suivront l'acceptation de la donation.

4. Il est accordé à la Société un terme de quatre années pour décider si elle veut, oui ou non, accepter la donation.

5. Il est indispensable que le Conseil fédéral suisse approuve les règlements généraux faits par la Société pour l'administration et la colonisation de ses établissements.

6. Les établissements suisses seront soumis aux lois et à la Constitution de la république de Costa-Rica.

7. La Société s'engage à n'accorder sa protection qu'à des gens laborieux et de bonne réputation, pour leur permettre de s'établir dans le territoire concédé.

8. Le gouvernement de Costa-Rica garantit sa protection, dans les limites légales, à tous les Suisses qui s'établiront sur son territoire.

9. La présente donation sera périmée si, dans vingt ans, il n'y a pas au moins

[1] La vara de Castille vaut 0^m 836.

cinq cents familles suisses établies dans le territoire concédé. Les familles en moindre nombre qui s'y trouveront alors demeureront en possession des terres qu'elles auront cultivées, sans payer plus que tout autre acheteur des terrains du gouvernement.

10. La Société suisse d'utilité publique ne pourra empêcher qu'on établisse sur le territoire concédé des routes ou des ouvrages d'utilité publique, à la seule condition qu'une portion de terrain égale à celle occupée par ces travaux lui soit donnée ailleurs.

11. Pour être pleinement exécutoire, la présente convention devra être ratifiée par le pouvoir législatif.

Fait au Palais national de San-José, le 6 juin 1860.

(Signé) : A. Esquivel.
Dr W. Joos.

D'après la constitution de l'État tout étranger qui entre dans le pays, pourvu qu'il ait les moyens d'y vivre honorablement par son industrie ou son capital, peut devenir citoyen de la république, du moment qu'il déclare sa volonté de l'être, et dès lors il jouit des mêmes droits civils et politiques que les natifs. Mais ceux qui ne veulent pas se faire naturaliser sont spécialement protégés et exempts de tous services personnels ainsi que de contributions extraordinaires; ils peuvent acquérir et disposer; la succession *ab intestat* est dévolue à leurs héritiers.

CHAPITRE IX.

La Nouvelle-Grenade.

Avant 1849 le gouvernement de la Nouvelle-Grenade encourageait, même par des subventions pécuniaires, l'introduction des étrangers. A partir de 1850 on y a substitué des faveurs de diverses natures.

Chaque famille d'immigrants ou même chaque immigrant qui s'établit dans l'intérieur reçoit 12 *fanegadas* ou 100,000 varas carrées [1] de terre à la condition de les défricher, de les travailler et d'y

---

[1] La vara grenadine = 8 décimètres carrés.

bâtir une maison d'habitation. Les entrepreneurs qui veulent créer des villages et des centres nouveaux de population peuvent recevoir jusqu'à 12,000 fanegadas de terre. L'immigrant est pendant 20 ans exempt de tout service militaire, de toute capitation, contribution directe, nationale ou municipale. Les immigrants jouissent de la liberté religieuse et l'Église est séparée de l'État; en se faisant naturaliser ils obtiennent tous les droits du citoyen grenadin, sans préjudice des exemptions qui leur sont assurées. Les instruments, machines, appareils d'agriculture, ustensiles d'art et d'industrie sont libres de tous droits d'importation. A l'exception de la présidence de la république toutes les autres fonctions leur sont ouvertes[1]. Les procès entre nationaux et étrangers ou entre des étrangers seulement sont portés devant la cour suprême de la confédération.

Ces avances libérales à l'émigration ont attiré quelques groupes de colons et de spéculateurs qui se sont répartis sur les divers points du littoral atlantique, depuis la péninsule de Goujira jusqu'à la rivière de Chiriqui.

La compagnie de New-York, qui a obtenu le privilége de la navigation à vapeur sur la Magdalena et ses affluents a reçu dans le bassin de ce fleuve de vastes terrains de colonisation en retour de l'obligation qu'elle a contractée de réparer un canal jadis navigable qui met la ville de Carthagène en communication avec la Magdalena; en 1856 une cinquantaine de familles s'étaient déjà rendues sur les lieux sous les auspices de la compagnie.

C'est au chemin de fer de Panama qu'est dû le peuplement de cette partie de la Nouvelle-Grenade : à ses deux points d'attache se sont élevées de nombreuses constructions avec les bras et les capitaux rapprochés sur place pour l'exécution des travaux. Les premiers ouvriers chinois, américains, hollandais furent enlevés par la maladie; les nouveaux arrivants, trouvant de meilleures conditions d'existence, résistent mieux. Cette voie, malgré ses périls et ses accidents, n'en est pas moins suivie par la foule des émigrants qui, venant d'Eu-

---

[1] D'après d'autres renseignements, cette fonction leur serait même accessible.

rope ou d'Amérique, veulent se rendre en Californie; quelques-uns s'y arrêtent et de là se répandent au nord et au sud, sur le territoire de la confédération grenadine : par eux un courant d'émigration paisible s'établit dans la province de Véragua.

Pour en accroître le nombre, la législature de la Nouvelle-Grenade a ouvert en franchise à l'importation et à l'immigration européenne, la province de Casanaro, l'ancien canton de Sainte-Marthe et le territoire de Caqueta, dans la partie orientale de la République. On est disposé à accorder aux étrangers, dont on apprécie l'esprit entreprenant, les plus grandes immunités civiques et largesses territoriales.

Malgré ce bon vouloir l'immigration n'afflue pas : « 500 étrangers, dit un voyageur qui a parcouru ces pays avec l'intention d'y fonder une colonie [1] tout au plus viennent chaque année se fixer dans la Nouvelle-Grenade. A Sainte-Marthe un M. Simmonds a dernièrement introduit 37 familles tyroliennes; un M. Mier a fait venir de Gênes une quarantaine de cultivateurs, exemples encore isolés. Depuis quelques années cependant des mineurs américains vont exploiter les gisements aurifères d'Antioquia et de Choco. Pendant les années 1855 et 1856, vingt-sept étrangers seulement se sont fait naturaliser, et sur ce nombre onze étaient originaires des États-Unis du Nord. »

CHAPITRE X.

Le Vénézuela.

Si dans les relations humaines les lois remplaçaient les mœurs, la république de Vénézuela serait déjà peuplée d'émigrants européens. Dès le lendemain de la proclamation de l'indépendance, en 1831, son premier congrès autorisa le pouvoir exécutif à provoquer l'im-

---

[1] M. Elisée Reclus, dans la *Revue des Deux-Mondes*.

migration des habitants de l'archipel espagnol des Canaries, que l'on estimait les plus aptes à la colonisation, à raison de la similitude des langues, des coutumes, de la religion, et presque du climat. Les immigrants seraient naturalisés, exemptés du service militaire et de toute contribution pendant dix ans, pour les établissements agricoles. Chaque individu ou famille obtiendrait en pleine propriété les *fanegadas* de terre qu'ils pourraient cultiver [1].

En 1837, une loi nouvelle refondant les dispositions précédentes, les étendit à tous les immigrants européens. Une prime de 120 francs était accordée pour tout immigrant de 7 à 50 ans, de 40 francs au-dessous de 7 ans. Des concessions gratuites étaient promises aux entrepreneurs d'immigration. Passage gratuit à tous.

Nouvelles modifications en 1840, 1845, 1854 [2], attestant l'inefficacité des promesses antérieures pour attirer des étrangers.

En 1855 [3], on recommence de nouveaux expédients. Le pouvoir exécutif fut autorisé à affecter tous les ans une somme de 240,000 fr. à encourager l'immigration par des établissements de secours. L'introduction d'immigrants est excitée par des réductions de droits, en faveur des navires, sur le reste de leurs cargaisons. L'on distribuera des terres publiques, à raison d'une *fanegada* (100 varas carrées) par individu, avec promesse de titre définitif au bout de trois ans, si les colons ont résidé dans le pays et mis en valeur les terres. Ils obtiendront dès leur arrivée des lettres de naturalisation, et seront dispensés de tout service militaire. La liberté des cultes était garantie. Enfin des juntes spéciales d'immigration devaient être organisées. Elles le furent avec une solennité emphatique : juntes d'orient, juntes d'occident, juntes du centre, juntes supérieures, juntes principales, juntes subalternes, juntes auxiliaires, autant de rouages tournant à vide. La junte supérieure de Caracas fonda un prix pour le meilleur écrit contenant la description de la république vénézuélienne, et vota l'achat d'un terrain pour la colonisation aux environs de cette ville.

---

[1] Loi du 13 juin 1831.
[2] 1er mai 1840, 24 mai 1845, 6 mai 1854.
[3] 18 mai 1855.

Une idée nouvelle perçait à travers tout cet échafaudage : le pouvoir exécutif devait protéger l'immigration asiatique, et de préférence celle des Chinois.

Toutes ces mesures ne passaient pas sans opposition, et plus d'une fois des députés exprimèrent la crainte que par suite de l'immigration projetée, le Vénézuela ne s'engageât dans la dépendance des nations qui, s'intitulant ses amis, soulèveraient en faveur de leurs nationaux d'injustes réclamations.

Quelques actes d'exécution répondirent à ces plans. En 1843, une colonie modèle fut fondée à Torar, sous la direction du colonel Codazzi, qui y emmena une division de 600 Allemands, et dut, après la révolution de 1848, à laquelle il prit part, aller offrir ses remarquables talents d'ingénieur à la Nouvelle-Grenade, qui l'employa à des levés topographiques. En 1852, la famille Thorar, propriétaire du terrain, et animée par une pensée patriotique, fit donation à l'établissement des terres immenses qui s'étendent des bords de la mer jusqu'aux sources du fleuve Ruy, à la seule condition que ces terrains seront attribués à des immigrants européens. Il donna aussi, par un acte formel, à tout colon qui compterait deux années de résidence, la propriété absolue des terrains qui lui revenaient à lui-même, d'après le contrat de fondation. Ces donations se renouvelleront tous les deux ans, en faveur des colons qui réuniront les conditions de séjour[1].

En 1847, le gouvernement signa avec le vicomte de Culbat, représentant d'une maison française (Delrue et Ce), par contrat, pour l'introduction de 80,000 immigrants suisses, belges, prussiens, et tous autres originaires de la confédération germanique. On cédait 712 lieues de terres vagues à l'entreprise qui resta sans effet, on devait s'y attendre, d'après l'exagération même des engagements.

Il y eut plus de suite dans les plans du sieur Louis Glocker, consul

---

[1] Au 31 octobre 1853, la colonie Torar comprenait 469 habitants, dont 253 hommes et 216 femmes.

En 1846 un relevé officiel constata que, de 1832 à 1845, il était entré 11,851 étrangers. De 1846 à 1850 l'émigration fut complètement paralysée.

de Vénézuela à Hambourg, qui, vers 1851, commença de diriger sur la république plusieurs convois d'Allemands; mais suspendues ou ravagées par la fièvre jaune et le choléra, ces expéditions inquiétèrent l'Allemagne sur la contrée nouvelle, et depuis lors quelques départs isolés ou en famille, alimentèrent seuls un faible courant. Les Allemands s'y rencontrèrent avec des Hollandais, qui eurent à regretter leur confiance dans les institutions vénézuéliennes, si l'on peut s'en rapporter à un récit des journaux allemands : « Le 11 juin 1855, lit-on dans le *Deutsche Auswanderer Zeitung*, de Brême, 200 émigrants hollandais ont été expulsés de Coro, dans l'État de Vénézuela. Ces infortunés, qui s'y étaient établis il y a quelques années sous la protection des lois du pays, et qui, par leur travail et leur industrie, avaient acquis une certaine aisance, excitèrent la jalousie et la cupidité des paresseux Espagnols, leurs voisins. Ils furent pillés, dévalisés, expulsés en masse. Leurs réclamations restèrent sans effet; protestants ou juifs, pour la plupart, ces malheureux, victimes de la cupidité espagnole, sont arrivés à Curaçao dans un dénûment complet. »

En 1856, un décret autorisa la construction d'un chemin de fer central avec une subvention de 3,000 *fanegadas* par chaque mille construit, pour y placer des colons. Les révolutions qui n'ont cessé de troubler le pays, ont suspendu jusqu'à présent et la voie ferrée et la colonisation qui devait en dériver.

Des Antilles et surtout de la Trinidad, ancienne possession espagnole, les Anglais viennent sur le continent se mêler aux entreprises d'industrie et de commerce; et des divers pays arrivent aussi des Français en nombre pour exercer les professions usuelles des villes, tailleurs, chapeliers, bottiers, coiffeurs, modistes, couturières, etc. Mais tous ces auxiliaires ne remplacent pas les bras nécessaires aux cultures, devenus plus rares par l'abolition de l'esclavage, par les ravages de la fièvre et du choléra, et dernièrement par la découverte des mines d'or de l'Upatah et de Caratal. Il a fallu aviser ailleurs, et c'est alors que M. Guzman a été envoyé aux États-Unis avec le titre d'envoyé extraordinaire et ministre plénipotentiaire près le cabinet de Washington, pour négocier avec les armateurs de New-York le transport de quelques milliers de Chinois. Il devait offrir une indemnité de 800 francs par chaque émigrant, charge bien lourde pour les propriétaires, même avec un contrat de huit années de service. Le salaire, pour l'ouvrier chinois, est fixé, outre l'entretien, à une gourde (4 fr.) par semaine. Nous ignorons le résultat des négociations. Un autre agent a été envoyé en Italie pour y recruter des colons. On s'est mis aussi en rapport avec une Société de Marseille qui a paru disposée à entreprendre l'exploitation des mines du pays, et avec la Société fondée à Manchester pour encourager la culture du coton.

En vertu du traité du 25 mars 1843, les Français jouissent au Vénézuela, de quelques avantages particuliers, amorces pour l'immigration. Ils peuvent, comme les nationaux, entrer avec leurs navires et cargaisons par tous les ports et rivières du Vénézuela. Ils sont traités pour le commerce d'échelles comme les sujets de la nation la plus favorisée. Ils peuvent commercer en gros et en détail, effectuer des transports, fixer les prix des objets par eux importés, présenter en douane leurs propres déclarations, se faire représenter, et ils ne sont assujettis ni au service militaire, ni aux réquisitions. Ils sont placés, pour les taxes et impôts, sur le pied d'égalité avec les nationaux. Une constante protection leur est assurée pour leurs personnes et leurs propriétés. Ils ne peuvent être soumis à aucun embargo, eux, leurs navires, marchandises et effets, pour une expédition militaire quelconque et pour quelque usage que ce soit, sans une indemnité fixée par les parties intéressées et d'avance. La liberté de conscience leur est assurée, ainsi que la liberté de posséder des immeubles et d'en disposer à leur gré. Pour les droits de navigation et d'importation, les Français sont également assimilés aux nationaux.

CHAPITRE XI.

L'Équateur.

Dans la république de l'Équateur, comme dans tout le Sud-Amérique, il a été souvent question d'immigration et de colonisation, sans qu'aucun fait important ni qu'aucun chiffre précis permettent d'apprécier l'intensité de ce mouvement. Sous ce rapport elle cède donc le pas à ses deux confédérées de l'ancienne Colombie. On estime pourtant que l'immigration a augmenté en proportion sensible la population, à la suite de la loi du 20 novembre 1853, qui proclame la libre navigation des rivières intérieures et de la partie de l'Amazone qui appartient à la république, en même temps qu'elle promet des concessions de terre aux familles équatoriennes ou étrangères qui voudront s'établir dans les régions baignées par les rivières.

A Londres, il s'est formée une compagnie qui a pris le nom de *Ecuador-Land-Company*, composée de riches maisons allemandes, dans le but de coloniser le district de Pailon, à 140 kilomètres environ de Quito, en un lieu pourvu d'un bon port et d'un sol d'une admirable fécondité. Déjà une compagnie anglaise y exploite une fonderie et une scierie. Les constructions de routes et de ponts y attirent des ouvriers étrangers dont plusieurs deviennent, un jour ou l'autre, des colons.

Le gouvernement semble comprendre, mieux que d'autres, la nécessité d'associer les populations indigènes à l'activité que l'on demande aux étrangers. Dans son message de 1854, le président appelait l'attention des législateurs sur la colonisation des régions orientales de la république, à l'aide des populations misérables des villes. Transportons, disait-il, cette portion malheureuse de nos compatriotes vers nos possessions orientales. Arrachons-les à la misère pour les faire peut-être riches et puissants dans un bref délai, et vous verrez bientôt, dans ces prodigieuses contrées, la religion se substituer à l'idolâtrie, les populations remplir la solitude, l'industrie et le commerce succéder à l'inaction, le mouvement social remplacer la torpeur de la vie sauvage, le pouvoir de l'homme enfin au lieu du pouvoir des bêtes féroces. » Langage plein de sens, à la condition de le féconder par la justice et la liberté loyalement garanties!

CHAPITRE XII.

Le Pérou.

Sans être mieux placé que l'Équateur pour recevoir des colons européens, le Pérou s'est beaucoup occupé d'immigration, et les immigrants qui lui sont venus d'Allemagne ont fait retentir les deux mondes du bruit de leurs plaintes et de leurs querelles.

Dès l'année 1845[1], la législature prenait des dispositions favorables à l'acquisition de la propriété par les étrangers, première réaction contre la constitution de 1839, qui les excluait de toute fonction publique. Quatre ans après[2], une loi accordait une prime de 30 piastres par tête d'ouvrier ou de manœuvre introduit soit de France, soit de tout autre pays d'Europe. En 1850, au congrès extraordinaire, le président Castilla proposa la liberté religieuse, jusqu'alors interdite par la constitution de 1839, fidèle écho en ce point de celle de 1823. L'année suivante, son successeur, le général Echénique, traçait avec une franchise résolue, son programme dans cette question vitale pour le Pérou. « . . . Une autre nécessité que l'opinion signale et à laquelle je désire pourvoir par tous

---

[1] 24 mai 1845. — [2] 17 novembre 1849.

les moyens, c'est le développement de l'immigration européenne. Cette immigration n'est pas seulement nécessaire pour suppléer aux bras qui manquent à notre agriculture défaillante, pour agrandir notre industrie, mais encore pour apporter un nouvel élément de force et de vie à notre corps politique et social. Les circonstances désavantageuses où se trouve le Pérou auprès des autres États américains pour attirer ce courant d'hommes laborieux que l'Europe a de trop, et qui viennent chercher sur notre continent un asile et de l'aisance, nous mettent dans le cas de leur enseigner le chemin de nos côtes, au moyen de quelques sacrifices pécuniaires qui ne seront jamais excessifs, comparés aux résultats. Il ne faut pas tant que ces sacrifices soient grands qu'opportuns. Sans avoir recours à des spéculations aventureuses et imprudentes qui pourraient elles-mêmes compromettre l'œuvre que nous nous proposons, le gouvernement recherchera les moyens d'attirer, d'établir et de fixer sur notre sol l'émigré européen avec le plus d'avantages pour lui et de moindres charges pour le Trésor... »

Dans cet esprit de loyale hospitalité, un agent fut envoyé en Allemagne pour passer des contrats avec des émigrants. Assistant au mois de septembre à une réunion tenue à Berlin, et qui a été qualifiée de congrès de l'émigration, il fournit des explications précises sur les plans de son gouvernement.

« Le gouvernement, déclara M. Rodulfo, persuadé que la propriété du sol est le principal attrait de l'émigration allemande, avait pensé à procéder au mesurage et à la vente successive des terres publiques, mais il s'est pour le moment arrêté à un régime d'essai, qui assurerait aux émigrants, dès leur arrivée, une position suffisamment lucrative comme ouvriers, journaliers, jardiniers, domestiques et après quelque temps passés dans ces conditions, acclimatés, accoutumés aux mœurs et à la langue, munis d'un certain capital, ils pourraient acquérir des terres et les cultiver plus fructueusement. Dans cette pensée un grand nombre de négociants du Pérou se réuniraient pour fixer les salaires à assigner aux émigrés allemands, dans des tarifs soumis à l'approbation du gouvernement. La durée de l'engagement serait de cinq ans; seulement le contrat est résiliable de la part de l'émigrant moyennant le paiement annuel de 16 piastres jusqu'au terme fixé; simple remboursement des avances du patron.

» Indépendamment des émigrants venant dans ces conditions, tout étranger est libre d'aller au Pérou à ses risques et périls, et il lui est avancé une partie du prix du passage, sauf remboursement graduel, à raison de 2 piastres par mois. »

En même temps que le gouvernement péruvien recrutait des immigrants en Allemagne, il s'adressait à l'Irlande, et pour recevoir les premiers essaims de travailleurs, il ordonnait des travaux destinés à amener l'eau dans quelques localités plus particulièrement désignées pour leur installation. Il arriva 320 Irlandais.

Les Allemands furent plus empressés; environ un millier se rendit au Pérou dans le cours de l'année 1851[1]; mais le flux ne se renouvela pas l'année suivante, tant les récits du sort des émigrés continrent de détails douloureux, quelquefois lamentables.

Il fallut renouveler les efforts.

Ce fut l'objet d'un décret du 15 avril 1853.

D'après ses prescriptions, les immigrants recevraient le passage gratuit; les colons seraient transportés aux frais de l'État, dans l'intérieur, sur le territoire de l'Amazone où des concessions de 20 à 40 *fanegadas*[2] leur seraient faites par les gouvernements locaux, des semences et des instruments prêtés. Les concessions plus étendues pour fonder des colonies et des villages seraient réglées entre le gouvernement central et les concessionnaires, et toujours accordées à titre gratuit. Les terres cultivées et les maisons bâties seraient exemptes de toute contribution foncière. Les nouveaux bâtiments ne paieraient aucune contribution personnelle pendant vingt ans; ils n'auraient à payer aucune redevance au clergé, lequel serait rétribué par l'État. Ils seraient également exempts de tout droit de timbre. Par des dispositions plus libérales encore, les émigrants s'ad-

---

[1] Le 4 juin.
[2] De 6,000 varas carrés.

ministreraient eux-mêmes par des corps municipaux, sans que les gouverneurs puissent s'immiscer dans les affaires de la commune ; les colons éliraient eux-mêmes leurs juges. Tout le territoire nouveau était placé sous l'autorité d'un gouverneur unique investi de pouvoirs assez étendus pour qu'il y eût le moins possible à subir les lenteurs d'un recours au gouvernement de Lima. Le gouvernement du Pérou, en même temps qu'il cherchait à se procurer des ouvriers, faisait appel à des ingénieurs civils, qui au nombre de six à huit, recrutés dans les premiers services de France, se rendirent à Lima, où ils passèrent quelques années.

Sur les bases du décret de 1853, un traité fut conclu le 4 juin de la même année entre le gouvernement péruvien et deux individus, déjà mêlés, sinon compromis, dans des affaires du même genre, Manuel Ijurra et Damian Schutz. Ils s'engageaient à transporter 13,000 Allemands au Pérou, aux conditions suivantes :

L'État leur paierait 30 piastres par colon introduit ; il avancerait à compte 10,000 piastres chaque année pendant trois années ; il concéderait aux entrepreneurs 16 fanègues de terrain par colon introduit. Eux-mêmes céderaient à chaque individu emmené dans la république la quantité de terre qu'il pourrait mettre en culture, et le reste du terrain serait conservé en leurs mains ; ils restaient dispensés d'accorder des terres aux artisans, à moins que ceux-ci ne devinssent cultivateurs. Par la cession acceptée d'une portion de terre, les émigrants acquéraient la qualité de citoyen péruvien. Le gouvernement prenait à sa charge le transport, mais non la nourriture des colons, depuis le Para, à l'embouchure du fleuve des Amazones, jusque dans ses eaux péruviennes.

Presque immédiatement les signataires de ce traité partaient de Lima pour l'Amazone, avec un premier détachement au nombre de 90 individus, composé d'Allemands, de Français, d'Italiens, d'Américains du Nord, d'Irlandais et de quelques Péruviens. Mais le succès était plus difficile en Allemagne, et une prorogation devenait nécessaire, lorsqu'en 1855, Ijurra mourut à New-York. Un nouveau traité fut conclu avec Damian Schutz, par lequel il s'engageait à transporter, durant une période de six années, 4,000 émigrants annuellement, à la condition de recevoir, pendant toute la durée de l'opération, un traitement annuel de 2,400 écus espagnols, complété par une dotation de 140 lieues carrées.

Excité par de telles largesses, Damian Schutz recommença dans sa patrie sa propagande avec une nouvelle ardeur et plus de succès; il pénétra jusqu'au Tyrol, et trompant la vigilance administrative, recruta et expédia de nombreuses bandes de montagnards vers le Pérou : le théâtre de la colonisation principale fut fixé sur les bords du Pozouzou. De cruelles déceptions attendaient les colons et dans la traversée, et dans le trajet de terre, et dans leur campement définitif. La route, les vivres, l'installation, le sol, le ciel, rien ne répondait aux promesses des prospectus, ni à leurs espérances. Beaucoup se séparèrent avant d'atteindre le terme de leur marche; parmi ceux qui restèrent groupés deux partis se formèrent, chacun sous la direction d'un prêtre [1], dont les correspondances contradictoires enflammèrent toute l'Allemagne pour ou contre Schutz, pour ou contre le gouvernement péruvien. A travers ces allégations opposées, le parti de la sévérité prit le dessus, et le comité de Francfort employa toute son influence à détourner du Pérou les émigrants. Malgré ces avertissements, la misère ou la confiance font encore quelques recrues que les navires anséatiques emmènent en faisant le détour du cap Horn, au lieu de les déposer, comme autrefois, sur le littoral du Brésil, parce que sur la côte du Pacifique le guano des îles Chincha leur fournit des cargaisons de retour.

L'exploitation du guano devient elle-même une occasion d'immigration, puisée à d'autres sources que l'Europe. Lorsque le président Echenique eût décrété en 1854 l'abolition de l'esclavage, les nègres, qui n'avaient pas d'inclination pour ce travail, rendu libre, moins encore que pour la culture dans les campagnes, s'empressèrent de l'abandonner et les navires trouvèrent à grande peine assez de journaliers européens pour les remplacer. Alors des maisons de Lima

---

[1] Ueberlingen et Egg.

firent venir de la Chine des cargaisons d'ouvriers dont les engagements, contractés pour huit ans, étaient transmissibles. Les plus graves abus, comme nous le raconterons en parlant de la Chine, signalèrent le recrutement et le transport de ces hommes, et le gouvernement péruvien dut rendre, le 5 mars 1856, un décret portant que les capitaines de tout navire important des Chinois doivent prouver que ces engagés sont partis volontairement; si les capitaines ont employé la violence et la tromperie (la preuve doit, ce semble, être malaisée au Pérou!), ils seront mis en jugement comme pirates et condamnés à des dommages-intérêts envers leurs victimes. Quant aux Chinois, une fois débarqués ils peuvent à leur gré exercer un métier ou se louer comme cultivateurs. Là s'arrête la sollicitude officielle; nulle mesure n'est ordonnée pour prévenir l'entassement à bord des navires et garantir une meilleure nourriture, bien qu'il soit prouvé que le mépris de ce double devoir de justice fait périr dans la traversée un tiers des passagers. A terre ces malheureux ne sont pas traités avec beaucoup plus d'humanité : pour tout le temps de l'engagement (8 ans) ils gagnent de 150 à 250 dollars et sont abandonnés comme des parias, sans nul souci de leur existence matérielle ou morale. Malgré quelques unions passagères avec les filles de sang noir, ils ne forment pas de familles ; ils vivent et meurent livrés à leurs instincts, et bien peu sans doute, quoiqu'ils soient environ un millier, retourneront au pays natal pour conseiller à leurs compatriotes d'imiter leur exemple. Leurs seuls compagnons de travail sont quelques Indiens, des nègres et des forçats.

L'immigration soit européenne, soit asiatique, reste donc à organiser sur de nouvelles et meilleures bases, pour produire au Pérou les fruits qu'elle porte en tout pays où elle est conduite avec le respect des engagements légaux et du droit humain.

CHAPITRE XIII.

La Bolivie.

Dans la Bolivie, que sa situation à l'intérieur du continent rend d'un accès plus difficile, l'immigration a, plus encore que dans le reste de l'Amérique méridionale, reculé devant les distances, l'absence de communications, les agitations politiques, l'inertie de l'esprit public en vain secoué par quelques présidents. En remontant à une vingtaine d'années en arrière on compte à peine deux ou trois appels sérieux et pas un que l'exécution ait sanctionné.

Sous la présidence de Ballivian, jaloux de suivre l'exemple donné par le général Santa-Cruz dans un traité avec Oliden, et dans son bon accueil aux étrangers, le consul général de la république en Europe, M. Vicente Pazos, reçut mission de chercher des colons, et ce diplomate passa un traité avec la compagnie belge de colonisation fondée à Bruxelles sous les auspices du roi Léopold. Mais bientôt Ballivian disparut de la scène politique et la société belge se décomposa, sous le poids de son échec de Santo-Thomas de Guatemala.

Quelques années plus tard, un décret législatif du 21 août 1831, ratifiait une concession de douze lieues carrées de terres faite à M. Charles Bridoux, et autorisait des concessions analogues envers tout Bolivien ou étranger qui réunirait les conditions exigées par une loi de 1833. Cinq ans étaient accordés pour former des établissements sur les terrains concédés.

En vertu de ces pouvoirs un traité fut conclu avec une compagnie anglaise pour un essai de colonisation sur les bords de la rivière Béni, affluent de l'Amazone, où de vastes terrains seraient concédés à perpétuité. Les colons seraient exempts de toute charge, de tout impôt direct ou indirect pendant quinze ans, et jouiraient de la pleine et libre disposition de leurs biens. La société serait affranchie de toute taxe sur ses exportations et sur ses importations de machines et instruments agricoles ou industriels. Elle obtenait le privilége exclusif de la navigation à vapeur sur les rivières de la république, et s'engageait à établir, dans le délai de deux ans, un service régulier entre l'Europe et la Bolivie. Enfin, elle recevrait une prime de 350 francs par émigrant qu'elle introduirait au delà du nombre des colons employés à son exploitation. Cet arrangement ayant été transmis à Londres, le major White et le baron de Mascarinhas partirent en 1851 pour atteindre la république bolivienne par le fleuve de l'Amazone ou l'un de ses affluents, le Béni ou le Madera : voyage d'exploration qui amènera peut-être une entreprise de colonisation, mais qui s'en distingue et n'a porté encore aucun fruit sérieux.

CHAPITRE XIV.

Le Chili.

Au Chili l'immigration se divise en deux branches plus distinctes peut-être qu'ailleurs, l'une formée par la libre venue des étrangers, c'est celle qui se voue au commerce et aux industries diverses, l'autre recrutée par les soins du gouvernement, celle qui se livre à l'agriculture. La première est répandue dans les ports et dans les villes de l'intérieur, la seconde est reléguée au sud du territoire chilien, dans la province de Valdivia et le territoire de Llanquihue, en face de l'île Chiloé.

Le gouvernement du Chili s'est inspiré d'un esprit libéral dans la législation à l'égard des étrangers, quant à leur résidence, l'exercice d'un travail, d'une industrie, d'un commerce quelconque. Aussi un grand nombre de maisons anglaises de la métropole y ont-elles fondé des succursales, qui concentrent les plus grandes affaires du pays. La position des Français, quoique plus modeste, est satisfaisante. Les navires du Havre et de Bordeaux transportent annuellement à Valparaiso des commerçants, médecins, pharmaciens, conducteurs de travaux, modistes, qui s'élèvent bientôt de leurs humbles débuts à l'aisance. C'est une classe des plus heureuses au Chili, ne manquant jamais d'ouvrage, ayant peu de besoins à satisfaire ; malgré la cherté de la vie, elle amasse assez vite, pour peu qu'elle soit économe et rangée, un pécule qui lui permet de rentrer au pays natal dans une fortune bien meilleure qu'au départ. L'exploitation des mines d'argent et de cuivre, la construction des chemins de fer ont aussi fourni à un grand nombre d'ouvriers européens un travail plus pénible, mais lucratif.

La mobilité de ce personnel n'apportait pas à la république toute la force qui naît d'une population fixée au sol par l'intérêt agricole ; aussi s'occupait-on, dès 1846, de diriger sur Valdivia quelques familles allemandes qui avaient eu foi les premières dans les destinées du Chili ; mais ce fut avec peu de succès pour les colons, soit qu'ils connussent mal les conditions économiques du milieu nouveau, soit que la population nationale les vît d'un œil moins favorable que le gouvernement. Malgré ces déceptions, deux nouveaux convois arrivèrent en 1850, composés de 185 personnes qui furent réunis à leurs compatriotes dans la province de Valdivia. D'après le rapport d'un inspecteur de colonisation, les colonies étrangères du Sud comptaient en 1851 environ 600 individus, répartis entre divers départements, mais principalement concentrés à Valdivia. De 1850 à 1851, il en était arrivé 358, en majorité cultivateurs. Le plus grand nombre demandait des terres à l'État ; quelques-uns en achetaient aux particuliers. L'îlot Valenzuela ou Reya leur fut concédé au prix de 250 piastres de redevance annuelle ; à six lieues autour de Valdivia s'élevèrent des habitations simples et commodes, et se développèrent des cultures propres à instruire et stimuler les nationaux.

Encouragé dans ses intentions, le gouvernement du Chili envoya un délégué en Allemagne pour y négocier le recrutement et le transport d'un millier d'émigrants. L'Allemagne répondit à ses démarches par la création, à Stuttgart, d'un comité d'émigration qui acquit au Chili 40,000 *cuadras* de terre pour les distribuer aux colons de bonne volonté. Sous cette double incitation le courant s'établit avec régularité, et les colonies de Valdivia se développèrent, associant à la culture diverses industries : tanneries, distilleries, scieries, brasseries, moulins. Le gouvernement leur venait en aide par des avances d'argent et des prêts de bétail ; elles étaient installées sur un sol sain, boisé, en un climat salubre. Les artisans trouvaient du travail bien payé dans les villes d'Osorno et de Valdivia, et cette dernière était fournie de légumes, de beurre et de lait par les éleveurs et les horticulteurs allemands.

Les succès obtenus invitèrent le gouvernement à encourager [1] la formation d'une société qui introduirait dans le pays des hommes aptes au travail des mines et des champs.

Pour développer l'œuvre naissante un nouvel agent fut envoyé en Europe [2], une commission fut instituée à Santiago pour guider les émigrants, et le territoire de Llanquihue, sur les bords du lac de ce nom, au sud de Valdivia, fut assigné à de nouvelles entreprises qui reçurent les encouragements que l'on crut nécessaires. Les familles obtenaient, outre les facilités accordées en Europe pour la traversée, un terrain de 1,600 mètres carrés pour le père et de 800 pour chacun des enfants au-dessus de dix ans [3]. Le terrain était vendu au colon à raison d'une piastre par 133 mètres carrés ; le prix étant payable par cinquième d'année en année. Le colon était affranchi de toute contribution pendant quinze ans, de patentes, de droits d'enregistrement. Des secours, dans la proportion de 20 piastres par personne, aidaient au débarquement dans les ports et à la conduite des personnes et des bagages jusqu'aux lieux de résidence définitive. Pendant ce temps une allocation journalière de 30 *centavos* (environ

---

[1] Décret du 29 septembre 1854.
[2] M. Vincent Pérez Rosalès, consul général du Chili à Hambourg.
[3] 12 *cuadras* et 6 *cuadras*. La cuadra vaut 175 pieds carrés de Prusse.

1 fr. 80 c.) pour le père et de 12 *centavos* pour chacun des enfants au-dessus de 10 ans, subvenait à l'entretien de la famille. Une pension de 15 piastres par mois par chaque famille au bout d'un an d'établissement à terre, allégeait le fardeau des premières dépenses ; les familles installées sur leurs lots obtenaient toutes sortes de graines jusqu'à concurrence de la valeur de cinq piastres, un attelage de bœufs, une vache, cinq cents planches, et cent livres de bœuf. Franchise d'importations pour leurs objets d'usage.

Il est temps d'ajouter, pour expliquer tant de munificence, que ces avances n'étaient faites qu'à titre de prêt remboursable par cinquième [1] d'année en année.

Un troisième noyau de colonisation a été installé dans la province de Los Angelos, avec un peu moins de libéralité pour l'étendue des terres, et un quatrième dans l'île de Chiloé, sur des terrains que les propriétaires ont concédés pour un nombre déterminé d'années, à la condition que les colons se fixeront dans le pays. Ce territoire, couvert de forêts, et dont la valeur s'accroît par le commerce et la marine, pourrait occuper cent mille travailleurs.

Parmi les conditions faites aux immigrants il nous reste à citer celles qui ont trait au droit personnel. Tout immigrant devient citoyen chilien sur sa déclaration, faite devant l'autorité compétente, qu'il entend adopter le Chili pour sa résidence définitive. La liberté religieuse est garantie, et déjà les protestants allemands de Valparaiso ont pu élever deux temples à côté de leur théâtre. Mais nulle part dans la constitution ou les lois elle n'a été stipulée aussi nettement que dans un traité conclu avec l'Angleterre le 30 novembre 1855. Après un article qui assure « aux citoyens chiliens sur le territoire britannique et aux Anglais sur le territoire du Chili, pour la protection de leurs personnes et de leurs propriétés, tous les droits assurés aux nationaux, » l'article 15 ajoute : « Les citoyens ou sujets de chacune des deux parties contractantes résidant sur le territoire

---

[1] Nous lisons dans une autre traduction du document officiel, dont l'original nous manque, qu'une période de 25 ans est accordée pour le remboursement, ce qui serait plus généreux.

de l'autre ne seront pas molestés, poursuivis ou inquiétés pour cause de croyance religieuse ; ils jouiront d'une parfaite et entière liberté de conscience, et ils ne laisseront pas d'avoir droit dans leurs personnes et leurs propriétés à la protection accordée aux nationaux. Si dans la ville ou le district de leur résidence il n'y a point de cimetière établi pour l'inhumation des personnes de leur croyance, ils pourront, avec le consentement des autorités locales supérieures et dans le lieu choisi par ces autorités, établir un cimetière. Le lieu d'inhumation et les règlements seront soumis aux règles de police édictées par les autorités locales de l'un ou l'autre pays. »

Tant d'avantages, dont certains sont plus apparents que réels, n'ont pu emmener au Chili que quelques milliers de familles [1] dont les plaintes ont souvent accusé soit le pays, soit les agents du gouvernement. Aux causes générales que nous aurons à apprécier dans un coup d'œil d'ensemble sur l'immigration dans l'Amérique hispano-portugaise, les emplacements assignés par le Chili aux colons allemands ajoutant l'inconvénient d'une situation isolée, loin des principaux débouchés, séparée même du port commercial le plus proche par des chemins souvent impraticables. A rechercher pourquoi une telle position leur a été assignée, on en découvre une raison qui n'a rien de commun avec les conseils de l'économie rurale. Le Chili ne pouvant refouler sur sa frontière méridionale les incursions des sauvages Araucaniens, a voulu leur opposer la barrière de colonies européennes. Le plan a réussi, mais trop souvent aux dépens des malheureux colons qui ont dû abandonner les villages de Santo-Domingo, Cudico, Pampa de Négron et plusieurs autres, parce qu'on leur volait tous leurs bestiaux, et l'audace des sauvages s'est plus d'une fois étendue jusqu'aux personnes [2].

---

[1] En 1856, on comptait au Chili une population étrangère de 16,669 âmes, dont 14,419 hommes et 5,250 femmes, disparité qui accuse la présence de beaucoup d'émigrants venus seuls, par conséquent avec esprit de retour. Sur ce nombre il y avait 1,934 Anglais, 1,822 Allemands, 1,650 Français.

[2] A ce plan de défense se rattache probablement l'arrestation faite, en 1861, du sieur Tounens, ancien avoué à Périgueux, qui s'était institué roi de l'Araucanie, et pouvait devenir un voisin dangereux.

Le Chili n'a donc pas trouvé encore, malgré une élévation de vues qui le distingue entre toutes les républiques d'origine espagnole, la véritable voie de la colonisation.

CHAPITRE XV.

La Confédération des Provinces-Unies de la Plata.

Au pied du versant oriental des Cordillères, dans le vaste et magnifique bassin de la Plata, l'émigration se porte avec une affluence qu'expliquent le moindre éloignement de l'Europe, le climat tempéré, l'inépuisable fécondité de la nature : la rigueur jalouse des institutions ou la méfiance des hommes empêchent seules des progrès plus rapides encore. Nous suivrons successivement l'émigration à Buénos-Ayres et dans les autres provinces.

§ 1. — BUÉNOS-AYRES.

Dans la province de Buénos-Ayres, rentrée récemment au sein de la confédération, la population était arrivée, en 1859, au chiffre de 320,000 habitants, par un accroissement de 3 % par an, en ne calculant qu'une période de 25 années. Sur ce nombre les étrangers comptaient au moins pour un quart (80,000 environ), dont :

Français.	25,000
Basques et Espagnols	20,000
Italiens.	15,000
Anglo-saxons d'Europe ou d'Amérique. . .	20,000

L'immigration qui n'était très-forte que depuis les dernières années, donnait sur plusieurs points la supériorité numérique à l'élément étranger sur l'élément national. Ainsi le district de Chacomus comptait, en 1856, 4,122 immigrants et seulement 3,738 argentins.

Le mouvement ascensionnel n'a pas cessé de croître depuis la chute de Rosas, malgré la division survenue entre les deux familles de la nation argentine. En 1853, il arriva d'Europe 5,000 passagers, en 1854, 6,000, et 8,000 pendant les sept premiers mois de 1855. Des seuls ports de France (Marseille, Cette, Bayonne, Bordeaux, Le Havre), d'Espagne (le Passage), et d'Italie (Savone, Gênes), il est parti en 1856, à destination de Buénos-Ayres, 106 navires portant 6,498 passagers, un peu plus que le tiers de ceux qui s'étaient rendus dans le même État. Sur le nombre total on comptait 5,790 émigrants, savoir :

Sujets sardes	2,738	Anglais.	113
Français.	1,484	Nord-Américains.	16
Espagnols.	1,430	Allemands.	9

Dans ces dernières années, le nombre des Allemands s'est beaucoup accru : établis dans les environs de cette ville, ils en sont devenus les fournisseurs pour le jardinage et autres menus vivres. Mais le fond reste français. Partout on voit des Basques et des Béarnais tour à tour *gauchos* dans les pampas, dompteurs de chevaux, tueurs de bœufs, bergers dans les *estancias*, *saladores* dans les *barracas*, où après l'abattage se préparent les viandes, les suifs et les peaux, pour l'expédition en Europe. Dans la ville comme à la campagne, la population française propage les produits français. Les Sardes forment à la Boca un petit peuple de pêcheurs.

A l'origine, disait en 1855 une circulaire du ministère des affaires étrangères, l'État s'abstint de concessions territoriales et laissa les émigrants libres pour les travaux qui s'offraient à eux en abondance, l'expérience ayant démontré que l'acquisition d'une propriété territoriale devient bientôt facile au travailleur qui a fait de fructueuses épargnes : alors il s'établit à son gré et en pleine connaissance de cause, soit dans les villages de la campagne, soit auprès des rivières navigables, ou bien il se consacre comme cultivateur aux soins de l'agriculture. L'action du gouvernement se limita donc à des subventions pécuniaires en Europe, pour le recrutement, l'envoi et le transport des émigrants, et à des offres de terre, sans déroger aux lois générales sur les propriétés publiques. Cependant, une loi[1] autorisa le gouvernement à concéder des lots à perpétuité, dans le territoire de Bahia-Blanca et de Patagones, éloignés des centres actuels de population, sous l'obligation d'exécuter les conditions de colonisation en travaux agricoles qui seraient déterminés par le pouvoir exécutif. Quelques semaines après[2], une commission dite du *patronage de l'immigration* était instituée pour aplanir les difficultés contentieuses entre les immigrants et les entrepreneurs de transport ou les patrons de travail, et régulariser ou contrôler toutes les opérations concernant les étrangers. Les bâtiments qui les introduisent sont affranchis de tous droits de port, toutes les fois qu'ils transportent au moins une cinquantaine de personnes à la fois.

Il s'est en outre formé spontanément une société particulière d'assistance, pour aider les émigrants nécessiteux pendant les huit premier jours de leur arrivée.

Depuis le 1er janvier 1857, tout émigrant reçoit gratuitement en Europe son passeport des consulats buénos-ayriens, indemnisés eux-mêmes de la suppression de ce droit consulaire, par une prime de cinq francs que le gouvernement leur bonifie.

La franchise était accordée aux ports de Bahia-Blanca, sur l'océan Atlantique, d'El Carmen, sur le Rio-Negro, et à celui des Patagons.

Le 2 juin 1857, une loi de l'État de Buénos-Ayres affecta une somme de 200,000 *pesos* en papier (environ 51,800 fr.), en faveur des émigrants, qui recevraient de la sorte nourriture et logement, pendant les premiers temps de leur séjour dans l'État.

En exécution de ces divers règlements, des concessions particulières furent faites :

1º Au colonel Olivieri, près Bahia-Blanca, pour l'établissement de 600 soldats de la légion italienne, qui ne tardèrent pas à l'assassiner ;

---

[1] 27 septembre 1854.
[2] 31 octobre 1854.

2° A une compagnie anglaise, près Rio-Negro, pour l'établissement de 100 familles irlandaises;

3° A une compagnie nord-américaine, entre le Rio-Salado et le Rio-Dulce, pour l'établissement de colons allemands;

4° A une compagnie française (Comte de Vielcastel), 240 lieues carrées entre le Rio-Negro et le Rio-Colorado, à la condition d'établir, en quatre années, huit colonies de 500 personnes, sous la sanction de la législature de Buénos-Ayres.

Dans l'exposé qui précède, on est frappé de la contradiction qui existe entre les déclarations et les actes du gouvernement au sujet des terres publiques. Il adopte en principe et exclusivement le système des ventes, et il n'en vend point; il condamne le système de concessions et il permet de concéder 200 lieues carrés dans les districts éloignés. Cette contradiction fut atténuée par une loi postérieure qui autorisait la vente de cent lieues carrées de terres publiques, situées sur le Rio-Salado, au prix minimum de 50,000 fr. par lieue carrée, payable après un délai de six mois. Mais l'on ne paraît pas se hâter de mettre la loi en pratique; les propriétaires offrant à l'activité des émigrants leurs terres particulières à mettre en culture, moyennant l'avance des premiers frais et le partage par moitié des bénéfices. La concurrence des demandes provoquait une hausse qui rendait les citoyens indulgents à l'ajournement de la vente des terres publiques[1].

Le droit personnel des étrangers est établi à Buénos-Ayres sur la liberté religieuse et le respect de la nationalité. La première, accordée en fait à partir de l'émancipation du pays, en 1810, et de droit, depuis 1825, a été consacrée par la constitution de 1854, laquelle, tout en maintenant la religion catholique comme culte de l'État, prête un appui moral et légal aux autres communions reli-

---

[1] Le prix des terrains, dit un auteur cité par M. Balcarce, dans sa notice sur *Buénos-Ayres*, s'est ressenti de cet état de choses; un *cuadra* de terre, en ville, qui coûtait 5,000 fr. il y a trois ans, en coûte aujourd'hui 100,000; — le fonds de campagne qui se vendait 6,000 fr., se vend actuellement 80,000, et la lieue carrée de terrain à pâturage, qu'on avait pour 10,000 fr., s'obtient à peine à présent pour 100,000. Page 39.

gieuses. Les communions calviniste, méthodiste et luthérienne en ont profité pour élever plusieurs temples protestants à Buénos-Ayres. Quant à la nationalité, incontestée à l'égard des pères, tant qu'ils ne se sont pas fait naturaliser, elle donne lieu à de sérieuses dissidences au sujet des enfants d'étrangers nés sur le territoire de la république. Buénos-Ayres les revendique comme siens, ce que n'admet pas sans conteste le droit public européen.

Cette atmosphère libérale a porté bonheur à Buénos-Ayres, où les mœurs l'avaient instituée avant les lois. Même sous la dictature de Rosas, l'émigration sarde, qui ne s'occupait point de politique, exerçait en paix et en sécurité son industrie. L'émigration française elle-même, quoique plus mêlée aux agitations du pays, comptait dans ses rangs des propriétaires de vastes terrains, des médecins, des architectes, cinquante maisons de commerce, représentant un mouvement de 30 millions de francs, 2,000 détaillants de tout genre, 10,000 ouvriers de tous métiers : menuisiers, maçons, cordonniers, tailleurs, tapissiers, chapeliers, etc. ; 12,000 journaliers employés dans les *estancias* ou dans les *saladeros* à la préparation des cuirs, suifs, laines, salaison des viandes ; ces derniers recrutés surtout parmi les Basques, qui appellent chaque jour leurs familles de France, et formaient déjà deux centres de population de quelque importance, las *Barracas* et la *Boca*.

Quelques années après, la situation économique de la colonie française s'était encore améliorée. En 1855, disait le *Moniteur universel* [1], elle possédait deux établissements à vapeur dont un pour moudre les grains et l'autre dit de *graisserie*. Les artisans, manœuvres et gens du service trouvaient facilement du travail et un fort salaire, depuis 5 jusqu'à 10 et 12 francs par jour. Quand les Basques se trouvaient nantis de 100 à 120 onces d'or, soit 8 à 10,000 francs, ils considéraient leur fortune comme faite et retournaient au pays.

Cette prospérité, fondée sur le travail et l'épargne, s'est développée

---

[1] 27 septembre 1855.

et consolidée jusqu'à ce jour; on doit l'inférer de la vogue dont Buénos-Ayres continue à jouir, ainsi que nous l'avons constaté, parmi les populations basques de la France et de l'Espagne. Un autre témoignage, plus certain encore, se déduit de l'importance des versements faits par les étrangers à la Banque de dépôts et d'escompte, convertie en caisse d'épargne [1].

Ce n'est pas qu'il n'y ait de fréquentes déceptions pour les émigrants. Dans leurs contrats avec les expéditeurs ils ont obtenu la promesse d'un salaire de 80 à 120 francs par mois, en sus de la nourriture, condition qui n'a pu être tenue par le plus grand nombre des patrons; mais le salaire moyen à 60 et 65 francs par mois permet encore de belles économies. De leur côté les expéditeurs ont fréquemment à se plaindre que les engagés qui ont payé seulement une partie du passage ne s'acquittent plus du solde, qui devait être retenu sur leurs salaires; ils mettent de la mauvaise volonté dans leur travail, et se font renvoyer ou désertent [2].

Les prospectus enfin, par leurs exagérations, se préparaient de tristes démentis [3].

---

[1] Les dépôts volontaires qui, en novembre 1854 s'élevaient seulement à 22,198 piastres fortes et à 2,933,844 piastres monnaie courante, ont atteint, au 30 décembre 1856, 946,272 piastres fortes et 57,180,176 piastres papier, ensemble 20 millions.

[2] En 1856, le passage du Havre à Buénos-Ayres coûtait, nourriture compris :

250 fr. par adultes	*alias*	200
200 fr. par enfants de 8 à 14 ans	»	170
100 fr. par enfants de 1 à 8 ans	»	80

[3] Voici entre autres les prix des salaires et des consommations annoncées, en 1856, par une maison du Havre qui promettait en outre des concessions de terre gratuites et à perpétuité :

Salaires qu'obtiennent dans l'État de Buénos-Ayres	PAR JOUR.		Prix des aliments dans l'État de Buénos-Ayres.				
Les charron, peintre en bâtiment, charpentier, menuisier, tailleur, maçon, forgeron	6 à	10 fr.	Farine, les 50 kilogram.	30 f.	» c.	à 40 f.	» c.
			Graisse de proc, le kilo.	»	80	1	»
			Lard......id.	»	80	»	90
Cordonnier	10	12	Sucre brut......id.	»	70	»	80
Mécanicien charpentier de navires	14	16	Café......id.	1	40	1	50
			Viande de bœuf... id.	»	15	»	20
Terrassiers et ouvriers agricoles, avec nourriture	4	5	Pommes de terre, l'hect.	5	»	»	»
Cordonnière et tailleuse	5	7	Eau-de-vie (Cana), le litre	1	10	1	50
Repasseuse	2	5					
Domestiques (hommes), par mois	120	150					
Domestiques (femmes), par mois	60	100					

S'il a fallu, en face des réalités du marché, rabattre quelques illusions, il n'y a eu de véritable échec que pour une catégorie d'ouvriers, ceux des articles dits de *Paris*, que l'on fit venir, il y a une quinzaine d'années, dans l'espoir d'acclimater à Buénos-Ayres ces délicates et élégantes industries. La cherté de la vie ne permit pas aux ouvriers parisiens de se contenter d'un salaire calculé sur le même pied qu'en Europe, et la nécessité où se trouvèrent les fabricants d'accroître ce salaire, fit monter les frais de fabrication à un taux désavantageux. Ces ouvriers, d'ailleurs, qui vivaient trop éloignés des grands centres de fabrication et du milieu où ils s'étaient formés, déclinèrent. Dépourvus de dessinateurs et de mouleurs habiles, ils furent réduits à copier continuellement des modèles qu'ils ne pouvaient remplacer, et les profits ne couvrant pas les dépenses, on dut en revenir à demander à l'Europe des bijoux tout montés, dont cette tentative manquée avait cependant propagé le goût.

§ 2. — LES PROVINCES-UNIES.

Dans les autres provinces, qui ont formé de 1854 à 1860 une confédération en dehors de Buénos-Ayres, l'esprit n'est pas moins libéral, du moins dans les lois.

La constitution des provinces argentines, votée le 1er mai 1853, contient à cet égard les plus complètes déclarations qui aient jamais été écrites dans aucune législation. D'après l'article 14, tous les habitants de la confédération jouissent des droits suivants : Droit de travailler et d'exercer toute industrie licite, — de naviguer, — de commercer, — d'adresser des pétitions aux autorités, — d'entrer, — de séjourner, — de voyager, — de sortir du territoire argentin, — de publier leurs idées par la voix de la presse sans censure préalable, — d'user et de disposer de leurs biens, — de s'associer dans un but utile, — d'exercer librement leur culte, — d'enseigner, — d'apprendre.

D'après l'article 15 : « Les étrangers jouissent sur le territoire de la confédération des mêmes droits que les nationaux; ils peuvent exercer toutes les industries, tous les genres de commerce, toutes les professions, posséder des biens, meubles et immeubles, acheter ou vendre, naviguer dans nos rivières ou sur nos côtes, exercer leur culte, tester et se marier. Ils ne sont pas forcés de se faire naturaliser ni de payer des contributions forcées ou extraordinaires. Ils obtiennent leur naturalisation après deux ans de séjour dans le pays, mais ce délai peut être réduit par l'autorité, sur leur demande. »

Enfin l'article 25 prescrit au gouvernement fédéral « de favoriser l'immigration européenne, et lui défend de limiter ni de grever d'aucun impôt l'entrée dans le territoire des étrangers qui se proposent de travailler à nos terres, d'améliorer notre industrie ou enseigner les arts et les sciences. »

A ces garanties légales, les gouvernements locaux ajoutaient des largesses bien propres à ébranler les cœurs les plus attachés au sol natal. Celui de Corrientes s'engageait envers le Dr Brougnes à donner à toute famille agricole composée de cinq personnes, une concession perpétuelle de 33 hectares 1/2, une maison de deux pièces, 1,200 livres de farine pour entretien jusqu'à la prochaine récolte, 2 chevaux, 2 bœufs, 7 vaches avec 1 taureau, des semences pour 17 hectares, le tout au prix de 1,000 francs payables au bout de deux à trois ans sans intérêts. Quant à l'exemption d'impôts et de service militaire, la liberté de conscience, le paiement d'une partie du prix du passage, et de la totalité des frais de nourriture jusqu'à leur arrivée dans les contrées à coloniser, c'était, en quelque sorte, des clauses de droit.

On devine que dans la confédération argentine, les finances n'étaient pas à la hauteur de tant de bonne volonté. Les premiers arrivants reçurent à peu près suivant les promesses, les seconds quelque chose seulement, les derniers rien du tout. Les récriminations retentirent en Europe, et provoquèrent de la part du consul français à Parana la lettre suivante qui fut affichée dans toutes les communes des Basses-Pyrénées :

Extrait d'une dépêche datée de Parana.

Confédération argentine, août 1856.

Il n'y a et il n'y aura jamais ici rien de préparé pour recevoir des groupes de population étrangère arrivant par masses. Un grand nombre de propriétaires appellent et occuperont plus ou moins avantageusement des travailleurs, soit seuls, soit en famille, qui se disperseront dans le pays ; mais le gouvernement ne peut lui-même donner que des terres, sans maisons, sans bestiaux, sans instruments de labourage, sans graines et semences, et sans rations de vivres, pour que les colons attendent pendant un an ou deux le fruit de leurs travaux.

Le gouvernement de la Confédération n'a pas les moyens de tenir les promesses qu'il a faites de bonne foi ou autorisé à faire en son nom : quand il s'en est aperçu, il a changé de système ; mais il a pris sa résolution trop tard, et ne l'a fait connaître ni en France ni en Parana assez nettement, calculant peut-être que tout ou partie des colons, engagés par les promesses qu'on ne pouvait pas tenir, n'en resteraient pas moins dans le pays, une fois qu'ils y seraient arrivés, faute de moyens pour le quitter, et que ce serait autant de gagné, car il y a incontestablement de la place pour des travailleurs étrangers, mais sous une autre forme que celle de la colonisation.

Les promesses de garanties civiles étaient moins coûteuses à accorder. Chaque colonie aurait un juge de paix choisi parmi les colons ou les natifs ; une commission coloniale de dix membres serait auprès du gouvernement l'interprète des vœux et des besoins du pays. Mais comme ces institutions ne suppléaient pas aux impérieuses exigences de la vie matérielle, la plupart des établissements furent ébranlés dans leur base, tombèrent ou périclitèrent gravement dans la province de Corrientes.

Ces mirages évanouis, l'immigration n'en avait que meilleure chance de réussir en comptant davantage sur ses propres forces, et c'est ce qui est arrivé dans les colonies de Esparanza Santa-Fé, dirigée par M. Aaron Castellanos, San-José, Urquiza, Rosario, San-Carlos, etc., peuplées d'émigrants suisses, savoisiens et allemands. Elles prospèrent si l'on en croit les récits laudatifs publiés en Allemagne par les journaux amis ; un témoignage plus certain serait celui de l'accroissement considérable et soutenu de l'immigration et nous ne l'avons pas.

A défaut de témoignages officiels nous trouvons dans un écrit publié en 1860 quelques renseignements instructifs sur la colonie de

San-José dans la province d'Entre-Rios [1], fondée sur une *estancia* du général Urquiza, avec des familles destinées à la province de Corrientes, et dont le contrat était périmé. 100 furent installées en 1857, en majorité Suisses, du Valais, quelques-unes du canton de Berne, peu des autres cantons; il y avait des Savoisiens et quelques Allemands. — En 1859 une vingtaine de familles vinrent spontanément s'incorporer à la colonie; et le général envoya un agent en Europe pour en amener 200 qui, en 1860, étaient pour la plupart arrivées; Suisses et Savoisiennes, comme les premières, à l'exception d'une cinquantaine originaires des hautes vallées du Piémont. Par une mesure, contraire aux principes professés publiquement à la Plata, toute famille protestante a été exclue, ce qui a nui à la qualité du recrutement [2] et à la confiance que méritent les déclarations publiques d'un gouvernement. On a désavoué, il est vrai, au nom du général, la conduite de son agent.

Les premières familles étaient venues à leurs frais. La plupart des autres ont reçu en avance une partie ou la totalité même des frais de voyage. On leur a distribué 16 ou 8 *cuadras* carrées de terrain [3] selon leur composition, 2 paires de bœufs de labour, 2 vaches laitières avec leurs veaux, 2 chevaux, 100 piastres pour acheter des semences, des instruments et autres objets indispensables, la nourriture pendant un an et plus si c'est nécessaire. Ces avances sont remboursables au bout de quatre années. Chaque famille dispose à son gré de sa récolte. Chaque famille doit construire elle-même son *rancho* ou sa maison pour laquelle les bois et les roseaux sont à sa

---

[1] *Émigration et colonisation.* — *La Colonie de San-José*, par Alexis Peyret, directeur de ladite colonie, imprimé à Conception de l'Uruguay, chef-lieu de la province d'Entre-Rios.

[2] Voici en quels termes s'exprime M. Laurent Cot, dans une brochure publiée à Bâle en 1859 :

« Dorénavant aucune famille ne sera reçue dans la colonie de San José, si avant de partir d'Europe, elle ne remet entre les mains de l'aumônier de M. le général (Urquiza), ou directement ou par l'entremise de la maison J. Barbe, de Bâle, un certificat de bonne conduite, de fidélité à remplir les devoirs religieux et d'amour du travail, signé par le curé de la paroisse, où elle est domiciliée, et scellée du sceau paroissial. »

[3] La *cuadra* est un carré de 150 varas de côté; la vara = 0,86 centimètres.

disposition. Elle est exempte du service militaire et de tout impôt national en dehors des droits de douane, source principale et presque unique des revenus de l'État. Les 250 familles occupent deux lieues carrées de territoire. En 1860 elles formaient un total de 1,431 individus (771 hommes et 660 femmes); possédant 3,984 bêtes bovines, 674 chevaux, 238 cochons. Elles avaient semé 700 fanègues de blé. On attendait prochainement 30 nouvelles familles.

Le régime municipal consiste dans une commission nommée par les colons qui propose à l'administration les mesures d'utilité publique nécessaires; une fois prescrites, elles sont menées à fin à l'aide de prestations en nature ou de contributions en argent.

En dehors de cette colonie se trouve dans la province d'Entre-Rios, comme dans toutes les autres, des terres de propriété publique, couvrant de vastes étendues. Autour de chaque ville, un périmètre de plusieurs lieues carrées est réservé pour des concessions à peu près gratuites, car au moyen de quelques formalités peu dispendieuses [1] et sauf la condition de l'enclore et de le cultiver, chacun peut acquérir un carré de terre de 4 *cuadras*. Près des villes ces terrains sont dits de *chacra,* c'est-à-dire destinés à l'agriculture; plus loin d'*estancias,* c'est-à-dire destinés à l'élève du bétail.

On projette un cadastre général de la province qui apprendra au gouvernement de quelles terres il peut disposer.

En résumé les bonnes conditions économiques du pays de la Plata, malgré les sauterelles, les fourmis, la sécheresse, le *pampero,* qui est le sirocco de l'Amérique méridionale, assureraient le succès des entreprises bien conçues et bien conduites, si les troubles politiques, et surtout le système de concessions dépendant du bon vouloir de l'autorité, n'y inquiétaient la sécurité et engourdissaient l'activité.

Les sauvages du Sud troublent aussi quelquefois les travaux des émigrants, qui réclament du gouvernement de Buenos-Ayres une protection plus efficace que l'ombre de colonies militaires et quelques rares et courtes expéditions.

[1] La brochure de M. Peyret passe sous silence ces formalités, ainsi que les conditions et leur sanction, ce qui est précisément l'essentiel à connaître.

CHAPITRE XVI.

L'Uruguay.

Avant la période de guerre qui vit la république orientale en lutte avec ses voisins de la Plata et suscita dans son propre sein des révolutions de parti, l'immigration affluait à Montevidéo. De 1835 à 1842 environ 33,000 étrangers y arrivèrent, ainsi répartis par nationalités :

Français.	13,765	Anglais.	850
Espagnols.	8,141	Américains.	273
Sardes.	7,894	Divers.	963
Brésiliens.	920		

Utiles au commerce et à l'agriculture pastorale pendant la paix, les émigrants ne le furent pas moins pendant le long siége de Montevidéo, et les services de la légion étrangère ou plutôt française ne sont pas encore oubliés. Suspendu par le blocus, autant que par la cessation du travail et des échanges, ce mouvement a repris son essor au lendemain du rétablissement du calme, et il est redevenu, dans le pays basque d'où il sortait primitivement, une habitude fortifiée par les relations de famille, et dans l'Uruguay un intérêt de premier ordre, objet d'une égale sollicitude pour le gouvernement et la population.

Dès 1852 et 1853, le gouvernement, pour ouvrir l'espace à la colonisation, préparait un code rural, faisait rechercher les terres publiques, créait lui-même quelques villages.

Les particuliers constituaient diverses associations. L'une, appelée *Société de protection des immigrants*, à peine formée comptait 500 souscripteurs payant une piastre par mois et se proposait d'attirer les travailleurs étrangers, de les héberger dès leur arrivée, de leur procurer de l'emploi immédiat. Dès le commencement de 1853 elle avait secouru un certain nombre d'arrivants. Une autre, sous le nom de *Société de population et de progrès,* voulait fonder des colonies sur les terres libres et incultes des départements de Canclones, San-José, Colonia, Soriano, Paisanda et Salto; elle était disposée à signer des contrats avec des familles agricoles, catholiques de préférence, auxquelles elle assurait, au bout de quatre à cinq années, la propriété pleine et entière de vingt *cuadras* de terre. Elle signa des contrats pour l'introduction de familles allemandes et noua des négociations en divers pays de l'Europe, en Suisse, en Belgique.

Les provinces de l'intérieur répondaient à l'impulsion de la capitale. Une société s'organisa à La Colonia pour faire venir cinquante familles des Canaries en leur promettant des terres, des semences, les premiers moyens d'existence.

Enfin des capitalistes étrangers offraient au gouvernement oriental, pour régler son énorme dette, une somme de 100 millions de piastres, à 6 pour cent d'intérêt, et moyennant la cession pendant dix ans de 500,000 *cuadras*, environ 150 lieues de terres cultivables sur l'Uruguay, le Rio de la Plata et l'intérieur. Dix mille familles seraient introduites et recevraient des lots de 50 cuadras à mettre en culture. Après dix ans, la moitié de ces terres reviendraient en toute propriété au gouvernement, le reste appartiendrait à la société ou aux colons, après arrangement.

Avec les lenteurs du temps toute cette première ardeur s'est peu à peu calmée. Cependant l'immigration avait, à l'abri de la paix, renoué ses habitudes; elle a conduit sur la rive gauche de la Plata, dans la nouvelle période, environ 25 à 30,000 étrangers, en majorité Basques, Béarnais et Sardes de la terre ferme, population sobre, laborieuse et rangée qui fait du commerce à Montevideo, du jardinage et même un peu d'agriculture dans la banlieue, mais population flottante, fréquemment renouvelée, qui ne s'engage pas de corps et de biens comme il le faudrait pour la prospérité du pays, dans les entreprises agricoles. Dans les campagnes le système pastoral domine, et les produits animaux forment presque exclusivement toute la base du commerce : il semble que la population humaine participe à la mobilité des troupeaux qu'elle exploite. Même dans ces emplois les bras font défaut aux besoins.

La fièvre jaune qui, dans ces dernières années, a sévi sur les deux rives de la Plata, ne peut que nuire à l'accroissement et à la consolidation de l'immigration.

De nouveaux efforts ont été tentés en 1849, et dans la mission confiée à don André Lamas, envoyé en Europe comme ministre plénipotentiaire auprès du saint-siége, de la France, de l'Angleterre et de l'Espagne, entrent le soin des intérêts de la colonisation, et l'ordre de diriger sur Montevidéo autant d'émigrants qu'il pourra. Ils y trouveront toutes les libertés qu'ils demandent aux États-Unis, assurent les journaux de l'Uruguay, et le seul conflit qui puisse s'élever, le même que dans les Provinces-Unies, est relatif à la nationalité des enfants de pères étrangers, nés dans le pays. La diplomatie suffit à la résoudre, et pour des immigrants qui arriveraient sans esprit de retour, la naturalisation forcée est un bienfait plus qu'une charge.

CHAPITRE XVII.

Le Paraguay.

Le Paraguay, connu du monde par les missions des Jésuites et par la farouche dictature du docteur Francia, ne s'est révélé à nous comme pays d'immigration, que par une tentative dont les incidents et l'issue ne le recommandent pas à la faveur de l'Europe ; il s'agit de la colonie française fondée en 1855, au voisinage de l'Assomption.

Solano Lopez, fils du président de la république[1], dictateur plus encore que président, ayant fait un voyage en France, avait conçu la pensée de diriger sur les États de son père une partie des émigrants qui s'arrêtaient sur les deux bords de l'embouchure de la Plata. Par ses soins, des contrats furent passés à Bordeaux avec une centaine de cultivateurs et d'artisans disposés à tenter la fortune dans un pays qui, après le long et sauvage isolement où l'avait relégué Francia, s'ouvrait à la civilisation sous un successeur plus libéral. Les partants devaient justifier d'un certificat de moralité, d'une somme de 100 francs, être porteurs de leur extrait de baptême et nantis d'une malle à effets. Le reste regardait le président, qui promettait des terres et tous les moyens de les mettre en valeur, en un lieu fertile, en un climat sain.

En exécution de ces conventions, trois expéditions portèrent, dans les eaux de la Plata, 419 émigrants, après une navigation de trois mois, pendant laquelle ils firent une épreuve peu satisfaisante de l'hospitalité paraguayenne. A leur arrivée dans la capitale de la république, ils furent reçus par le président en personne, qui donna ordre de les diriger à six lieues au nord de l'Assomption, sur la rive droite du Paraguay, à l'endroit du grand Chaco, connu sous le nom d'ancienne réduction de don Annoncio, au voisinage des Guaycurus, sauvages indiens dont les hostilités avaient ruiné les *estancias*, abandonnées depuis lors à quelques pâtres. Un règlement du dictateur, portant la date du 14 mai 1855, constata dans son préambule que « le gouvernement désirait favoriser l'introduction des émigrants et des colons agriculteurs, afin d'accélérer l'augmentation de la population, d'améliorer l'agriculture et de multiplier les riches produits qu'offrent le climat et le sol de la république. »

La colonie portait le nom de Nouvelle-Bordeaux, en souvenir de l'origine de la plupart de ses nouveaux habitants et du lieu de leur départ de France. L'église était placée sous l'invocation de San-Francisco Solano, du nom du fils du président. Chaque colon de-

---

[1] Aujourd'hui président lui-même.

vait recevoir une maison et être nourri pendant un an : on lui avançait les semences, les instruments de culture, les animaux, le tout remboursable par quart, ainsi que le prix du passage, sur les produits, à partir de la troisième année. Bien que la liberté du commerce et de l'industrie fût accordée, la colonie devait être spécialement agricole : chaque colon au-dessus de seize ans recevrait 4 *cuadras* carrées pour ferme ou champ, dont il aurait la pleine propriété, après l'accomplissement des conditions de culture et de remboursement, et en outre un lot de maison. Au voisinage des concessions, des lots de terre seraient vendus au prix de 8 piastres par *cuadra*, sous l'engagement de cultiver dans l'année.

Les droits personnels paraissaient réglés dans l'intérêt des colons. A un juge de paix étaient confiées l'administration et la police de l'établissement : une forte garnison devait protéger les habitants contre les Indiens, et au besoin, comme on le vit bientôt, maîtriser les colons eux-mêmes.

De cruelles déceptions vinrent bientôt dessiller les yeux des trop crédules émigrants. L'entreprise imaginée par le fils déplaisait au père, qui n'avait garde d'en ménager le succès. La plaine où on les avait installés était improductive, les travaux stériles ; des champs étaient trois et quatre fois semés en vain. Les instruments de culture, les bestiaux promis, il fallait les acheter. On vendait les hardes pour suppléer à l'insuffisance des vivres, et l'on assaillait le consulat de demandes de secours. Des vexations et des mauvais traitements punissaient toute plainte, toute infraction au règlement. Quelques-uns des colons tentèrent alors de s'évader ; dix-sept furent arrêtés, mis aux fers, rayés des listes des ayants-droit aux concessions, exilés à l'intérieur, sous la surveillance de la police. Le président, rassuré par la distance, s'inquiétait peu des contrats qu'il avait sanctionnés, et entendait traiter les colons comme des sujets du Paraguay. Il prétendait, en conséquence, les empêcher de se faire immatriculer au consulat, d'y déposer leurs pièces, de se marier pardevant le consul, M. Lucien de Brayer, qui essayait en vain de tempérer les procédés de Lopez. Loin d'y avoir égard, le président menaçait de mort les colons qui seraient pris en flagrant délit d'évasion, et en effet, deux furent tués par les soldats au moment où ils prenaient la fuite.

L'expérience était faite; elle condamnait l'entreprise à une liquidation prochaine, étouffée qu'elle était entre l'arbitraire oppressif de l'autorité et l'irritation des colons, aigris par le malheur et l'injustice. Le président se rendit sur les lieux, à la fin de décembre 1855, harangua les colons et autorisa ceux qui voudraient partir à en faire la déclaration. Tous se présentèrent : on leur signifia aussitôt qu'ils cessaient d'avoir droit aux vivres, qu'ils avaient huit jours seulement pour quitter la colonie et cinquante pour rembourser le prix du passage, des vivres, etc. Pour tous il y avait impossibilité ; pour les cultivateurs expulsés de leurs terres, l'iniquité était plus odieuse encore. Il fallut céder à la force ; les cinquante jours expirés, les colons insolvables devaient se présenter devant le juge de paix de leur district, qui les emploierait selon leur profession. On les employa aux briqueteries et aux mines de fer, en compagnie des esclaves de l'État et des forçats. Le quart du salaire était retenu pour leur libération. Sur le pavé de l'Assomption, où le président les livra aux agents subalternes, les maladies et les dissensions aggravèrent leurs malheurs. A la nouvelle de ces barbaries, le gouvernement français publia une note officielle pour faire suspendre tout départ d'émigrants à destination du Paraguay, mais trop tard pour quelques habitants du Gers qui étaient partis au mois de février. En même temps une note était adressée au consul français pour qu'il réclamât contre la conduite du président, ce qui fut fait le 12 mai 1856. Une petite escadre fut même sur le point de partir pour les eaux du Paraguay, et si elle ne partit point, c'est que Lopez, intimidé, renonça aux mesures de rigueur, non sans stipuler le remboursement de ses avances, au taux de 3 piastres par tête de cultivateur, et 6 piastres par tête d'artisan. Un décret du 13 juin autorisa le départ des colons, qui se rendirent, pour la plupart, dans les provinces argentines de Corrientes, Parana, Buénos-Ayres, dans l'espoir d'y rencontrer, avec un salaire pour leur travail, des sentiments plus humains. Ceux même qui, ayant trouvé de l'emploi, voulurent rester, en vertu du traité avec la France, reçurent injonction de quitter le pays, et la colonie de la Nouvelle-Bordeaux ne laissa plus qu'un nom de triste souvenir et un enseignement.

Vers le même temps le même président eut des démêlés avec M. Hopkins, consul américain à qui il avait accordé des terres comme clause d'une convention de commerce et de navigation, et au premier discord il révoquait la concession.

De tels procédés expliquent la présence dans l'État du Paraguay d'une centaine d'étrangers seulement. La politique de Francia, à peine tempérée par d'impérieuses nécessités, règne encore sur les bords de la belle rivière qui verse ses eaux dans le fleuve libre du Parana : or, le monopole et le despotisme séduisent peu l'immigration.

CHAPITRE XVIII.

Le Brésil.

L'histoire de l'immigration au Brésil est plus complexe et à beaucoup d'égards plus encourageante. Ici le gouvernement fait de son mieux, et si trop de déceptions encore trompent les espérances des immigrants, la faute remonte soit aux propriétaires de terres, soit aux colons, soit aux difficultés inhérentes à toute colonisation, souvent à ces trois causes réunies.

Dès l'année 1819, le gouvernement du Brésil appela dans l'empire environ 2,000 Suisses et Allemands, qui fondèrent la Nouvelle-Fribourg dans la province de Rio-Janeiro, et il soutint la colonie contre tous les revers par d'importants sacrifices qui ne rachetèrent pas la stérilité du territoire assigné aux émigrants. Il prodigua les mêmes secours à la colonie de San-Léopold, fondée en 1825 par des Allemands dans la province de San-Pedro ou Rio-Grande-do-Sul; et depuis ces dates, déjà anciennes, jusqu'à nos jours, il n'a cessé d'appuyer l'immigration et la colonisation par tous les moyens, primes aux compagnies, indemnités de routes, dons de terres, exemptions d'impôts, exécution de travaux publics, législation généralement libérale. Malgré ces bons désirs, le Brésil n'a pu exercer sur l'émigration européenne qu'une attraction assez faible, mesurée par les chiffres suivants :

	Entrées.	Sorties.
1851.	9,680	1,540
1852.	6,870	1,887
1853.	9,643	1,987
1854.	8,673	1,771
Total.	34,873	7,181
Moyenne annuelle.	8,718	1,795
Excédant annuel des entrées	6,923 [1]	

Dans ce nombre les Portugais et les Français n'arrivent qu'à titre d'habitants des villes, s'engageant dans les affaires de commerce et d'industrie, dans les professions libérales; les Allemands seuls et les Suisses représentent l'immigration agricole. Faciles à entraîner, ils ont, les uns et les autres, fourni des contingents nombreux, mais sont devenus une source d'embarras pour le gouvernement par leurs différends avec les propriétaires.

Ces différends naissaient surtout du système d'économie rurale adopté par la majorité d'entre eux, sous le nom de *parceria*, qui n'est autre chose que le métayage, c'est-à-dire un contrat dans lequel le propriétaire fournit le capital immobilier et le bétail, le colon fournit son travail, et les produits se partagent par moitié. En lui-même ce contrat est irréprochable; il convient aux sociétés naissantes, où le capital manque aux émigrants pour devenir fermiers à prix fixe ou propriétaires pour leur propre compte; il est le plus simple dans ses règles et le plus fructueux dans ses résultats pour les deux parties contractantes. Mais ce genre d'association, pour porter des fruits de concorde et de profit mutuel, doit prendre appui sur une

---

[1] Une indication non officielle porte les arrivées de 1855 à 12,290 individus, parmi lesquels 9,000 Portugais.

loyauté réciproque dans la stipulation et l'exécution des engagements. Ce sentiment des devoirs respectifs a trop souvent manqué au Brésil.

D'un côté, les propriétaires se sont plaints, avec toute apparence de vérité, que les communes suisses surtout s'étaient débarrassées sur le Brésil de toutes leurs non-valeurs : condamnés, vagabonds, infirmes, vieillards; que d'autres colons, avec de meilleurs sentiments, n'avaient point l'énergie qu'exige une transplantation aussi lointaine, que beaucoup négligeaient les cultures qui leur étaient confiées et consistant presque exclusivement dans des plantations de caféiers.

De leur côté, les colons ont accusé les propriétaires d'abus graves. Ceux-ci, en stipulant le remboursement de leurs avances pour transport de l'Europe dans la colonie, les évalueraient à des taux exagérés, et stipuleraient la solidarité de dettes entre tous les membres d'une même famille, sans en excepter les enfants en bas-âge; ils percevraient indûment des droits de commission et des intérêts excessifs; ils vendraient à des prix exorbitants les marchandises prises en comptes-courants dans leurs magasins; ils réduiraient les travailleurs à se nourrir de farine de manioc, de haricots, de viande sèche et d'eau comme les esclaves, à qui on les assimilerait encore par l'arrogance et quelquefois la violence des traitements. Les agents employés par les propriétaires recourraient à des poids et des mesures différents suivant qu'il s'agirait de la réception des récoltes ou de la vente des articles de commerce, toujours à l'avantage des propriétaires. Enfin nul recours ne leur serait ouvert contre de tels abus de pouvoir. Leur sort serait donc une véritable servitude, suivant le vœu nullement déguisé des maîtres que l'on accuse de n'avoir demandé à l'émigration que des esclaves blancs, à défaut d'esclaves noirs dont la race s'éteint en leurs mains, depuis qu'on ne peut plus la renouveler par la traite.

Le gouvernement du Brésil s'est ému de ces récriminations qui ont retenti jusqu'en Suisse et en Allemagne avec un grand éclat : en Amérique comme en Europe, des enquêtes ont été ordonnées et exécutées. Celle des délégués de Suisse a confirmé sur beaucoup de points les plaintes des colons. Celle des Brésiliens, sans être aussi affirmative et tout en faisant une large part aux torts des émigrants, conclut par des appréciations qui voile sous la modération des formes un très-sévère jugement du régime imposé aux étrangers. Elles méritent d'être reproduites.

« La nécessité d'une législation appropriée, qui protége les colons et règle également les droits des propriétaires, est généralement sentie et est dans la pensée des pouvoirs de l'État; mais c'est ma conviction que toute loi sur cet objet sera inefficace, si prévoyante et si sage qu'elle soit, si son exécution n'est pas confiée à une autorité supérieure aux influences locales, laquelle aura l'inspection de ces établissements, les visitera périodiquement avec les pouvoirs nécessaires pour punir les fautes qu'elle constatera, et le droit de connaître et de décider de *plano* toutes les questions qui s'élèvent entre les colons et les propriétaires. *Le juge de paix et l'arbitre indiqués dans le contrat n'offrent pas aux colons une garantie suffisante d'impartialité et de justice*, surtout à ceux qui parlent une autre langue que la nôtre, qui n'ont que peu de relations dans le pays et ne frayent qu'avec un petit nombre de gens de leur condition. D'un autre côté, les colons n'ont ni le temps ni les moyens d'aller au bourg ou à la ville voisine pour réclamer justice, ou de charger un avocat de le faire pour eux. Outre ces points, il en est un autre qui, par son importance et par l'influence qu'il peut exercer sur l'immigration, doit attirer l'attention du gouvernement : je veux parler de l'exercice du culte et de l'instruction religieuse. La majeure partie des colonies est à une assez grande distance des centres de population, et *dans aucune on ne célèbre les offices divins*. Ainsi l'enfance s'élève dans l'ignorance des premiers rudiments de la religion, et il est impossible, même aux catholiques, d'observer les préceptes de l'Église. Quant aux protestants, ils n'ont pas même un cimetière où reposer leurs os, si ce n'est celui des *fazendas* (fermes) »[1].

Quels reproches plus graves pourrait-on adresser à une adminis-

---

[1] Rapport de M. Manoel de Jésus Valdetaro, 10 janvier 1856, au marquis de Olinda, ministre et secrétaire d'État de l'empire.

tration que le défaut de garanties aux intérêts civils et religieux? L'émigration est fondée à se tenir en garde contre de tels périls et à les dénoncer quand elle a commis l'imprudence de les dédaigner.

Du côté religieux surtout est venue l'alarme, à l'occasion d'un incident qui a retenti en Europe, l'affaire des époux Schott. La femme protestante s'étant convertie au catholicisme fut déliée de son mariage par l'archevêque de Rio-Janeiro et autorisée à se marier de nouveau. Le concile de Trente, alléguait le prélat, ne reconnaît pas le mariage des hérétiques; simple concubinage il ne crée pour les époux aucun lien religieux ni légal, pour les enfants aucune légitimité.

Avec cet odieux principe il fallait renoncer aux populations allemandes, en majorité protestantes et sincèrement religieuses. Prévoyant ces conséquences, le gouvernement du Brésil s'empressa de proposer un projet de loi qui autorisait les membres des communions dissidentes à contracter un mariage civil et validait toutes les unions précédemment accomplies suivant la loi du pays d'origine.

Dans sa sollicitude pour la colonisation, le gouvernement s'occupa aussi d'ouvrir aux colons l'accès direct de la propriété par la vente des terres publiques; et comme la reconnaissance douteuse de ces terres réclamées par de grands propriétaires en paralysait la revendication, il prescrivit une enquête générale sur l'état de la propriété. L'œuvre immense n'a été qu'en partie menée à fin, et les terrains reconquis sur les seigneurs brésiliens ont été déclarés aliénables par le bureau de la colonisation plutôt qu'ils n'ont été aliénés. — On n'a fait de cet excellent principe qu'une incomplète et vicieuse application en vendant ces terres par milliers d'hectares à des compagnies qui s'engagent à introduire des familles, au lieu de faire directement appel à ces familles à l'instar de l'Angleterre et de l'Union américaine.

La naturalisation est facile mais incomplète, les étrangers restant exclus des fonctions publiques et de la représentation nationale. Deux ans de résidence suffisent pour l'obtenir; on prétend même l'imposer de force aux enfants d'étrangers nés sur le territoire de l'empire. De vives protestations, au nom du droit public européen, ont repoussé cette prétention qui ne porte plus, d'après une loi récente, que sur les fils d'étrangers nés et devenus majeurs dans le pays.

Une société centrale de colonisation formée à Rio-Janeiro, en 1855, a conclu avec le gouvernement un contrat par lequel elle s'engage à introduire 50,000 colons. Elle paie les terres publiques seulement un demi-réal la brasse carrée (0,00 c. 1425 les 4 mètres 84 c. carrés), soit 2 fr. 94 c. les 10,000 m. carrés ou l'hectare), et reçoit des avantages de toute sorte en exemptions d'impôts et en priviléges pour accomplir ses engagements avec plus de facilité. Elle n'y parviendra pas aisément, toute la discipline réglementaire dont elle est affranchie, à titre d'acquéreur à prix d'argent, se trouvant reportée sur les familles des colons mêmes, qui deviennent moins des propriétaires libres et indépendants que des serviteurs et des tenanciers. Où manque la propriété et la liberté, la colonisation ne saurait prendre cet élan qui procure la popularité. L'expérience n'a pas tardé à dévoiler ce vice de l'institution, et un règlement est intervenu, le 18 novembre 1858, pour faciliter aux colons l'achat direct des terres. Ici se trouvent les mesures les plus libérales pour la vente et pour l'installation comme pour le passage, et si les agents du Brésil parviennent à édifier l'Allemagne du côté des mœurs comme ils le feront du côté des lois, un courant d'émigration pourra se développer. En attendant, la propagande y est assez malaisée, trop d'exemples ayant induit l'opinion publique dans l'idée que les propriétaires brésiliens, par l'habitude de l'esclavage, avaient perdu le respect de la dignité et de la liberté de l'homme, et qu'ils cherchaient seulement à remplacer par des esclaves blancs les noirs que la dureté de leurs traitements fait dépérir ou fuir. Quoi qu'il en soit de ces accusations exagérées sans doute, elles ne peuvent manquer d'un fonds de vérité, l'esclavage pervertissant toujours dans le maître le sentiment de l'égalité humaine, et l'on peut croire qu'au Brésil son action est pire qu'ailleurs en voyant la population noire qui croît avec une rapidité inquiétante dans le sud de l'Union, décliner de jour en jour au Brésil, depuis l'abolition de la traite; les décès y excèdent les naissances. Le climat ne pouvant être accusé, ne faut-il pas suspecter le régime lui-même?

Sans se faire illusion sur ces difficultés, la société centrale de colonisation comme celle qui auparavant s'était constituée à Hambourg [1] déploie dans les divers États de l'Europe une grande activité de propagande, de recrutement, d'influences pécuniaires et morales. Elle a introduit en 1857, 14,560 émigrants; en 1858, 18,990; elle n'a pourtant pas réussi à lever l'interdit jeté sur le Brésil par le comité d'émigration de Francfort, et divers États, entre autres la Bavière et la Prusse, ont adressé à leurs nationaux des avertissements pour les détourner de cette direction. Pour contrebalancer ces résistances, la société centrale, ou plutôt le gouvernement dont elle n'est guère plus que l'organe, a tourné ses vues sur la Belgique, les pays scandinaves, même sur l'Italie et l'Espagne, et ses efforts n'ont pas été tout à fait stériles, sans atteindre pourtant le niveau des besoins et des intérêts du Brésil. Aussi les esprits, désabusés par tant de difficultés et d'échecs, commencent-ils à réclamer simplement la colonisation libre par la propriété individuelle comme aux États-Unis, au Canada, au Cap et en Australie. Dans cette voie, on peut l'affirmer, ils auront moins de déceptions.

Quant aux serviteurs engagés par un contrat temporaire, on peut

---

[1] Le 14 mai 1853, la société de colonisation de Hambourg, fondatrice de la colonie de Dona Francisca, province de Sainte-Catherine, présenta à la chambre des députés du Brésil une pétition tendant à obtenir les priviléges et immunités suivants :

1° Naturalisation des colons comme Brésiliens, par le simple fait de la signature de la déclaration faite devant le conseil municipal;

2° Exemption de tout impôt direct pendant les dix premières années, du service militaire pour toute la vie, excepté en ce qui concerne la garde nationale;

3° Payement des frais de passage d'Europe à la colonie pour les enfants de cinq à douze ans;

4° Allocation d'un traitement à deux ecclésiastiques allemands, l'un catholique, l'autre protestant, appelés à diriger et à conseiller les colons;

5° Concession aux colons (dont le nombre s'élève déjà à mille), d'institutions municipales libres, semblables à celles qui régissent la colonie de Pétropolis;

6° Déclaration formelle de maintenir avec toute la rigueur des lois les contrats passés par les sociétés avec les colons.

les demander à l'Orient, d'où quelques milliers de Chinois ont été déjà introduits.

Sur la combinaison de ces divers principes : intervention directe de l'État accordant des secours en nature et en argent, conventions de métayage avec les propriétaires, appropriation privée, immédiate ou éventuelle, se sont constituées au Brésil, avec prédominance de l'un ou de l'autre caractère, un assez grand nombre de colonies d'origine européenne. A la Nouvelle-Fribourg et à San-Léopold que nous avons cités comme les jalons ouvrant la carrière, on peut ajouter les essais suivants, tous instructifs à divers titres par le succès ou par le revers.

Pétropolis, dans le voisinage de Rio-Janeiro, est une charmante cité de plus de 5,000 âmes, d'origine allemande, qui doit à la munificence impériale et au voisinage des maisons de plaisance des riches Brésiliens, sa prospérité toute artificielle. La colonie de Dona Francisca, dans la province de Sainte-Catherine, sur les terres de Mme la princesse de Joinville [1], celles de don Pedro d'Alcantara et du docteur Hermann Blumenau, se développent d'après le système de la division du sol en petites fractions, avec la propriété conférée à ceux qui la cultivent, ou un fermage perpétuel qui peut être toujours converti en propriété, moyennant le paiement de vingt fois le prix du loyer. Le même système domine à Mucurry, dans la province de Minas-Geraes et à Rio-Novo, dans la province de Spiritu-Santo. La certitude ou la prochaine perspective de la propriété personnelle et indépendante y double les forces physiques et morales. Dans la plupart des autres règnent les contrats de *parceira* ou métayage sur le type introduit par le sénateur Vergueiro [2].

---

[1] Elle se divise en trois districts : Joinville, Cachoeira, les Eaux-Vermeilles.
[2] L'écrit de M. Charles Reybaud, intitulé : *De la Colonisation du Brésil, documents officiels*, complément de son livre *le Brésil*, contient des informations très-précises sur les colonies suivantes : Cresciunal, S.-Jeronymo, Santa-Barbara, Morro-Azul, Boa-Vista, Berg, Canvitinga, S. Lourenço, Boa-Vista, S. Jao de Morro-Grande, Patû, Capitão-Diniz, Boa-Esperança, Tapera, Sitio-Novo, Sete-Quedas, Laranjal, Florence, Dôres, S.-Joaquin, S.-Antonio, S.-José de Lagoa. Les éléments suisses, germaniques, brésiliens et portugais s'y trouvent mêlés en proportion très-variables.

En vue d'une association plus intime entre le capital et le travail, le docteur Mure fonda, il y a une vingtaine d'années, au Sahy, une colonie d'émigrants européens qui dut se dissoudre, au bout de peu d'années, après plus de chants poétiques et d'élans enthousiastes que de travail productif.

CHAPITRE XIX.

Haïti.

Des informations, qui ne manquent pas de vraisemblance, ont appris que le président Geffrard se proposait d'organiser des États-Unis dans son île une large émigration de la population de couleur. Il aurait envoyé à la Nouvelle-Orléans un agent pour étudier l'affaire sur place. Esclaves fugitifs, affranchis humiliés, libres noirs ou colons poursuivis, même dans les États sans esclaves, par le préjugé de la peau, trouveraient dans la république haïtienne un asile inviolable et des droits politiques égaux à ceux des natifs [1].

Les émigrants européens ne sont pas autorisés à devenir propriétaires de terres à Haïti, exclusion qui les éloignera toujours d'un pays dont leurs ancêtres furent les maîtres souverains. Mais la république fait appel aux membres du clergé ainsi qu'aux instituteurs et institutrices en leur offrant de sérieux avantages. Le concordat, conclu avec le Saint-Siége en 1860, donnera probablement à ce genre de recrutement des allures régulières et plus d'importance que par le passé.

---

[1] Ce qui n'était qu'une conjecture en 1860, devient une certitude en 1862, par l'effet de la guerre civile des États-Unis.

CHAPITRE XX.

La République Dominicaine [1].

Le président de cette république, en vue d'attirer des émigrants, a exempté de tous droits les navires qui en apporteraient. Séduits par le bon vouloir que révèle une telle mesure, dans le courant de 1857 400 émigrants alsaciens arrivèrent à Santo-Domingo : comme ils y mouraient de faim, le président Baëz les envoya à Samana, où ils trouvèrent quelques aliments. La faim et la fièvre jaune en emportèrent 50 dans une semaine.

Quelque temps après la note suivante paraissait au *Moniteur universel* :

« Un certain nombre d'émigrants est récemment parti de France pour San-Domingo ; un nouveau départ a été annoncé.

» Les nouvelles parvenues sur la situation du premier convoi d'émigrants n'étant pas favorables, les colons français feraient sagement d'ajourner leurs projets d'établissement dans la République Dominicaine. »

CHAPITRE XXI.

Comparaison des États d'Amérique.

Cette longue énumération des États indépendants de l'Amérique, qui les montre divisés en deux parts, suivant qu'ils appartiennent à

---

[1] Depuis la composition de ce travail, la république Dominicaine, sous la direction de son président Santana, s'est donnée à l'Espagne.

la race anglo-saxonne ou à la race hispano-portugaise, constate en faveur de la première les préférences de l'émigration européenne, et n'attribue à la seconde que de rares bandes d'émigrants, appelées à grands frais et arrivant lentement. Cependant la nature n'a pas moins prodigué ses dons au centre et au sud qu'au nord de ce vaste continent, et même le système hydrographique du sud, partagé entre les bassins de quatre magnifiques fleuves : la Magdalena, l'Orénoque, l'Amazone, la Plata, est supérieur au système du nord, qui, au cœur du territoire des États-Unis, se résume tout entier dans le Mississipi. L'intérieur du pays, mieux arrosé et plus accessible dans l'Amérique méridionale, relevé en pentes plus régulières, ne connaît point ces vastes étendues qui dans la région du nord semblent interdites à l'homme, à l'est des Montagnes Rocheuses : elle a des solitudes plutôt que des déserts.

La différence des régimes politiques n'explique pas la différence des attractions. En deçà comme au delà de l'équateur la république domine avec une grande liberté personnelle, et la monarchie brésilienne n'est pas moins libérale que les républiques qui l'entourent ; elle présente en outre cette stabilité dans le gouvernement, qui manque à ses voisines, toujours agitées par les luttes de parti, souvent en proie aux guerres civiles. Pour les garanties de l'ordre, si justement réclamées par les émigrants, le Brésil l'emporte sur les États-Unis, où la violence remplace trop souvent la loi.

A quoi tient donc la préférence obstinée accordée à la confédération du nord par les émigrants? Pour une part, à l'analogie des climats, à la communauté d'origine, de langue, de religion, avec les deux pays qui sont les sources de l'émigration, la Grande-Bretagne et l'Allemagne ; pour une autre part à l'ancienneté des habitudes établies et des relations de personnes et d'affaires qu'elles ont créées ; pour la troisième part enfin, et c'est la plus grande, à la sincérité confiante de l'accueil fait aux étrangers, laquelle se traduit en une complète assimilation entre le naturalisé et le natif, sur le pied de l'égalité des droits politiques, civils et religieux. Dans la plupart des États hispano-portugais la naturalisation, très-facile sans doute, semble plutôt une charge qu'un bénéfice, un moyen de soustraire le nouveau citoyen à la protection des consuls de sa nation, plutôt que de lui ouvrir les priviléges de l'égalité politique : on le désire plutôt comme travailleur auxiliaire que comme membre actif et influent d'une société nouvelle; aussi se défie-t-il de la naturalisation, au lieu de la rechercher avec empressement. Les mœurs sont moins libérales que les lois, qui même ne le sont pas toujours. S'il est protestant, nulle part il ne jouit de la plénitude de sa liberté religieuse; son culte est toléré, comme un mal inévitable, plutôt que protégé comme un droit sacré, et les mœurs, en fait d'antipathie à l'endroit des hérétiques, renchérissent encore sur les lois. L'esprit nouveau lutte contre les vieilles traditions.

La différence dans l'appropriation du sol exerce une influence peut-être encore plus décisive. Aux États-Unis règne exclusivement la vente des terres, dans l'Amérique espagnole domine le métayage et les concessions. Ce dernier système, qui semble le plus libéral, déguise partout la servitude des citoyens envers les fonctionnaires qui apprécient les justifications présentées par l'émigrant, lui assignent sa place sur le sol, lui imposent des obligations arbitraires et onéreuses, le surveillent sous prétexte d'inspection, le tiennent dans leur dépendance jusqu'à ce qu'il ait rempli tous ses engagements dont ils apprécient l'exécution, lui délivrent, quand il leur plaît, un titre définitif ou le lui refusent. La vie du colon se passe, ses forces se dépensent, et trop souvent aussi ses épargnes, en obsessions humiliantes auprès de l'autorité. La vente seule des terres, immédiate, définitive, à bon marché, sauve la dignité de l'homme et l'indépendance du propriétaire. Le Brésil, qui a compris cette vérité, est entré dans cette voie, et il en recueillera une juste popularité auprès de l'émigration européenne, lorsqu'il aura élevé ses lois politiques et ses mœurs sociales à la même hauteur.

Quand les républiques du centre et du sud de l'Amérique auront accompli la même réforme dans leurs institutions économiques, elles feront concurrence aux États-Unis, autant que le permet l'inégalité des populations, des capitaux et du génie d'entreprise. Elles seront sans doute envahies alors, comme elles le disent et le redoutent, par le sang anglo-saxon et protestant, cet héritier direct de l'*audax Japeti genus;* mais les Américains du nord, en prenant racine dans le sud comme citoyens, et s'y attachant par le lien de la propriété immobilière, perdront, dans cette alliance avec les races néo-latines, les sentiments hostiles qui animent le gouvernement de l'Union contre tout ce qui oppose une barrière à ses envahissements. Avec des intérêts nouveaux leurs opinions sur les nationalités se modifieront, et ralliés de cœur à leurs patries nouvelles, ils leur apporteront ce qui leur manque le plus, la force active de l'industrie et l'impatience du progrès. Attirée par la prospérité, l'émigration des races néo-latines, affluant à son tour, fera contre-poids à la personnalité anglo-saxonne, si celle-ci se montrait trop ambitieuse.

CHAPITRE XXII.

Les Colonies anglaises.

Sous le rapport de l'immigration, les colonies anglaises se divisent en deux grandes classes, suivant qu'elles appellent dans leur sein des citoyens ou seulement des engagés temporaires. Nous n'avons à parler dans cette partie de notre mémoire que des premières, réparties ainsi qu'il suit dans les quatre parties du monde autres que l'Europe.

A. En Amérique. Les colonies du nord, qui sont :
    Terre-Neuve (*Newfoundland*) et le Labrador ;
    Le Nouveau-Brunswick ;
    L'île du prince Édouard ;
    La Nouvelle-Écosse et le Cap-Breton ;
    Le Canada (bas et haut) ;

Les possessions de la compagnie d'Hudson ;
La Colombie britannique ;
L'île de Vancouver ;
L'unique colonie du sud, qui est le groupe des îles Falkland.

B. En AFRIQUE. Le Cap de Bonne-Espérance ;
La Cafrerie britannique ;
Natal ;
Les îles et les possessions de la côte occidentale.

C. En ASIE. L'Inde et ses dépendances ;
Hong-Kong dans les eaux de la Chine ; Labuan.

D. En OCÉANIE. L'Australie, divisée en sept gouvernements, savoir :
Nouvelle-Galles du Sud ;
Queensland ;
Victoria ;
Australie du Sud ;
Australie de l'Ouest ;
La Tasmanie ;
La Nouvelle-Zélande.

Nous ne rappellerons pas Gibraltar et Malte, en Europe, simples postes militaires où les troupes et les fonctionnaires ne font qu'une résidence temporaire.

Vers ces nombreuses sociétés coloniales dérivent une grande partie de l'émigration anglaise, et une partie moindre de l'émigration continentale de l'Europe. Pour les sujets de la couronne britannique, ce déplacement n'est pas une expatriation : partout où flotte le drapeau national, partout ils retrouvent les libertés et les garanties, partout ils introduisent la langue et les mœurs qui leur étaient familières sur le sol de la Grande-Bretagne.

CHAPITRE XXIII.

Terre-Neuve et Labrador.

Sur la route de mer qui des ports britanniques mène au Canada, centre principal de la domination anglaise dans le Nord-Amérique, sont échelonnées une suite de colonies secondaires qui en occupent en quelque sorte les abords : la plus avancée au large est Terre-Neuve (*Newfoundland*), à huit jours seulement des côtes d'Irlande, dont la France disputa longtemps la souveraineté à l'Angleterre, qui en fut reconnue seule propriétaire par le traité d'Utrecht, sous la réserve de quelques droits de pêche aux Français sur une partie du littoral. Les entreprises du commerce et de la pêche ont attiré dans sa capitale, Saint-Jean, et dans les havres voisins des émigrants dont le nombre, par un accroissement rapide, surtout au XIXe siècle, approche aujourd'hui de 280,000 âmes. La côte orientale est à peu près occupée, et c'est à l'ouest, autour de la baie de Saint-Georges, que se rendent la plupart des familles, peu nombreuses du reste, qui vont s'y établir. Ce sont généralement des Irlandais jouissant de modestes ressources, qu'ils sont décidés à multiplier par un rude travail, qui vont chercher une vie indépendante et quelque peu sauvage dans cet isolement. En 1856 on compta 324 émigrants à cette destination; en 1859, 281.

L'intérieur de l'île, naguère exploré, est encore vacant de toute colonisation.

Le Labrador, séparé de Terre-Neuve par un détroit, en dépend administrativement. Sur ses côtes, au climat si rude, abordent quelques familles d'émigrants, mais étrangers à l'Europe. Ce sont des familles acadiennes qui s'y rendent des îles voisines, de la terre de Gaspé, des autres rivages que peuple cette race vaillante à la fatigue. Elles s'installent à l'embouchure des rivières, font beaucoup de pêche, un peu de culture, et visitées seulement par quelques missionnaires catholiques et quelques navires qui leur apportent de loin en loin le pain de Dieu et le pain des hommes, elles croissent et multiplient, contractant avec les sauvages Esquimaux des alliances d'intérêt et d'amitié, d'amour quelquefois [1].

CHAPITRE XXIV.

Le Nouveau-Brunswick et le Cap-Breton.

L'émigration européenne se porte avec plus d'intensité sur le Nouveau-Brunswick, plus rapproché de la grande ligne qui unit l'Europe au cœur du Canada. Dans ses variations annuelles, la vente des terres entre comme élément d'influence. Après avoir d'abord concédé de grandes étendues dans l'espoir nullement réalisé d'y voir former des établissements, on revint à la vente aux enchères de lots de 100 acres, sur la mise à prix de 2 sh. 6 den. st. l'acre, payables moitié comptant, le reste en un, deux, trois ans, sans intérêt. Les compétiteurs accoururent, et, sans se faire concurrence, trouvèrent à se placer. En 1853 et 1854 l'immigration monta à 2,213. La demande de travail était telle que chacun était engagé avant d'avoir débarqué. Voici les chiffres de toute la période :

1853.	. . .	3,762 émigrants.	1856.	. . .	712 émigrants.
1854.	. . .	3,618 —	1857.	. . .	551 —
1855.	. . .	1,405 —	1859.	. . .	229 —

La réaction de 1855 fut attribuée à des causes locales, un temps d'arrêt dans les entreprises de construction, la suspension des tra-

---

[1] Voir les Rapports sur les missions du diocèse de Québec, 1861.

vaux de route : un grand nombre de travailleurs venus au Nouveau-Brunswick passa aux États-Unis. En compensation, plus de 3,000 ouvriers, suivant la route inverse, vinrent en 1857, travailler au chemin de fer de Brunswick, et plusieurs restèrent au voisinage.

A partir de 1800 le gouvernement anglais avait commencé à diriger des montagnards écossais, pour la plupart catholiques, sur l'île du Cap-Breton, dépendance administrative du Nouveau-Brunswick ; vers 1830 ce nombre montait à un millier d'individus par an. La race anglaise y est représentée par les descendants des loyalistes américains[1], par une petite congrégation presbytérienne, dans le nord, par des employés et marchands dans les villes, enfin par des colons venus des îles occidentales d'Écosse. Il s'y trouve aussi quelques Irlandais : les uns et les autres se partagent entre l'agriculture et la pêche du maquereau, du hareng et de la morue. L'émigration plus récente n'y ajoute à peu près rien, bien que la race acadienne, de souche française, qui compose le fond de la population, envoie des émigrations aux îles Madeleine, à Saint-Pierre et Miquelon, à Terre-Neuve, au Labrador : les vides sont aussitôt remplis par la fécondité des familles.

Le Nouveau-Brunswick contient 17 millions d'acres de terres publiques, dont la moitié au moins sont disponibles. La propriété s'y acquiert en argent ou par « un acte de travail. » L'achat a lieu aux enchères, sur la mise à prix de 3 schellings l'acre ; et, c'est d'ordinaire le prix d'acquisition, faute de concurrence. En payant comptant, on bénéficie d'un escompte de 20 pour 100 ; mais on peut ne payer qu'un quart comptant et le reste en trois années successives.

L'achat par « acte de travail » consiste dans l'acquisition des terres au prix nominal d'un schelling par acre, qui se paie en travaux de route, destinés à l'usage du colon lui-même.

La compagnie des terres de la Nouvelle-Écosse et du Nouveau-Brunswick, qui détient de vastes étendues, en vend des lots de 100

---

[1] En 1783, un corps de 5,000 loyalistes vint s'y établir à l'embouchure de la rivière Saint-Jean.

à 300 acres le long des routes, au prix de 5 schellings *currency* par acre, payable en six ans.

A Saint-Jean, comme dans la plupart des pays anglais d'immigration, il y a un bureau chargé de donner aux nouveaux venus tous les renseignements utiles sur le pays, le sol, les terres vacantes, les localités les plus propices à un établissement.

CHAPITRE XXV.

L'île du Prince-Édouard.

La population d'origine française de l'ancienne île Saint-Jean, expatriée par des rigueurs politiques qui sont restées entourées de mystère, a été remplacée en grande partie par l'immigration britannique. En 1771, MM. Stewart et Robert Montgommery colonisèrent la baie de Richmond avec des Écossais qu'ils amenèrent du Cantyre. Vers 1800, lord Settyk établit 800 Écossais sur la côte sud, à Belfort. En 1823, l'élément nouveau comprenait déjà 23,473 habitants fixés principalement sur les côtes nord et est. La fertilité de l'île déterminant un nouveau surcroît d'immigration, le recensement de 1862 constata un effectif de 62,348 habitants : ce qui survivait de la race acadienne avait en grande partie émigré, comme celle du Cap-Breton, dans les îles voisines.

En 1856, l'île du Prince-Édouard ne reçut que 86 émigrants ; cependant les terres défrichées y sont moins chères que dans la plupart des colonies anglaises ; depuis 6 schellings 8 pence l'acre jusqu'à 15 schellings 4 pences. On trouve aussi à louer, pour 999 ans de taxe, sans redevance pendant les trois premières années, puis, sous la redevance de :

    2 pence par acre la 4ᵉ année
    4 —   —   5ᵉ —
    6 —   —   6ᵉ —
    9 —   —   7ᵉ etc.

CHAPITRE XXVI.

La Nouvelle-Écosse.

La Nouvelle-Écosse, l'ancienne Acadie, est la première terre ferme qui se présente aux émigrants qui naviguent vers le nord des États-Unis.

Une taxe de 10 à 20 schellings prélevée sur les immigrants n'avait d'autre effet que de les écarter au lieu d'enrichir le trésor : aussi fut-elle abolie en 1856. Cette année la presqu'île reçut sur 457 immigrants 350 soldats de la légion étrangère ou leurs veuves, suivant les clauses du contrat d'enrôlement. Les hommes trouvèrent un emploi immédiat dans les travaux du chemin de fer. L'année suivante l'ingénieur des mines de Nictam, dans le comté d'Annapolis, faisait appel à de bons ouvriers allemands à qui il promettait un travail bien payé dans ses établissements de forges, mines, briquetterie, charbonnerie ; ils gagneraient 5 fr. 50 c. à 7 fr. 50 c. par jour et pourraient acheter à un bon prix des maisons et des terres. Cependant le courant ne va pas de ce côté [1].

CHAPITRE XXVII.

Le Canada.

Nous voici sur l'un des plus brillants théâtres de la colonisation anglaise à l'aide de l'immigration. Les flots de passagers que les

[1] Il est probable que la découverte de l'or, en 1861, dans les terrains de la Nouvelle-Écosse exercera, comme partout, une puissante attraction.

paquebots de Liverpool versent sur les rives du Saint-Laurent, à Québec et à Montréal, s'y répartissent d'une manière bien inégale entre le Bas-Canada, depuis trois siècles occupé par des populations d'origine française, et le Haut-Canada, conquête pour ainsi dire nouvelle des colons anglais et allemands. Un très-petit nombre s'arrête au Bas-Canada, marchands ou fonctionnaires, jamais cultivateurs, rarement artisans : la masse presque entière se disperse par les chemins de fer, les canaux et les lacs dans les hautes régions.

Considéré dans son ensemble, le mouvement a présenté les fluctuations suivantes :

	Montant annuel [1].	Total quinquennal.	Moyenne quinquennale.
1829-1833.		167,697.	33,339
1834-1838 [2].		93,351.	18,670
1839.	11,217		
1840.	21,190		
1841.	28,937	125,860.	25,172
1842.	44,374		
1843.	20,142		
1844.	25,375		
1845.	29,253		
1846.	32,736	196,359.	39,272
1847.	90,150		
1848.	27,929		
1849.	38,494		
1850.	32,292		
1851.	41,076	187,737.	37,547
1852.	39,176		
1853.	36,699		
1854.	53,183		
1855.	21,274		
1856.	22,439	143,252.	28,650
1857.	32,191		
1857.	14,065		
1859.	20,240		

La progression descendante que ce tableau constate est bien plus prononcée qu'il ne paraît : en 1859 sur 20,240 émigrants arrivés par voie de mer 13,940 ne faisaient que traverser le Canada pour se rendre aux États-Unis, par la voie la plus économique : il ne restait

---

[1] On trouve aussi ces premières indications :

1820.	17,921
1820-30.	7,000 à 13,000
1830.	30,574
1831.	49,383

[2] Année de l'insurrection du Canada : l'immigration descend à 4,571, et le contre-coup fut encore senti l'année suivante.

que 6,300 [1] personnes dans la colonie anglaise, seuls colons sérieux et sédentaires qui mesurent l'accroissement réel. Ils se répartissaient ainsi :

> Dans l'Ouest ou le Haut-Canada. 5,000
> Dans l'Est ou le Bas-Canada. 800
> A Ottawa 500

De ce courant les flots les plus nombreux, avons-nous dit, viennent d'Angleterre, et l'impulsion ne remonte pas bien haut dans le siècle passé ; même après que le traité de 1763 eût doté l'Angleterre de ce que Voltaire appelait dédaigneusement « quelques arpents de neige, » la race anglo-saxonne n'eut hâte de s'y précipiter. Hors quelques aventuriers qui coururent le pays, quelques marchands et artisans qui s'établirent à Montréal et Québec, l'émigration s'abstint. Les premiers établissements agricoles de la race anglo-saxonne y furent fondés en 1780 par les réfugiés loyalistes américains, puis par les soldats allemands congédiés après la guerre de l'indépendance [2]. La paix de 1815 y conduisit des contingents beaucoup plus nombreux et le gouvernement fit aux soldats et aux officiers de grandes distributions de terres, notamment sur la limite commune des deux divisions du Canada. Les émigrants ne tardèrent plus à arriver spontanément en grand nombre. Les premiers furent 700 Écossais auxquels le gouvernement accorda le passage gratuit, et qui fondèrent dans le district de Johnstown le florissant établissement de Perth ; puis en 1818 vint une nouvelle émigration écossaise, sous la direction de M. Robertson qui s'établit dans le *township* de Beekwith ; en 1820 s'embarquèrent à Glascow 1,000 personnes qui se fixèrent à Lanark et à Dalhousie, non loin des précédents, et ils y furent rejoints l'année suivante par 1,800 nouveaux Écossais, dirigés par le capitaine Marchall. Aujourd'hui toutes les contrées du Royaume-Uni concourent au peuplement, les Irlandais particulièrement ; sans que

---

[1] *Alias*, 6,689. V. Royaume-Uni, page 45.
[2] On donnait aux colonels 2,000 acres ; aux capitaines 1,200 ; aux officiers d'un grade inférieur, 800 ; aux soldats, 80.

les commissaires de l'émigration aient à y intervenir. Les Anglais sont suivis par les Scandinaves, les Suisses, les Allemands qui aiment à défricher les plateaux boisés que dédaignent les Américains, pressés de faire de l'argent avec les prairies des vallées. Ces braves gens qui ne craignent point, pour assurer l'avenir de leurs enfants, de prodiguer leurs fatigues présentes, donnent beaucoup au sol, lui demandant peu, mais heureux déjà en songeant aux joies futures de la famille. Les spéculateurs sont plus habiles sans doute, mais qui oserait dire que les cultivateurs ne sont point préférables pour la fondation d'une société nouvelle ?

Il n'arrive pas de Français : depuis que la colonie est passée au pouvoir des Anglais il y a eu rupture complète du courant métropolitain, car on n'estime pas qu'il soit venu 50 familles en un siècle.

Pour les colons du nord de l'Europe et de la Suisse, l'attrait du Canada tient au bonheur de retrouver sous des cieux lointains, le climat, les herbages, les bois, les eaux, et jusqu'aux neiges et aux glaces du pays natal : les frimas leur sont des réminiscences patriotiques. Ils s'éloignent néanmoins du Bas-Canada où ils trouveraient ces charmes dans toute leur vérité pour aller jouir plus à l'ouest d'une température moins âpre quoique bien rude encore. Là s'élèvent avec une rapidité qui ne se retrouve qu'aux États-Unis, les villes, et surtout les villages et les fermes. Les communications faciles et régulières entre le littoral des États-Unis et l'ouest, par la vapeur, viennent en aide à cet accroissement. L'aisance rapidement acquise par les propriétaires y assure du travail aux ouvriers d'état aussi bien qu'à ceux de la culture. Ils accueillent volontiers même les émigrants pauvres, dont les bras sont une force à mettre en jeu, quoique le gouvernement anglais, plus vigilant, ait dénoncé à la Diète germanique les abus qui se commettaient par l'envoi de misérables sans aucune ressource, qui se traînaient affamés dans les rues de Québec.

Dans les recensements la part de l'immigration se confond avec l'excédant des naissances sur les décès : les deux causes réunies déterminent l'accroissement le plus extraordinaire dont les colonies européennes, l'Australie réservée, présentent l'exemple.

	Bas-Canada.	Haut-Canada.	Total.
1763.	70,000	12,000	82,000
1814.	335,000	95,000	430,000
1823.	427,000	150,000	557,000
1831.	512,000	260,000	772,000
1844.	699,000	500,000	1,199,000
1848.	770,000	721,000	1,491,000
1851.	890,261	952,000	1,842,265
1861.	1,110,480	1,395,222	2,505,702

En moins d'un siècle le peuple canadien s'est multiplié plus de trente fois ! On ne peut en faire honneur à l'immigration seule, car le Bas-Canada lui-même a largement participé à ce résultat, mais une forte part lui en revient. Cet accroissement a eu pour effet de déplacer le centre de gravité ; Québec et Montréal, après avoir été longtemps les capitales de la colonie, ont dû céder, en principe du moins, cette qualité à Ottawa, une parvenue d'hier à peine, mais plus rapprochée du Haut-Canada, où se trouve aujourd'hui la majorité de la population. La séparation qu'établissent la race et la religion, la langue et les mœurs, n'en sera probablement pas atténuée.

La production répond à cet essor des forces humaines. En 1857, le commerce général du Canada s'est ainsi résumé :

Importations.	9,827,649 liv. st.
Exportations.	6,362,605
Total.	16,190,254

soit plus de 400 millions de francs !

Une grande partie de ces richesses se récolte dans la région des lacs qui, au commencement du XIXe siècle, était un désert.

L'exploitation des forêts, une des industries principales du Canada, recrute elle-même les bras qui doivent la développer. Le même navire qui apporte des bois en Angleterre, en rapporte des travailleurs.

Le gouvernement canadien, appréciant les services que rend au pays l'immigration, a eu soin de lui aplanir les voies.

Tout sujet britannique est naturalisé en arrivant ; il est électeur après six mois de résidence. L'étranger est naturalisé et électeur après trois ans de séjour, et beaucoup d'Allemands trouvent que c'est trop long !

Le régime municipal, fondé sur l'élection populaire, fonctionne dans toute sa plénitude.

Les terres propres à la culture peuvent être achetées des compagnies ou des individus pour moins de 30 schellings l'acre. Le gouvernement canadien, dans le but d'empêcher les compagnies privées et les individus d'acquérir de grandes étendues de terre en vue de la seule spéculation, exige que l'acquéreur se fixe sur la terre qu'il achète. Cette simple condition éloigne une foule de spéculateurs qui, jusqu'alors, s'étaient enrichis aux dépens du pays, et avaient retardé le progrès.

Le gouvernement octroie gratuitement des terres le long des grands chemins de communication aux conditions suivantes : 1° le concessionnaire doit être âgé de 18 ans au moins ; 2° il doit prendre possession dans le délai d'un mois ; 3° il doit mettre en culture au moins 12 acres de terre en quatre ans. Il doit bâtir une maison (en troncs d'arbres) de 20 pieds sur 18, et résider sur le sol jusqu'à ce qu'il ait accompli les conditions.

En outre, le gouvernement possède plusieurs millions d'acres de terres qui peuvent être achetées à des prix variant d'un schelling à cinq schellings *currency* par acre, soit 10 deniers à 4 schellings sterling. Les conditions varient du Haut au Bas-Canada.

Le gouvernement améliore le cours du Saint-Laurent, la grande voie d'arrivage des émigrants, par tous les travaux d'utilité publique, et assiste les malades dans des hospices échelonnés le long de la route, non toutefois sans lever, suivant l'esprit anglais de calcul, un dollar par tête d'émigrant qui débarque, pour se couvrir de cette dépense [1].

Malgré ces avantages les États-Unis détournent du Canada la majorité des émigrants britanniques, qui semblent préférer une

---

[1] Arrêté du gouverneur général du Canada, qui a été suivi d'un nouveau règlement général le 23 avril 1860.

terre étrangère à un pays qui est pour eux la continuation de la mère-patrie. On l'explique par l'origine irlandaise de beaucoup d'entre eux, heureux de s'affranchir du joug anglais. On l'explique encore par une raison purement économique : Union américaine, possédant un capital infiniment plus considérable, absorbe plus vite et plus facilement les travailleurs : son attraction est proportionnelle à sa richesse.

CHAPITRE XXVIII.

La Colombie britannique.

En 1858 l'annonce de nouveaux gîtes aurifères sur les bords de la rivière Frazer, au nord de la Californie, à l'ouest du Canada, enflammait soudainement les imaginations. Les voisins les plus proches, ceux de Californie, s'y précipitèrent. En quatre mois, d'avril à juillet, 75 ou 80 paquebots à vapeur amenèrent de San-Francisco à l'île Vancouver, en face du lit du Frazer, près de 30,000 passagers, parmi lesquels on comptait 4,500 Français environ. Au lieu de l'or la plupart ne récoltèrent que la misère, la faim et la fièvre. Mais il y eut assez de bonnes chances pour assurer la renommée du Frazer, qui dès l'année suivante, était détaché du territoire de la compagnie de la baie d'Hudson, et érigé en une colonie nouvelle nommée d'abord *Nouvelle-Calédonie*, puis *Colombie anglaise*.

Sans écarter la foule par des rigueurs excessives, le gouverneur la soumit à quelques garanties : la recherche de l'or ne fut permise que moyennant licence. La naturalisation fut subordonnée à une résidence de trois ans. L'établissement des institutions libres, c'est-à-dire d'une législature élue par les citoyens, fut suspendu pendant quatre années. L'acre de terre se vend 4 schellings et 2 pence, (environ 12 fr. l'hectare) payables lors de l'arpentage.

Aux chercheurs d'or se mêlèrent des ouvriers recrutés par la compagnie de la baie d'Hudson pour ouvrir la route du haut Frazer, compris dans ses possessions avant que le territoire ne fût érigé en colonie distincte.

Au mois d'octobre 1859, la population blanche de la colonie montait à 5,000 personnes, avec un petit nombre de femmes et d'enfants. Le peuple, disait le gouverneur Douglas dans son rapport, se conduit bien dans les villes; le divin service est régulièrement accompli par le clergé résident, et il y a absence presque entière de crimes; des routes se construisent dans toutes les directions.

Le grand mécompte de la colonie, ajoute l'auteur du rapport, est l'absence presque complète d'une classe agricole. Les intérêts communs sont administrés par un comité de mines (*mining board*) que, sur la demande de cent mineurs dans un district, le gouverneur peut établir, en le composant de 6 à 12 personnes élues par les citoyens eux-mêmes : premier germe de la vie municipale, que la politique anglaise offre partout aux émigrants de toute origine comme un témoignage de confiance et une garantie d'impartialité.

Sur la foi de ces espérances, une société s'est formée à Londres pour l'émigration, en Colombie, de femmes industrieuses, qui y sont en nombre trop faible.

CHAPITRE XXIX.

L'île de Vancouver.

Comme la *British Columbia*, Vancouver est une colonie créée de toutes pièces sous nos yeux par l'immigration. On y compte 5 à 6,000 Européens cernant une population de 10 à 15,000 indigènes. Des compagnies s'y sont formées pour l'exploitation des mines de cuivre. Le chef-lieu, Victoria, bâti d'hier, qui compte 2 à 3,000 habitants, était naguère un simple poste de la compagnie de la baie d'Hudson. A ce rapide accroissement ont concouru, outre les ressources réelles et les mirages du pays, le haut prix des salaires, la facile acquisition des terres, la franchise du port.

Les gages des ouvriers d'art varient de 12 à 20 schellings par jour; ceux des laboureurs sont de 10 livres sterling par mois; les domestiques femmes vivement recherchées gagnent 4 à 6 livres par mois, outre la nourriture. Des ouvriers sont réclamés pour les routes nouvelles plus qu'il ne s'en présente.

Les terres du gouvernement se vendent 4 schellings 2 pences l'acre, payables en trois termes annuels. Les terres non arpentées peuvent être préemptées.

CHAPITRE XXX.

Le territoire de la Compagnie de la baie d'Hudson.

L'île de Vancouver et la Colombie britannique ont été légalement détachées des territoires concédés à l'*honorable Compagnie de la baie d'Hudson*, au nord et à l'ouest des établissements canadiens dans toute la largeur du continent : ces domaines occupent les huit dixièmes des possessions revendiquées par l'Angleterre dans cette partie de l'Amérique. La rigueur du climat s'unit aux priviléges de la compagnie pour en écarter les émigrants et les colons : le pays est livré exclusivement aux trappeurs et aux traitants qu'y attire le commerce des fourrures et des peaux, dépouilles des animaux sauvages qui parcourent les solitudes, et dont la nature mesure le vêtement au froid. La puissante corporation possède 200 forts ou stations où campent environ 12,000 individus de race blanche, dont les dix-neuf vingtièmes sont français-canadiens; ils trafiquent avec les sauvages indigènes dont le nombre est évalué à 300,000, et qui apprennent, les Esquimaux particulièrement, un peu de français et d'anglais. Çà et là cependant commencent à poindre quelques centres de colonisation agricole et commerciale, à la Rivière-Rouge, surtout, au delà des grands lacs, qui possède 7 à 8,000 habitants, et paraît appelée à devenir le berceau des cultures et des populations sur la route du *Far-West* canadien.

CHAPITRE XXXI.

La Nouvelle-Bretagne.

Le groupe des colonies anglaises du Nord-Amérique, que l'on appelle du nom générique de la Nouvelle-Bretagne, n'attire, malgré sa proximité relative de l'Europe, malgré les similitudes de climat, le libéralisme des institutions, une salubrité incontestée, qu'une faible partie de l'émigration européenne, et, ce qui a droit de surprendre encore plus, même de l'émigration britannique. On a vu qu'en 1859, sur 120,432 passagers de cette origine, 6,300 seulement s'étaient fixés au Canada, tandis que les États-Unis en ont reçu 70,000. Pour les années antérieures et l'ensemble de la Nouvelle-Bretagne, le tableau suivant a été dressé [1] par un savant statisticien.

Émigrations de la mère-patrie dans la Nouvelle-Bretagne, comparées aux émigrations totales de 1840 à 1854.

Époques.	Émigrants dans la Nouvelle-Bretagne.	Émigrants dans tous les pays.	Proportion Nouvelle-Bretagne.	L'Univers.
1840 à 1845 (6 ans). . .	206,825	559,078	37	100
1846 à 1851	301,117	1,552,523	19	100
1852.	32,873	368,764	9	100
1853.	34,522	329,937	10 1/2	100
1854.	43,621	323,112	13 1/2	100
	618,958	3,133,414	20	100

[1] Charles Dupin, *Forces productives des nations*, tome I, p. 419.

Dans la dernière période décennale, marquée par un énorme accroissement de l'émigration générale, la part proportionnelle de la Nouvelle-Bretagne a graduellement décru. En vain l'Angleterre s'en est vivement émue, et a poursuivi le redressement de ce dommage par les moyens libres dont elle use, la presse, les enquêtes, les rapports ; elle n'a pu vaincre une tendance qui découle de causes politiques et économiques.

La cause politique est l'antipathie des Irlandais pour un peuple qui, pendant sept siècles, les a opprimés, et qui se montre encore plein de rigueurs imméritées envers leur culte. Tant que les commissaires de l'émigration dirigèrent presque seuls le mouvement des départs et des destinations, sous le coup de la famine qui commença aux années 1846 et 1847, ils le firent au profit du Canada ; mais déjà beaucoup d'entre ces exilés de la misère choissisaient de préférence les États-Unis, et à mesure qu'ils ont pu ne consulter que leur inclination, ils ont fui la domination britannique : juste expiation pour la Grande-Bretagne d'iniquités séculaires !

Comme cause économique les publicistes anglais allèguent, suivant ce que nous avons dit plus haut, que le capital possédé par le Canada étant bien inférieur à celui des États-Unis, ne peut absorber avec la même facilité le travail qui s'offre. Il y a quelque vérité dans cette excuse, l'attraction des capitaux, comme celle de la matière, étant proportionnelle aux masses. Mais elle n'explique point que le capital du Canada n'attire pas aujourd'hui plus de bras qu'il ne faisait, il y a une vingtaine d'années, alors qu'il était bien moindre : avec plus de vérité on peut invoquer la rigueur de la température, et la diversion opérée par les mines d'or de l'Australie et de la Californie, qui modèrent l'attrait des grands lacs, des fleuves et des forêts de l'Amérique du Nord, sans rien ôter aux libertés et aux garanties chères à tout citoyen du Royaume-Uni.

Au sein même de la Nouvelle-Bretagne, les causes politiques ou économiques ont troublé l'accroissement naturel de la population par une émigration aux États-Unis dont le recensement de l'Union, en 1850, constate l'importance. En cette année, 147,711 individus, nés dans l'Amérique anglaise, habitaient dans les États de la confédération, surtout dans le nord.

On en comptait :

En New-York.	47,200		En Pensylvanie	2,500
Massachussets.	15,862		Ohio	5,880
Maine	14,181		Minnesota.	1,417
Michigan	14,008		Missouri	1,053
Vermont	14,470		Louisiane.	499
Illinois.	10,699		Divers États	11,665
Wisconsin.	8,277			

C'est au Canada surtout que se manifesta cet inquiétant phénomène de la dépopulation d'un pays qui était bien loin d'être peuplé à l'excès, et qui eût pu au besoin déverser son trop plein sur les immenses territoires de la compagnie de la baie d'Hudson, livrés aux chasseurs de bêtes fauves, aux traitants et trappeurs amenés par le commerce des fourrures, et à quelques sauvages indigènes.

Des comités spéciaux, chargés de s'enquérir des causes de ce mouvement ne tardèrent pas à en éclairer de vives lumières l'origine, l'importance, la direction, les effets [1].

Son origine remonte à l'insurrection canadienne de 1837 et 1838, dont la compression par la métropole poussa vers la république américaine beaucoup de citoyens, qui craignaient d'être compromis, et voyaient d'ailleurs leur fortune ébranlée par la terreur qu'inspirait l'état politique du pays, par la dépréciation du crédit et de la propriété. Trouvant immédiatement à s'employer dans les travaux publics de canalisation et de viabilité, dans les manufactures de l'est, dans la culture des terres fertiles du Michigan, de l'Illinois et des autres États de l'Ouest, ils montrèrent la voie à leurs compatriotes qui les suivirent en grand nombre. Concentrée d'abord sur le district de Montréal, l'émigration trouva successivement faveur dans presque toutes les localités du Bas-Canada, parmi la classe des

---

[1] Les rapports de M. Chauveau, en 1849, de M. Dufresne en 1857, contiennent, sur cette affaire de l'émigration canadienne, les renseignements les plus précis et les plus complets.

cultivateurs d'origine franco-canadienne, de préférence même à l'élément anglo-saxon, beaucoup plus rare, il est vrai.

Comme causes principales de ce déplacement, on constata l'absence ou le mauvais état des routes, — le haut prix des terres domaniales [1]; — les vastes concessions de terres faites anciennement aux seigneurs, aux compagnies ou à des individus qui s'abstenaient de toute dépense pour les mettre en valeur, et ne voulaient pas les vendre; — le manque de travail manufacturier et de travaux publics, pour une forte partie de la population, pendant les longs hivers qui suspendent la culture; — enfin l'insuffisance d'organisation colonisatrice.

Comme causes secondaires, le comité signala : les poursuites intentées par les grands propriétaires contre les colons qui avaient de bonne foi occupé leurs terrains; — l'exemption d'enregistrement que la loi accorde au propriétaire qui tient son titre de la couronne; — les encouragements de parents déjà émigrés; — les salaires plus élevés aux États-Unis; — le défaut d'instruction et la crédulité des jeunes gens; — les mauvaises récoltes dues aux ravages de la mouche hessoise, à la rouille du blé et des pommes de terre, à la routine des cultivateurs qui épuisent la fécondité des champs; — la surabondance de population dans les anciens établissements où elle se concentre; — l'apathie ou l'inconduite, dans quelques localités, des agents du domaine public, jointe aux conditions trop lourdes imposées au colon; — le droit d'exploitation des bois séparé du droit de propriété du sol; — la dépression du commerce de bois à Québec; — les désastreux incendies de 1845; — le luxe irréfléchi qui appauvrit les familles, etc.

Sur les canaux, les lacs, les chemins de fer, les départs se trouvaient faciles : dans les cinq années qui précédèrent 1849, on évalua leur nombre à 4,000 environ par an, et l'exemple dégénérait en une habitude considérée comme une calamité publique.

Après quelques années d'enquêtes et d'études une décisive et

---

[1] On les vendait alors 10, 15 et jusqu'à 20 schellings l'acre. Ces prix excessifs ont été depuis quelques années fort réduits.

patriotique réaction se déclara contre ces déplacements d'hommes et d'intérêts et l'on résolut d'y mettre fin. Le clergé catholique, inquiet des dangers qui menaçaient la foi de ses paroissiens quand ils se mêlaient aux protestants de l'Union, se mit en tête de la croisade; et, ce qui la rendit beaucoup plus efficace, de grands travaux publics sollicitèrent les bras, de vastes étendues de terre furent mises par la couronne à la disposition du public, à des prix modérés. Les chemins de colonisation donnèrent accès aux *townships*, les seigneurs et les grands propriétaires durent supporter une assez forte part des charges publiques pour les déterminer à mettre en valeur ou en vente leurs domaines. Une partie de l'émigration canadienne se dirigea vers l'ouest et le nord dans le haut pays, sans sortir de la colonie britannique. D'immenses espaces encore vacants, et qui s'agrandiront désormais, en vertu d'une loi récente, aux dépens du territoire possédé par la compagnie de la baie d'Hudson, attendent un renfort de bras et de capitaux européens, qui auront devant eux une carrière sans limites.

Cette salutaire évolution fut vivement appuyée par les journaux; des sociétés spéciales s'organisèrent, des souscriptions s'ouvrirent : un immense et vigoureux élan porta l'esprit du pays tout entier vers le défrichement des terres coloniales. On peut juger de l'énergie du sentiment national par les paroles d'un orateur du parlement canadien, aujourd'hui premier ministre.

« Considérons le pionnier, quelle que soit son origine, comme un fondateur plus digne de notre admiration que les rois et les nobles, parce que lui, au moins, est conquérant par lui-même, et non par les mains mercenaires d'autres hommes, et qu'il ne fait qu'une juste conquête, celle d'une portion de l'univers pour la faire fructifier. Celui-là est le vrai fondateur, qui plante son arbre généalogique bien avant dans le sol, dont l'écusson porte pour emblème, ce que Cowley appelle si heureusement le plus noble blason des peuples « une bonne charrue dans un champ fertile. »

Belles paroles qui élèvent le colon au premier rang des hommes utiles !

CHAPITRE XXXII.

Les îles Falkland ou Malouines.

A l'extrémité opposée de l'Amérique, au voisinage dit la région antarctique, l'Angleterre possède le nombreux groupe des îles Falkland, que Lapeyrouse donna à Louis XV, qui ne sut pas le mieux garder que les autres colonies. Tous les ans il s'y rend quelques dixaines d'émigrants, en vue de la pêche plus que de la culture. Ces adjonctions successives ont élevé à 2,000 âmes la population résidente. Après avoir concédé l'exploitation des îles Falkland à la maison Samuel Fisher-Lafone, de Montévideo, qui la rétrocéda à une compagnie, dont l'échec fut complet, le gouvernement anglais, reconnaissant que là, comme partout, la liberté du travail assure le succès mieux qu'aucun privilége, s'est borné à élever un phare en fer pour indiquer aux navigateurs le havre de Stanley. En même temps, les missionnaires maintiennent dans la foi les Européens et s'efforcent d'y amener les Patagons, leurs plus proches voisins du continent; malgré leurs prédications, entre les deux populations éclatent de temps à autre des conflits qui compromettent la sécurité et la prospérité des établissements européens.

CHAPITRE XXXIII.

Le Cap de Bonne-Espérance.

En revenant d'Amérique dans l'ancien monde, nous trouvons comme terres britanniques d'émigration, un groupe de colonies dans l'Afrique australe, et à leur tête, par son importance, la colonie du Cap. Les traités de 1814 ayant donné cette colonie à l'Angleterre, on ouvrit à Londres des souscriptions pour y introduire l'élément anglo-saxon en vue de contrebalancer l'élément hollandais, qui avait conquis le pays et y dominait. En 1818 et 1819, plusieurs écrits furent publiés en faveur de l'émigration au Cap, et divers convois de colons y furent expédiés. Malgré ces bons désirs, un courant considérable n'a pu s'établir, soit que le climat trop chaud écarte les Anglais, soit plutôt que la proportion considérable des habitants d'une autre race, avec qui il faut compter, ne laisse pas aux colons du Royaume-Uni cette plénitude d'action et de liberté qui seule rend toute colonisation agréable aux Anglais. La colonie entretient néanmoins à Londres un commissaire chargé de lui recruter des travailleurs, et qui lui en envoie tous les ans de 1 à 2 milliers.

En 1858, le gouverneur, sir G. Grey, avait traité avec une maison de Hambourg pour l'envoi de 4,000 immigrants allemands, opération qui a été interrompue pour différents motifs, entre autres les aggressions des Cafres sur les frontières.

C'est pour leur opposer une barrière que les soldats de la légion germanique, licenciée après la guerre de Crimée, ont été dirigés sur cette colonie, où l'administration locale leur a assigné des terres. Ils y ont bâti des villages et commencé des cultures; pour les attacher au sol par la famille, le commissaire de l'émigration a eu soin de leur envoyer des jeunes filles irlandaises qui ont été accueillies avec plus de faveur que dans la plupart des possessions anglaises. Malgré tous ces avantages, la nostalgie et la discorde ont ébranlé l'établissement germanique, et de nombreuses désertions ont réduit la population primitive. Les sécheresses, les incursions des Cafres, les perturbations de l'atmosphère aggravent les difficultés naturelles de la colonisation africaine par les Européens.

Le régime de l'appropriation des terres n'y est pas aussi nettement établi que dans les autres colonies anglaises. Primitivement les terres étaient accordées aux tenanciers moyennant une rente annuelle; en 1843, la vente des terres fut introduite sur la mise à prix de 2 schellings l'acre. En 1855 la législature locale rapporta le règlement de 1843, et revint au système primitif avec quelques modifications. Plus tard le gouverneur a offert des concessions de 1,500 acres à des fermiers munis de capitaux qui fourniraient du travail aux Allemands. Toutes ces fluctuations jettent de l'incertitude dans l'esprit des émigrants qui voudraient devenir propriétaires, et quant aux simples travailleurs, ils ne peuvent qu'être ébranlés par ce qu'ils apprennent de l'hostilité des Cafres en temps de guerre, de leur concurrence en temps de paix.

Les Hollandais seuls se sentent attirés vers ce pays par la communauté d'origine et de langue, et continuent à y envoyer un certain nombre d'émigrants, de ceux-là surtout qui se destinent à l'éducation dans les familles, et au ministère religieux dans les églises.

Le recensement de 1856, considéré du reste comme très-inexact, portait le nombre des blancs (Hollandais et Anglo-Saxons) à 119,577; les noirs et gens de couleur issus de l'union des blancs avec les négresses, à 130,740, les Malais à 6,099, et les étrangers à 10,584; total 567,000. Cinq ans après on évaluait la population de 300 à 350,000 âmes.

CHAPITRE XXXIV.

La Cafrerie britannique.

La plus grande partie des établissements fondés par la légion germanique se trouve sur le territoire qui a été détaché en 1858 de la colonie du Cap pour former le gouvernement de la Cafrerie anglaise. Ce n'est pas sans de belles offres qu'on a pu déterminer des enfants de l'Allemagne à braver la température du 30e degré de latitude sud. Voici, en effet, les promesses.

Transport gratuit pour eux-mêmes, leurs femmes, enfants, fiancées, et d'un serviteur par famille d'officiers. — Rations gratuites ou indemnité équivalente pendant un an. — Demi-solde pendant les trois premières années. — Solde complète en campagne. — Pension en cas de blessure. — Avances d'argent et d'outils remboursables pendant la deuxième et troisième année. — Concession de lot à bâtir et de lot de terres pour jardin. — Droit aux pâturages communs. — Allocation pour construction de maisons. — Exemption d'impôt pendant sept ans, et à l'expiration de ce terme, propriété du sol, de la maison, du jardin. — Frais d'enterrement supportés par l'État.

Il n'a pu être donné de terres à labourer, sous le prétexte qu'au moment du contrat elles étaient encore sous le régime des ventes.

En retour de ces avantages, les colons allemands s'engagent à faire un service militaire pendant sept ans, à se défendre contre l'ennemi, à prêter main-forte au pouvoir civil, à faire l'exercice de temps à autre, et passer la revue tous les dimanches ; à se soumettre enfin à la discipline du gouvernement sous peine d'amende et de renvoi.

Par l'abandon volontaire du service avant le terme fixé, tout l'établissement du colon revient à l'État, aussi bien qu'en cas de mort sans femme ni enfant : moyen par trop franc d'inique confiscation.

En un mot, l'Angleterre a voulu fonder de véritables colonies militaires. Ce simple mot explique le départ de certains enrôlés et la tiédeur des émigrants européens. Admis, du reste, à la jouissance des libertés britanniques, les soldats laboureurs ont, au lendemain de leur installation, publié un journal, le *Germania*, et pour charmer leurs ennuis, ils ont donné à leurs baraques naissantes, les noms pompeux et toujours doux à la sensibilité allemande, de *Berlin*, *Brunswick*, *Wiesbaden*, etc.

Ce charme n'a pas suffi pour enchaîner les cœurs. Au bout de quelques mois, on comptait quatre cents désertions, et l'on pensait à découvrir des fermiers coloniaux.

CHAPITRE XXXV.

Natal.

D'autres causes ont éloigné de la colonie de Natal les cultivateurs hollandais connus sous le nom de Boërs : c'est la violation ou du moins la contestation de leurs droits à la propriété du sol, et une condition politique inférieure à celle qu'ils revendiquaient comme citoyens d'un État libre [1]. Le gouvernement anglais s'est appliqué à les remplacer par des émigrants du Royaume-Uni, dont le nombre grossit tous les ans, grâce à l'arrivée de deux ou trois convois, expédiés par les soins d'un commissaire.

Pour activer le peuplement, M. Johstone, le voyageur abyssinien, imagina, en 1849, une société qui formerait une colonie, près de Port-Natal, au moyen de l'achat de 25 milles carrés de terres, que l'on diviserait en cinq sections, chacune de 16,000 acres. La spéculation se porta dès lors sur cette colonie et acheta de vastes étendues de terres, moins pour les mettre en valeur que pour les revendre en temps opportun, abus contre lequel on se récria beaucoup, et que l'on combattit d'abord par des concessions sans condition (en 1857), puis par des ventes à 4 sch. l'acre (1858).

Pour attirer l'émigration, la législature fait supporter par la caisse coloniale une partie des frais de passage des Européens qui ont été désignés par des résidents sur place. Le résident paie 10 livres sterling, le reste est à la charge du trésor.

La rareté des contingents ainsi obtenus a déterminé les colons à solliciter le concours des coolies indiens aux mêmes conditions qu'à Maurice. Les planteurs de sucre invoquent la température tropicale, prétexte plutôt que raison sérieuse, puisque la colonie possède une

---

[1] M. Xavier Raymond et M. Charles Lavallée ont raconté au long dans la *Revue des Deux-Mondes* l'histoire de ces luttes pour le droit de propriété, réclamé par les Boërs, subtilement et à contre-cœur toléré par les Anglais.

population indigène disposée à lui venir en aide, et qu'elle emploie du reste à concurrence de 9,000 individus ; mais ces auxiliaires sont maîtres du marché et l'on veut se délivrer de leurs exigences.

La colonie de Natal limite sur la côte orientale d'Afrique le domaine de la couronne anglaise.

CHAPITRE XXXVI.

Les Indes orientales.

Bien que le vaste empire britannique de l'Indoustan, peuplé de près de 185 millions d'habitants, soit fermé aux courants généraux de l'émigration, autant par cette densité de population que par les lois qui interdisent à peu près aux Européens l'appropriation du sol, ce pays joue un rôle important dans le système politique et colonial de l'Angleterre. Les nombreux emplois civils et militaires, dont disposent soit les gouvernements locaux, soit la cour des directeurs de la compagnie (remplacée en 1858 par l'autorité de la couronne et du parlement), ouvrent aux cadets des familles nobles les voies de la fortune et des honneurs. Dans les mêmes carrières, toutes accessibles après examen et où l'avancement est soumis à des règles hiérarchiques, sans considération de la naissance et de la richesse, les enfants de la bourgeoisie poursuivent et atteignent les grades, les titres et les rangs qui leur sont fermés, sur le sol de la Grande-Bretagne en Europe, par un régime aristocratique. En dehors de l'armée, l'administration, la magistrature, le génie civil, les écoles, les finances, la presse, même les sciences et les arts offrent aux talents de nombreuses positions largement rétribuées. Le commerce des grandes villes et de tous les ports attire une autre classe de caractères, les plus entreprenants et les plus aventureux, par l'amorce de ces bénéfices prodigieux qui ont fait des Nababs de l'Inde des personnages légendaires.

Les travaux publics, menés sur une grande échelle depuis une douzaine d'années, y ont introduit des éléments nouveaux appelés à exercer une influence de meilleur aloi que celle qui a prévalu jusqu'en ces derniers temps. En vue des chemins de fer, des canaux, des télégraphes s'installent des brigades d'ingénieurs, avec leur cortége d'agents, destinés à régénérer le pays par des travaux productifs, et à révéler aux indigènes les côtés utiles d'une civilisation dont ils n'ont trop longtemps connu que la puissance oppressive, les rapines et les vices. L'Inde possède déjà 6,000 kilomètres de chemins de fer et 15,000 kilomètres de télégraphie électrique.

Ces divers affluents élèvent au-dessus de cent mille âmes l'élément européen de l'Inde britannique, l'armée seule devant y compter pour 70,000. Dans les villes du littoral il s'y trouve mêlé à des étrangers, arrivés de tous les pays d'Orient, parmi lesquels dominent avec les Persans les Chinois venus de l'est. On retrouve quelques Français, à la tête d'indigoteries, seule industrie agricole des Européens ; on compte dans les villes quelques maisons américaines, françaises, allemandes, grecques ; des Arméniens venus de l'ouest. Beaucoup de fonctionnaires anglais s'y établissent et fondent des familles destinées à une existence un peu nomade. Des liaisons s'établissent aussi avec les filles indiennes, et il en naît une catégorie d'enfants que l'on appelle *Eurasiens*, d'après leur origine moitié européenne, moitié asiatique. En vain l'orgueil britannique les repousse avec mépris dans les derniers rangs du peuple : par leur intelligence et par leur résistance au climat, ils s'élèvent au-dessus de leur condition légale, et revendiquent, d'une voix importune, les droits du sang et de la capacité.

Dans les aperçus qui précèdent, n'entre pas Singapore, devenue, grâce à la franchise de son port, le rendez-vous de toutes les nations. Fondée en 1818, cette célèbre cité commerciale compte, aujourd'hui, 80,000 habitants : Européens, Anglo-Indiens, Bengalis, Arabes, Chinois, Siamois, Malais, Javanais, Juifs, Arméniens, Parsis, Américains [1].

Le système actuel d'occupation des terres domaniales ne donnant

[1] *Diction. du Commerce et de la Navigation* publié par M. Guillaumin, 1859-1862.

pas satisfaction à tous les intérêts et surtout à ceux des Européens, des pétitions ont été adressées au gouvernement par des associations européennes de Calcutta, pour obtenir le remplacement du système des concessions avec clauses résolutoires et l'affermage des terres de l'État, par un système de ventes avec titre définitif de propriété [1]. Une telle innovation ne tarderait pas a attirer vers l'Inde l'émigration britannique, qui dès à présent, commence à y être représentée en dehors du commerce et des fonctions publiques [2].

CHAPITRE XXXVII.

Hong-Kong et Labuan.

Dans l'extrême Orient, les îles de Hong-Kong et de Labuan sont devenues des possessions britanniques, l'une sur le littoral de la Chine, l'autre en pleine mer, au nord de Bornéo. La colonie de Hong-Kong, fondée en 1842, ne figure dans les comptes de l'émigration britannique que pour des nombres insignifiants, parce qu'elle recrute ses éléments dans le monde oriental. Sa population, qui dépasse aujourd'hui 70,000 habitants, comprend 60,000 Chinois et 10 à 12,000 étrangers, en majorité Anglais. Sa capitale, Victoria, est, on peut dire, sortie toute faite des entrailles du roc, des flancs des montagnes et du sein des mers [3]. C'est un des plus frappants exemples de la puissance créatrice de l'émigration.

[1] Par un acte du 17 octobre 1861, le gouverneur général des Indes anglaises a réglé, suivant de nouveaux principes, la vente des terres incultes et le rachat de l'impôt foncier. — L'aliénation perpétuelle des terres est autorisée moyennant un prix modéré payable dans les trois mois. — Le maximum des surfaces qu'un acquéreur peut acheter, est fixé à 3,000 acres, soit 1,200 hectares.
La traduction de cet important document, qui ouvre l'Inde à la colonisation européenne, a été publiée dans le recueil intitulé : *Revue maritime et coloniale*, que publie le ministère de la marine (livraison de mars 1862, tome IV, p. 484). On en trouvera un résumé dans les *Annales du Commerce extérieur*, n° 1,406, livr. de mai 1862.
[2] En 1859, 6,241. — A la page 45 il y a interversion de chiffres.
[3] L'histoire des développements de Hong-Kong est racontée avec des détails aussi

CHAPITRE XXXVIII.

L'Australie.

Au delà de l'Asie, dans l'immensité de l'océan Pacifique, se déroule, sur de bien autres proportions, un des plus brillants exploits du génie et du travail de l'émigration : c'est l'Australie.

La Nouvelle-Galles du Sud, abordée en 1788 par le commodore Philip, suivi d'un millier d'hommes, condamnés (*convicts*) et soldats, ne comptait, en 1812, que 10,000 habitants. Un demi-siècle après, la colonie pénitentiaire est devenue le noyau d'un empire, immense par l'étendue, célèbre par la richesse, peuplé de plus de douze cent mille citoyens organisés en sociétés régulières, dotés de toutes les institutions de la mère-patrie, possédant un revenu public de 129 millions de francs et faisant un commerce d'importation et d'exportation de plus d'un milliard. Leur territoire est percé de voies ferrées et jalonné de poteaux télégraphiques; leurs mers sont sillonnées par des navires à vapeur.

Cet empire naissant se divise en sept provinces ou gouvernements qui sont :

Sur le continent :
    La Nouvelle-Galles du Sud.
    Victoria.
    L'Australie méridionale.
    L'Australie occidentale.
    Queensland.

Dans les îles :
    La Tasmanie (Van Diemen), avec l'île Norfolk.
    La Nouvelle-Zélande.

Les premiers émigrants libres arrivèrent en Australie en 1815 :

neufs que précis par M. le baron Charles Dupin, dans le tome III de son grand ouvrage sur les *Forces productives des nations*.

de 1820 à 1829, il en vint quelques centaines; en 1828 et 1829, 1 à 2 milliers, tous originaires du Royaume-Uni. A partir de ces années, la progression suivit une marche rapidement ascendante que résume le tableau suivant :

	Total décennal.	Moyenne décennale.
1830-1839.	53,274	5,327
1840-1849.	126,937	12,693
1850-1859.	498,537	49,853
	678,748 [1]	

Ce nombre total de 678,000 immigrants anglo-saxons doit être grossi des aventuriers accourus de toutes les parties du monde à la nouvelle des gîtes aurifères découverts en 1851. Des ports de l'océan Indien et de l'océan Pacifique, même de New-York, des navires chargèrent des convois de passagers voguant, nouveaux Argonautes, à la recherche de la toison d'or.

C'est vers l'Australie principalement que le bureau de l'émigration à Londres dirige ses recrues, parce qu'elle est de toutes les colonies anglaises la moins peuplée, la plus éloignée et partant la plus coûteuse à atteindre. Ce qu'elle a reçu par cette voie s'est ainsi réparti :

	1847-1858.	1859.
Nouvelles-Galles du Sud.	81,711	1,252
Victoria.	99,219	2,034
Australie du Sud.	62,752	1,326
Autralie de l'Ouest.	2,953	432
Tasmanie.	4,879	28
Nouvelle-Zélande.	196	»
Queensland.	»	506
	251,710	5,570
Total.		257,288

La différence avec le chiffre ci-dessus 678,748 mesure la part de l'émigration spontanée, ou plutôt affranchie d'intervention officielle (*unassisted*).

En Angleterre et en Écosse le recrutement des commissaires

---

[1] En ajoutant 5,175, pour les années 1825 à 1829, on obtient le total officiel 683,923; auquel il faudrait ajouter 2,976 individus pour les 10 années antérieures dont les rapports officiels n'ont pas tenu compte.

porte principalement sur les ouvriers en chômage ; en Irlande sur les cultivateurs. Les fils de la Grande-Bretagne se rendent de préférence à la Nouvelle-Galles et à Victoria, les Irlandais dans l'Australie du Sud et de l'Ouest. Sans être très-recherchés, ces derniers trouvent néanmoins à se placer dans les fermes : l'embarras est plus grand pour les servantes à qui l'on reproche leur ignorance et leur saleté ; leur religion n'est peut-être pas étrangère à ces répugnances. L'émigration non-assistée mène en Australie beaucoup d'Irlandais des professions libérales qui réussissent dans les fonctions élevées non moins que leurs pauvres compatriotes dans les rudes labeurs. Les épargnes que les uns et les autres envoient à leurs familles témoignent à la fois d'une activité fructueuse et de bons sentiments.

La moitié du prix de la vente des terres est consacrée au transport de passagers assistés ; le reste provient des fonds de la taxe des pauvres, de ceux des hospices. Les contributions de la charité privée sont versées aux diverses associations qu'ont suscitées, en faveur de l'Australie, le patriotisme, la charité ou la spéculation. De 1847 à 1856 les commissaires officiels ont dépensé plus de 3 millions de livres sterling et en moyenne par adulte à peu près 400 francs.

Les caisses d'épargne s'associent aux efforts de l'administration et des citoyens en accordant un petit surcroît d'intérêt aux déposants qui s'engagent à ne demander leur remboursement qu'en terres australiennes. De plus, la moitié de leurs épargnes devient applicable à payer leur passage en Australie.

Les avances sont stipulées remboursables sur les salaires par retenues annuelles qui sont généralement consenties de bon gré par les débiteurs. Les mêmes sommes servent donc à des renouvellements indéfinis, et la dépense réelle est par là bien inférieure à la dépense apparente. L'obligation de remboursement a pour sanction un emprisonnement qui peut durer trois mois.

L'émigration allemande tient le second rang. Elle commença en 1838, par des Prussiens, de la communion évangélique luthérienne, gênés dans le libre exercice de leur culte. Ils prirent à bail des terres avec faculté de les acheter à un prix déterminé d'avance : 600 colons ainsi installés devinrent des modèles pour le travail et la moralité. Ils souffrirent et ils empruntèrent pour vivre; au bout de deux ans ils s'étaient libérés et beaucoup devinrent successivement propriétaires des lots qu'ils affermaient. Venus en familles ils s'étaient attachés au sol qui avait généreusement récompensé leurs sueurs. La fièvre de l'or n'eut pas, en 1851, la puissance de les détourner de leurs occupations régulières, et leur exemple eut même la vertu d'attirer à eux beaucoup de leurs compatriotes. Parmi eux les horlogers, les ébénistes et les orfévres fraternisent avec les vignerons, les jardiniers et les agriculteurs. On les retrouve en groupes de familles, formant en quelque sorte une tribu, dans le reste de l'Australie, surtout à Victoria où ils publient un journal allemand, et ont formé un comité patriotique et charitable. Partout ils ont des prédicateurs et des instituteurs. Ces heureux débuts ont retenti en Allemagne et l'on a vu partir des gens ayant 25 à 100,000 francs de fortune, qui allaient les confier aux chances d'une lointaine colonisation.

Aux Allemands s'entremêlent les Suisses des trois langues, avec les spécialités qui les caractérisent : les Tessinois artisans, les Suisses-allemands mineurs, les Suisses-français vignerons. Ils restent fidèles de cœur à leur patrie natale, et on les vit souscrire en sa faveur lorsqu'elle fut à la veille d'une guerre avec la Prusse pour la question de Neuchâtel.

Les Italiens ne se montrent pas moins patriotes : ils ont voté aussi une souscription en faveur des familles victimes de la guerre italienne.

En 1848, quelques Français manquant de travail partirent du Hâvre pour l'Australie, où le mirage des mines d'or et des rapides fortunes leur a donné bon nombre d'imitateurs moins laborieux.

« En général, a-t-on écrit [1], les Européens n'émigrent pas pour

---

[1] *Dictionnaire du Commerce et de la Navigation*, V. Melbourne.

se livrer, sous un soleil ardent, aux rudes travaux de la campagne; ils préfèrent le négoce; quand ils cultivent ils ne se livrent qu'à des cultures de choix, recherchent les produits dont l'écoulement est toujours certain et avantageux (n'est-ce pas une grande preuve de bon sens?) On trouve les Européens marins, commerçants, depuis le plus haut jusqu'au plus bas degré de l'échelle. Il y a plus de 300 limonadiers français. — On trouve surtout des mineurs allant aux *placers* ou en revenant, mais il est presque impossible de trouver un chapelier, un serrurier, un menuisier, un maçon, un charpentier européens; si par hasard il s'en rencontre quelqu'un dans la colonie, sa main-d'œuvre est toujours trois fois au moins plus chère que celle de l'ouvrier chinois. Encore n'exerce-t-il son métier que transitoirement et en attendant quelque gain qui lui permette d'en embrasser un meilleur. Le charpentier deviendra volontiers chargeur de navire, prenant sous ses ordres, moyennant salaire minime, des manœuvres chinois; le maçon n'hésitera pas à se transformer en architecte, et ainsi des autres corps d'état. »

Ce portrait, aux teintes sévères, provoque le blâme : n'est-il pas bien naturel pourtant que des hommes n'aillent pas jouer leur vie et user leur temps aux antipodes seulement pour continuer humblement le métier qu'ils faisaient en Europe? Sans l'espoir d'une fortune plus rapide et plus haute qu'au pays natal, le globe se fût-il jamais peuplé et cultivé? La rude vie du chercheur d'or montre bien que les émigrants ne reculent pas devant le travail; mais pourquoi ceux qui peuvent prétendre aux grades resteraient-ils simples soldats?

Ne cherchons pas l'ombre au tableau de la prospérité australienne dans l'ambition des émigrants : elle est dans la démoralisation qui résulte de la disproportion numérique entre les deux sexes, même dans l'Australie du Sud, où cependant la présence de familles allemandes et anglaises favorise le plus l'égalité. Pour rétablir l'équilibre, des passages gratuits et des allégements de taxes en faveur des femmes sont votés par les pouvoirs locaux; on a même parlé de primes pour leur introduction. Et le bureau d'émigration s'applique, malgré le vœu des producteurs qui réclament à tout prix des serviteurs, à recruter des femmes, se fiant au courant volontaire de l'émigration pour y conduire des hommes. Ainsi, de 1847 à 1858, il a expédié, en fait de célibataires :

        Garçons 38,939
        Filles. 66,232

au grand contentement de la colonisation sérieuse qui se fonde sur la stabilité des familles et l'accroissement régulier de la population par les naissances.

Cette lacune de l'élément féminin est surtout flagrante chez les Chinois, et les préventions qui les poursuivent ne manquent pas d'alléguer les scandales dont ils se rendent coupables ; au nom de la morale, on les a taxés à outrance, mensonge d'une jalousie qui rougit de s'avouer! Si le célibat forcé des Chinois était seul incriminé, les Chinois mariés et vivant en famille seraient accueillis avec bienveillance et soumis au droit commun. Il n'en est rien : en Australie comme en Californie, la race chinoise est traquée par la loi, écho des passions populaires, parce qu'elle est une concurrente travaillant à meilleur prix que la race européenne.

Les condamnés constituent, en Australie, une classe particulière qui appartient par quelques côtés à l'émigration. Les *convicts* transportés d'Angleterre, qui furent les premiers colons de la Nouvelle-Galles, ont été repoussés par les générations nouvelles, en qui le sens moral s'est développé au point de forcer la métropole à modifier tout son système de punitions légales : il n'y a plus que l'Australie occidentale qui en veuille parce qu'elle manque de bras innocents. Il ne paraît pas qu'elle ait trop à s'en plaindre. « Il y a maintenant, disait un gouverneur dans un rapport au gouvernement, 3,000 *convicts* dispersés à travers la colonie, et j'affirme que la vie et la propriété sont aussi bien assurées ici qu'en toute autre partie de l'empire britannique. » Mais l'absence de femmes y produit les mêmes désordres que parmi les Chinois, ce qui motiva la résolution suivante adoptée dans un *meeting* :

« Considérant que par suite de l'extrême disproportion des sexes dans l'Australie occidentale, il résulte, non-seulement dans le moment actuel, une monstrueuse immoralité parmi les déportés, mais encore pour l'avenir une plus grande masse d'horreurs et d'infamies, si on laisse subsister cet état de choses; le *meeting*, après une expérience de sept années d'exécution de la loi sur les transportés mâles, est d'avis que, si l'on favorisait jusqu'à un certain point l'importation annuelle d'un certain nombre choisi de femmes condamnées, on ferait faire un grand pas à l'industrie générale et aux bonnes mœurs dans la colonie. »

Les mines aurifères imprimèrent à l'émigration australienne une soudaine et puissante impulsion; rappelons néanmoins qu'avant 1851, date de la découverte, le courant, s'élevant progressivement, avait dépassé la moyenne de 12,000 arrivées par an, et que, depuis 1851, l'Australie du Sud n'est pas trop restée en arrière de ses sœurs, quoiqu'elle n'ait pas ébloui les émigrants, comme Victoria et la Nouvelle-Galles, par ses *placers* d'or. Dans l'Australie occidentale, dans la Tasmanie, en Nouvelle-Zélande, cette amorce manque également ou n'a qu'une importance secondaire, sans que la prospérité générale languisse. Le monde ne présente-t-il pas, d'ailleurs, et en Amérique même, et en Russie, et en Afrique, des mines d'or et d'argent qui n'ont pas la vertu de peupler les solitudes, ni d'enrichir les populations?

Le principe de ce double progrès se trouve, en Australie comme en Californie, sous la monarchie comme sous la République, dans le système libéral qui régit l'émigration et l'exploitation. Les chercheurs d'or ont afflué parce que les *placers* leur étaient librement ouverts moyennant une simple licence à payer; de leurs convoitises tumultueuses et violentes au début, la propriété et une société régulière se sont graduellement dégagées parce qu'ils avaient charge de régler les affaires d'intérêt commun au moyen d'un comité dont leur suffrage choisissait les membres. Dès que le nombre et la variété des éléments assemblés sur un seul point permettaient la constitution d'une commune, le régime municipal, fondé sur l'élection, lui était aussitôt accordé. De la commune, leur ambition remontait la hiérarchie administrative jusqu'au parlement, où elle avait droit de se faire reconnaître. Dans ce rôle ouvert à l'action personnelle, la responsabilité suit toujours la liberté comme récompense ou expiation, la raison s'éclaire, la conscience se redresse ou s'affermit, l'intérêt corrige la passion, la volonté s'élève et se dirige vers le bien. Dans le plein exercice de ses facultés, le prolétaire d'Europe, devenu propriétaire et citoyen, acquiert un sentiment qu'il ignorait, l'estime de la loi qui protége son existence et sa fortune.

Les règles administratives corroborent l'action du régime politique.

La naturalisation est accordée après cinq années de résidence, moyennant une somme modérée ; et le serment d'allégeance qui devait autrefois être prêté devant le *Registrar general* peut être reçu par le chef du district. Sans être naturalisé, tout étranger peut acheter des immeubles et en disposer à son gré. Les passages, on l'a vu, sont payés en partie par la vente des terres.

Cette vente, qui se fait aux enchères sur la mise à prix d'une livre l'acre dans les campagnes, se combine avec la faculté de devenir acquéreur, en Angleterre même, en payant le prix d'un lot de terre, aux mains de l'agence coloniale.

Le droit de première occupation et de préemption sur les terres non encore arpentées et allotties, permet aux *squatters* l'élève de ces nombreux troupeaux dont les laines ont fait d'abord la renommée populaire de l'Australie.

Le colon qui veut faire venir de la Grande-Bretagne un parent ou un compatriote, n'a qu'à déposer en Australie la somme nécessaire : les commissaires de l'émigration se chargent de son mandat.

S'il veut leur envoyer de l'argent, il lui suffit de le déposer dans les caisses publiques.

Toutes les libertés pratiques, pour la religion, la presse, l'association, l'enseignement, l'industrie et le commerce défendent et raffermissent tous les droits. Des parlements électifs garantissent le respect de la constitution par le pouvoir.

A ces nobles ressorts, et non pas seulement à la mystérieuse puissance d'un métal qui engendra toujours plus de vices et de crimes que de vertus, revient l'honneur d'avoir fondé, en Australie et dans les deux îles qui en dépendent, des sociétés dont les merveilleux progrès feront l'admiration de la postérité plus encore que de notre siècle distrait. Seuls ils ont donné la force morale suffisante pour avancer une colonisation rendue fort difficile par la distance, par les sécheresses alternant avec les inondations, par les fièvres, le prix exorbitant des vivres, les crises du travail et du commerce, par l'isolement dans un exil volontaire si propice à la nostalgie et au découragement, enfin, par le caractère des émigrants.

Ce spectacle de l'Australie naissant dans le crime vers la fin du dernier siècle et grandissant dans le travail et la liberté, est admirablement résumé dans un discours prononcé à Londres par un homme d'État anglais, en une occasion solennelle. On y remarquera, comme perspective finale, l'évocation de la puissance maritime des colonies venant accroître la force navale de l'Angleterre, éclatante réprobation de la politique qui ne voit dans les colonies qu'un fardeau pour les métropoles. Voici le récit des journaux anglais :

Un banquet de colons australiens a eu lieu le 26 janvier à *Albion Tavern*, pour célébrer le soixante et onzième anniversaire de la fondation des colonies australiennes. Au nombre des invités se trouvaient sir E.-L.-B. Lytton, sir John Pakington, le comte de Carnarvon. Le banquet était de près de deux cents couverts.

Les toasts usuels ayant été portés, sir John Pakington, répondant au nom de la marine, a dit qu'il avait le sentiment de la profonde responsabilité qu'entraînait sa position de ministre de la marine, surtout dans les circonstances actuelles. « Mais, a-t-il ajouté, tant que j'aurai l'honneur d'occuper ce poste, je consacrerai tout ce que j'ai d'énergie à rétablir cette puissance, cette efficacité, cette supériorité incontestée de la marine britannique (Applaudissements), auxquelles l'usage général de la vapeur a pour le moment préjudicié en partie.

Quand j'emploie cette expression, il doit être bien entendu que je parle des vaisseaux, et non des braves officiers, des braves marins dont la discipline, la valeur et l'aptitude au service de leur pays sont plus grandes qu'à aucune autre époque de notre histoire. (Applaudissements.) »

Sir John a ensuite parlé des fonctions coloniales qu'il a occupées, et a complimenté son collègue actuel, le secrétaire d'État pour les colonies.

Sir E.-B. Lytton a dit : « Messieurs, en mon nom et au nom de mes collègues, je vous remercie de l'honneur que vous nous avez fait. Sir John Pakington a parlé avec beaucoup de courtoisie de la fonction que j'occupe maintenant, et qu'il a occupée lui-même avec tant de popularité et de talent. C'est un poste où il y a une responsabilité immense et qui exige un travail incessant.

» Chacune de nos colonies, depuis la plus grande jusqu'à la plus petite, depuis la petite île de Labuan jusqu'à la plus grande province du Canada ou de Victoria, a le droit de demander au gouvernement les soins les plus attentifs pour ses intérêts et pour son progrès. Quant à vous, colons de l'Australie, vous avez droit à un sentiment de sympathie et de respect dans le cœur du plus vieil homme d'État. Le toast que j'ai à prononcer me rappelle qu'il y a soixante et onze ans que la première colonie australienne a été fondée. Seulement soixante et onze ans! C'est juste la vie d'un homme; et cette période, qui peut être parcourue par le premier paysan venu, dans un village obscur, a permis à l'Australie de posséder plus d'un million de sujets britanniques, d'avoir un revenu de plus de 5 millions de livres sterling (125 millions de francs), d'importer pour 27 millions de livres sterling (675 millions de francs) et d'exporter plus de 22 millions de livres sterling (550 millions de francs). (Applaudissements.)

» Et tandis que son progrès matériel et sa prospérité se développaient si étonnamment, quel a été le progrès de l'Australie dans tout ce qui ennoblit et élève l'homme? A la place d'une colonie pénitentiaire, premier spectacle qu'a présenté l'Australie, nous trouvons des sociétés *arrivées au plus haut degré de moralité*, jouissant de la plus grande liberté, et prouvant par leur loyauté et leur bon ordre qu'elles apprécient et méritent les bienfaits dont elles jouissent. (Applaudissements.) Il n'y a pas, je pense, de partie du monde civilisé où l'on comprenne mieux l'importance de ces influences morales sans lesquelles les sociétés ne peuvent pas fleurir. L'aristocratie de l'intelligence, l'aristocratie de la civilisation, l'aristocratie de l'élévation du caractère ne sont pas oubliées en Australie. On y comprend la valeur de l'éducation.

» L'Université de Sydney a obtenu une charte royale et l'Université de Melbourne est sur le point d'en obtenir une; ces chartes donnent le droit de conférer les mêmes dignités que celles des Universités d'Oxford et de Cambridge, dignités qui seront valables dans toutes les parties de l'empire anglais. Tasmania, par suite peut-être de l'absence de mines d'or, n'est pas arrivée au même degré de prospérité; mais elle a, par un acte récent de la législature, établi huit dotations de 200 liv. st. pour entretenir huit écoliers dans les Universités du pays.

» Il y a une cause surtout à laquelle j'attribue l'identité de caractère qui existe entre l'Angleterre et les colonies australiennes: les premiers colons qui se sont établis en Amérique avaient quitté l'Angleterre avant que l'Angleterre n'eût acquis la liberté civile et religieuse. De là est né un ressentiment héréditaire et peut-être des idées fausses transmises héréditairement; car nous sommes aujourd'hui parmi les puissances du vieux monde celle qui est le plus soumise aux fluctuations capricieuses de ce monde dans ses affinités amicales à notre égard. Mais vous, vous n'avez pas emporté d'ici des sentiments amers et chagrins, résultats du règne des Stuarts, mais au contraire, des sentiments d'affection pour un pays libre, pour une reine bienveillante, et le lien qui existe entre nous n'en est que plus fort. (Applaudissements.) Pendant la guerre de Crimée, l'Australie a montré sa sympathie pour la métropole en souscrivant une somme de 160,000 liv. st., et vous avez fait preuve de sentiments analogues pendant la révolte indienne. Vous avez ainsi démontré que vous faites partie de cette chaîne électrique qui unit par des liens de sympathie les dernières extrémités de l'empire britannique. (Applaudissements.)

» Messieurs, je crois que le moment n'est pas éloigné où nos colonies seront de grands États et des nations, et où vous aurez des armées et une police pour vous défendre. Au lieu de l'unique bâtiment que la reine vous fournit, vous aurez des ports remplis de vaisseaux de guerre qui vous appartiendront. (Applaudissements.) Il se pourra qu'à cette époque l'Angleterre elle-même soit en danger. Les autres puissances du vieux monde pourront se lever contre la souche vénérable d'une si noble postérité. Si ce temps devait jamais arriver, je suis convaincu que les colonies n'oublieraient pas les liens qui les unissent à la mère-patrie. (Vifs applaudissements.) Je suis convaincu que vos vaisseaux accourront à son secours en rangs serrés à travers l'Océan, et que vous vous écrierez d'une seule voix : « Tant que l'Australie existera, l'Angleterre ne périra pas. » C'est dans cette conviction que je propose un toast en l'honneur de la fondation des colonies australiennes. »

Une seule ombre à ce tableau! les vaillants fils de l'Angleterre n'ont pas su accomplir tous ces progrès sans refouler et exterminer les races indigènes [1], surtout en Tasmanie.

Les mêmes enseignements se lisent dans les documents statistiques :

Le tableau suivant [2] met en relief le mouvement commercial de l'Australie, en 1855, dans ses rapports avec les trois principales puissances :

Nations.	Produits importés en Australie.		Produits exportés d'Australie.
	Nationaux.	Étrangers.	
Royaume-Uni...	156,974,150 fr.	23,563,975 fr.	112,505,000 fr.
États-Unis...	14,434,350	1,754,899	1,191,933
France...	812,531	43,259	1,804,480
Totaux.	172,221,031	25,362,133	115,501,413

L'énorme proportion des produits nationaux importés par l'Angleterre en Australie révèle un des mérites des colonies, mal à propos contestés : leur rôle de débouchés pour les métropoles.

Pour une date plus récente, l'article suivant de *l'Australian Mail* résume en traits aussi précis qu'authentiques, l'admirable situation économique créée dans l'Océanie anglaise, par le seul travail de l'immigration [3].

Le développement des colonies anglaises de l'Australie est sans exemple dans les temps passés. La Californie seule peut leur être comparée. Là où l'on ne trouvait

---

[1] De Quatrefages, *Unité de l'espèce humaine.*
[2] Charles Dupin, *Forces productives des nations*, tome II, p. 254.
[3] Ne possédant pas le texte original, nous empruntons la traduction au Recueil de M. Paul Madinier, intitulé : *Annales de l'agriculture des colonies*, octobre 1861.

presque que des déserts, il y a seulement dix ans, s'élèvent aujourd'hui des villes peuplées, riches, jouissant de toutes les ressources d'une civilisation avancée. Des chemins de fer sillonnent la contrée et unissent les principaux centres de production et de commerce. Des routes nombreuses ont été créées et facilitent le transport des produits encombrants de la terre; des bateaux à vapeur remontent le Murray et le Darling, et sont un des agents puissants qui contribuent à peupler aussi rapidement le pays.

La grandeur des résultats obtenus en Australie s'explique par la richesse des mines d'or découvertes en diverses parties de ce vaste territoire et à l'exploitation desquelles accouraient dans les premières années des flots d'émigrants; mais si le travail des mines a attiré le plus grand nombre des travailleurs, l'agriculture n'en a pas beaucoup souffert : au contraire, ses produits n'ont cessé de s'accroître. Du reste, l'exploitation aurifère est bien loin d'être également considérable dans les diverses colonies australiennes; sur les 2 milliards 775 millions auxquelles on estime le produit des mines australiennes depuis 1851 jusqu'à l'année présente (1861), plus des neuf dixièmes ont été extraits de la province de Victoria, et pas même un dixième de la Nouvelle-Galles, de l'Australie méridionale et des autres colonies.

Suivant les chiffres officiels relevés par M. O.-L. Simmonds, il résulte que la population de ces colonies s'est élevée de 503,451, qu'elle était en 1850 à 1,165,424, en 1861, répartie ainsi :

	En 1850.	En 1859.
Nouvelle-Galles et Queensland.	265,503	342,062
Victoria	77,345	530,202
Australie méridionale.	63,700	127,000
Australie occidentale.	5,886	14,837
Tasmanie.	68,609	90,000
Nouvelle-Zélande.	22,408	61,263
	503,431	1,165,424

L'accroissement du commerce extérieur dépasse toute prévision. Si la population a doublé dans l'espace de neuf ans, le commerce pendant à peu près le même temps a quintuplé.

En 1851, les exportations s'élevaient à 206,250,000 fr., et en 1858 à 1,175,000,000.

Voici le mouvement du commerce à ces deux époques et pour ces diverses colonies.

Exportations de l'Australie.

	En 1850.	En 1858.
Nouvelle-Galles	33,944,600 fr.	104,656,925 fr.
Victoria	35,572,725 [1]	349,730,225
Australie du Sud.	14,270,425	37,804,625
Australie occidentale.	553,375	1,966,200
Tasmanie.	15,346,250	28,790,225
Nouvelle-Zélande.	2,885,400	11,450,575
	102,572,775	534,398,775

[1] En 1851.

Importations en Australie.

	En 1850.	En 1858.
Nouvelle-Galles	33,335,325 fr.	151,484,150 fr.
Victoria	26,410,925 [1]	377,706,225
Australie du sud	21,139,300	44,233,800
Australie occidentale	1,308,775	3,623,275
Tasmanie	16,463,500	33,215,300
Nouvelle-Zélande	6,005,125	28,531,825
	104,662,950	638,794,575

Le progrès, en ce qui concerne la culture et les animaux domestiques, est plus saillant, eu égard à la population, dans l'Australie méridionale, la Nouvelle-Zélande et l'Australie occidentale que dans les autres colonies.

Dans la Nouvelle-Galles et Victoria, le nombre des moutons s'est peu accru; l'augmentation porte sur les chevaux et les bêtes bovines.

Les surfaces cultivées se répartissent ainsi qui suit :

	En 1850. Acres.	En 1859. Acres.
Nouvelle-Galles	144,647	217,443
Victoria	57,298 [2]	358,727
Australie méridionale	64,728	270,050
Australie occidentale	7,391	37,137
Tasmanie	168,819	208,619
Nouvelle-Zélande	22,058	141,007
	464,941	1,032,933

Les animaux domestiques se répartissent ainsi qu'il suit :

	Moutons.		Bêtes à cornes.		Chevaux.	
	1850.	1859.	1850.	1859.	1850.	1859.
Nouvelles-Galles	7,092,209	7,581,762	1,874,968	2,110,604	111,458	200,713
Victoria	5,130,277 [3]	5,578,418	386,688	699,330	16,495	68,323
Australie méridionale	897,866	3,698,501 [2]	68,296	375,507 [2]	6,488	34,629 [2]
Australie occidentale	142,000	284,715 [3]	11,000	30,990 [3]	2,100	8,886 [3]
Tasmanie	1,822,322	1,760,847 [3]	82,761	81,737 [3]	18,391	20,559 [3]
Nouvelle-Zélande	160,166	1,523,324	29,887	157,204	12,723	14,912
	15,244,840	19,787,762	1,953,600	3,435.372	157,655	347,522

Le revenu des colonies a suivi la même progression que leur commerce et leur production. Il dépasse maintenant 150 millions, et s'est accru de 117 millions depuis 1851. En voici la répartition pour ces deux époques.

---

[1] En 1852.
[2] En 1858.
[3] En 1860.

	1850.	1859.
Nouvelle-Galles.	9,393,225 fr.	38,513,750 fr.
Victoria.	9,499,375	81,443,100
Tasmanie.	3,356,025	7,755,700
Australie du Sud.	6,514,025	15,037,500
Australie occidentale.	478,425	1,320,100
Nouvelle-Zélande.	2,056,525	8,541,375
	31,297,600	152,611,525

Le nombre des émigrants venant du Royaume-Uni qui sont arrivés dans les colonies australiennes depuis 1851 jusqu'à 1861, s'élève à 508,802. Il y a eu également un mouvement d'émigration de l'Australie, soit pour l'Europe, soit pour l'Amérique, la Californie surtout, mais il ne dépasse pas le dixième de l'immigration.

Quelques traits relatifs à chacune des colonies compléteront cette esquisse.

CHAPITRE XXXIX.

La Nouvelle-Galles du Sud.

Découverte par Cook en 1770, occupée en 1788, comme nous l'avons dit, par un millier de condamnés et de soldats, cette colonie possède, après 74 ans de colonisation, une population de 350,000 âmes, sans compter les habitants des provinces qui en ont été successivement détachés. La densité n'est cependant que de 1 personne pour 575 acres, c'est-à-dire 310 fois moins qu'en Angleterre et Galles. La ville capitale de Sydney contient 93,000 âmes (56,000 dans la cité, et 37,000 dans les districts suburbains). Sur un personnel de 20,365 personnes engagées dans le travail des mines, on comptait 12,600 Chinois.

Des millions d'acres sont offerts au libre choix des émigrants mêmeavant tout arpentage, au prix uniforme, payable successivement, de 20 sch. par acre. En dix ans (1851 à 1860), il a été vendu 1,062,068 acres.

D'après un arrêté pris par le gouvernement local, à la date du 8 juillet 1854, pour régler la situation des émigrants *assistés*, ils ont sept jours pour choisir entre le remboursement du prix du passage, ou un engagement de deux ans avec tels patrons que choisit l'agent d'immigration. — Les engagés pour deux ans peuvent se libérer dès l'année suivante en donnant congé trois mois d'avance par écrit et remboursant ce qui reste dû sur le prix du passage. Les filles peuvent, en cas de mariage, se retirer à toute date et aux mêmes conditions.

De telles perspectives n'inspirent à personne la crainte d'une trop longue aliénation de sa liberté.

CHAPITRE XL.

Victoria.

Plus merveilleux encore ont été les progrès de Victoria, constituée en 1836 par démembrement de la Nouvelle-Galles. La population, qui était à cette date, seulement de 177 habitants, s'élevait, au 31 décembre 1860, à 548,412, sur lesquels 201,422 (dont 26,044 Chinois) étaient disséminés dans les districts aurifères. La capitale, Melbourne, contient près de 150,000 habitants. La plupart des immigrants sont nés en Grande-Bretagne et Irlande. En 1857, on évaluait ainsi le contingent des diverses origines dans la formation de la population totale :

```
Angleterre. . . . . . . . . . . . . . .  36 p. 100
Irlande. . . . . . . . . . . . . . . .  16
Écosse . . . . . . . . . . . . . . . .  13
Victoria et les autres colonies australiennes. . .  20
Divers étrangers. . . . . . . . . . .  15
```

Les émigrants d'après leur mode d'introduction, se classent en deux catégories (*assistés* et *non assistés*), suivant le tableau suivant :

	Assistés.	Non-assistés.
1838-1840	2,436	9,153
1841-1845	11,407	10,976
1846-1850	14,789	27,068
1851-1853	32,606	169,803
1854-1856	30,242	161,333
1855-1859	23,379	137,627
Total	114,859	513,960

L'influence de la découverte des gîtes aurifères en 1851 se lit dans ces chiffres.

Malgré tous les efforts des commissaires, le nombre des hommes excède notablement celui des femmes, au grand dommage de la moralité publique.

— L'esprit d'instabilité se montre d'ailleurs un des caractères de cette population, car on ne compte pas dans cette période moins de 242,000 émigrants, repartis après un séjour plus ou moins long.

Les terres, divisées en lots de villes, suburbains et de campagne se vendent aux enchères, sans parler des lots pour pâturages que les *squatters* peuvent occuper pour un prix bien inférieur. A la fin de 1858 en avait aliéné, depuis l'origine, plus de 3 millions d'acres, qui s'étaient vendues dans les campagnes 1 livre 12 sch. en moyenne. Une loi a été rendue en 1860 pour imprimer un nouvel essor à l'occupation des terres en facilitant l'appropriation. Cette même année, le parlement de Victoria, révisant les réglements de l'immigration, a affecté une somme de 4,000 livres sterling à l'introduction de vignerons habiles, et a décidé que tout immigrant qui justifierait de son aptitude dans cette profession, serait remboursé, à son arrivée, de la moitié du prix de son passage [1].

---

[1] A l'Exposition universelle de 1862, à Londres, Victoria avait résumé ses progrès en une pyramide, qui avait le même volume qu'aurait eu la totalité de l'or extrait de ses mines. On lisait sur une face :

Or extrait du 1er octobre 1851 au 1er octobre 1861 : 25,162,435 onces troy = 1,793,995 livres avoir du poids, = 800 tonn. 17 cwt. 3 qrs 7 lbs ; volume, 1,492 1/2 pieds cubiques ; valeur 104,649,728 livr. st. = 2,616,243.200 fr.

CHAPITRE XLI.

L'Australie du Sud.

Au voisinage de Victoria, l'Australie du Sud a fait des progrès qui témoignent de l'influence qu'exercent sur l'immigration européenne l'agriculture et le commerce de l'Australie, associées à l'exploitation des métaux communs, sans qu'il soit besoin du mirage éblouissant des métaux précieux, car ici les gîtes aurifères n'ont été découverts qu'après que les travaux ordinaires de la colonisation avaient donné au pays une puissante impulsion.

Constituée en 1836, l'Australie méridionale pouvait entendre vingt-cinq ans plus tard le discours suivant dans la bouche de son gouverneur.

« ... Quand j'arrivai ici, en juin 1855, il n'y avait pas un mille de chemin de fer ouvert dans la colonie, et maintenant 57 milles sont en parcours, sur lesquels roule annuellement un trafic de plus de 150,000 tonnes, et 320,000 passagers. Vos rivages sont éclairés par trois phares de première classe, et trois nouveaux ports vous offrent leurs services. Votre population a monté de 86,000 à près de 130,000, tandis que les exportations locales ont haussé de 690,000 livres sterling en 1855, à 1,800,000 livres au 30 juin dernier (1861). — Quand j'arrivai ici, il y avait à peine 60 milles de routes tracées; tandis qu'aujourd'hui, indépendamment de celles qui traversent la ville, il y en a plus de 200 milles; et au lieu de 160,000 acres en culture, il y en a au moins 460,000 : proportion qui est, relativement à la population, plus élevée qu'en aucune partie des domaines britanniques et même du monde entier. C'est depuis 1855 que le premier télégraphe a été érigé dans la colonie, et déjà vous possédez 600 milles de communication télégraphique, et près de 1,000 milles de fils distribués en 26 stations. »

Dans l'Australie méridionale ces beaux résultats sont attribués, comme ailleurs, à deux causes principales : la vente des terres en lots accessibles aux petits capitalistes, et l'administration du pays par le pays. L'émigration a été facilitée par le dépôt de sommes dans une caisse dont les administrateurs transmettent à la métropole les commandes des colons.

CHAPITRE XLII.

L'Australie occidentale.

Tandis que toutes les autres colonies australiennes se développent sous l'heureuse influence du système des ventes successives de terres, à prix modéré, en lots de médiocre étendue, suivant les progrès même de la colonisation, l'Australie occidentale subit les conséquences des vices de l'ancien système des grandes concessions. Au début, d'immenses propriétés furent attribuées aux premiers colons; mais comme ils n'étaient pas, non plus que le pays, en mesure d'introduire des travailleurs, la terre resta inculte et stérile; sans pouvoir ni cultiver leurs domaines ni les louer, et sans vouloir les vendre, les propriétaires s'y attachaient avec opiniâtreté, dans l'espoir que quelque heureux événement viendrait en accroître la valeur. Après une longue et vaine attente, l'Australie occidentale, placée dans une impasse d'où elle ne pouvait sortir, se décida à implorer le secours d'un établissement pénitentiaire. Sa pétition fut accueillie en 1849; mais, tout en éprouvant un soulagement de sa nouvelle condition, la colonie ne put s'élever au niveau de ses sœurs australiennes : son existence dépend, comme notre Guyane française, de l'argent que lui verse la Grande-Bretagne pour l'entretien des condamnés.

Lorsque plus tard on s'est enfin décidé à vendre des terres à petits et moyens lots, l'effet moral était produit. Les travailleurs honnêtes ne s'y portent pas volontiers à cause de la présence et de la concurrence des *convicts*, qui en deviennent d'autant plus nécessaires [1]. La population libre qui s'implanta dans le pays en 1855, n'a guère dépassé, au bout de trente ans, 12,000 habitants : échec dû, en partie

---

[1] Ainsi, en 1856, il arriva 255 immigrants libres et 262 convicts.

sans doute, à l'isolement de cette province, mais principalement à un mauvais système d'appropriation des terres.

CHAPITRE XLIII.

Queensland.

La nouvelle colonie de Queensland, primitivement appelée Moreton-Bay, a été démembrée de la Nouvelle-Galles du Sud, à la fin de 1859. Au mois d'avril 1861, elle comptait 30,059 habitants. Dans les cinq dernières années l'accroissement avait été de 77,79 pour 100, taux de progression qui doublerait la population tous les sept ans.

En vue d'attirer l'émigration, le gouvernement colonial a institué divers systèmes d'encouragement : c'est une expérience qui commence avec toutes chances de succès.

CHAPITRE XLIV.

La Tasmanie.

L'île de Tasmanie, autrefois terre de Van-Diémen, n'est pas restée en arrière des progrès du continent australien. Dotée depuis 1851 d'un parlement, elle développe en toute sécurité ses libertés et ses richesses. Elle revendique même la supériorité sur Victoria et la Nouvelle-Galles du Sud, si l'on rapporte à la population la dette publique, les taxes, le capital en terres et bestiaux, les dépôts à la caisse d'épargne, l'étendue des cultures, les terres vendues et payées, etc.

Sous l'influence d'une prospérité assise sur le travail, la conscience publique s'est élevée. La Tasmanie et la petite île de Norfolk, qui en dépend, après avoir longtemps servi de colonies pénales, ont paru digne d'être purifiées de ce contact impur. On a demandé et obtenu, depuis 1853, de ne plus recevoir que des émigrants libres. De 1823 à 1850, la colonie avait reçu 58,243 condamnés.

La marche de l'immigration a été troublée une première fois par la découverte des gisements aurifères de Victoria et de la Nouvelle-Galles du Sud; plus tard, par une pareille découverte dans les propres montagnes de la Tasmanie. En certains moments, la sortie des hommes dépassa l'entrée, et, en d'autres, toutes les classes de domestiques et de travailleurs se précipitèrent vers les champs de l'or; mais à la longue la fièvre s'est calmée, l'exploitation du métal précieux est devenue plus difficile et moins fructueuse; la rareté des bras en a attiré un grand nombre. L'agriculture et les industries régulières ont retrouvé les bras qui les avaient abandonnées.

CHAPITRE XLV.

La Nouvelle-Zélande.

Depuis longtemps signalée par les baleiniers, mais occupée depuis 1841 seulement, la Nouvelle-Zélande marche résolument sur les pas de ses aînées. Elle possède, depuis 1852, un parlement qui a pris des mesures pour faciliter la vente des terres et encourager l'émigration. Mais la colonisation, dans son essor un peu désordonné, rencontre sur sa route les sauvages indigènes, et au lieu de les soumettre par l'échange des services, elle les proscrit et les chasse sans pitié, d'où naissent des révoltes dont la répression épuise les finances locales [1], et suscite en Angleterre même d'éloquentes protestations.

[1] On trouvera d'amples détails sur la colonisation de la Nouvelle-Zélande, comme des autres colonies australiennes, dans l'*Océanie nouvelle* de M. Alfred Jacobs.

CHAPITRE XLVI.

L'Algérie.

Après les États-Unis et les colonies anglaises, c'est la colonie française de l'Algérie qui attire le plus d'émigrants. Malgré l'immense appareil centralisé dans l'administration, malgré d'énormes volumes in-4°, nous sommes, à l'égard de ce pays, bien plus dépourvus de renseignements précis que pour des États privés de tous ces coûteux rouages, et qui passent pour être trop abandonnés au *self-government*.

Aucun document officiel ne révèle la loi de développement de l'émigration, soit française, soit étrangère, en Algérie; les dénombrements périodiques constatant seulement les existences à un moment donné sans tenir aucun compte du va-et-vient qui a eu lieu dans l'intervalle. L'accroissement par année ou par période ne mesure pas même l'excédant des arrivées sur les départs, à raison de l'excédant ou du déficit des naissances relativement aux décès. Sous cette réserve, voici le tableau de la population algérienne échelonnée de cinq en cinq ans.

		Accroissement.	
		Quinq.	Par an.
1835	11,221	11,221	2,244
1840	27,865	16,644	3,329
1845	95,321	67,466	13,493
1850	125,963	30,642	6,128
1855	155,607	29,644	5,929
1860	205,880 [1]	50,275	10,055

Au souvenir des nombres bien autrement élevés que nous avons constatés pour les États-Unis, l'Australie, le Canada même, malgré

---

[1] Le dénombrement de 1861 a réduit ce nombre à 192,745, et l'accroissement quinquennal à 33,494.

des distances infiniment plus grandes, la pensée publique s'est maintes fois posé ce problème : Pourquoi l'émigration donne-t-elle à d'autres pays la préférence sur l'Algérie?

La nature en serait-elle cause? — On ne peut l'admettre, au spectacle de la fertilité des terres algériennes, aussi bien établie par la tradition historique que par l'observation de tous les jours. Qu'ont à envier aux neiges du Canada et aux steppes de l'Australie les riches plaines des trois provinces algériennes?

Serait-ce l'insalubrité? — Non : les fièvres intermittentes de l'Algérie sont infiniment moins dangereuses que la fièvre jaune qui ravage annuellement la Louisiane et les autres États du Sud ; elles sont de même nature que les fièvres du *Far-West* américain, où courent les émigrants.

Accuserait-on les chaleurs? — On pourrait les invoquer peut-être pour expliquer l'éloignement des peuples du Nord, quoique l'histoire montre partout les races et les peuples des pays froids recherchant les doux climats du Midi ; mais tous les peuples riverains de la Méditerranée sont habitués à une température à très-peu de chose près égale à celle du littoral africain, et ils n'affluent guère plus que les émigrants plus septentrionaux.

Avec moins d'invraisemblance on a suspecté l'état de guerre, mais non avec plus de vérité. Le plus fort accroissement correspond à la période 1840-1845, précisément à l'époque de la guerre la plus active contre Abd-el-Kader : loin d'éloigner la population, c'est la guerre qui a peuplé toutes les villes du littoral, la plupart de celles de l'intérieur, et fondé une multitude de villages par l'élément commercial qui approvisionnait les colonnes, par les officiers et les soldats qui se sont faits laboureurs. Cette origine se trahit encore à la proportion inusitée de la population urbaine ; elle est, en 1860, de 124,728 habitants, les trois cinquièmes. La période de 1850 à 1858, qui a été caractérisée par une paix profonde, n'a pas été moins remarquable par l'extrême faiblesse de la progression.

On a allégué enfin la proximité de l'Algérie sous le prétexte que les déceptions inévitables, au début de toute colonisation, retentissaient plus haut en Europe et que les découragements trouvaient le retour facile. — Oui, sans doute, mais les espérances ne sont pas étouffées par le prix du voyage et la crainte d'une expatriation définitive ; et si le succès les couronne, il retentit plus vite et plus haut. La proximité favorise le peuplement.

Au dessus de ces influences hypothétiques ou très-secondaires planent donc des causes générales plus réelles. Elles se résument dans l'absence de bonne volonté énergique et résolue pour la colonisation, qui prend elle-même sa source dans la méfiance instinctive ou réfléchie de l'administration envers tout ce qui peut diminuer le rôle de l'armée, suivie par un contre-coup inévitable de la méfiance des émigrants et des colons envers le régime militaire.

Dès le lendemain de la conquête, le gouvernement de la France, indécis du parti qu'il prendrait, craignait de voir sa liberté d'action engagée par une colonisation prématurée. A cet égard, ce qui était le vœu de l'opinion en France était le souci de la monarchie. A la fin de 1832, une ordonnance [1] (ou plutôt, sans doute, une décision ministérielle) fut prise « afin d'arrêter une émigration trop nombreuse et trop hâtive, d'obvier au désagrément de voir tomber des individus dans la détresse pour s'être inconsidérément transportés dans cette contrée sans avoir les moyens d'y vivre fixes et assurés. Le gouvernement français, outre les mesures déjà prises pour empêcher l'émigration spontanée de pénétrer dans cette colonie, a cru devoir en interdire l'accès dorénavant, jusqu'à nouvel ordre, à tout étranger qui ne pourra établir amplement qu'il a de quoi s'y entretenir, et les légations françaises ont reçu l'ordre de se conformer à ces dispositions dans la délivrance des passeports. »

Fidèles à ces préoccupations du premier jour, les ministres qui se succédèrent à la tête des affaires algériennes maintinrent des justifications rigoureuses envers les étrangers qui voudraient passer en Algérie; aux simples ouvriers, on demanda la possession de 400 fr. en argent; aux prétendants à la propriété du sol, la justifi-

---

[1] Ce document inconnu nous a été révélé par la correspondance incluse au dsosier de la Bavière, dans les archives du bureau d'émigration.

cation de 1,500 à 3,000 fr., suivant les temps ; ce qui n'empêche pas une prodigalité de permis de passage gratuits si abusive que, d'après M. le colonel de Ribourt, en la seule année 1857 on en délivra 80,000 qui furent suivis de 70,000 retours.

Après la révolution de 1848, le passage ne fut accordé que sur la preuve établie d'un travail assuré d'avance, en un lieu et chez un patron connus. Des Espagnols, qui se trouvaient en chômage momentané dans la province d'Oran, furent renvoyés dans leur pays.

Lorsqu'en 1853 la Compagnie genevoise voulut organiser ses colonies suisses à Sétif, elle dut exiger d'eux la possession en espèces d'une somme de 3,000 fr.

Ajoutons qu'à aucune époque, même au sein d'une paix profonde, aucun appel ne fut adressé à l'émigration européenne, ni par la presse, ni par des instructions aux consuls français à l'étranger.

Aucune déclaration officielle n'autorisa à croire que le gouvernement désirait attirer en Algérie une partie de l'émigration européenne, ou pour mieux dire, la déclaration contraire fut faite.

On lit dans le rapport fait, en 1854, au ministre de l'agriculture par M. Heurtier, au nom de la commission d'émigration [1] :

Le temps viendra bientôt où la France, économe de ses enfants, utilisera les bénéfices de sa prudente réserve au profit de l'Algérie, vaste champ ouvert à l'activité humaine et magnifique débouché pour l'exubérance de notre population. Il nous serait difficile de prévoir exactement les conséquences de cette transmigration, mais on peut la pressentir. Quel sera le régime économique le plus favorable au développement de la colonisation ? Quel parti pourrait-on tirer dès à présent de cet immense mouvement d'hommes qui, dédaignant la terre d'Afrique pour les zones les plus éloignées du globe, semblent nous dire que la Méditerranée serait une barrière insuffisante entre eux et la mère-patrie ? Ces questions graves, Monsieur le Ministre, « le fonctionnaire chargé plus spécialement de représenter le département de la guerre n'a pas jugé qu'il fût opportun de les traiter, ni de provoquer en ce moment une émigration étrangère trop nombreuse dans nos possessions algériennes. Une dépêche du maréchal ministre de la guerre vous a témoigné en termes explicites le même sentiment. Des raisons de l'ordre politique, tirées notamment des nécessités que nous imposent les affaires d'Orient, ont fait prévaloir cet avis au sein de la commission. »

Bonnes ou mauvaises, ces raisons alléguées et acceptées constatent que, même après sept années de paix, le ministère de la guerre ne

---

[1] Pages 36-37.

désirait pas voir l'émigration étrangère affluer en Algérie. Tels avaient été ses sentiments antérieurs, tels ils sont restés inébranlables jusqu'à la création du ministère spécial. Ne cherchons pas ailleurs la source de la préférence donnée par l'émigration étrangère aux États qui la sollicitent de tous leurs vœux et l'encouragent de toute leur puissance.

L'immigration française, quoique appelée avec plus de bienveillance, ne l'a jamais été que dans des proportions très-modérées; en 1838, après le traité de la Tafna; en 1842 et 1843, lors de la construction des villages du Sahel d'Alger; de 1848 à 1851, en vertu de la loi des 50 millions votée par l'Assemblée constituante pour débarrasser les rues de Paris : contingent le plus considérable qui ait jamais été envoyé, et dont le sort n'invitait pas à persévérer dans les mêmes errements. Chaque fois les émigrants ont accouru.

Hors de ces trois époques, l'immigration française a été abandonnée à sa pente naturelle, ce qui eût été du reste le meilleur système, si un lit eût été préparé pour recevoir le courant, c'est-à-dire si des terres à cultiver eussent été mises à la disposition des émigrants. Il n'y en a jamais eu que pour la moindre partie des demandes sérieuses, et leur délivrance est restée soumise à des lenteurs, des formalités et des justifications qui faisaient du succès un triomphe rare et difficile. Le système des concessions a produit là ce qu'il produit partout; les abus de bienveillance ou de sévérité dans le pouvoir, la paralysie de l'initiative des particuliers. Le mouvement de la colonisation se réglant sur celui des bureaux, tout élan de l'émigration est resté impossible.

A l'égard de l'Algérie, les entraves de la procédure administrative, qui partout amortissent le jeu des forces individuelles, se compliquaient d'une méfiance avouée envers le gouvernement militaire. Justifié ou non par les circonstances, ce gouvernement existait, et, connu en France et en Europe sous le nom de régime du sabre, il y devenait, pour la population habituée à émigrer, un épouvantail. Les compagnies, qui recrutent en Angleterre ou en Allemagne, ne manquaient pas d'en tirer contre l'Algérie les horoscopes les plus malveillants, et leur dénigrement systématique pénétrait aisément dans des esprits qui comptent au nombre des plus éminents bienfaits des États-Unis et des colonies anglaises, une liberté presque sans limites. L'institution du régime civil en 1858 a modifié un peu ces dispositions. En deux années, les populations commençaient à témoigner un peu plus de confiance, lorsque le pouvoir militaire a repris son empire. Il portera, comme un fruit naturel, une répulsion plus vive que jamais, de l'émigration européenne contre l'Afrique française, à moins qu'une liberté inattendue déjoue toutes les prévisions [1].

Dans le passé ce fait a dominé la situation et il n'y a pas à chercher des causes imaginaires où elles sont si flagrantes. Les capitaux ont été prudents plus encore que les hommes. Si l'accroissement annuel n'atteint pas 10,000 âmes par an, c'est conforme à la politique proclamée devant la commission de 1854. Grâce à ce système de progrès lent, les terres concédées en 30 ans ne comprennent que 280 mille hectares, la moitié d'un département français; la population rurale non agricole dépasse à peine 30,000 âmes, et la population agricole 53,000 âmes, ce qui donne pour les deux réunies l'équivalent d'un arrondissement de France. L'on a pu ainsi faire de la colonisation, dans une mesure qui témoignât de quelque bonne volonté, et donnât satisfaction au vœu de la France, sans troubler les Arabes dans leurs séculaires habitudes de parcours nomade, sans réduire la nécessité d'une armée de 60,000 hommes pour les contenir. La paix publique a été conservée, non, il est vrai, sans de lourdes charges pour le trésor de la France : 65 millions pour la seule armée d'Afrique!

En constatant ces faits, nous nous abstenons de les discuter pour rester dans le cadre tracé à nos études sur l'émigration. Complétons-les en ajoutant que le recensement de 1861 a constaté la présence de 80,517 étrangers sur 192,746 habitants.

A l'occasion de chacune des nationalités nous avons signalé les causes et le caractère de leur émigration. Rappelons seulement que

---

[1] J'écrivais ces lignes en 1860; je n'ai rien à y changer en 1862.

les Espagnols du continent dominent dans la province d'Oran, les Espagnols des Baléares ou Mahonais dans celles d'Alger, les Maltais dans celle de Constantine : les autres étrangers sont épars dans toute la colonie, et parmi eux les Allemands et les Suisses forment çà et là des groupes homogènes, comme les Français du Var, de la Haute-Saône, du Tarn, etc... Mais cette homogénéité n'a rien d'absolu ni d'exclusif, et la prétention de fonder des villages départementaux souvent proposée, quelquefois recommandée, a toujours et justement échoué sous les arrêts de la critique et les impossibilités de la pratique.

Réduite à de bien modestes proportions par des causes qu'il ne dépendait pas d'elle de vaincre, l'immigration algérienne n'en a pas moins accompli une grande œuvre : la mise en valeur d'une partie du sol et l'accession des Arabes aux travaux de la civilisation. Cette terre, où régnaient les pirates il y a trente ans, échangeant avec les États voisins pour 1 à 2 millions seulement de produits annuels [1], elle a fait en 1859 un commerce de 237 millions de francs, savoir :

Avec la métropole. 205,101,313
Avec l'étranger et les entrepôts de France. . . 32,770,093

Elle verse annuellement au trésor français environ 20 millions, somme qui rembourse, avec un excédant, tous les frais d'administration. Si l'on ouvrait plus largement la porte aux émigrants, et qu'il leur fût permis d'atteindre seulement le chiffre d'un million, ils couvriraient par leur part d'impôt même tous les frais militaires d'occupation, et décupleraient les transactions avec l'Europe, car ils suscitent par leur propre travail l'activité des indigènes engourdis dans une torpeur séculaire.

De cette œuvre de création et de transformation qui s'est accomplie sous nos yeux, depuis trente ans, l'émigration est fondée à revendiquer le principal honneur.

---

[1] Les évaluations les plus larges portent le chiffre à 6 millions.

CHAPITRE XLVII.

Les autres Colonies françaises.

En dehors de l'Algérie, les autres colonies françaises, toutes situées dans la zone torride ou dans son voisinage immédiat, n'attirent aucun courant, aucun groupe même d'émigration nationale ou étrangère, en dehors des engagements temporaires que contractent les Africains, Indiens, Chinois. Dans les colonies à sucre (Martinique, Guadeloupe, Réunion), se rendent, avec esprit de retour, quelques comptables, mécaniciens, agents du commerce ou d'industrie, et en outre les fonctionnaires civils, militaires et religieux, éléments de la population flottante. Au Sénégal, le commerce de nos principaux ports compte encore quelques représentants. Dans l'Asie et l'Océanie, les fonctionnaires presque seuls y personnifient la patrie lointaine, avec les familles qui viennent temporairement s'installer et se renouveler pour la pratique des affaires. Sur la côte de Guinée, comme dans les îles malegaches, les capitaines de navires et leurs états-majors, avec les équipages, placent leurs pacotilles dans des voyages réitérés, sans faire d'établissements à terre; les traitants de l'intérieur, même les agents des comptoirs, appartiennent à la race de couleur.

La seule colonie, si l'on peut donner ce nom à de simples lieux de pêche, qui reste à la France dans les régions du nord, c'est le groupe de Saint-Pierre et de Miquelon, au sud de Terre-Neuve, et il est aussi le seul qui reçoive une émigration. Bien que temporaire, elle s'y renouvelle tous les ans avec une régularité qui en fait un élément de population presque aussi assuré que les habitants sédentaires. Elle se compose de matelots engagés pour la saison où se pêche la morue, de pêcheurs qui partent pour leur propre compte, de *graviers* qui étaleront et feront sécher le poisson, de marchands qui fourniront des vêtements et des vivres, de commis qui surveilleront les intérêts de leurs maisons de commerce ou d'armement. Quelques pêcheurs y passent l'hiver avec leurs femmes et leurs enfants, et un jour ou l'autre accroissent la population sédentaire. Cet arrivage, à la fois périodique et intermittent, varie tous les ans entre deux et trois mille âmes.

Dans cet aperçu des forces vives qui se déversent de la métropole sur les colonies, les missionnaires catholiques ne doivent pas être oubliés, quoiqu'ils ne concourent pas, comme les missionnaires protestants de l'Angleterre, à multiplier le nombre des familles. On les retrouve avec le même zèle et les mêmes vertus qui en firent autrefois des chefs très-actifs de la colonisation française, dans celles de nos possessions où l'idolâtrie et le fétichisme appellent les lumières de l'Évangile : au Sénégal, dans les dépendances de Gorée sur la terre ferme, dans l'Inde, en Cochinchine, à la Nouvelle-Calédonie, à Tahiti. Nous devrions nommer presque tous les pays du globe, si nous voulions citer les stations étrangères où les missionnaires français, associés aux apôtres d'une autre nationalité, poursuivent avec une ardeur qu'aucun échec ne décourage, et quelquefois avec des illusions qui la fortifient, l'œuvre méritoire de la propagation du christianisme.

CHAPITRE XLVIII.

Les pays divers d'Afrique.

En dehors des colonies anglaises au sud de l'Afrique, et de l'Algérie française au nord, divers États indépendants ou vassaux, situés dans cette partie du monde, voient aborder sur leurs rivages, à des titres et dans des buts différents, des groupes d'Européens.

Le MAROC, qui à l'intérieur leur est interdit avec une rigueur dont la civilisation subit la honte sans protestation, retient les étrangers dans les ports du littoral, à Tanger principalement, où se trouvent rapprochés par les affaires, plus que par de réciproques sympathies, Français, Anglais, Espagnols, Italiens. Un centre nouveau et plus important de l'émigration va se former à Tétuan, que l'Espagne occupe, comme prix d'une guerre heureuse et gage de satisfactions pécuniaires, et qu'elle gardera sans doute, après avoir pris goût à purifier et rebâtir la ville[1]. Nous ne parlons pas des présides (Ceuta, Melilla, Alhucemas, Penon de Velez), prisons plutôt que colonies pénales, bien que la première de ces villes possède 6 à 7,000 habitants, émigrés temporairement ou à demeure des côtes voisines d'Espagne.

En TUNISIE, la colonie européenne est concentrée dans la capitale de l'État, et se compose des éléments les plus variés, dont la presque totalité est engagée dans les affaires de commerce. Dans cette voie, Français, Italiens, Maltais, Grecs, Anglais, Allemands, Orientaux de tous pays, s'y disputent la richesse, l'influence, ainsi que dans un petit nombre d'autres positions accessibles aux étrangers (enseignement, sacerdoce, génie civil et militaire, travaux publics, télégraphie, etc.) Un journal italien (*la Gazetta di Tunisi*), témoigne de l'importance acquise par l'immigration, bien qu'elle y soit, dans le plus grand nombre de cas, accomplie dans un but temporaire.

Au delà de TRIPOLI, où se retrouvent les mêmes éléments réduits à de plus modestes proportions numériques, l'ÉGYPTE offre une plus

---

[1] Cette prévision ne s'est pas réalisée, l'Angleterre ayant prêté au Maroc l'argent nécessaire pour indemniser l'Espagne, moyennant des garanties qui lui livrent à elle-même tous les ports du littoral.

vaste carrière aux entreprises de l'Europe. Sur la mer Alexandrie, sur le Nil le Caire, au sud Khartoum, sont peuplés d'étrangers dont le nombre est moindre que celui des indigènes, mais le rôle plus considérable, parce qu'ils constituent l'aristocratie des intelligences et des capitaux. Leur prépondérance, qui remonte à l'expédition d'Egypte, un instant effacée après la retraite de l'armée française, s'est relevée sous Méhémet-Ali, au nom de la science et de l'industrie ; elle se raffermit et s'étend sous Saïd-Pacha, grâce surtout à l'exécution du canal de Suez, cet immortel monument du génie de la civilisation et de la volonté d'un prince éclairé, triomphe éclatant remporté par un Français sur les résistances jalouses de l'Angleterre. Vingt mille fellahs y travaillent sous la direction de brigades d'ingénieurs et de conducteurs européens, qui ont emmené avec eux une multitude d'ouvriers de tous les métiers.

Sur le reste du continent africain on peut encore signaler çà et là, à Zanzibar entre autres lieux, quelques individus et de rares familles originaires d'Europe, mais nulle part un centre qui s'alimente par l'immigration, même temporaire. Au sud de l'Atlas, l'Afrique semble presque fermée à toute invasion par ses vives chaleurs et la masse compacte de ses rivages. Seules, les colonies portugaises de Benguela et de Mozambique peuvent se croire, par leurs relations politiques et commerciales, un peu moins isolées du reste du monde.

CHAPITRE XLIX.

L'Europe orientale.

Pendant que l'Europe occidentale livre au nouveau monde les familles qui doivent le cultiver et le peupler, l'Europe orientale les appelle en vain dans ses vastes solitudes. Les bandes d'Allemands que reçurent, au moyen âge et dans les temps modernes, la Hongrie, la Pologne, la Lithuanie, la Russie, l'Ukraine, n'ont jamais pu remplir les vides immenses laissés par la fécondité des populations maggyares ou slaves livrées à elles-mêmes. Cependant une esquisse de cette émigration éparse entre la mer Baltique et la mer Noire, entre le Danube et les monts Ourals, convient à notre cadre.

CHAPITRE L.

La Russie.

Le mouvement d'immigration en Russie, favorisé surtout par Catherine II, s'est continué jusqu'à ce jour, sur une échelle beaucoup plus restreinte, et avec des variations corrélatives aux encouragements et aux facilités accordés par le gouvernement russe.

A l'observer dans sa généralité, ce mouvement présente quatre centres de formation : la Pologne, la Russie méridionale, la région caucasienne, le bassin de l'Amour.

En Pologne, l'empereur Nicolas entreprit de compléter par la politique les triomphes de la guerre, en intercalant au milieu des populations slaves des communautés allemandes qui diviseraient l'unité polonaise. Le 10 mai (28 avril) 1833 parut un rescrit impérial qui, sous une multitude de permis, de formalités et de justifications, accordait quelques faveurs aux étrangers qui viendraient s'installer à demeure dans le pays. Libre entrée du bétail et des ustensiles nécessaires à l'industrie du colon; concession de terres labourables ou boisées aux agriculteurs qui posséderaient mille florins; concession de lots de jardin à qui posséderait moins; exemption du service militaire pour l'émigrant et ses enfants, de contributions et prestations pour six ans. Comme prix de ces dons, on devait construire une maison et mettre les terres en valeur; la liberté des cultes était accordée aux chrétiens, mais refusée aux Israélites. Les justifications de ressources à la frontière étaient réduites à 38 francs pour les forgerons, maréchaux ferrants, charrons, menuisiers, jardiniers, bergers, cardeurs de laine.

Cet appel retentit dans toute l'Allemagne et détermina beaucoup de départs, malgré le déplaisir des gouvernements germaniques, peu satisfaits de voir dépeupler leurs États, sans que la naturalisation acquise aux nouveaux sujets russes affranchît les communes natales de la charge des indigents, en cas de rapatriement. En un pays peu familier avec le respect des hommes et des lois, les déceptions ne tardèrent pas à venir en aide aux souverains. A la frontière, la douane, au dépit d'être frustrée, multiplia ses vexations. Les terres concédées furent choisies à quarante lieues de Varsovie en des steppes sablonneux, entrecoupés de marécages, envahis par la mousse ou la bruyère, hantés par les loups et les ours, où il ne s'y trouva pas même une cabane pour premier abri, pas d'approvisionnement ni de marché pour les premiers vivres. Les émigrants se virent accueillis avec antipathie par les paysans, avec dédain par les seigneurs. Quelques-uns, qui avaient déposé leur avoir à la banque de Varsovie, durent perdre beaucoup de temps en démarches et gratifications. Ce fut un violent cri de douleur. Cependant, la faute étant commise, il fallut se résigner et aviser à lutter contre la mauvaise fortune. On se fixa au sol, mais le cœur ne se donna pas avec les bras à la nouvelle résidence; et l'on voit encore des jeunes gens, nés dans les villages de l'émigration, qui vont faire en Prusse leur service militaire, pour mettre leur nationalité hors de conteste et se préserver du recrutement russe. Depuis quelques années le gouvernement ne distribue plus de terres en Pologne et n'admet plus de colons sur ce point.

Le second centre d'immigration est dans la Russie méridionale. Là se rendent de préférence les séparatistes allemands, assurés d'y trouver des compatriotes et des coréligionnaires. C'est à eux que s'adresse particulièrement la décision du gouvernement russe portant que toute personne venant pour s'établir dans l'empire, devra se munir : 1° de l'autorisation du gouvernement russe ; 2° d'un certificat attestant la conduite irréprochable de l'immigrant ; 3° de justifications établissant que l'immigrant possède en numéraire au moins 3 à 400 thalers, soit de 1,125 à 1,400 francs. Entre autres sectaires, les memnonites se montrent les plus confiants aux promesses de la Russie.

Le troisième centre est la région caucasienne ; quelque éloignée et inconnue qu'elle soit, elle a tenté l'esprit d'aventure en Wurtemberg, Hesse, Bade, Suisse, Alsace même. La voie, ouverte par des Séparatistes, s'élargira devant les émigrants non sectaires décidés à pousser jusqu'aux frontières de Perse.

Enfin, le bassin de l'Amour, à l'extrémité orientale de la Russie, est depuis quelques années le théâtre d'un vaste système de colonisation qui doit un jour mettre en contraste, sur les confins de l'Inde et de la Chine, le génie anglais et le génie slave. Les immigrants y reçoivent des lots de terre, des exemptions de charges et diverses faveurs. Il y arrive déjà, outre les immigrants russes qui ne changent pas de patrie, des émigrants chinois en nombre et quelques Européens. Un ukase du czar a autorisé les exilés de la Sibérie à émigrer sur l'Amour, ce qui en accroîtra sans doute considérablement la population [1].

Ces déplacements de détail ont peu de chance de devenir les puissants courants qui entraînent les masses. En notre époque, pour combattre la concurrence anglaise et américaine, les priviléges personnels et les faveurs arbitraires ne suffisent pas : il y faut des conditions légales qui manquent à l'empire des czars, fondé sur l'autocratie d'un homme.

[1] La *Revue maritime et coloniale* contient d'intéressants détails sur la colonisation de l'Amour dans sa livraison de février 1862.

CHAPITRE LI.

La Roumanie.

Ces garanties manquaient aux Principautés danubiennes sous le régime turc, et il est à craindre que les réformes légales n'aient pas entraîné partout la réforme des mœurs. Si des colonies maggyares ont autrefois appris le chemin de la Moldavie, si de nos jours l'industrie jouit de franchises appréciées par les sujets autrichiens de la Transylvanie, la propriété du sol reste aux mains des seigneurs. Tant que la propriété ne sera pas mise à la portée des émigrants, ils ne feront pas un cas extrême de l'exemption d'impôts pendant trois ans, et de la réduction à moitié pendant les sept années suivantes, que leur offrait en 1855 le gouvernement de la Valachie.

A défaut d'Allemands, des bandes de journaliers et bûcherons de Nancy se sont rendus en Valachie pour l'exploitation de forêts acquises par une compagnie française.

CHAPITRE LII.

La Servie.

Plusieurs familles autrichiennes ont cédé à la tentation de prendre possession en Servie de terres arables, prairies, lots de maison que le gouvernement serbe promettait à titre gratuit. En moins d'un an elles rentraient au pays natal, se plaignant d'avoir été trompées dans leur attente. Cette principauté possédait en outre une petite colonie d'ingénieurs et de mineurs qui, en 1858, seraient morts de faim, sans la généreuse assistance du consul français de Belgrade.

En 1860, des incidents graves sont survenus. Les populations bulgares du pachalik de Widdin, depuis longtemps déjà irritées contre les Turcs, ont senti accroître leurs inquiétudes, lorsqu'elles ont vu une partie des populations tartares et musulmanes, émigrées de Russie, dirigées sur leur territoire, établies dans des villages bulgares, logées dans des maisons bulgares, vivant plus ou moins aux dépens des Bulgares : mécontentes, mais trop faibles pour faire entendre leurs doléances, elles se sont à leur tour portées vers la Servie. Par des motifs différents, des Bosniaques ont exécuté les mêmes mouvements : de là des plaintes des autorités turques et des conflits qui ont plus tard, avec le concours d'autres causes, dégénéré en violentes hostilités.

CHAPITRE LIII.

La Grèce.

En Grèce, l'élévation d'un prince bavarois au trône invitait naturellement à des tentatives d'immigration et de colonisation par les Allemands. Aussi, en 1845, un capitaine d'artillerie de la Bavière, M. Hutz, fut-il chargé, par le gouvernement grec, de provoquer l'établissement d'une colonie dans le district d'Argos-Corinthe.

D'après le projet, cette colonie recevrait des Allemands et des Suisses, au nombre de 500, qui seraient placés sur les terres de l'État, en une contrée saine, belle et fertile ; des familles pourraient se réunir pour la construction d'une habitation commune, et trois individus, garçons ou veufs, pourraient se réunir de même. Chaque ménage devrait justifier de la possession de 1,000 florins disponibles ; les célibataires ou veufs sans enfants, de 600. Les colons prendraient l'engagement de ne pas quitter la colonie avant que la construction d'une maison eût donné droit à la pleine possession de la propriété. De Trieste à Nauplie, le transport serait réduit à 10 florins par personne adulte, à 5 florins pour les enfants ; les bagages, semences, outils oratoires, seraient transportés gratuitement.

Un baron prussien de la Silésie avait aussi projeté de fonder une colonie dans l'Eubée.

Nous ignorons la suite donnée à ces deux projets : il n'y en a eu aucune probablement ; tandis qu'on a mandé à Athènes, pour enseigner la fabrication du vin, des vignerons français que le sentiment public accueille avec plus de faveur que les paysans allemands.

CHAPITRE LIV.

La Turquie.

Par la pente naturelle des affinités religieuses, les Tartares de la Russie et les Tcherkesses de la Circassie se montrent enclins à émigrer en Turquie ; mais comme ils n'y apportent pas, ce qui manque le plus à cet État, l'initiative d'un travail intelligent et des capitaux, le gouvernement de Constantinople, en vue d'attirer des éléments plus civilisés, publia, en 1857, un règlement sur l'immigration européenne qui atteste une rare ignorance des conditions premières de succès auprès des populations de l'Occident. En voici le texte traduit :

Art. 1er. Les colons feront d'abord serment d'être toujours fidèles à S. M. I. le sultan et d'accepter la qualité de sujets de l'empire sans la moindre réserve ou restriction.

Art. 2. Ils se soumettront sous tous les rapports aux lois actuelles et futures de l'empire.

Art. 3. Ainsi que tous les autres sujets de l'empire, les colons seront à l'abri de toute entrave dans l'exercice de la religion qu'ils professent, et ils jouiront sans aucune distinction des mêmes privilèges religieux que toutes les autres classes des sujets de l'empire. Si, dans les localités qui leur seront désignées par le gouvernement pour leur installation, il y avait des chapelles de leur rite suffisantes, ils y feront leurs dévotions ; mais s'ils doivent former de nouveaux villages, ils solliciteront et obtiendront du gouvernement impérial la permission de bâtir les chapelles dont ils auraient besoin.

Art. 4. Dans les provinces de l'empire qu'on jugera convenables à leur installation, on choisira, parmi les terres disponibles appartenant au gouvernement, celles qui sont les plus fertiles et les plus saines, et on désignera et accordera à chacun la portion de terre dont, selon ses moyens, il aurait besoin pour exercer l'agriculture ou tout autre métier.

Art. 5. Les colons qui seront établis dans les terres disponibles appartenant au gouvernement, terres qui leur seront accordées gratuitement, seront exemptés de toute rétribution territoriale et personnelle pendant six ans, s'ils sont installés en Roumélie, et pendant douze ans s'ils sont établis en Asie.

Art. 6. De même, les colons seront exemptés du service militaire ou de son équivalent en argent, ceux de Roumélie pour six ans, et ceux d'Asie pour douze ans.

Art. 7. Après l'expiration de ces termes d'exemption, les colons seront assujettis à toutes les rétributions et redevances sur le même pied que tous les autres sujets de l'empire.

Art. 8. Les colons ne pourront vendre les terres qui leur seront accordées gratuitement par le gouvernement qu'après un espace de temps d'au moins vingt ans.

Art. 9. Ceux qui, avant l'expiration de ce délai, voudront quitter le pays et sortir de la sujétion de l'empire, restitueront les terres au gouvernement. De même ils seront obligés d'abandonner au gouvernement sans aucune compensation toutes les constructions qu'ils auraient élevées sur ces terres et qui ne pourraient plus être considérées comme leurs propriétés.

Art. 10. Les colons reconnaîtront les autorités du caza ou du sandjak dont dépendraient les villages et les bourgades où ils seront établis, et ils en seront gouvernés et protégés comme les autres sujets de l'empire.

Art. 11. Si, avant l'expiration des délais de leur exemption, ces colons sont obligés de changer de demeure et de s'établir dans un autre endroit de l'empire, il leur sera permis de le faire, mais le terme de leur exemption de toute rétribution et redevance datera toujours de l'époque où la terre primitive leur a été accordée.

Art. 12. Ces colons, sans avoir été criminels dans leurs pays primitifs ni de conduite douteuse, doivent être des gens honnêtes, agriculteurs et artisans, et le gouvernement impérial se réserve le droit de chasser de l'empire, ceux qui plus tard, commettraient des crimes ou dont la conduite serait mauvaise.

Art. 13. Comme on doit accorder à chacune des familles qui voudront se rendre en Turquie pour y coloniser autant de terres que ses moyens comporteront, avant que ces familles ne se mettent en route pour se rendre en Turquie, des registres contenant en détail leurs noms, leurs qualités, leurs moyens, la somme de leur capital et leurs professions doivent être dressés et soumis au gouvernement impérial par ses légations et ses consulats à l'étranger, dans les endroits où il y en aurait. Et il est arrêté que chaque famille doit posséder une somme équivalente au moins à soixante médjidiyés d'or (environ 1,350 fr.)

Art. 14. Autant à leur départ de l'étranger qu'à leur arrivée en Turquie, les consuls de la Sublime Porte à l'étranger et les autorités impériales dans l'intérieur accorderont à ces colons les facilités nécessaires pour le transport de leurs biens et de leurs bagages. Leurs passeports leur seront livrés gratis par tous les consuls ottomans. Cependant le conseil de Tanzimat trouve nécessaire que toutes les fois qu'il se présenterait des familles désirant se rendre et se coloniser en Turquie, le gouvernement en fût informé au moins deux mois d'avance, afin que, d'après les résolutions déjà prises, il eût le temps de désigner dans les provinces de l'empire qui seraient choisies pour leur établissement, des terres convenables à être distribuées aux colons, de sorte qu'à leur arrivée en Turquie ils n'eussent pas à souffrir des pertes de temps et des fatigues. Par conséquent, des instructions analogues seront données aux représentants et aux consuls de l'empire à l'étranger.

Arrêté le 5 djemaziul akhir 1272.

DÉCRET. (*Ici la signature du grand vizir.*)

L'ordre impérial ayant émané pour la mise en vigueur du présent règlement, le ministère des affaires étrangères est chargé de le mettre à exécution, d'en faire faire la traduction, d'en envoyer un exemplaire à chacune des légations de l'empire, d'en donner communication aux consulats qui en dépendent et de le publier par les journaux.

Le 1er redjeb 1273.

(L.-S.) *Sceau du conseil de Tanzimat.*

Toutes les erreurs en matière de colonisation sont condensées dans ce court règlement : serment de fidélité au sultan ; acceptation immédiate des lois de l'empire, par conséquent, perte de la nationalité et des garanties consulaires ; autorisation préalable pour l'exercice du culte en de nouvelles chapelles ; choix et distribution individuelle des terres livrés à l'arbitraire administratif, sans autre règle que l'appréciation non moins arbitraire des moyens ; au bout de six ou douze ans assimilation aux indigènes, même pour les charges personnelles ; interdiction de vendre avant le terme de vingt années ; en cas de départ antérieur, confiscation des terres par le gouvernement, même des constructions sans indemnité aucune ; expulsion facultative au gré des administrateurs ; justifications abusives et onéreuses, etc.

Un tel assemblage de conditions déraisonnables autoriserait à révoquer en doute la bonne foi du conseil de Tanzimat, qui aurait cherché à rendre illusoire l'engagement qu'il avait contracté, à la face de l'Europe, par le *hatt-humayoun* de 1856.

Pour corriger quelques-uns des vices les plus saillants de ce système, il fut décidé ultérieurement : 1° que si l'immigrant mourait avant l'expiration des vingt années nécessaires pour qu'il devienne possesseur des terres dont l'exploitation lui avait été confiée, ses droits se transmettent à ses héritiers, pourvu que ceux-ci contractent les mêmes engagements ; 2° les héritiers qui ne seront pas venus en Turquie perdront les droits acquis par le défunt : quant aux héritiers dont les droits seront reconnus, ils peuvent les transmettre à des tiers, pourvu que ces derniers acceptent les obligations primitivement déterminées.

Malgré des lois aussi peu rassurantes et des mœurs qui le sont encore moins, quelques tentatives ont été consenties par l'immigration européenne, toujours impatiente de se répandre à travers le monde, à l'Orient comme à l'Occident.

Un convoi d'une centaine de Polonais est parti pour les domaines de Reschid-Pacha, en Thessalie.

Sur 6,000 acres de terre qu'il a achetées dans la campagne de Constantinople, M. Perry a appelé des Écossais, surveillants ou laboureurs, qui seront installés sur des lots de 20 à 30 acres.

Devant les soulèvements et les attentats que la Porte est impuissante à réprimer [1], les intentions et les promesses du gouvernement ne peuvent garantir une ombre de protection aux personnes et aux propriétés des sujets chrétiens, alors surtout qu'en leur imposant la naturalisation on les dépouille de la protection des consuls nationaux.

L'heure de la confiance européenne n'est pas encore venue pour l'Orient, et si les Turcs tardent à la mériter par leur équitable conduite envers les chrétiens, la chrétienté pourrait bien se souvenir que, d'après un mot célèbre, ils ne sont eux-mêmes que campés en Europe. Sans parler des griefs politiques, la civilisation morale leur reproche l'émigration à Constantinople des belles filles géorgiennes et circassiennes destinées aux plaisirs et aux vanités des maîtres de harems.

---

[1] Les événements de Syrie sont survenus depuis que ces lignes sont écrites.

CHAPITRE LV.

La Perse.

Aux confins de la Turquie d'Asie, la Perse commence à entrer dans l'orbite de l'émigration européenne. Un essai malheureux en ce pays a donné lieu à la circulaire suivante du ministre de l'intérieur de France :

« Paris, le 18 février 1862.

» Monsieur le préfet, d'après les renseignements qui viennent d'être adressés à mon département, plusieurs Français qui, dans la pensée de faire fortune, se sont rendus en Perse, viennent de succomber à Téhéran, réduits à la plus profonde misère, et le même sort paraît réservé aux émigrants qui, dans l'espoir d'un succès chimérique, auraient l'imprudence d'entreprendre un semblable voyage

» Le départ et l'arrivée de vingt-cinq nouveaux émigrants expédiés de France étant encore annoncés, il me paraît nécessaire de prémunir nos nationaux contre les déceptions qui les attendent dans un pays où le faible produit du commerce et de l'industrie n'est déjà plus en rapport avec le nombre des ouvriers étrangers qui sont en ce moment à Téhéran.

» Je vous prie, en conséquence, monsieur le préfet, de faire connaître dans votre département, par la voie du *Recueil des Actes administratifs*, les dangers qu'offrirait en ce moment l'émigration à destination de la Perse.

DE PERSIGNY. »

CHAPITRE LVI.

Les États de l'Asie centrale.

Dans l'intérieur de l'Asie, les migrations que signale l'antiquité la plus reculée entre les plateaux élevés du centre et les plaines ou les vallées qui descendent vers la mer Caspienne et l'océan Indien, continuent de nos jours, suivant des mouvements qui échappent à toute évaluation statistique. Au lieu de suivre ces migrations dans leurs obscures sinuosités, nous aimons mieux en exposer la loi générale, d'après une communication récente faite à la Société de géographie de Pétersbourg [1], par M. Sémenoff, un de ses membres.

D'après ce savant, le squelette du continent asiatique, à l'est de la mer d'Aral, consiste en quatre chaînes de montagnes parallèles, savoir : l'Altaï, les monts Célestes ou le Thian-Chan, le Kuen-Iun et l'Himalaya. Les espaces entre les trois dernières de ces chaînes sont remplis à l'ouest par les montagnes de Bolor, dont la crête, en suivant constamment la direction du méridien, oppose une muraille cyclopéenne aux émigrations des peuples de la haute Asie, point de départ de toutes les grandes migrations des peuples. A l'ouest, ils ne trouvaient d'issue qu'entre l'Altaï et le Thian-Chan; encore ce passage est-il obstrué en partie par de hautes chaînes de montagnes neigeuses, qui ne laissent que peu de débouchés, telle que la vallée du lac Dsaïsang ou de l'Irtysch, la pleine basse de l'Alakoul, la vallée du fleuve Ili. C'est ainsi que la nature elle-même a indiqué aux migrations des peuples la direction qu'elles avaient à prendre. A certaines époques, les populations nomades, devenues trop nombreuses pour être à leur aise dans les steppes de la haute Asie, descendaient par les issues dont nous venons de faire mention dans la plaine aralo-caspienne, et n'y trouvant pas, comme elle est passablement aride, les conditions nécessaires pour que des masses toujours croissantes des peuples pussent s'y arrêter longtemps, elles poussaient l'un après l'autre devant elles les campements temporaires qu'elles rencontraient sur leur passage, en se dirigeant soit vers le nord et l'ouest à travers la chaîne de l'Oural et la mer Caspienne, soit vers le sud pour atteindre les fertiles oasis du Ferghana (vallées de l'Oxus et du Jaxartes). Les migrations subséquentes les délogeaient à leur tour et obligeaient les unes d'entrer en Europe par le sud de la mer Caspienne, les autres de se diriger vers l'Inde en suivant à

[1] Le 7 mars 1862.

travers l'Afghanistan le chemin habituel des conquérants indiens.

Quoi qu'il en soit, il demeure constant, d'après M. Sémenoff, que l'espace entre l'Altaï et le Thian-Chan tient la première place dans l'histoire de la grande migration des peuples. C'est là, en effet, que les races asiatiques disaient un éternel adieu à leur patrie primitive. Laissant derrière elle des pays soumis à l'influence civilisatrice de la Chine, elles se présentaient quelques années plus tard inopinément, comme des intrus, au milieu de populations à domiciles fixes, jouissant déjà d'une civilisation européenne. Les annalistes chinois poursuivent ces races asiatiques jusqu'à l'époque où elles descendent dans les basses contrées aralo-caspiennes. De là ils les perdent peu à peu de vue, et bientôt après les historiens de l'ouest (byzantins et romains) prennent note de ces nouveaux venus et en inscrivent les noms et les faits dans leurs annales. Cela prouve que l'étude approfondie de la construction orographique de l'espace contenu entre l'Altaï et le Thian-Chan, des routes indiquées par la nature aux migrations des peuples, ainsi que des traces de leur passage, qu'une telle étude, disons-nous, peut répandre un grand jour sur cette mémorable révolution appelée *la grande migration des peuples*, qui marque une époque de l'histoire universelle. Ce n'est qu'en comparant avec soin les indications des chroniqueurs chinois et celles des historiens occidentaux qu'il serait possible de refaire l'histoire de cette migration, depuis l'apparition des Huns près de la pointe méridionale de l'Oural jusqu'à l'invasion des Mongols. Enfin, c'est seulement ainsi que nous pourrions remonter jusqu'aux causes d'une révolution qui a exercé une si grande influence sur les destinées de l'espèce humaine [1].

[1] Extrait du *Journal de Saint-Pétersbourg*, du 8 avril 1862.

CHAPITRE LVII.

L'Extrême-Orient.

A l'extrémité orientale de l'Asie, la race jaune s'est portée en flots aussi nombreux que la race blanche à l'Occident, mais plus pressés, parce que les plans inclinés qui séparent de la mer le centre de l'Asie se sont trouvés moins développés à l'est qu'à l'ouest. De ce côté aussi, les mêmes causes qui, aux premiers âges de l'humanité, lui imprimèrent cette direction, agissent encore, et la Chine, sinon le Japon, plus isolé au sein des mers, n'a cessé de recruter, jusqu'à nos jours, une partie de ses innombrables populations dans les sources humaines qui, comme ses fleuves, prennent naissance au cœur du continent asiatique. Sans entrer dans des détails qui nous entraîneraient trop loin de notre sujet, rappelons, comme de simples jalons de cette histoire séculaire des migrations asiatiques, les invasions réitérées des Mongols et des Tartares, dont une branche campée dans la Mandchourie, conquit la Chine et fonda une dynastie qui règne encore.

CHAPITRE LVIII.

Conclusion de la seconde Partie.

En dégageant du tableau des faits qui précèdent les lois générales qui président à la répartition sur la surface du globe des populations librement émigrantes, on constate comme causes générales et permanentes, chroniques en quelque sorte, d'attraction ou de répulsion, les climats, les races, les nationalités, les religions, les institutions; comme causes accidentelles et pour ainsi dire aiguës, les métaux précieux et les grands travaux publics. L'action de ces causes qui se fortifie par l'ancienneté des habitudes, est sujette, en outre, à des perturbations suivant l'énergie des appels, la proximité ou la distance des lieux, la rareté ou la densité des populations déjà établies, l'état de paix ou d'agitation, la fertilité ou la stérilité du pays, enfin, la facilité des communications, les oscillations de l'offre et de la demande des bras corrélatives elles-mêmes à l'abondance ou à la rareté des capitaux.

Reprenons dans un ordre logique l'examen de ces influences.

§ 1. — LES ZONES CLIMATÉRIQUES.

La division du globe, d'après sa température, en zones glaciales, tempérées et torrides dont se contente la géographie, ne suffit pas à l'ethnographie des émigrations. Celle-ci doit reconnaître cinq sortes de zones : glaciales, froides, tempérées, chaudes, torrides ; *glaciales*, des pôles aux cercles polaires par 67° de latitude ; *froides*, du cercle polaire au 50° ; *tempérées*, du 50° au 40° ; *chaudes*, du 40° aux tropiques par 23° ; *torrides*, au nord et au sud de l'équateur jusqu'aux tropiques. Il y a, d'ailleurs, il suffit de le rappeler sans autre détail, à tenir compte des modifications qu'apportent au parallélisme de ces zones isothermiques la situation dans l'hémisphère boréal ou austral, oriental ou occidental, la proximité ou l'éloignement des mers, et surtout l'altitude qui compense les latitudes dans des proportions que la physique du globe a mesurées. Instinctivement, l'émigration tient compte de ces variations par des préférences ou des antipathies que la science ne tarde pas à justifier.

La zone glaciale de l'hémisphère nord (celle du sud paraît inhabitée), ne reçoit rien et ne donne rien. Après quelques essais de colonisation, commencés au x° siècle, et renouvelés de loin en loin jusqu'à nos jours, le Groënland a vu ses rivages de plus en plus délaissés, à mesure que se sont ouvertes aux entreprises humaines des terres et des mers plus hospitalières. Le Spitzberg, la Nouvelle-

Zemble, la Nouvelle-Sibérie sont déserts. A l'extrémité de la Suède, la Laponie vit péniblement sur son propre fonds de population. Sur ces domaines de l'océan glacial, la pêche seule a pu attirer, dans des stations temporaires, l'audace maritime des Hollandais, des Scandinaves, des Russes. Retombés dans leur isolement, Samoièdes, Esquimaux, Lapons mêmes, traînent, en compagnie des chiens et des rennes, au sein des glaces et des solitudes, une triste existence qu'étonne ou que récrée, de loin en loin, la visite d'un missionnaire, d'un artiste, d'un traitant de fourrures, d'un chasseur d'ours, ou les explorations devenues assez fréquentes au XIXe siècle, de quelques hardis navigateurs, comme Franklin ou Ross, à la recherche des terres boréales, du passage du nord-ouest, ou de la mer polaire. Sous le cercle arctique, mais moins glacial que ne l'annonce son nom, grâce à un courant du *gulf-stream*, l'Islande (*Iceland*), est plus engagée dans des rapports avec l'Europe, et toute une civilisation s'y est développée, assez complexe pour exciter vivement la curiosité scientifique, mais entourée d'une mer trop sévère pour séduire, de nos jours, l'émigration. Cette mer, de courageux pêcheurs des côtes scandinaves et françaises en bravent les rigueurs tous les ans sans mettre le pied à terre. En Asie, la justice seule et la politique recrutent des habitants pour les steppes glacés de la Sibérie, qui doivent à ces exilés et ces proscrits des rudiments d'industrie, de culture et de commerce que n'aurait sans doute pas de longtemps provoqué spontanément l'austère aspect des frimas.

La zone froide qui, dans l'ancien monde, embrasse des pays de grande émigration, îles britanniques, Belgique, Hollande, presqu'îles scandinaves, nord de l'Allemagne, ne faire entrer aucun pays d'immigration dans le nouveau monde, si la bande isothermique ne s'infléchissait un peu vers le sud, de manière à y comprendre le Canada, le Nouveau-Brunswick, la Nouvelle-Écosse et Terre-Neuve, qui sont les parties les plus habitées de la Nouvelle-Bretagne. Toute cette vaste et froide région n'attire que des émigrants des pays d'égale température en Europe; l'échange s'y limite de zone à zone pareille; les peuples plus méridionaux ne s'y rendent guère qu'à titre de pêcheurs, tels que les Basques, les Bretons et les Normands qui, les premiers, s'engagèrent dans les eaux de Terre-Neuve, à la poursuite des baleines et des morues. Cependant, de la zone tempérée à la zone froide, la transplantation répugne peu et s'accomplit avec succès, comme le prouve la colonisation du Canada par des paysans emmenés de l'ouest et du centre de la France ; retrempée et nullement découragée par le froid, elle y prospère et se développe avec succès ; mais ces populations en oublièrent la route dès que cessèrent les sollicitations actives du clergé, des propriétaires de terre, des compagnies de transport. Elles n'y vont pas spontanément.

Obéissant à la loi qui fait du bien-être son principal but, l'émigration moderne fuit les hautes montagnes et les hauts plateaux où la persécution, la guerre, l'esprit de liberté refoulèrent et maintinrent, en d'autres âges, l'élite des peuples. Les tribus et les clans descendent de leurs sommets, et nulle génération n'y remonte : on le voit bien en Écosse, en Suède, en Norvége, en Suisse, comme aux Pyrénées et aux Alpes. L'humanité qui s'isolait par méfiance sur les cimes inaccessibles, se rapproche par sympathie ou intérêt dans les plaines et les vallées que sillonnent tout ce qui unit les hommes : fleuves, chemins de terre, canaux, voies ferrées, lignes postales, paquebots, télégraphie.

La zone tempérée doit à sa moyenne chaleur, qu'accompagnent presque constamment la fertilité du sol et la facile domestication des animaux, l'attrait qu'elle exerce sur les émigrants. Inclinant un peu plus qu'en Europe vers l'équateur, suivant une loi météorologique propre au continent américain, la zone tempérée du nouveau monde comprend les États-Unis, jusque vers le 34° de latitude, et telle est une des clefs de la rapide prospérité de la confédération. On y afflue volontiers, grâce à l'analogie du climat, d'abord de la zone tempérée de l'ancien monde qui comprend, dans les limites que nous lui avons assignées la France, l'Allemagne centrale et méridionale, la plus grande partie du Portugal, de l'Espagne et de l'Italie. On y accourt avec plus d'empressement encore de la zone froide, dont les habitants sont heureux de connaître enfin les doux rayons du soleil, et les hivers de médiocre durée, et ces délicieuses journées de printemps et d'automne, qui dans leur pays ne séparent que par de fugitives transitions les deux grandes saisons de l'hiver et de l'été. De nos jours se renouvelle un phénomène que raconte l'histoire des anciens temps, le bonheur des barbares de la Scythie, de la Germanie, des Gaules même, alors couvertes de froids marais et d'humides forêts, à l'aspect des riants et tièdes paysages de l'Ibérie et de l'Italie qu'ils contemplaient du sommet des Pyrénées ou des Alpes. Devant ces paradis terrestres l'âme s'épanouit de joie, et le colon s'y promet, sans souci des épreuves qui l'attendent, d'y fonder une famille et une fortune.

C'est principalement à leur situation dans la zone tempérée de l'hémisphère sud que doivent leur rapide essor la Tasmanie et la Nouvelle-Zélande : l'Europe y revit dans ses plus agréables conditions atmosphériques, qui se retrouvent aussi dans le Chili méridional où est établie la colonie allemande de Valdivia.

La zone chaude, qui s'étend en Europe sur le bassin inférieur de la Méditerranée, correspond en Amérique, — dans l'hémisphère boréal aux États-Unis du Sud et aux rivages du Mexique ; — dans l'hémisphère austral, aux états riverains de la Plata, au sud du Brésil, et à la plus grande partie du Chili. Aux deux extrémités de l'Afrique, l'Algérie et les colonies anglaises du Cap jusqu'à Natal lui appartiennent avec les îles de Bourbon et de Maurice, rafraîchies par la mer, et dans l'Océanie toute la partie habitée de l'Australie.

Par ses propres attraits cette zone plaît aux émigrants qui en ont dans leur propre patrie connu les vives chaleurs : c'est pourquoi Espagnols, Italiens, Basques français du midi, Mahonais des Baléares, se rendent volontiers les uns aux bords de la Plata, les autres en Algérie. Pour les émigrants des zones tempérées, l'acclimatation a quelques difficultés et l'attraction se révèle moins vive : aussi faut-il des efforts soutenus ou des causes exceptionnelles pour déterminer et entretenir un courant d'émigration : avec ces efforts ou ces incidents la légère résistance du climat est bientôt vaincue. On a vu avec quelle facilité l'Algérie a trouvé des recrues dans l'Alsace, en Allemagne, en Savoie, en Suisse, toutes les fois qu'elle les a tentées par quelques appels sérieux. Plus facilement encore le Texas, la Plata et le Chili, même le Brésil méridional ont exercé la même attraction, et l'Australie surtout, toute miroitante d'or. Mais la nature indique que le peuplement de ces contrées doit se faire principalement par des habitants originaires d'une zone chaude, et seulement comme appoint par ceux de la zone tempérée. Quant aux indigènes de la zone froide, ils doivent s'attendre, non à aucun obstacle mortel, mais à une plus longue période d'acclimatement.

La double zone torride, toute en dehors de l'Europe, prend en travers les deux tiers de l'Afrique, l'Asie méridionale, l'Amérique centrale, l'archipel des Antilles, et les États de l'Amérique méridionale les plus voisins de la ligne : Nouvelle-Grenade, Vénézuela, Guyane, Brésil, Bolivie, Pérou. Tous les archipels de l'Océanie, à l'exception des colonies anglaises australiennes lui appartiennent. Nulle part l'émigration européenne ne s'y porte spontanément, avec entrain et en nombre, tant la transition lui est sensible. Les individus qui s'y rendent, isolément ou en très-petits groupes, y vont presque uniquement remplir des fonctions administratives, ou des travaux de surveillance, d'industrie et de commerce, qui se font à l'ombre ou n'exigent pas une grande dépense de forces. Le Sénégal, Angola et Benguela, Mozambique, le sud de l'Inde, de la Cochinchine et de la Chine, l'archipel de la Malaisie, les rivages atlantique et pacifique de l'Amérique centrale et de la partie équatoriale du Sud-Amérique, appartiennent à la zone torride; et l'on a vu quels faibles contingents ces pays reçoivent sur le demi-million d'émigrants européens.

Il faut tenir compte cependant d'un fait orographique de grande importance. L'énorme et immense chaîne des Cordillères, qui forme l'axe montagneux de l'Amérique dresse ses cimes, ses cols et ses contreforts à des hauteurs qui rachètent la latitude. En s'élevant des bords de l'Océan sur les pentes superposées d'étage en étage, le voyageur traverse successivement toute l'échelle des climatures depuis le sable ardent jusqu'aux glaces. La colonisation peut donc se choisir des stations où elle n'aura plus à vaincre que les fatigues de l'ascension et la longueur des distances, se traduisant en difficultés et cherté de communications : obstacles graves sans doute, mais qui ne sont pas invincibles. Cette loi naturelle des températures, décroissant en raison des hauteurs, ouvre à l'immigration européenne toutes les régions élevées du Mexique, de l'Amérique centrale, de la Nouvelle-Grenade, du Vénézuela, de la Bolivie et du Pérou, même des Antilles et de plusieurs îles de l'océan Pacifique, où la ventilation des brises s'ajoute à l'influence réfrigérante de l'altitude. Ces États et ces colonies sont donc autorisés à persister dans leurs efforts en faveur de la colonisation à l'aide d'étrangers.

Les considérations qui précèdent constatent des faits généraux assez réguliers pour être acceptés comme lois naturelles, qui conseillent aux émigrants de ne pas braver systématiquement de trop brusques transitions ; mais elles ne détruisent pas la loi non moins certaine du cosmopolitisme de l'homme, même de l'homme blanc qui, sous la condition de suivre une bonne hygiène, vit et se reproduit sur tous les points du globe. L'exemple des Boërs, hollandais d'origine, prospérant et se multipliant depuis deux siècles, dans l'Afrique australe, entre le 25° et le 35° degré de latitude, est un éclatant et authentique témoignage de la puissance d'assouplissement du corps humain au milieu qui l'entoure. L'homme de race blanche peut donc accomplir en toute confiance et partout sa mission de colonisateur : où il ne peut tout faire, il peut tout diriger, tout féconder.

La priorité dont s'honore l'Angleterre, après les États-Unis, dans ce travail d'expansion humaine et d'exploitation matérielle, elle le doit en grande partie au choix habile de ses conquêtes dans les zones froides, tempérées et chaudes : elle n'a guère laissé aux autres nations de possessions que dans la zone torride. C'est ainsi qu'elle a supplanté la France dans le Nord-Amérique, à Maurice, à la Nouvelle-Zélande ; les Hollandais en Afrique et dans le continent australien qu'elle a interdit à toutes les nations. Les rivales de l'Angleterre qui, séduites par les langueurs enivrantes et par les épices de la zone torride, y ont concentré leur action et leur résistance, se sont montrées moins pénétrées qu'elle des véritables lois de la colonisation dont le succès, fils du travail, s'arrange mieux des saines froidures que des chaleurs énervantes.

§ 2. — LES RACES. — LES NATIONS. — LES RELIGIONS.

Au point de vue de l'émigration, les quatre grandes races humaines se sont partagé le globe à des époques et suivant des lois que nous n'avons pas à rechercher ici.

Les prenant au XIXe siècle, nous trouvons la race blanche de longue date en pleine possession d'une moitié de l'Asie, de toute l'Europe, débordant en Afrique, entre le littoral méditerranéen et le désert saharien, et çà et là sur le pourtour du massif africain; en Amérique, continuant du nord au sud et de l'est à l'ouest, l'invasion impétueuse dont Christophe Colomb et ses compagnons donnèrent le signal; en Océanie gagnant de proche en proche les archipels et les îles. Partout où elle pénètre elle triomphe par la force et par l'intelligence, signe manifeste de sa supériorité. Elle pénètre sur le territoire de toutes les autres, et ne se laisse pénétrer par aucune. Elle enseigne les autres et n'en reçoit aucun enseignement. Dans ces mouvements elle a semblé jusqu'en notre temps, comme le soleil dans son apparente rotation, avancer d'Orient en Occident; mais de nos jours l'Occident se retourne avec une énergie nouvelle vers l'Orient auquel il semble vouloir reporter, à un haut degré d'avancement, les sciences et les arts qu'il en reçut à l'état rudimentaire.

La race jaune, resserrée dans le sud-ouest de l'Asie, se répand, ainsi que nous le verrons plus tard, dans les profondeurs de l'Océanie et sur le versant occidental de l'Amérique. Elle s'avance au nord vers le bassin de l'Amour, et à l'ouest atteint la limite de l'Inde sans la dépasser. Le plus important rejeton qui se soit détaché de la souche asiatique, est probablement la tribu des Hovas qui fonde, en ce moment, le royaume naissant de Madagascar.

CHAP. LVIII. — CONCLUSION DE LA SECONDE PARTIE.

La race noire, distribuée en Afrique en des milliers d'embryons de sociétés sédentaires, y resterait à demi-oisive, satisfaite de son soleil et des dons de la nature, si elle n'était traînée de force ou sollicitée vers de lointaines émigrations que nous raconterons bientôt.

Enfin la race rouge, nomade en Amérique, est refoulée de jour en jour des terres qui furent sa patrie, son berceau peut-être, vers les solitudes de l'intérieur, où elle s'étiole, dégénère et périt.

On peut dire, pour se résumer à cet égard, que l'aire d'expansion de la race blanche embrasse les trois cinquièmes du globe (moitié de l'Asie, Europe, Amérique, Océanie, zone septentrionale et australe de l'Afrique), que la race jaune occupe et envahit un autre cinquième (moitié de l'Asie, et quelques cantons de l'Océanie), et qu'à côté de ces deux races fortes, actives, intelligentes, douées de la faculté d'émigration spontanée et lointaine qui est dans l'humanité, comme la locomotion dans le règne organique, un caractère de suprématie, languissent deux races inertes, l'une pullulant en Afrique, l'autre s'éteignant en Amérique. Aux deux premières appartient, à un degré inégal, la civilisation avec sa puissance dominatrice ; aux deux secondes l'état sauvage avec ses misères et ses faiblesses.

Dans la race blanche, envisagée séparément, se sont établies à la longue des divisions ethnographiques qui usurpent, dans le langage courant, le nom de *races*, au lieu de celui de *sous-races* ou même de *variétés*, les seuls que la science puisse leur reconnaître. Nous les avons suivies, nation par nation, au point de départ ; il reste à constater dans quelle mesure cette différence d'origine influe sur leur répartition.

La race germanique, cosmopolite d'instinct, se dissémine avec plaisir dans tous les lieux propices aux blancs ; moins que tout autre, elle recule devant la zone torride. C'est un sol à cultiver qu'elle cherche, et partout où elle le trouve, elle s'y installe. Aussi la pouvons-nous suivre en Afrique, en Amérique, en Océanie, à peu près partout. L'Asie seule, d'où elle est venue, ne s'est pas encore ouverte à son humeur aventureuse.

La race anglo-saxonne, quoique dérivée du tronc germanique, a pris, sous la forte empreinte d'une société insulaire, un caractère plus exclusif. Outre le sol, elle veut un milieu qui se plie à ses mœurs, ses lois, son culte ; elle se cantonnera donc dans les pays britanniques, soit d'origine, soit de condition actuelle (États-Unis, colonies anglaises), ou dans des pays entièrement vacants, comme l'Australie. Elle se sent mal à l'aise, là où il faut compter avec un peuple déjà établi (l'Inde, le Cap, Maurice, le Canada, la Nouvelle-Zélande). Elle extermine, opprime, ou transige suivant la résistance qu'elle rencontre, et rarement se concilie l'amitié de ses voisins et de ses sujets. Dans le calcul de la force expansive des Anglo-Saxons, on comprend habituellement l'Écosse et même l'Irlande ; cependant le fond des populations de ces deux parties du Royaume-Uni, surtout du dernier, appartient à la race celtique, qui a droit de revendiquer une part des éloges que l'on prodigue à son associée.

La race scandinave n'a de préférences que celles qui naissent de ses habitudes climatologiques, qui la renferment dans les horizons du Canada et du nord de la Confédération.

Dans les races celto-latines, le rameau français est le plus cosmopolite, presque à l'égal de la race allemande ; toutes les parties et la plupart des grandes villes du monde en possèdent quelques colonies ; mais il ne s'engage dans les campagnes qu'en raison des affinités qu'il y trouve pour ses instincts sociables ; à l'amour du sol il aime à joindre la fréquentation d'autres groupes de populations sauvage, barbare ou civilisée, peu lui importe. La compagnie de ses nationaux lui est particulièrement agréable sans lui suffire.

Le rameau italien, qui ne posséda plus de colonies, est le plus indécis de tous dans son choix ; l'Algérie et la Plata obtiennent ses préférences par affinité religieuse et analogie de climat plutôt que par similitude d'origine.

De même le rameau ibérique, quoique plus fortement tranché dans ses goûts, adopte volontiers pour séjour temporaire, sinon pour patrie définitive, tout pays catholique où brille un beau soleil.

La nationalité sépare parfois des populations coloniales qu'unirait la communauté d'origine : ainsi, depuis que le Canada est tombé aux mains de l'Angleterre, l'émigration française a brusquement et complétement cessé. La répulsion est moindre chez les Hollandais, qui continuent de se rendre au Cap ou à Natal ; elle est moindre encore envers les colonies émancipées ; l'amour-propre métropolitain est moins offensé d'une révolte que d'une conquête. Le Brésil a vu reparaître les Portugais, et la Plata les Espagnols, que la guerre en avait d'abord éloignés, mais la France n'a pas renoué ses relations d'émigration avec la Louisiane.

Toutes ces nuances de sympathie ou de répulsion, qui conduisent en un pays ou en éloignent des classes entières d'émigrants, se raffermissent par la religion. Anglo-Saxons, protestants, septentrionaux, forment un camp ; Néo-Latins, catholiques, méridionaux, en forment un autre : ce sont comme les plateaux d'une balance religieuse oscillant en sens contraire autour d'un pivot qui est, en Amérique, les États-Unis, le pays où, sous la forme d'une séparation complète de l'Église et de l'État, la liberté des cultes est le mieux garantie par les lois et les mœurs. Hors des États-Unis, les protestants vont au nord, les catholiques au sud, sauf l'exception des Irlandais qui s'accommodent du Canada.

Les Israélites se mêlent un peu partout, mais vont de préférence dans les États protestants, où leur liberté religieuse est mieux respectée que dans les États catholiques ; à ces titres, les États-unis et l'Australie sont les mieux pourvus de synagogues.

§ 3. — LES INSTITUTIONS POLITIQUES.

A ces générales directions que suivent les émigrants, guidés par la nature, par l'instinct du bien-être et l'habitude, les institutions politiques mêlent leurs influences favorables ou contraires.

Sans être indifférente, la forme monarchique ou républicaine du gouvernement pèse moins, dans l'esprit de qui cherche une patrie nouvelle, que le système municipal, le droit civil, les garanties religieuses. Dans la constitution républicaine des États-Unis il apprécie moins la présidence élective que la représentation parlementaire, l'administration municipale et provinciale, et la pleine jouissance de toutes les libertés.

Gérer librement les affaires publiques, est la suprême ambition, non-seulement des émigrants de souche germanique, mais de la plupart des autres, quelle que soit leur origine. Entre tous les bienfaits dont un gouvernement loyal doit doter un pays qu'il destine à la colonisation, l'institution communale, fondée sur un domaine public et un conseil électif, est au premier rang. N'attendez pas, comme on prétend le faire en Algérie, que l'union des âmes et des intérêts soit déjà accomplie pour la mettre sous le patronage municipal : l'union, la solidarité, le sentiment de la puissance et de la responsabilité collectives naîtront de la vie municipale, comme son meilleur fruit. N'en altérez pas non plus la sincérité en substituant dans le choix des conseillers la nomination par le pouvoir à l'élection populaire : vous n'auriez plus que le simulacre de l'institution.

De degré en degré, cette participation des habitants à l'administration de leurs affaires dans le canton ou district, dans le comté ou la province, développe l'esprit d'initiative et fortifie le patriotisme. Plus sincèrement acceptée dans les pays anglo-saxons que dans les pays néo-latins, elle constitue au profit des premiers un charme et une force qui sont pour beaucoup dans les préférences de l'émigration.

Property and liberty, disent les Anglais. « Les pays sont cultivés non en raison de leur fertilité, a dit Montesquieu, mais en raison de leur liberté [1]. » Mots profonds justement devenus historiques !

L'exercice de ce *self-government* est attaché à deux priviléges civiques que ces pays accordent avec une grande libéralité ; la naturalisation facultative et le suffrage électoral. Nous disons naturalisation *facultative*, parce qu'imposée de force, soit aux émigrants, soit même à leurs enfants, elle blesse en eux un patriotisme qui a

---

[1] *Esprit des Lois*, livre XVIII, chapitre III.

droit au respect et peut couvrir l'oppression. Quant au suffrage électoral, d'ordinaire subordonné à la naturalisation et en dérivant toujours, il doit descendre profondément dans les rangs populaires pour satisfaire aux vœux des nouveaux-venus, sans qu'il soit nécessaire d'aboutir au suffrage absolument universel. Au Canada, qui se croit pourtant un pays libéral, le cens électoral est de 30 dollars de loyer dans les villes et de 20 dans les districts ruraux.

Le complément de cette autonomie politique et administrative est dans les garanties en faveur des personnes et des propriétés, fondées sur une impartiale justice, ainsi que dans la protection loyale de la liberté des cultes. Tout État où la justice est suspecte, où les religions dissidentes sont opprimées, est signalé dans toute l'Europe, par la presse allemande, à la méfiance des émigrants. Ces deux conditions s'allient rarement, les nations catholiques du nouveau monde, se montrant plus disposées à organiser la justice qu'à donner la liberté des cultes, tandis que les nations protestantes, plus tolérantes en matière religieuse, veillent moins sévèrement sur la justice. L'Algérie, où vivent en paix les quatre grandes religions de l'Occident, catholicisme, protestantisme, judaïsme et islamisme, se recommande également par l'honnêteté de sa magistrature, et ce mérite serait fort apprécié s'il n'avait de trop nombreux correctifs dans les vices du système administratif et économique, et surtout dans la tiédeur de la volonté officielle en fait de colonisation. Le défaut de franche et vive sympathie envers les étrangers qui viennent prendre leur part de la terre et des avantages sociaux, à de libérales conditions, nuit aussi au peuplement de la plupart des républiques espagnoles, tandis que la sincérité des appels et la cordialité de l'accueil sont les aimants les plus puissants des colonies anglaises et des États-Unis.

§ 4. — LES INSTITUTIONS ET CONDITIONS ÉCONOMIQUES.

Dans le choix raisonné de l'émigrant les avantages économiques comptent autant et souvent plus que les droits politiques. Il recherche la propriété facile du sol, les hauts salaires que procure la rareté des bras en présence de capitaux abondants, et la vie à bon marché qui ne s'obtient qu'avec de légers impôts, indirects ou directs, à l'importation comme à l'exportation. La franchise douanière est un des attraits les plus puissants, on l'a vu par l'exemple de Singapore, mais elle n'est pas rigoureusement nécessaire, comme l'établit l'exemple non moins concluant des États-Unis : des colons répugnent bien plus aux contributions sur les biens-fonds et aux prestations personnelles qu'à des droits d'entrée modérés. Comme l'exemption du service militaire et l'exemption de tout impôt foncier sourient beaucoup aux émigrants, ces deux privilèges font généralement partie de la charte qui leur est octroyée. Les peuples néo-latins y joignent volontiers des promesses de subsides en argent ou en nature, promesses sincères sans doute, mais rarement tenues, et qui troublent d'ailleurs le jeu naturel des forces économiques dans un sens toujours préjudiciable à la colonisation ; chez les colons moins d'initiative, moins de prévoyance, moins d'indépendance ; chez les fonctionnaires plus d'omnipotence ; ce sont les fruits de toute sorte d'aumône générale et systématique faite à une classe d'émigrants. Qui ne peut s'établir à ses frais doit gagner chez autrui son pécule, et apprendre aux rudes mais fortifiantes épreuves du travail salarié, à quel prix se fondent des établissements viables.

Il est pour les émigrants une meilleure subvention : c'est un bon régime d'appropriation des terres. Devenir propriétaire est la suprême ambition de tout prolétaire qui s'expatrie ; régner sur de plus vastes domaines est l'idéal du propriétaire qui rompt avec le vieux monde. Entre les multiples influences qui entrent dans la détermination des émigrants, la facilité d'acquérir le sol est la plus décisive ; cet avantage supplée à presque tous les autres et aucun ne le remplace. Les *squatters* seuls se contentent de la location.

De toutes les méthodes d'appropriation la vente est la meilleure, à tous les points de vue. Sous l'apparence mensongère de la gratuité, la concession des terres enchaîne l'homme à l'État pour un long terme, sinon pour toujours ; la vente, loyalement consentie, assure mieux la dignité du citoyen. Pire encore est la condition des pays où l'appropriation du sol est impossible, où l'émigrant est réduit à la condition de colon partiaire, métayer à perpétuité. Tenue en main-morte par les grands propriétaires qui spéculent sur la plus-value à venir, la terre reste inculte et inhabitée. C'est la cause de l'échec qu'ont partout éprouvé les grandes compagnies de colonisation agricole, et qui les fait justement considérer comme le fléau de toute contrée qu'elles envahissent ; le vide s'y fait ou s'y maintient autour d'elles.

Telle est la capitale influence du régime d'appropriation qu'à son degré de perfectionnement se mesure le succès même de l'immigration. En ce genre, les États-Unis ont atteint le comble du bon marché et de la simplicité. Un dollar et quart l'acre de terres fédérales, chacun sait cela dans tous les pays d'immigration. Le rapport n'est aussi simple ni le prix aussi modéré dans les colonies anglaises ; une livre l'acre, qui est le taux en Australie, c'est cher ; ailleurs, le prix est plus modéré, mais toujours un peu compliqué. Le jour où l'Angleterre annoncerait au monde que dans toutes ses colonies elle vend les terres de la couronne au prix fixe, comptant, à bureau ouvert, d'un dollar et quart l'acre, elle ferait aux États-Unis une redoutable concurrence. Si elle s'en abstient ce n'est pas qu'elle ignore l'art de coloniser, mais elle préfère le système qui a rendu célèbre le nom de son auteur, M. Wakefield, et qui constitue, avec le prix des terres, un budget permanent et progressif de l'émigration, sans rien demander au trésor métropolitain.

Il faut noter, comme une particularité singulière, que les peuples de culte protestant et de souche anglo-saxonne se rangent volontiers au système des ventes, tandis que les nations de culte catholique et de race néo-latine préfèrent les concessions ; en Algérie et au Brésil, où l'on a annoncé l'inauguration des ventes, on ne s'y résout qu'à grand'peine [1]. Le pouvoir, habitué à dominer les âmes et les intérêts, plus généreux d'ailleurs, ne consent pas volontiers à une

---

[1] Le Bas-Canada, on l'a vu, combine les concessions et les ventes.

émancipation qui mettrait fin aux faveurs et aux influences. L'aumône des terres a, pour certains caractères, le charme de toute aumône ; c'est un bienfait qui donne droit à la reconnaissance de l'obligé. De l'abaissement qu'elle entraîne chez celui-ci l'on tient moins de compte que de l'orgueil qu'elle autorise dans le bienfaiteur, du pouvoir qu'elle maintient en ses mains, et trop souvent aussi des rémunérations qu'elle rapporte aux consciences complaisantes.

Avec la vente des terres une force libre agit avec toute son énergie dans un milieu libre. *Mens agitat molem.* Avec les concessions, une force amortie se traîne dans un milieu oppressif. D'un côté la virilité créatrice, de l'autre, l'obséquiosité impuissante.

Est-ce à dire que la vente des terres dispense d'aucune liberté, et du respect de l'homme, et de la justice dans la loi, et de l'égalité politique et sociale, et des travaux publics fécondant l'activité privée ? Nullement ; mais sans la constitution loyale, prompte et sûre, de la propriété, tous ces bienfaits sont peu de chose pour les émigrants. Obéissant à l'instinct providentiel qui guide l'humanité, ils poursuivent la terre d'un amour passionné, et courent là où elle se livre plus aisément à leur désir.

§ 5. — LES CONDITIONS LOCALES.

Fixé d'une manière générale dans ses desseins, à quelles dernières considérations cède l'émigrant dans le choix spécial de la localité où il plantera sa tente ? On les découvre par l'étude attentive des expériences que nous avons racontées.

Ports accessibles d'embarquement et d'abordage, navires appropriés sur les voies maritimes et fluviales, chemins ordinaires ou de fer perçant le pays, rapidité et bon marché des transports, protection consulaire, multiplicité et gratuité des informations, voilà pour la route. Et au delà, facile et économique installation sur un sol déjà préparé par l'arpentage et l'allotissement ; prompte délivrance des titres de propriété, voisinage des eaux et des bois, bonne exposition des lieux, salubrité de l'air, fertilité du sol, proximité des débouchés.

De tous ces éléments, la viabilité est peut-être le plus précieux: on se bornerait, en abordant un pays nouveau, à le percer de routes dans les principales directions que la colonisation s'y établirait d'elle-même. C'est à peu près ainsi qu'opèrent les États anglo-saxons : le long d'un premier chemin qui unit deux termes importants, se jalonnent de droite et de gauche les habitations entourées des terres ; quand ce premier rang est garni, autour d'un second chemin se développe un second rang, et de proche en proche la campagne se couvre de maisons et de cultivateurs. La méthode algérienne de créer *à priori* et par voie officielle des villages, comme centres de colonisation, est un procédé empirique, contraire à toutes les lois de l'économie rurale, grave obstacle à toute prospérité. Dans cette occupation progressive d'une région, la ligne droite joue un rôle fort remarquable. Adoptée systématiquement dans tous les sens pour le tracé des limites, elle prévient à perpétuité les conflits de bornage et d'empiétement, et par cet avantage capital rachète bien les effets d'une inflexibilité qui ne tient aucun compte des sinuosités naturelles dues aux rivières, aux montagnes, aux accidents variés du sol. C'est le système américain.

L'on a souvent recherché par quelle nature de terres débute la colonisation, les plus fertiles ou les plus stériles. On doit répondre que le choix varie avec l'objet de l'entreprise et dépend d'un seul mobile : l'espérance du gain le plus élevé. Veut-on fonder un comptoir commercial ? On s'inquiétera du lieu le plus propice aux relations à établir, si stérile qu'il soit, et des villes grandiront peut-être sur les sables et les marais. Veut-on créer une industrie ? Ce sera le gisement des matières premières, l'emplacement des forces motrices et les ressources en main-d'œuvre qui viendront au premier plan des calculs. La colonisation doit-elle être surtout agricole ? On tiendra compte de la fertilité du terrain, sans négliger la distance des débouchés, tandis que les facilités commerciales devront primer les avantages agricoles, quand le colon comptera allier le commerce à l'agriculture. L'émigrant préfère-t-il élever des troupeaux, se faire *squatter* plutôt que *settler*? Les landes incultes, mais couvertes d'herbages naturels, où il pourra parcourir des étendues illimitées, lui conviendront mieux que des plaines fertiles où il serait cantonné à l'étroit. Les foyers de colonisation en tout pays seront, par toutes ces vues diverses, multiples et épars : le réseau n'en fermera que plus vite ses mailles, et de proche en proche, la densité croissante de la population donnera de la valeur aux terrains qui étaient au début les plus délaissés.

L'insalubrité locale épouvante plus de loin que de près. Toute terre nouvellement défrichée, rendue fatalement insalubre par les miasmes qu'elle dégage, est assainie par le travail renouvelé, par le drainage, par les plantations. Le roc est plus salubre que l'alluvion : entre les deux pourtant aucun colon n'hésite.

La même confiance lui fait dédaigner ces peurs vulgaires qu'inspirent à distance les indigènes : sauvages en Amérique, barbares en Algérie. Quand le cœur est bon et juste, les rapports s'établissent sur la justice et l'humanité, par l'échange des services, et les prétendus ennemis deviennent de précieux auxiliaires. Si le pionnier ignore les scrupules délicats de la conscience, il compte sur ses armes pour se faire respecter; et dans tous les cas la force publique protége les établissements des colons. Où manque entièrement la sécurité, la prudence invite à s'abstenir ou à se grouper en masse. Dans les pays déjà occupés par une population vivant sur le sol, la colonisation commerciale et industrielle qui ne fait pas concurrence aux natifs, précédera utilement la colonisation agricole qui les froisse en les heurtant et les resserrant.

Les guerres civiles, les guerres étrangères présentent de plus graves périls, les agitations qui les accompagnent retombant toujours sur les étrangers, tantôt par des réquisitions directes, tantôt par l'aggravation des charges de la milice, le renchérissement des vivres, la destruction des capitaux qui alimentent le travail. Les querelles intestines des républiques espagnoles en ont détourné beaucoup d'Européens, et ce sera la conséquence, sur une bien plus grande échelle, de la lutte fratricide des États-Unis.

La proximité est d'un grand attrait pour les émigrants, et c'est de proche en proche que se sont peuplées presque toutes les contrées de la terre. Elle facilite les informations, diminue les risques et les fatigues, permet d'emmener la famille tout entière, d'emporter à peu de frais les outils, les vivres, les semences, les meubles, les valeurs de toute nature. Toute colonie à qui sa proximité des pays peuplés ne profite pas, est une colonie mal constituée.

Enfin l'intensité du courant d'émigration dépend beaucoup de la publicité. Qu'un pays répande à profusion des notices, des livres et des cartes, fonde ou subventionne des journaux, organise des compagnies de recrutement et de transport, commissionne des agents sédentaires et des émissaires ambulants, tandis qu'un autre attend de la Providence sa fortune, le premier est assuré de supplanter le second dans la notoriété publique et dans la faveur des émigrants. Une grande publicité peut seule d'ailleurs régulariser les allures de l'émigration, en faisant connaître pour chaque pays l'état du marché des capitaux, des terres, du travail. Alors l'exportation des hommes, comme celle de tout autre produit, arrive à se régler sur les besoins, de manière à prévenir ces alternatives d'encombrement et de disette de main-d'œuvre, qui se traduisent en excès ou en avilissement des salaires, et troublent toutes les existences en livrant toutes les entreprises aux chances de l'imprévu.

LIVRE SECOND

L'ÉMIGRATION SALARIÉE OU AVEC ENGAGEMENT.

> L'économie politique s'attache de toutes ses forces à la notion de la liberté du travail : c'est que la liberté est de l'essence de l'industrie humaine.
> MICHEL CHEVALIER.

1re PARTIE

LES PAYS D'ORIGINE.

CHAPITRE I.

Les sources d'Émigration salariée.

Les colonies espagnoles de l'Amérique, après la proclamation de leur indépendance, les colonies anglaises et françaises, après l'émancipation des esclaves, voulant remplacer les bras, qui devenaient rares, firent appel aux travailleurs disponibles dans les diverses parties du monde. Des conventions réciproques entre les patrons et les ouvriers naquirent les contrats d'engagement. Par le nom comme par le fait, ces contrats rappelaient les procédés employés aux XVIe et XVIIe siècles pour recruter en Europe la population laborieuse appelée à cultiver les colonies, avant que la traite et l'esclavage des nègres ne fussent passés dans le droit commun et les mœurs publiques. C'est à des engagés anglais, allemands, hollandais, français, que sont dus les premiers défrichements et les premières cultures dans le nouveau monde. Renouvelé de nos jours, mais appliqué à des races nouvelles, ce mode de recrutement puise à quatre sources principales :

Les îles hispano-portugaises de l'Atlantique ;
L'Afrique insulaire et continentale ;
L'Inde ;
La Chine.

L'Europe n'y fournit à peu près aucun contingent.

CHAPITRE II.

Les îles hispano-portugaises de l'Atlantique.

Les archipels et groupes des Açores, de Madère, des Canaries et du Cap-Vert ont été, depuis une vingtaine d'années, visités par les agents de l'émigration américaine, qui n'ont pas eu de peine à entraîner vers d'autres cieux beaucoup d'habitants en proie à une désolante misère, dans ces îles que depuis l'antiquité la voix des poëtes et des géographes continue d'appeler, par une cruelle antiphrase, les îles *Fortunées*. Les ravages de l'oïdium, la maladie de la pomme de terre et les sécheresses obstinées de l'atmosphère en étaient l'occasion ; une cause moins accidentelle de paupérisme existe dans la constitution économique de ces pays, longtemps grevés, pour les importations comme pour les exportations, de taxes excessives, et privés de toute l'activité que suscite l'esprit d'entreprise nanti des capitaux.

A MADÈRE, la condition des cultivateurs est des plus aléatoires : ils ne possèdent pas le sol ; les baux se concluent toujours à l'année et acquièrent, par une concurrence démesurée, des taux énormes, en même temps que baissent les salaires des travailleurs à gages.

CHAP. II. — LES ILES DE L'ATLANTIQUE.

Aussi est-ce à Madère que la population a le plus volontiers consenti à émigrer. De graves abus ayant été constatés, le gouvernement civil fit afficher, en 1843, un édit relatant les vexations qu'avaient subi les émigrants : en pleine mer, des capitaines avaient forcé leurs passagers à signer des contrats où étaient stipulés des obligations plus lourdes que dans la convention primitive, et où l'engagement était prolongé à cinq ans.

Ni les abus ni les émigrations ne cessèrent, et plusieurs ordonnances royales interdirent l'émigration des CANARIENS dans l'Amérique du Sud, en se fondant sur les mauvais traitements éprouvés à bord ou à terre, et les risques de vexations au milieu de guerres intestines. Ces interdictions furent levées par une ordonnance du 16 septembre 1853, ainsi motivée :

« Considérant qu'il ne serait ni juste ni utile de maintenir une prohibition absolue qui empêche les habitants des Canaries de chercher dans d'autres pays les ressources qu'ils ne trouvent pas dans leur patrie, et d'écouler le trop-plein de la population qui, loin d'être un élément de prospérité, ne sert qu'à retarder leurs progrès;
» Considérant que les intérêts généraux et particuliers des îles Canaries réclament comme une présente nécessité la levée de cette défense ;
» L'émigration est permise seulement pour les colonies espagnoles et les États de l'Amérique du Sud et du Mexique où existent des représentants de Sa Majesté. »

La liberté d'émigration est subordonnée à une autorisation préalable, et, de 18 à 23 ans, à un dépôt de 6,000 réaux ou un cautionnement, sans parler des formalités usuelles des passeports, enregistrement des contrats, etc...

Depuis 1848, plus de 10,000 Madériens ont émigré dans les colonies anglaises, et sans doute autant de Canariens. Beaucoup ont été dirigés sur la Guyane anglaise et sur la Jamaïque, où une prime de 7 livres sterling fut accordée à l'introduction de tête d'adulte madérien.

Les insulaires du CAP VERT ont été moins recherchés et ont moins émigré, sans doute comme moins intelligents, quoique aussi misérables.

Les émigrants de l'Atlantique ont beaucoup perdu de leur faveur première. Aux Indes occidentales, on les a trouvés bons travailleurs, mais trop sensibles au climat et trop négligents à se précautionner contre ses effets. Blancs par la race, quoique assez fréquemment croisés de sang coloré, ces émigrants appartiennent à l'Europe plutôt qu'à l'Afrique, et leur acclimatation n'est pas sans difficulté ; il faut les réserver pour les hautes terres. Ils sont d'ailleurs, en leur qualité de catholiques, peu sympathiques aux planteurs des Antilles anglaises : à la Guyane, ils ont eu à se plaindre de violences et d'outrages.

La cour de Lisbonne et les administrations locales ont d'ailleurs manifesté peu de bon vouloir pour une émigration qui semblait les appauvrir, et les autorités anglaises ont dû plus d'une fois réclamer plus de bienveillance.

Sous l'action de ces divers incidents, l'émigration des insulaires chrétiens de l'Atlantique s'est successivement réduite à de très-modestes proportions.

CHAPITRE III.

L'Afrique.

En même temps que les colonies anglaises traversaient la période d'apprentissage qui succéda chez elles à l'émancipation, elles voulurent demander à l'Afrique des bras auxiliaires et libres. De 1840 à 1843, quelques essais, des enquêtes, des rapports parurent favorables à ce projet, et le 6 février 1843, lord Stanley, secrétaire d'État des colonies (aujourd'hui lord Derby), adressa au gouverneur de Sierra-Leone, une dépêche qui résumait les témoignages recueillis et les prescriptions pour l'avenir.

« Conformément à la proposition du comité de la chambre des communes qui avait été chargé, pendant la dernière session, de faire une enquête sur la situation des possessions britanniques à la côte occidentale d'Afrique, le gouvernement de Sa Majesté a décidé qu'il prendrait la direction de l'émigration de cette côte pour les colonies des Indes occidentales.

... « Je suis heureux de voir que la décision unanime d'un comité qui comptait parmi ses membres plusieurs des amis les plus actifs et les plus éprouvés de la race noire, soit venu confirmer mon opinion sur ce point et déclarer que les avantages qu'on doit attendre de cette émigration ne sont pas limités aux Indes occidentales, mais qu'une communication fréquente et régulière avec ces colonies fournira aux populations africaines le plus efficace de tous les moyens d'améliorer leur existence matérielle et de participer aux bienfaits de la civilisation. »

D'après les instructions du ministre, les seuls points où les engagements seraient permis étaient Sierra-Leone, Bonavista, Loanda. Le premier était une colonie anglaise ; sur les deux autres des cours de commission mixte étaient établies en vertu d'un traité avec le Portugal.

Les bâtiments frétés *ad hoc* par l'État devaient être expédiés aux colonies sous la direction immédiate du gouvernement.

Des agents envoyés par les colonies de la Jamaïque, la Trinidad et la Guyane anglaise devaient faire le recrutement d'après des règles tracées : un agent du gouvernement veillait à la légalité des opérations, au libre consentement des engagés, aux stipulations des contrats, au départ, etc.

Le fonds de la population noire de SIERRA-LEONE se composait principalement de nègres trouvés par les croisières anglaises sur les navires négriers et déposés dans cette colonie ; on espérait qu'ils consentiraient volontiers à s'engager pour les Indes occidentales. Cet espoir fut trompé, et l'on dut réduire par des mesures successives les avantages qui leur étaient faits sur la côte d'Afrique, afin de vaincre leurs irrésolutions. La rigueur ne réussit pas davantage. Une seule tribu de la côte occidentale fournissait des noirs libres disposés à s'embarquer : c'étaient les Kroumen, fort habiles matelots et vigoureux portefaix, mais trop attachés à leur pays pour consentir à une absence qui dépasse quelques mois. Sans se décourager, le gouvernement anglais étendit aux possessions non anglaises de la côte occidentale d'Afrique le recrutement des travailleurs libres, et, par une résolution du 8 mars 1847, en arrêta les règlements, au grand scandale des sociétés abolitionistes. Robert Peel lui-même défendit la haute moralité de l'immigration libre.

La théorie était inattaquable ; il fallait seulement trouver quelque part des noirs libres, qui, sans redouter ce qu'ils avaient vu ou appris de l'ancien esclavage, consentissent à émigrer pour les colonies. On les chercha en vain, on ne trouva partout que des esclaves qu'il eût fallu racheter, et la politique anglaise recula devant une opération derrière laquelle elle voyait une excitation donnée aux guerres intestines et à la chasse d'hommes. Elle se contenta de faire déposer provisoirement à Sierra-Leone ou à Sainte-Hélène, et diriger immédiatement sur ses colonies, à titre d'engagés, les noirs arrachés aux négriers. Et forte de sa propre expérience, elle prit un langage et une attitude résolus contre toute imitation de sa propre conduite.

Lorsqu'en 1854, la France reprit l'expérience pour son compte et autorisa une expédition d'immigrants africains destinés à la Guyane et aux Antilles, le cabinet anglais adressa de persévérantes réclamations, et les représentants de l'Angleterre multiplièrent partout, directement ou indirectement, une opposition qu'ils savaient conforme au vœu de la métropole. On n'en tint pas compte, et le 14 avril 1857, le ministre de la marine signait avec la maison Régis, de Marseille, un traité par lequel cette maison s'engageait à introduire à la Martinique et à la Guadeloupe, 10,000 engagés africains propres à l'agriculture. La Martinique ayant refusé son concours à ce marché, la *fourniture* de la maison Régis a dû se réduire à 7,500 individus, parmi lesquels les femmes devaient entrer pour un cinquième au moins et moitié au plus.

Le contrat qui intervenait entre l'expéditeur et l'émigrant était rédigé en ces termes :

Art. 1er. L'immigrant ci-désigné s'engage pour faire toute espèce de travail ayant trait à la culture et à la fabrication du sucre, ainsi qu'à toute entreprise industrielle et agriculturale dans laquelle la personne qui l'emploie jugera devoir le faire travailler.

Art. 2. Le présent engagement est fait pour 6 ans, à partir du jour d'entrée au service de la personne qui l'emploie. La personne employée doit donner 26 jours pleins de travail tous les mois, pas davantage : la journée de travail doit être réglée d'après la coutume existante dans la colonie. L'employé est tenu de travailler, sans augmentation de salaire, selon les besoins de l'établissement où il est employé.

Art. 3. La personne qui emploie a le droit de résilier ou de transporter ses droits sous le contrôle de l'administration.

Art. 4. L'engagé sera logé dans l'établissement auquel il appartient. Il aura droit à tout secours médical, de la part de la personne qui l'emploie, ainsi qu'à la nourriture, selon les règlements en vigueur dans la colonie concernant les classes ouvrières du pays, étant bien entendu que, toute maladie provenant de sa propre volonté, soit pendant le travail, soit pendant toute autre occupation, sera à ses frais.

Art. 5. Les gages d'un immigrant sont pour un homme 12 fr., une femme 6 fr., et 8 fr. par enfant de six à quatorze ans, par mois de vingt-six jours de travail (voir l'article 2). Le travail doit commencer huit jours après l'arrivée dans la colonie. La moitié des gages est payée tous les mois, l'autre moitié à la fin de chaque année.

Art. 6. Cet article traite de la forme des reçus pour avances de gages aux immigrants.

L'article 7 oblige l'engagé à se soumettre aux règlements en vigueur dans la colonie en ce qui concerne le travail et la police de l'immigration.

Art. 8. A l'expiration de son engagement, on donnera à l'engagé la facilité de retourner dans son pays, pour lui, sa femme et ses enfants, à la condition qu'il contribuera à verser mensuellement le dixième de ses gages à la caisse de l'immigration. Dans le cas où il renoncerait à retourner dans son pays, la somme entière qu'il aurait versée lui serait restituée. En cas de réengagement, les conditions seront traitées de gré à gré entre l'immigrant et la personne qui l'emploie.

Ces conventions sont arrêtées par-devant le commissaire du gouvernement français, conformément au décret du 27 mars 1852, certifié par ce fonctionnaire et signé « de bonne foi » par le capitaine du bâtiment émigrant, le facteur sur la côte et un employé de la factorerie.

M. Régis, ne pouvant mieux que les Anglais découvrir des noirs libres et consentant à émigrer, avait été autorisé par le gouvernement français à racheter des esclaves qui seraient aussitôt après affranchis, et en ce nouvel état invités à déclarer leur consentement au contrat qui leur était proposé. Ces malheureux devaient sans hésiter accepter un sort qui les préservait de dangers plus graves : en arrivant dans nos colonies, ils y débarquaient comme engagés volontaires, n'aliénant leurs services que pour une période de six années, au bout de laquelle ils étaient libres de rester ou de retourner dans leur pays. Leurs enfants naissaient et grandissaient libres.

Sur la côte orientale d'Afrique des opérations pareilles conduisaient les capitaines de navire, assistés d'un délégué du gouvernement, à Madagascar, aux Comores, sur les côtes de Zanzibar et de Mozambique. Des abus graves qui avaient fait traduire leurs auteurs devant la justice de Saint-Denis, ayant été signalés, le gouverneur de la Réunion prit, le 2 novembre 1858, un arrêté destiné à réglementer le recrutement.

A peine ce document avait-il été publié dans le *Moniteur* de la colonie que le gouverneur recevait du prince Napoléon, chargé du ministère de l'Algérie et des colonies, la dépêche suivante :

« Paris, le 6 janvier 1859.

» Monsieur le gouverneur, à la réception de la présente dépêche, vous prendrez les dispositions les plus rigoureuses pour interdire tout recrutement de travailleurs, soit à la côte orientale d'Afrique, soit à Madagascar, soit aux Comores, comme toute introduction à la Réunion d'immigrants de ces provenances, ou de Sainte-Marie, Mayotte et Nossi-Bé. J'écris dans ce sens à M. le lieutenant-colonel Morel.

» Vous aurez, en m'accusant réception de la présente communication, à me faire connaître le nombre, le détail et l'importance, la date d'autorisation des opérations de recrutement de l'espèce qui pourraient, avec l'agrément de votre administration, être en cours d'exécution au moment où vous parviendra cette dépêche, et qui, à ce titre, seraient les seules à laisser, jusqu'à leur accomplissement, en dehors de ma décision.

» Recevez, etc., etc.

» NAPOLÉON
» (JÉRÔME).

» *P.-S.* Je vous recommande l'exécution stricte et prompte de cet ordre. »

Cet ordre péremptoire était inspiré par les graves événements survenus à propos du *Charles-Georges*, navire de la Réunion, saisi par les autorités portugaises dans les eaux de Mozambique comme se livrant à la traite des noirs sous l'apparence de recrutement. Déjà des incidents suivis de polémiques irritantes avaient appelé l'attention publique sur ce genre d'opérations à propos du *Maria-Stella*, du *Regina-Cœli*, et de révoltes en mer de noirs que l'on disait librement engagés, etc., mais aucun n'approchait de la saisie du *Charles-George*, suivie d'un vif conflit entre la France et le Portugal, qui avait failli amener une rupture. Après la délivrance obtenue du navire et de son capitaine, l'empereur, pour donner satisfaction à la conscience publique, avait écrit au prince Napoléon qu'il n'entendait pas favoriser la traite sous prétexte de recrutement, et qu'il le chargeait d'ouvrir une enquête sur l'immigration africaine. La commission qui fut instituée à cet effet avait à peine tenu quelques séances que le prince Napoléon envoyait l'ordre de suspendre tout recrutement de noirs : on pouvait supposer que les débuts de l'enquête n'étaient pas favorables; on le conclut avec plus de confiance au silence absolu gardé depuis deux ans sur les résultats de l'enquête. Il est invraisemblable que le gouvernement l'eût tenue secrète si elle avait absous de toute faute grave le pavillon français. Malgré cette décision, la maison Régis a pu continuer ses expéditions, en vertu de son contrat par lequel le gouvernement français s'est tenu pour lié; mais son opération achevée, l'immigration africaine cessera, conséquence des conventions stipulées avec l'Angleterre et d'après lesquelles celle-ci consent à ouvrir l'Inde au recrutement nécessaire pour fournir à la Réunion et aux Antilles les bras qui leur font défaut.

Entre l'Inde et l'Afrique, il y a la différence d'un pays gouverné par la civilisation à un pays livré à la barbarie, d'une contrée où la population est en excès avec une contrée où elle est clairsemée. Dans l'Inde, il est possible de protéger la sincérité des transactions à l'aide des fonctionnaires anglais; en Afrique, personne n'a d'action sur les chefs, rois et maris de l'intérieur, qui vendent leurs sujets, leurs prisonniers de guerre, leurs femmes et leurs enfants pour une bouteille d'eau-de-vie. On a réfuté victorieusement toutes les critiques contre la condition nouvelle que trouvent les noirs dans les colonies, condition bien supérieure à celle qu'ils avaient chez leur maître africain : on n'a pu répondre rien de solide au reproche d'exciter les guerres intérieures, les chasses d'hommes, la discorde dans les tribus et les familles, l'oppression des faibles par les forts; toute *commande* d'esclaves à acheter devant aussi fatalement provoquer la production de l'esclavage que la demande d'une marchandise provoque l'offre de cette marchandise. S'il est vrai que les guerres civiles soient l'état habituel du Soudan, elles ne peuvent qu'être ravivées par le débouché ouvert aux prisonniers de guerre, sans que les travaux ou même les sacrifices auxquels ces malheureux sont destinés en soient ralentis; après avoir vendu sa troupe d'esclaves avec profit, tout chef doit s'empresser de la renouveler dans la mesure de ses besoins. Le prix qu'il a touché[1] devient, en ses mains, un nouvel instrument de puissance brutale.

Pour être pure de toute complicité dans les attentats qui réduisent les peuplades noires en esclavage, l'émigration devrait être concentrée sur les territoires qui appartiennent à la France, et qui sont ou doivent être ouverts, comme des lieux d'asile, à tous les fugitifs; là, elle se ferait sous l'œil des fonctionnaires. Si les noirs, devenus libres sujets de la France, consentent à émigrer, nulle suspicion de fraude ne pourra être imputé; s'ils refusent, toutes les allégations sur le bonheur qui les attend seront écartées.

Pour revenir à l'opération Régis, les convois se sont succédés depuis trois ans à la Guadeloupe d'abord, et plus tard à la Martinique, où l'on a réclamé contre la précédente détermination; ils ont été répartis entre les habitants moyennant une indemnité envers l'expéditeur, qui a été réglée ainsi qu'il suit[2] :

Payable.	Par adulte.	Non adulte.	Enfant.
Par l'engagiste	200	150	»
Par la caisse de l'immigration :			
Non remboursable.	100	50	»
Remboursable par année. . .	200	100	50
	500	300	50

Les noirs sont généralement appréciés pour leur force, leur facile acclimatement, leur docilité; mais il est des tribus où l'intelligence est si peu développée que les plus simples travaux ne s'apprennent que par un long apprentissage. Leur meilleure qualité peut-être, c'est la disposition à vivre en famille au lieu du célibat, trop souvent immoral, dont s'accommodent les Indous et les Chinois.

Dans le second semestre de 1862, les colonies des Antilles et la Guyane ont vu, avec une vive inquiétude, la fin des expéditions de noirs en vertu des contrats Régis; elles réclament instamment la

---

[1] On doit lire, sur la condition des noirs en Afrique et les divers systèmes de rachat, le livre déjà cité de M. Augustin Cochin.

[2] L'administration coloniale a institué pour la liquidation de ces sommes de nombreux règlements d'un intérêt trop secondaire pour être rapportés ici.

continuation de ce recrutement, en consentant à toutes les améliorations que l'expérience a indiquées.

A l'émigration africaine se rattachent encore deux opérations qui diffèrent par quelques côtés du recrutement des engagés : c'est le transport dans les colonies anglaises des noirs esclaves trouvés sur les navires négriers et les rapports avec les Malegaches.

Quand un navire de guerre anglais a saisi un négrier en mer, il s'empare en même temps de sa cargaison d'esclaves, et la dépose à Sierra-Leone ou à Sainte-Hélène, où elle reste jusqu'à ce qu'on l'expédie dans quelque colonie anglaise; et sa condition est réglée par un contrat d'engagement. Cette conduite a donné lieu à des critiques que le gouvernement anglais n'a point réfutées. A vouloir sincèrement restituer la liberté à ces malheureux, on peut ou les rendre à leur pays natal, quand ils ont été enlevés sur la côte, ou quand ils viennent de l'intérieur, cas le plus ordinaire et qui rend impossible leur rapatriement, les remettre à une terre libre comme la république de Libéria. Au début, on les déposait à demeure à Sierra-Leone; on aurait pu les confier aussi à Sainte-Marie de Bathurst et à la terre non moins libre du Sénégal. En ce point, comme en bien d'autres, la spéculation perce trop sous l'écorce de la philanthropie.

Le voisinage de l'archipel malegache (Madagascar, Nossi-Bé, Mayotte, les Comores, Sainte-Marie), avec les colonies de la Réunion et de Maurice, a donné naissance à un va-et-vient de personnes, qui crée au profit de ces premières des relations suivies de domesticité et d'éducation, au profit des dernières des relations de commerce et d'apostolat religieux. De jeunes Malegaches reçoivent dans les écoles françaises et anglaises une instruction primaire ou secondaire qui devient une semence de civilisation pour la grande île de Madagascar.

Considérée dans son ensemble, l'émigration régulière de l'Afrique continentale et insulaire n'a guère versé, depuis qu'elle a succédé à la traite, au delà de 8 à 10,000 serviteurs par an dans les colonies. Quel faible concours auprès de l'émigration forcée pour l'esclavage que l'on accuse d'enlever annuellement 150 à 200,000 victimes à leurs familles, à leur pays natal!

Le problème du libre et normal échange de services entre l'Afrique et le reste du monde, par la race noire, reste à vrai dire tout entier à résoudre. La théorie se contenterait en vain de la solution négative d'une rupture de tous rapports : l'intérêt supérieur de l'exploitation intégrale du globe réclame une solution positive fondée sur le respect des droits, l'échange des services, et l'harmonie affectueuse des races.

CHAPITRE IV.

L'Inde.

La première sortie des Indiens, à destination des colonies européennes, remonte à 1815, époque à laquelle les condamnés de Calcutta furent déportés à Maurice.

Après l'émancipation de 1834, l'Inde devint une pépinière d'hommes à l'usage de cette colonie anglaise, et plus tard des Antilles, mais sur des proportions beaucoup plus restreintes dans ces dernières ; les colons s'inquiétaient de la dépense d'un long voyage qu'ils devaient rembourser, l'administration des Indes d'une mortalité excessive dans la traversée et des difficultés de l'acclimatement.

Les colonies françaises profitèrent de la même ressource par des expéditions opérées à Pondichéry et Karikal ; mais comme le territoire de ces deux établissements a peu d'étendue et de population, et que le territoire anglais l'avoisine et l'enclave même de tous côtés, le recrutement ne pouvait prendre quelque extension sans s'adresser à des sujets anglais. De là naquirent des difficultés avec les autorités anglaises, qui auraient été aisément aplanies, si la compagnie des

Indes avait reconnu à ses peuples le droit naturel d'aller et de venir, d'émigrer où bon lui semblait. Le gouvernement anglais tenta vainement de faire reconnaître en pratique un principe incontesté en théorie ; le gouvernement de l'Inde résista toujours. Il se défendait de la jalousie coloniale à l'égard de la France dont on l'accusait, en donnant à entendre que l'émigration des *coolies* à destination des îles françaises n'était qu'une traite déguisée, et que les règlements officiels n'étaient en réalité que des moyens donnés aux planteurs pour exercer un pouvoir absolu sur des hommes qui n'étaient cependant que des serviteurs à gages. On insinuait que les malheureux ne recevaient rien pour leur labeur, et étaient exposés aux peines les plus sévères, à la discrétion du plus proche magistrat. Les récits d'enlèvements de mineurs dans le voisinage de Pondichéry et de Karikal, de l'oppression que subissaient les engagés dans les Antilles, de la mortalité qui les frappait, confirmaient ces dispositions méfiantes. Le recrutement des sujets anglais natifs de l'Inde resta interdit aussi bien dans les cantons limitrophes de nos possessions que dans les possessions anglaises elles-mêmes. De longues négociations ont enfin abouti, dans le courant de l'été de 1860, à une convention qui permet l'envoi de 6,000 Indiens qui seront directement expédiés des ports asiatiques, et qui a été suivie en 1861 d'un traité qui autorise le recrutement illimité et l'expédition des coolies à destination des colonies françaises, sous certaines garanties.

Les ports d'embarquement sont, dans l'Inde anglaise, Calcutta, Madras et Bombay, dans l'Inde française, Pondichéry et Karikal, où une société d'émigration s'est constituée. Bombay est pour le moment à peu près abandonné, le fret y étant sensiblement plus cher. Dans les uns comme dans les autres, des fonctionnaires publics veillent, dans l'intérêt des émigrants, à la loyauté des contrats et à la sécurité des transports, qui sont généralement livrés à la concurrence des armateurs, excepté pour la destination des Antilles françaises dont l'approvisionnement des travailleurs indiens a été concédé à la compagnie générale maritime.

C'est de Calcutta que provient la majorité des coolies, non les meilleurs, car ce sont en général des vagabonds ramassés dans la ville. Les planteurs préfèrent ceux de Madras et même ceux de Bombay et de tout le Malabar, les premiers supérieurs en aptitudes agricoles, les seconds en douceur et honnêteté. Généralement les uns et les autres sont de médiocres laboureurs, moins durs à la fatigue, moins solides au travail que les noirs d'Afrique, et très-enclins aux absences irrégulières et au vagabondage. Ils s'engagent pour trois ans à destination des colonies anglaises, pour cinq ans à destination des colonies françaises, avec faculté d'exiger le rapatriement. Dans les premières ils peuvent rester à l'expiration de leur engagement, libres de s'installer à leur gré; dans les secondes ils doivent renouveler leur engagement, sinon partir.

Le traité de 1861 élargira le cercle du recrutement. Des agents français ont été nommés à Pondichéry, Karikal, Yanaon, Mahé, nos quatre principaux établissements; un autre a été accrédité à Madras, auprès des autorités anglaises; on ne tardera pas sans doute à instituer pareille agence à Bombay, ne fût-ce que pour multiplier les points de contact entre les colonies françaises et anglaises, ce qui donne naissance à de fructueuses transactions. Un agent consulaire anglais a été envoyé à la Réunion pour protéger les sujets britanniques.

Tout en se félicitant du concours de milliers de bras qui accroissent la production sucrière, source de la richesse de presque toutes les colonies, les planteurs ne se dissimulent pas tous les inconvénients économiques et moraux qui accompagnent l'immigration indienne. Dans les colonies anglaises ces étrangers renouvellent leur engagement une fois assez souvent, rarement deux, jamais trois. Durant ce temps ils accumulent leurs gages, et quand ils ont amassé un pécule toujours bien épargné, ils s'installent sur un coin de terre quelconque qu'ils louent, y construisent une misérable hutte, y étalent une boutique, en vertu de la patente qu'ils payent. Pour la plupart ce n'est qu'un masque du vagabondage, du maraudage, du vol. Il en est cependant qui se rendent utiles comme jardiniers et petits cultivateurs, et l'on en a vus se former en associations pour acheter des habitations rurales et les exploiter en commun.

A Bourbon, où le rapatriement est obligatoire à défaut de réengagement, la moralité des Indiens ne satisfait pas davantage. Quoiqu'un grand nombre d'entre eux soient d'une remarquable douceur, beaucoup d'autres, étrangers à toute loi religieuse et sociale, sont familiers avec toute sorte de crimes : vols, révoltes, incendies, assassinats; et il est de monstrueuses débauches que la justice n'atteint pas et qui n'en sont pas moins dégradantes pour les populations. On les devine à ce fait que dans les convois destinés aux colonies françaises les femmes ont pu n'entrer que pour un dixième. A Maurice, la proportion est d'un tiers, et même par un progrès du meilleur augure l'équilibre entre les deux sexes s'y rapproche davantage de l'égalité.

De telles mœurs ne pourraient être changées que par un souci profond de la destinée de ces barbares qui fait défaut dans la société civilisée des planteurs. L'Indien est tenu en dehors du droit commun et de la vie commune ; il est un simple agent de production que nul n'est chargé d'élever et d'améliorer. A peine si quelques missionnaires tentent de rares efforts, en gagnant leur confiance par de bons services : quelque objet utile procuré, l'explication d'ordonnances médicales, la traduction d'ordres écrits en anglais. Ils se heurtent à des empêchements presque invincibles. Bouddhistes, les coolies sont de la plus complète indifférence pour toute obligation religieuse, et sont particulièrement insensibles aux règles et aux devoirs des communions chrétiennes, musulmans, ils résistent à toute conversion. Il est d'ailleurs difficile de réunir ensemble les travailleurs de plusieurs plantations voisines, et, le pourrait-on, les lecteurs de la parole évangélique sont rares. Les instituteurs manquent, autant que les fonds, pour l'établissement d'écoles où seraient employées les langues française ou anglaise concurremment avec les idiomes indigènes. L'Indien répugne à abandonner sa foi pour celle des étrangers, tant par inertie naturelle que par la crainte de perdre sa caste. Puis l'intempérance et la débauche opposent des obstacles encore plus difficiles à surmonter.

Au risque de jeter la semence divine sur de stériles rochers, les ministres protestants ne manquent pas de leur distribuer à profusion des Bibles en tamul et tulugu pour les coolies de Madras, en indoustani et bengali pour ceux de Calcutta.

Le sacerdoce catholique n'éprouve pas un moindre zèle pour la conversion des Indiens.

« Elle est de toutes la plus difficile, disait naguère Mgr Maupoint, évêque de Saint-Denis, dans un mandement. L'Indien a sa religion qu'il suce avec le lait de sa mère. Il a ses dogmes, sa morale, son culte, ses bonzes, dont quelques-uns le suivent jusque dans ses plus lointaines pérégrinations. Ses superstitions nombreuses, journalières, l'enlacent vivant comme les bandelettes enveloppent une momie égyptienne au fond de son sépulcre. Elles oppressent sa poitrine et lui permettent à peine de respirer. De plus, il est parqué dans une caste comme un troupeau dans une bergerie. Il en est, parmi les travailleurs même, qui appartiennent à une caste élevée, et, tout pauvres qu'ils soient, ils regardent avec un superbe dédain l'Indien plus riche, mais qui sort d'une caste inférieure. Pour toute leur fortune, ils ne voudraient pas le servir, ni même prendre part à ses festins. Or, l'Indien devenu chrétien est mis comme hors de sa caste. Il se déshonore à ses yeux, aux yeux de sa famille et de son pays.

» L'objection sera moins sérieuse, ajoute-t-on, si l'Indien devenu chrétien se fixait dans la colonie pour toujours. Mais le poète l'a chanté : « A tous les cœurs bien nés, que la patrie est chère ! » Et ce noble refrain est connu dans tous les pays et sous tous les climats. Le temps de son engagement terminé, il demande donc à repasser les mers et à revoir le lieu de sa naissance. Il veut placer son tombeau près de son berceau. Et alors ne vaut-il pas mieux ne pas s'occuper de ses intérêts religieux plutôt que le constituer en état de guerre ouverte avec ses ancêtres, ses amis, sa famille et toutes les habitudes de sa vie antérieure ?

» L'Indien a sa religion, N. T. C. F. ! nous le savons, et c'est parce que nous le savons que notre cœur d'évêque brûle du désir de les éclairer sur les mensonges, les absurdités, les instances mêmes qu'elle renferme pour les engager à l'échanger contre une religion dont la divinité est plus manifeste que le soleil à son midi, et qui, par ses caractères tant humains que divins, subjugue l'esprit et le cœur de tout homme réfléchi. »

Faute de pasteurs, la piété catholique comme la dévotion protestante est condamnée à des vœux stériles, et des masses de prolétaires vicieux, corrompus, ignorants, n'apportent à la société coloniale d'autre force que celle des animaux et des machines, la force purement matérielle. Ils accroissent la richesse d'argent, ils n'accroissent pas le capital des nations qui se nomme intelligence, vertu, patriotisme, tradition, idéal.

Traduite en chiffres, l'émigration de l'Inde, à destination des colonies anglaises et de Maurice qui la reçoivent presque en totalité, se résume dans le tableau suivant :

	Maurice.	Indes occidentales.	Total.
1848.	5,303	4,179	9,482
1849.	7,282	»	7,282
1850.	9,823	»	9,823
1851.	9,295	690	15,985
1852.	16,796	4,114	57,910
1853.	12,144	4,111	16,255
1854.	18,516	2,615	21,131
1855.	12,915	2,633	15,548
1856.	12,854	1,887	14,701
1857.	12,725	4,293	17,018
1858.	29,946	3,850	33,796
1859.	44,397	8,017	52,414
1860.	9,955[1]	8,503	18,968
	201,951	81,442	283,393

Près de 300,000 émigrants en treize ans, environ 23,000 par an ; nombre tout à fait insignifiant pour une population aussi dense que celle de l'Inde sur les côtes de Coromandel et de Malabar. On s'attend néanmoins à voir diminuer l'émigration par le développement local des cultures et des travaux publics, à moins de nouvelles et plus énergiques sollicitations. Les chiffres de l'année 1860, quoiqu'ils soient incomplets, semblent justifier cette inquiétude.

CHAPITRE V.

La Chine.

Moralement les Chinois valent peut-être moins que les Indiens, mais industriellement ils valent davantage, et lorsqu'une plus longue pratique aura diminué les embarras naissant du contraste de la civilisation chinoise avec la civilisation européenne, les pays d'Orient

---

[1] Non compris le 4° trimestre.

et d'Amérique, où les bras font défaut au travail, puiseront largement dans cette immense pépinière d'hommes que l'on appelle la Chine.

Le dernier recensement, exécuté il y a un demi-siècle (1812), portait la population de la Chine à 363,447,147 habitants, nombre qui, réparti par la surface des huit provinces de la Chine évaluées à 1,348,870 milles carrés, ne donnerait que 268 personnes par mille carré, chiffre inférieur à celui des pays les plus peuplés d'Europe [1]. Il y aurait cependant 103 habitants par kilomètre carré, et quoique ce rapport ne soit pas rare ailleurs, il correspond néanmoins partout à une tendance à l'émigration. Les voyageurs qui ont vu, sur le littoral et le long des routes de la Chine, les populations pulluler et fourmiller en masses innombrables, suspectent le recensement de 1812 d'accuser un chiffre inférieur à la réalité qui a dû d'ailleurs fortement s'accroître depuis cette époque. On augure la surabondance de population d'après des signes peu contestables, tels que les famines fréquentes malgré l'industrieuse activité de la nation, les infanticides multipliés, les demeures et même les jardins et champs artificiels élevés sur les fleuves ; enfin le fait même d'une émigration continue, malgré la peine de mort prononcée contre les fugitifs. Cette émigration réunit les deux caractères que jusqu'à présent nous avons montrés séparés; pour certains enfants du Céleste-Empire, elle est libre de tout engagement ; pour d'autres elle s'accomplit moyennant un contrat d'engagement temporaire. Elle est faite rarement sans esprit de retour, parce que les fonctionnaires chinois ont empêché ou puni, jusqu'en ces derniers temps, le départ des femmes, enchaînées d'ailleurs au pays natal par l'atrophie systématique des pieds, plus rigoureusement encore que le départ des hommes. Nous l'observerons sous ce double aspect. Les traités récents conclus entre

---

[1] Lettre de Sir Bowring, du 13 juillet 1855. — Nous trouvons indiqué ailleurs un recensement de 1841, qui aurait porté la population à 413,467,311 âmes. Il y a dans cet immense empire des agglomérations dont rien ne peut donner l'idée. La province de Kiang-Sou renferme 37 millions 900,000 âmes ; — celle de Gan-Hwug, 34 millions; celle de Kiang-Si, 30 millions; celle de Chen-Toung, 29 millions ; celle de Tchy-Ly, 28 millions; celle de Houp, 27 millions; celle de Ho-Nan, 23 millions 500,000 âmes. Les villes de 500,000 âmes à 1 million sont communes.

la Chine et les principales puissances d'Europe ne peuvent manquer de modifier le caractère de l'expatriation.

§ 1. — ÉMIGRATION SANS CONTRAT.

D'après sir John Bowring, gouverneur de Hong-Kong, quoique l'émigration n'ait lieu que par deux provinces, Kwan-Tung (Canton) et Fo-Kien, qui représentent probablement ensemble une population de 24 à 25 millions d'habitants, 2 à 3 millions de Chinois appartenant à ces provinces sont établis dans des pays étrangers.

Sur le continent asiatique, ils se répandent par légions en Cochinchine, dans le royaume de Siam, dans l'Inde. A Siam, on en compte au moins 1,500,000, dont 200,000 habitent la capitale, Bankock. La compagnie des Indes avait essayé de les attirer dans le Pégu, en leur offrant la terre à un prix très-modéré, un schelling l'arpent, et la couronne continuera sans doute la politique de la compagnie, tant sont manifestes les résultats de leur activité à Singapore, où ils dominent par le nombre, le travail et la richesse. Au nord, un mouvement pareil, quoique moins précipité, porte les Chinois vers le Thibet et vers la Mandchourie, où ils deviennent les colons du bassin de l'Amour.

Les archipels et les îles de la Malaisie se peuplent de ces émigrés. A Java, un recensement exact en portait le nombre, il y a quelques années, à 136,000. Dans les îles de la Sonde, aux Célèbes, aux Moluques, aux Philippines, ils se constituent entrepreneurs de culture et de commerce et acquièrent rapidement, par un labeur incessant, combiné avec une sordide épargne et une habileté peu scrupuleuse, des richesses qui en font les principaux négociants des villes.

Ils ont suivi les Européens au Japon en ces derniers temps, et n'y étant soumis à aucune juridiction régulière, ils compromettent tous les étrangers aux yeux de la population.

Avançant en pleine Océanie, ils abordent, au nord de l'équateur, les îles Sandwich, au sud, l'Australie. Ils franchissent tout l'océan

Pacifique et débarquent en Californie, d'où ils atteignent les gisements aurifères de l'État américain, à moins que leur ardeur de gain ne les conduise tout droit à l'île de Vancouver et la Colombie anglaise, pour être des premiers à profiter des nouvelles découvertes du métal précieux.

Tant que les Chinois n'ont point dépassé l'aire du monde asiatique, ils ont été bien accueillis comme des producteurs qui concouraient à la richesse des pays où ils s'installaient, et là, malgré les sanglantes révoltes auxquelles ils ont pris part, qu'ils ont peut-être suscitées à Java, on ne voudrait pas les repousser. On les traite sévèrement, on les surveille avec méfiance, on ne les expulse pas.

L'Australie et la Californie, peuplées d'Européens, leur ont été moins hospitalières, et leur obstination seule a triomphé des obstacles que la loi ou la violence leur opposaient.

En Australie, ils étaient, en 1856, environ 18,000, nombre qui a triplé depuis lors ; c'est surtout dans la province de Victoria qu'ils se rendent, attirés par la richesse des gîtes aurifères : c'est là aussi qu'ont éclaté contre eux les antipathies les plus agressives. On a parlé d'expulsion, on a redouté un carnage ; finalement l'esprit anglais a transigé par des droits sur l'opium, et une taxe d'entrée de 10 livres sterling, plus 2 livres par mois pour la patente de mineur, et 20 schellings par tête pour les frais de perception. L'entrée par la voie de terre est taxée à 4 livres. Un impôt de résidence fixé à 6 livres par an, a été ultérieurement ajouté à ces capitations exorbitantes. Enfin les navires qui abordent à Melbourne ne peuvent introduire qu'un Chinois par 10 tonneaux de chargement. Les Chinois échappent à une partie de ces vexations par une sorte de contrebande, en débarquant sur les rivages de l'Australie méridionale, moins bien gardés par la douane, et d'où ils pénètrent par les frontières de terre sur le territoire de Victoria.

Les mineurs australiens ont en vain essayé de donner le change à l'opinion publique, en accusant les vices des Chinois, leur société sans femmes, leur saleté, leurs habitudes de ruse, et, ajoute-t-on, de fraude et de vol, leur éloignement des mœurs européennes, tel qu'il s'oppose à toute fusion, même à tout rapprochement; enfin, un instinct d'association qui les trouve toujours prêts à ourdir des intrigues, dans un secret inviolable. Le nom de *protection-money*, donné à l'impôt de résidence, réduit à leur mesure ces accusations, où un fonds de vérité se trouve exagéré en de telles proportions que la conduite des Européens, commentée avec la même malveillance, soulèverait la même réprobation. Jalousie de métier, concurrence redoutée, telle est la clef de toute cette haine.

La plupart des Chinois sont occupés aux mines, où ils se contentent souvent de glaner après la récolte des autres. Ils servent sous des chefs de corps jusqu'à ce qu'ils leur aient remboursé les avances reçues pour frais de passage. Quand ils se sont acquittés, ils travaillent pour leur compte, mais toujours associés.

Autour des villes, ils se font jardiniers, maraîchers, et approvisionnent les marchés de légumes, de fruits, de vivres frais de toute sorte, et rendent des services calomniés par leurs rivaux, mais appréciés par les habitants. Ils se montrent, en même temps, ouvriers habiles, s'abaissant, à la différence des Européens, aux plus humbles industries et se contentant d'un salaire et d'un profit bien moindres. Religieux à leur manière, ils ont bâti une pagode à Melbourne.

L'égalité de traitement, que la justice n'a pas obtenue, la politique le réclamera sans doute. Après que les Anglais eurent forcé, avec l'appui des Français, les portes de la Chine, pour obtenir l'exécution sincère d'un traité qui leur ouvre librement l'empire, comment maintenir contre les Chinois, dans les possessions anglaises, des rigueurs fiscales qui violent ouvertement les conditions du traité?

En Californie, l'hostilité contre les Chinois n'a pas été moins prononcée. Ils y apparurent en 1849, et dès l'origine la faculté de devenir citoyens leur fut refusée. Cinq ou six ans après, on en comptait cinquante mille, les uns campés dans un quartier de San-Francisco, où ils avaient bâti un temple bouddhique, les autres disséminés dans la campagne agricole et les mines. En 1855, la législature de San-Francisco traita à fond la question de l'immigration chinoise, contre laquelle éclataient les plus énergiques plaintes; on ne manqu'a pas de l'accuser d'être étrangère aux lois et aux mœurs de l'Amérique, et de n'avoir aucune tendance à se les approprier, d'être dirigée par des sociétés secrètes, de parler une langue inaccessible, de faire aux citoyens une concurrence au rabais dans le travail et le commerce, de prendre la place de l'immigration européenne qui se fond dans la nation : tous les arguments des forts contre les faibles. Cependant, moitié par pudeur d'honnêteté, moitié par considérations financières, les projets de prohibition et d'expulsion ne passèrent point : on se contenta d'une taxe qui devait, par sa rapide progression, les éliminer successivement. Tandis que les mineurs européens n'auraient à payer qu'un droit fixe de 4 dollars par an, pour permis d'exploitation, les Chinois payeraient :

4 dollars la première année,
8 dollars la seconde,

et ainsi en augmentant de 4 dollars par an, à partir de 1855.

Ces calculs de l'antipathie jalouse furent trompés. Soit que les Chinois réussissent à éluder la loi, soit qu'ils pussent en supporter la charge, leur affluence alla croissant, et la législature de 1858 fut saisie d'un nouveau projet de loi dont le rapporteur ne dissimula pas la violence des préventions populaires.

« Notre État est déjà encombré par une population chinoise impuissante à exercer des droits de citoyen. Sa présence ne profite à aucune classe de nos citoyens, sauf peut-être à des entrepreneurs de transport par terre ou par eau, et à un petit nombre de marchands. Ses habitudes, ses mœurs, son aspect sont l'objet d'un extrême dégoût. Les Chinois se sont établis chez nous comme des hordes dont la visite est pire que ne le fut celle des sauterelles en Égypte. *Ils épuisent nos placers* au détriment des citoyens américains ou de ceux qui peuvent devenir tels. Les impôts perçus sur eux, ne sont d'aucune considération comparés au mal que cause ici la présence de ces êtres à demi-barbares. Donc, nous le disons, il faut s'opposer, par des lois rigoureuses, à leur immigration ultérieure ; il faut chasser de nos terres ceux qui s'y sont introduits. C'est à nous, en un mot, d'agir par tous les moyens constitutionnels que nous pourrons employer pour amoindrir le mal immense qui résulte de leur présence parmi nous. La population réclame de nous ce résultat. Si nous allions manquer à ce devoir que nous impose un sentiment de répulsion générale, nous aurions alors à redouter de voir la population agir par elle-même pour se débarrasser directement des Chinois. La Californie est une terre destinée à la race blanche. Nous ne devons point y laisser pénétrer les races inférieures. »

Combien les haines populaires répondaient à ce langage, la résolution suivante des mineurs du comté de Sharta le montrera :

« Le temps est venu où une résolution décisive doit être prise envers les Chinois, dont le nombre immense dans les mines et par tout le pays devient un mal trop grand pour être supporté. Dans notre opinion, aucune mesure, si ce n'est l'expulsion et la prohibition, n'atteindra le mal dont nous souffrons et duquel nous désirons si vivement être délivrés. Nous emploierons tous les moyens justes, équitables et raisonnables pour débarrasser les mines et le pays de la présence des Chinois. Nous invitons tous nos frères les mineurs à s'unir à nous pour nous délivrer de cette peste. Nous, mineurs américains, nous devons défendre et maintenir nos droits, paisiblement et légalement si nous le pouvons, et par la force si nous le devons. Nous n'accorderons notre considération et nos suffrages à aucun de ceux qui ne s'uniront pas à nous pour chasser ces maudits.

» Nous requérons instamment notre sénateur et notre représentant, MM. Garter et Street, de prendre en considération nos griefs et d'en demander à la législature le redressement immédiat.

» Au 1er mars prochain, les Chinois qui résident dans les districts représentés dans cette convention devront avoir réglé leurs affaires et cessé toute opération minière ; il en sera de même pour les Chinois qui résident dans les districts qui s'adjoindront ultérieurement à nous.

» Un comité spécial sera chargé de l'application de ces résolutions, et nous nous engageons tous à soutenir et à mener à bonne fin ce que nous avons entrepris. »

La loi d'expulsion fut bien votée par la législature, mais la haute cour la déclara inconstitutionnelle ; elle ne survécut que comme manifestation de l'esprit politique de l'État.

Plus tard une autre loi défendit aux Chinois les mines, et elle resta également inexécutée par l'opposition du commerce de San-Francisco, s'inspirant tant de son intérêt que d'un libéralisme cosmopolite qui trouvait surtout de l'écho chez les Allemands. Fidèles à l'esprit de la civilisation occidentale, ces étrangers de la veille, devenus citoyens par la naturalisation, réclament aussi, pour les Chinois, la faculté de devenir citoyens, les moyens de s'élever, par l'éducation, au niveau des Américains, ce qui les mènerait bien vite à rehausser leurs salaires au taux général. Les Chinois comptent encore des défenseurs dans la partie de la population qui profite du mouvement d'affaires auxquels ils se mêlent, et dans les consommateurs, satisfaits de trouver quelque part un contre-poids aux prétentions excessives de la main-d'œuvre européenne.

Leur enrôlement dans les rangs des travailleurs a produit, en Californie, quelques effets dignes de remarque, en dehors de l'accroissement des richesses : ils ont supprimé l'emploi des nègres en faisant mieux, avec plus d'intelligence et à plus bas prix. Déjà ils pénètrent sur le flanc oriental des Montagnes Rocheuses, et descendent dans les vallées que baignent les grands fleuves du centre, où ils mettront le travail libre de la race jaune en face du travail esclave de la race noire. Cette perspective inquiète les planteurs du Sud comme une menace ; ne devrait-elle pas les rassurer comme une espérance, en leur faisant entrevoir une solution où le travail libre leur deviendrait aussi profitable que l'est aujourd'hui l'esclavage ? Le Chinois entrerait dans tous leurs plans, car il réussit surtout comme colon partiaire et comme fermier, par l'aiguillon d'un gain proportionnel à son labeur et à ses résultats.

Si l'introduction des femmes était encouragée par une réduction dans les taxes, la famille chinoise se constituerait ; elle pourrait entrer en partage du droit commun, et par là seraient écartés la plupart des vices et des désordres dont se plaignent les Américains et les Australiens. On voit déjà, du reste, d'assez nombreux mariages de Chinois avec des Anglaises.

§ 2. — ÉMIGRATION AVEC CONTRAT.

Les lois qui interdisent l'émigration aux Chinois n'ont pas mieux empêché le recrutement par les étrangers que les départs spontanés. La contrebande, s'aidant de la connivence gratuite ou payée des fonctionnaires, a fait justice de ces tyranniques prohibitions en Asie comme en Europe.

Les premiers essais de ce genre suivirent de près l'émancipation dans les colonies anglaises ; ils la devancèrent même à Bourbon et dans les Antilles françaises. Mais le recrutement quelque peu important ne remonte pas au delà d'une dizaine d'années. Des Chinois, embauchés pour cette opération, se procurèrent, en divers ports, des *coolies*, paysans, artisans, marins, par tous les moyens licites et illicites, et les embarquèrent, sur des navires anglais, pour les Indes occidentales. L'exemple devenant contagieux, des Américains de l'Union, des Péruviens, des Brésiliens, des Espagnols de Cuba, recoururent aux mêmes procédés qui, pendant quelques années, restèrent enveloppés de mystère. Il ne parvenait en Occident que le bruit de révoltes à bord des navires, d'incendies et de massacres en mer [1], et une presse, trop complaisante pour l'immigration sous toutes ses formes, n'y voyait que le contre-coup de la surexcitation causée dans toutes les classes du peuple chinois par les événements qui mettaient l'empire aux prises avec l'Europe; les plus sévères suspectaient seulement la mauvaise qualité des vivres et le défaut de soins. A ces dernières causes, aggravées par le manque d'espace, s'attribuait l'énorme mortalité qui sévissait à bord des navires chargés de Chinois [2].

Les correspondances consulaires révélèrent enfin l'abominable complot qui s'était organisé dans les ports du Céleste-Empire. On s'emparait par violence ou sous un prétexte imaginaire, à l'aide de narcotiques, des individus que l'on voulait livrer au courtier de recrutement, ou bien on séquestrait directement dans quelque cachot des victimes des mêmes manœuvres, en attendant que le navire fût prêt à partir.

Ces faits ayant été découverts, plus de cent coolies furent délivrés des mains de leurs geôliers et firent le récit des moyens employés pour les enlever. Ils avaient été d'abord placés dans des bateaux chinois et accablés d'intimidations et de tortures pour leur faire signer un engagement de huit ans pour Cuba. Témoin indigné de ces horreurs, le peuple de Canton menaça de se soulever. Le gouverneur de la ville eut alors recours aux rigueurs légales pour châtier des crimes qu'il ne s'était pas donné la peine de prévenir. Dix-huit agents furent décapités en un jour, et une femme, leur

---

[1] Entre autre à bord de l'*Amelia Félipa*, le *Norway*, le *Queen*, l'*Anaïs*, le *Gulnare*, le *Carmen*, le *Duke-of-Portland*, le *Banca*.

[2] Sur 3 navires armés à la Havane entre juin et décembre 1858, la mortalité fut de 17 pour 100, rapport qui n'avait rien d'extraordinaire. — Elle monta souvent à 20 p. 100. Le *Duke-of-Portland* et le *John Calvire* perdirent dans une traversée 246 hommes; le *Maidstone* 91 sur 375.

complice, fut soumise à d'atroces supplices. Plusieurs courtiers furent aussi massacrés par la foule avec une cruauté vindicative qui n'avait été que trop provoquée. De leur côté, les autorités européennes résidant à Canton, prirent des mesures pour mettre fin aux déplorables abus qu'avait engendrés le trafic des coolies et qu'elles dénoncèrent, dans une pièce officielle, aux consuls de toutes les puissances européennes résidant dans la même ville; elles publièrent même, dans les journaux, le texte des interrogatoires subis par 120 victimes arrachées à leurs ravisseurs sur des navires américains et oldembourgeois.

Le gouverneur de Shang-Haï adressa, sur ces événements, la communication suivante aux divers consuls :

SIUÉ, taotaï de Shang-Haï, etc., etc., etc., adresse la présente communication officielle à M. de Montigny, consul de France.

J'ai entendu dire que, dans ces derniers temps, des marchands étrangers, attirant par des promesses avantageuses de pauvres Chinois, avaient réussi à embarquer ces derniers à bord de navires de commerce et à les emmener à l'étranger.

Je trouve, en examinant, que ces Chinois sont tous des gens pauvres qui, séduits par l'espoir d'un salaire élevé, consentent de bon cœur à passer un contrat et à s'expatrier.

Alors leurs parents, qu'ils ont laissés sans soutien, tombent dans une profonde misère et souvent meurent de faim.

Nos empereurs, mus par ce sentiment de compassion qu'ils ont toujours pour le peuple, lui ont appris à obéir aux lois divines, qui veulent que les parents aiment leurs enfants et que les enfants soient les soutiens de leurs vieux parents. Or, s'ils quittent leur pays, qui prendra donc soin de leurs parents ? L'harmonie qui existe entre le ciel et la terre n'en sera-t-elle point blessée ?

Tous mes efforts doivent tendre à empêcher cet état de choses : c'est pourquoi je viens vous prier, noble consul, de faire savoir à vos nationaux qu'en entraînant les Chinois à s'expatrier, ils blessent gravement les lois fondamentales de l'empire [1] et contreviennent aussi aux dispositions du traité que votre noble empire a conclu avec la Chine.

Vous comprendrez, j'en suis sûr, noble consul, combien il est nécessaire d'arrêter ces exportations, et vous voudrez bien, je l'espère, donner à vos nationaux des ordres en conséquence.

Tel est le but de la présente communication officielle.

Hienn-Pung, 7ᵉ année, 7ᵉ mois, 14ᵉ jour.
(28 novembre 1857.)

---

[1] Le stigmate de l'émigration interdit les honneurs littéraires. Charles Dupin, *Chine* page 494, dans les *Forces productives des nations*.

Une prohibition aussi absolue ne donnait satisfaction ni au vœu d'un grand nombre de Chinois, dévorés par la misère et fatigués de guerres civiles, ni aux intérêts des colonies européennes dans le nouveau monde. Des négociations furent entamées avec Laou, le gouverneur général de Canton, pour obtenir qu'il autorisât l'émigration sous des conditions qui en assureraient la régularité. Ce fonctionnaire y consentit, et publia une proclamation en date du 2 mars 1859, qui se terminait ainsi :

> Ayant pourvu de cette manière aux besoins et aux désirs des gens sans emploi et n'ayant pas les moyens de se nourrir, si quelques vagabonds continuent à établir des dépôts illicites, ou enlèvent des personnes respectables et les vendent, ils seront saisis et sévèrement punis.

Couvert par l'autorité chinoise, protégé par l'autorité anglaise, M. J.-G. Austin, commissaire de l'émigration pour les Indes occidentales, ouvrit un bureau d'émigration à Canton, en prenant des mesures de publicité et de contrôle qui rendaient toute violence impossible. Il fit en outre adopter par son gouvernement un ensemble de règles protectrices qui serait appliqué à tout agent voulant entreprendre des expéditions pareilles [1].

Les conventions entre l'agent et l'émigrant furent stipulées dans un programme, que nous reproduisons, pour mettre sous son vrai jour la position des émigrants chinois et l'attitude de l'Angleterre.

Contrat d'émigration.

1. Il n'y a d'esclavage en aucun lieu où flotte le pavillon anglais : dans toutes les possessions britanniques la loi est la même pour le riche et le pauvre ; toutes les religions sont tolérées et protégées. Le gouvernement anglais a nommé des magistrats dans ses colonies des Indes occidentales, spécialement chargés de protéger les étrangers qui vont y chercher de l'emploi.

2. Le climat des Indes occidentales anglaises est très-analogue à celui de la Chine méridionale ; la principale culture est celle de la canne à sucre ; mais le riz, le coton et le café y viennent aussi, ainsi que beaucoup de fruits et de végétaux propres à la Chine.

3. L'émigrant aux Indes britanniques s'engagera par contrat à y servir pendant une durée de cinq ans, à dater du jour de son arrivée dans la colonie. S'il le désire, une avance de gages à concurrence de vingt dollars lui sera faite, sauf à la rembour-

---

[1] Note historique sur le système inauguré par M. Austin.

ser par retenues successives sur ses gages après son arrivée à destination. Il sera pourvu d'un passage libre, dont le prix est estimé 75 dollars, en y comprenant des habits pour le voyage et la nourriture ordinaire, laquelle est réglée par une loi spéciale. La longueur moyenne du voyage est de cent jours.

4. Comme les émigrants n'ont pas connaissance du prix du travail dans les Indes occidentales, une somme fixe de 4 dollars par mois leur est d'abord offerte. Mais si, à leur arrivée dans la colonie, ils préfèrent être payés par jour, de la même façon que les travailleurs sans contrat, ils n'auront qu'à signifier leur intention au magistrat qui fera sur leur contrat les modifications nécessaires, et avisera qu'ils soient placés sur le même pied quant à la rémunération. Il ne sera rien changé à la durée du service exigible, laquelle reste fixée à cinq ans. Si, après avoir accepté un contrat pour cinq ans, le travailleur voulait l'annuler à la fin de la première année, ou à quelque autre moment ultérieur, soit pour retourner dans sa maison, soit pour accepter ailleurs quelque autre occupation, il aura la liberté d'agir à son gré, en remboursant les quatre cinquièmes du prix de son passage, s'il a seulement achevé une année de service, et si un temps plus long s'est écoulé, une somme calculée à raison de 25 dollars pour chaque année de service restant à courir.

En sus du salaire de 4 dollars par mois, la nourriture, le logement, le jardin et les soins médicaux seront fournis.

La journée de travail dure 7 heures 1/2, et le travailleur a la liberté d'employer le reste de chaque journée de la manière qui lui convient. Si, au lieu du gage mensuel il préfère la paie de journalier, il devra pourvoir à sa nourriture, mais il aura droit à la maison, au lot de jardin, aux soins médicaux.

5. Les émigrants qui ne pouvant prendre avec eux leur famille, veulent néanmoins pourvoir à leur entretien, pourront consacrer à cette destination deux dollars par mois, lesquels seront payés mensuellement à leurs parents par l'agent d'émigration à Canton, le reste du salaire revenant au travailleur. D'autre part, les émigrants qui veulent se faire accompagner de leurs familles peuvent les prendre libres de charges, et un don de 20 dollars sera fait à la femme et de 5 dollars à chaque enfant pour leur procurer plus de bien-être dans le passage. Les femmes ne seront liées par aucune sorte d'engagement, et resteront entièrement libres, soit de travailler en acceptant du service, soit de s'adonner seulement aux devoirs du ménage, suivant leurs besoins et leurs convenances. Les familles, en tout cas, vivront ensemble, et l'on pourvoira à l'éducation gratuite de leurs enfants.

6. Afin que les émigrants puissent communiquer constamment avec leurs parents ou amis, les lettres seront expédiées en tout temps, exemptes de frais, par le canal du gouvernement. Les remises d'argent pourront être faites par la même voie.

Donné à Canton, le 5 novembre 1859.

J.-G. Austin.

La pratique respectera-t-elle entièrement, surtout pour la durée du travail, des règles d'une aussi extrême libéralité, qu'envieraient la plupart des travailleurs d'Europe? Nous en doutons; mais n'eussent-elles que la valeur d'une déclaration de principe, elles montrent quel respect pour la liberté humaine l'Angleterre juge compatible avec les nécessités de la culture.

Les premières expéditions de M. Austin comprenaient 1,567 hommes, 299 femmes et 108 enfants, tous partis volontairement et gaiement, au bruit des acclamations et des feux d'artifices. Un bâtiment a emmené un village entier qui était en guerre avec ses voisins et dont les récoltes étaient constamment compromises. Sur ce premier bâtiment, portant 372 émigrants, il y eut seulement quatre décès pendant la traversée.

Les Français n'ont pas tardé à suivre l'exemple des Anglais et ont ouvert un bureau d'émigration à Canton. Un agent américain a dû en faire autant pour une maison de Cuba. A Hong-Kong l'on imite Canton.

Pleinement satisfaite des résultats obtenus, l'Angleterre a proposé aux principales nations ayant des colonies de régler un système commun d'émigration chinoise, de concert avec les autorités de l'empire. On y applaudira sans réserve, si, comme de premiers essais autorisent à y compter, l'émigration des femmes est elle-même autorisée, contrairement à des lois que l'on avait jusqu'à ce jour supposées immuables, et qui dépendent beaucoup, on en a fait l'expérience, de l'interprétation que leur donnent les fonctionnaires.

Les principaux ports d'embarquement sont *Amoy*, dans la province de Fo-Kien, le pays qui fournit le plus d'émigrants, *Canton, Swatow, Hong-Kong, Shang-Haï, Macao*.

Presque tous les pavillons prennent part à ce genre d'opération, comme il résulte du tableau des expéditions de l'année 1855.

Pavillon	britannique	58	Pavillon grenadien	4
—	américain de l'Union	23	— portugais	4
—	hollandais	10	— espagnol	3
—	hambourgeois	6	— sarde	1
—	péruvien	5	— français	1
—	siamois	5	— chilien	1
—	danois	5	— hanovrien	1

Les destinations sont elles-mêmes très-diverses; nous en avons indiqué quelques-unes, en parlant de l'émigration volontaire : les autres qui reçoivent plus particulièrement des engagés sont : à l'occident de la Chine, Maurice et Bourbon, en très-petit nombre ; sur la côte occidentale de l'Amérique, la Nouvelle-Grenade, pour le chemin de fer de Panama[1], le Pérou, pour l'exploitation de son guano, le Chili ; sur la côte orientale du même continent, le Brésil, les Guyane française et anglaise ; dans l'archipel colombien, les Antilles anglaises, françaises et espagnoles. Dans les contrats pour ces pays autres que les possessions anglaises, la durée de l'engagement est fréquemment portée à sept années, même huit ; le rapatriement n'est pas toujours stipulé, et donne lieu à des difficultés.

Le mérite des engagés chinois a été fort diversement apprécié. Quelques essais malheureux ont fait suspecter la population tout entière, et ce n'est qu'à titre de pis-aller que la plupart des colonies consentent aujourd'hui à les recevoir. Mais en se reportant à ce que nous avons raconté du mode de recrutement employé dans bien des cas, il y a peu à s'étonner des plaintes auxquelles ont donné lieu des malheureux violemment arrachés à leur maison ou astucieusement enrôlés ; même dans les cas où le consentement a été plus sérieux, il est maintes fois arrivé que les recrues étaient le rebut de la population, des vagabonds balayés dans les ports, sur les quais et les rues des villes. Il y a enfin, sur une masse de 400 millions d'habitants, de telles variétés de caractères, que la chance de mauvais choix, même avec quelque soin pour les éviter, ne saurait être rare. Aussi est-il arrivé bien des fois que des planteurs étaient fondés à reprocher aux hommes que le hasard leur assignait d'être sournois et fourbes, irascibles et vindicatifs, dissolus et passionnés pour le jeu, sans parler de l'avarice et de la saleté qui sont des traits généraux de la race.

Les exceptions écartées, il reste une appréciation du caractère chinois en somme favorable, eu égard du moins aux services qu'on demande. Ces émigrants comprennent parfaitement les positions respectives de maîtres et d'ouvriers (*employeurs et employés*), et les deux

---

[1] Des 1,040 travailleurs chinois introduits par les compagnies du chemin de fer, plus de la moitié avait péri, en 6 mois, des suites de la mauvaise nourriture, du travail et du climat.

parties ayant une fois adhéré à des conventions bien précises, les engagés se conduisent en travailleurs fidèles et de bonne volonté. Ils se montrent satisfaits de leur position, d'un esprit ingénieux, industrieux de leurs mains, patients et appliqués, sobres et accommodants. Leurs défauts ne sont pas de ceux qu'un maître intelligent et juste ne saurait atténuer. Pleins d'amour-propre, ils demandent des ménagements, et ne supportent pas d'être malmenés. Envers eux plus encore qu'avec tous les inférieurs, la fermeté doit être vigilante, mais juste et tempérée par la bonté. Mécontents, ils deviennent hargneux et intraitables, et abandonnent leur maître, quelque avantageuse que soit la condition.

Comparés aux autres populations laborieuses de l'Orient, les Chinois l'emportent sur tous; mais sans être supérieurs ni seulement égaux aux travailleurs européens dont ils n'approchent que de bien loin.

« Ils sont on ne peut plus industrieux, écrivait le consul anglais de Shang-Haï, et peuvent résister à un travail journalier, non comme nos laboureurs d'Europe dans les climats tempérés, mais beaucoup plus que ces derniers sous un soleil tropical ; cependant ils ne supportent pas un travail trop assidu et sans relâche, et l'on ne réussit pas non plus à le prolonger ou à le forcer en dehors du temps et du train qui leur sont habituels [1]. »

Le mode clandestin de la plupart des émigrations chinoises n'a permis jusqu'à présent aucune évaluation statistique.

CHAPITRE VI.

L'Europe.

De 1849 à 1852, sous la pression des circonstances et dans le désir d'essayer de tous les expédients, environ 1,200 engagés furent intro-

[1] Extrait d'une lettre déposée aux archives du bureau de l'émigration.

duits de France, d'Allemagne, de Malte [1] dans les Antilles ; mais l'épreuve ne fut pas heureuse, et les colons intéressés se prononcèrent bientôt d'une manière très-formelle contre l'immigration européenne toutes les fois qu'elle aurait pour but de procurer des travailleurs autres que quelques chefs de culture ou des ouvriers d'usines.

L'opinion que l'Européen ne peut supporter le travail sous le tropique s'enracina de nouveau dans les esprits, non-seulement aux Antilles et à la Guyane, placées sous des climats à la fois humides et chauds, mais à Bourbon même et à Maurice, qui passent pour dotées du plus beau climat de la terre, non loin du Cap et de Natal, où les Hollandais supportent une température beaucoup plus élevée, et se perpétuent. On oublia que toutes nos colonies ont été fondées et cultivées pendant plus d'un siècle par des blancs, et que sous toutes les latitudes, ainsi que nous l'avons dit [2], l'élévation du sol au-dessus du niveau de la mer reproduit, suivant une échelle bien connue, les caractères des zones tempérées ; que sous l'équateur même, les sommets des Cordillères sont couronnés de neiges éternelles. La réaction contre les travailleurs européens fut donc poussée au delà de ses limites légitimes, et inspirée autant par le refus des maîtres de se plier à des habitudes nouvelles de commandement que par l'impossibilité de l'acclimatement. Ne l'acceptant pas comme une loi de la nature, le ministre de la marine et des colonies décida que des passages gratuits pourront être accordés au compte de la caisse de l'immigration à des ouvriers européens qui seraient engagés par des propriétaires de la colonie, à la condition que les entreprises qui motiveraient ces demandes de passage présenteraient un caractère d'utilité générale assez bien établi pour justifier cette faveur.

Cette émigration aura lieu conformément aux dispositions suivantes du décret du 27 mars 1852.

« Art. 2. L'émigrant d'Europe produira au préfet de son département, ou, s'il est étranger, à telle autre autorité que désignera le ministre de la marine et des colonies,

---

[1] On devrait y joindre les îles Açores, si on les rattache à l'Europe, dont elles sont plus rapprochées que de l'Afrique.

[2] Voir plus haut, page 352.

un engagement de travail avec un propriétaire rural, d'une des colonies ci-dessus désignées (Martinique, Guadeloupe, Guyane française et Réunion); cet engagement contiendra pour l'engagiste, l'obligation de fournir à l'engagé, outre la rémunération convenue : 1° la nourriture pendant la première année de son séjour, une case et un jardin; 2° les outils et les instruments nécessaires au travail pour lequel il est engagé; 3° les soins médicaux et les médicaments en cas de maladie; 4° les prestations déterminées par les paragraphes précédents, pour sa femme et ses enfants, s'il est accompagné de sa famille.

» L'émigrant devra produire aux mêmes autorités toutes pièces qui lui seront indiquées comme propres à constater son origine, sa profession et sa moralité.

» Art. 3. L'émigrant chef de famille devra comprendre dans son engagement, celui de sa femme et de ses enfants si ceux-ci sont âgés de plus de dix ans.

» Art. 4. Seront seuls admis à l'émigration avec le concours des fonds de l'État, les individus exempts d'infirmités et âgés de 21 à 40 ans.

» Sont exceptés de la condition d'âge, la femme qui accompagne son mari, et les enfants qui suivent leur père ou leur mère.

» Des décisions du ministre de la marine fixeront la proportion dans laquelle les femmes devront être comprises dans les enrôlements, suivant la nature et l'importance de chaque opération.

» Art. 5. Aucun projet d'engagement ne donne droit aux allocations sur les fonds de l'État ou des colonies, s'il n'est approuvé par le ministre de la marine, qui vérifie si l'engagiste est en état de remplir les obligations. Le ministre pourra déléguer ses pouvoirs à cet égard à l'administration du port d'embarquement où à l'autorité de la colonie pour laquelle est destiné l'immigrant.

» Le ministre réglera, par un arrêté, le montant de l'allocation, qui pourra être accordée pour chaque individu, soit comme frais de passage, soit comme secours de route.

» Il déterminera par des décisions d'ordre la proportion dans laquelle pourront être accueillies les demandes d'émigration pour chaque colonie.

» Art. 6. Sur l'avis qui lui sera adressé, l'émigrant se rendra, pour le jour indiqué, au port d'embarquement, où il recevra les secours de route.

» Aussitôt que son embarquement sera dûment constaté, versement sera fait entre les mains de l'engagiste ou de son représentant du montant de l'allocation de passage. »

Les engagements auront une durée de trois ans au moins.

Le rapatriement restera à la charge de l'engagiste, mais il pourra s'en affranchir en versant à forfait dans la caisse de l'immigration une prime de 50 francs par immigrant (article 5, § 2, de l'arrêté du 2 décembre 1857).

Les engagistes et les engagés seront soumis aux lois et règlements en vigueur dans la colonie sur l'immigration.

Les demandes de passage formées dans la colonie, devront être présentées à l'administration locale qui les transmettra, s'il y a lieu, avec son avis, au département de la marine.

Il sera donné avis de cette transmission à la personne intéressée, afin qu'elle puisse remplir en France par elle-même ou par un mandataire, les formalités prescrites.

Aucun document officiel n'apprend dans quelle mesure le décret du 27 mars 1852 a reçu son application.

CHAPITRE VI.

Conclusion de la première Partie.

L'Afrique, l'Inde, la Chine, voilà les trois seules contrées d'où l'on ait tiré en notre siècle, avec quelque abondance, des agents de travail. De ces trois sources, la dernière paraît la plus inépuisable, soit que la race chinoise soit de toutes la plus prolifique, soit que la densité de sa population ne puisse plus s'accroître qu'à la condition de demander au travail et au capital des efforts moins fructueux dans ces régions que dans des pays nouveaux. L'Inde, si elle se régénère sous la direction de la couronne anglaise, moins âpre à l'exploitation des hommes et au gain que la compagnie des Indes, pourra assez facilement occuper la totalité de ses habitants. Quant à l'Afrique, eût-elle 200 millions d'habitants, comme le veulent certains géographes, au lieu de 80 à 100 millions que d'autres lui attribuent, ce serait une densité bien faible encore pour des populations sédentaires et vivant de peu, et l'expatriation spontanée n'y sera probablement jamais très-vivement excitée par le besoin.

La sagesse invite donc à tourner les regards vers d'autres contrées. Aux premiers plans se présentent : en Afrique, l'Abyssinie; en Asie, l'Indo-Chine. L'Abyssinie, déchirée par la guerre civile, fournit déjà à l'île Bourbon quelques serviteurs très-estimés : l'acquisition d'Adoulis par la France et la présence de nos agents consulaires à Massouah y garantiraient la loyauté du recrutement. Quant à l'Indo-Chine, qui possède 150 à 200 millions d'habitants, la conquête de la Cochinchine ouvre à l'émigration des facilités que les colonies françaises doivent mettre à profit.

2ᵉ PARTIE

LES PAYS DE DESTINATION.

> Et habitabit Japhet in tabernaculis Sem.
> GENÈSE.

CHAPITRE I.

Direction générale.

L'engagement étant, par plusieurs de ses caractères, un état intermédiaire entre l'esclavage et la pleine liberté, on ne recourt aux engagés que dans les pays où régna longtemps l'esclavage et où néanmoins les bras manquent, depuis l'émancipation, par la retraite partielle des affranchis. Les ouvriers libres ayant depuis des siècles oublié le chemin de ces pays de servitude, le climat d'ailleurs les en détournant même aujourd'hui, on ne connaît pas d'autre moyen de procurer la main-d'œuvre nécessaire à ces colonies, toutes situées dans la zone torride ou à son immédiat voisinage, isolées au sein de la barbarie générale des peuplades intertropicales, loin de tous les grands foyers de population spontanément adonnée au travail. Ces serviteurs du capital, de la maison et de la personne, qui ne viendraient pas d'eux-mêmes, en des lieux dont ils ignorent l'existence et la distance, et dont l'Océan les sépare, on les recrute de leur propre consentement, plus ou moins éclairé, on les transporte, on les emmène, on se les répartit.

Les pays qui se partagent ces immigrants, sont :

Les colonies anglaises de Maurice et des Indes occidentales ;

Les colonies françaises dans les mêmes régions ;

Les États du Sud-Amérique.

Avec plus de réserve, des colonies où règne encore l'esclavage ont essayé de quelques engagés, telles sont :

Les colonies espagnoles de la mer des Antilles ;

La colonie hollandaise de la Guyane.

Des colonies étrangères aux traditions de l'esclavage ou qui en sont tout à fait dégagées, fondent ou veulent fonder leurs cultures sur l'immigration ; telles sont :

Les colonies anglaises de Ceylan et de Natal ;

Les colonies danoises de la mer des Antilles.

Enfin l'Algérie, qui dispose à son gré de bras libres, entend aussi retentir à ses oreilles ces conseils séducteurs.

Autant de divisions naturelles de ce livre.

CHAPITRE II.

Les colonies anglaises émancipées.

Les colonies anglaises, jadis cultivées par des esclaves aujourd'hui remplacés par des engagés, forment deux groupes : Maurice dans l'Océan indien, les Indes occidentales dans la mer des Antilles et sur le continent américain.

§ 1. — MAURICE.

C'est l'île Maurice qui a été, dans le monde colonial, l'initiatrice et la grande école du système des engagements.

Nous avons dit que la première introduction d'Indiens avait eu lieu en 1815, par l'application de la mesure qui déportait à Maurice les condamnés de Calcutta. Exilés et employés suivant les convenances de l'administration, ils éveillèrent dans les esprits l'idée d'appliquer les Indiens au travail de la terre. Grâce à la proximité des lieux et à la surabondance de la population indienne, le plan paraissait d'une facile exécution à la première occasion favorable : elle naquit de l'émancipation proclamée en principe en 1834, mais suspendue en pratique pendant une période d'apprentissage.

Au lendemain de l'émancipation proclamée, les planteurs comprirent que l'apprentissage, qui devait se continuer encore quelques années, ne maintiendrait pas la production au niveau qu'elle avait atteint; sans perdre du temps en vaines doléances, ils cherchèrent dans l'Inde de nouveaux travailleurs pour stimuler et remplacer les anciens. Le gouvernement n'y mettait aucune restriction. De 1834 à 1848 on introduisit, sans aucune intervention officielle, environ 25,000 laboureurs, engagés au travail des champs pour cinq années, à raison de 5 roupies par mois : on leur retenait une certaine somme pour leurs gages comme fonds de rapatriement à l'expiration du contrat.

Du défaut de contrôle dans l'embarquement de ces émigrants naquirent des abus; les bâtiments prirent un plus grand nombre d'hommes qu'ils ne pouvaient en loger et soigner. Des plaintes furent adressées au gouvernement de l'Inde, et la compagnie dénonça au gouverneur de Maurice l'abandon où les maîtres laissaient leurs apprentis et anciens esclaves.

Il s'ensuivit la suspension de l'immigration indienne, ce qui eut lieu au commencement de 1838. Au bout de quatre années, d'instantes réclamations obtinrent que la défense fût levée. En 1842, les envois reprirent et depuis lors un renouvellement incessant a fourni à la colonie autant de bras qu'elle en pouvait employer. Dans les deux premières années des primes furent accordées à l'introduction; dès 1844 le gouvernement prit lui-même en main, par ses officiers, la conduite de l'entreprise, pour mieux en assurer la moralité, et fit l'avance des frais remboursables par taxes spéciales.

De 1843 à 1856, on introduisit, d'après ce système, à peu près 170,000 engagés, environ 13,000 par an. Mais l'expérience révéla des inconvénients : les planteurs se plaignaient d'être réduits à de petits lots de travailleurs, que le gouvernement leur allouait sur chaque convoi, suivant un ordre d'inscription et souvent en dehors des moments opportuns, en quantités d'ailleurs insuffisantes à leurs besoins.

Sous la pression de ces plaintes, un système mixte fut introduit. On autorisa les planteurs à envoyer dans l'Inde des *sirdars* pour recruter des travailleurs et les dresser à faire choix d'un maître, déterminé par eux-mêmes, d'après la leçon apprise du *sirdar*. Nouveaux abus bientôt révélés. Ce dernier, devenu véritable répartiteur, cédait ses recrues à qui lui en offrait le plus haut prix : à côté des riches planteurs, qui pouvaient facilement s'approvisionner de bras, les habitants moins aisés ou plus économes s'en voyaient privés.

Un incident grave signala cette période.

En 1856, l'immigration fut de nouveau suspendue à partir du 1er novembre. Deux navires infectés de choléra ayant été condamnés à une quarantaine excessive, sur un îlot désert, sans aucuns soins, la compagnie des Indes, mécontente, mit l'île en interdit jusqu'à ce que des garanties fussent prises contre le retour de pareils malheurs. Au bout d'un an, satisfaction lui était donnée et les expéditions recommençaient, après deux années de crises qui avaient cependant donné une moyenne de 12 à 13,000 immigrants.

En 1858, quatrième réforme. Les planteurs purent faire venir de l'Inde, à leurs frais, autant de travailleurs qu'ils voulaient en sus de leur contingent dans les convois introduits par le gouvernement, et à se faire représenter, par des agents spéciaux, accrédités auprès des agents du gouvernement qui resteraient chargés, tant du recrutement que de la rédaction des contrats sur place; ainsi disparaissait l'embauchage dans la traversée et au port de Maurice au profit de quelques maîtres privilégiés. Sous l'influence heureuse de ce nouveau mode, l'introduction qui fut, en 1858, de 29,946 engagés, monta, en 1859, au chiffre jusqu'alors inouï de 44,397 individus.

Ce système de liberté a reçu son complément en 1861 : on n'introduit plus que les travailleurs demandés par les habitants et engagés pour eux dans l'Inde, ou ceux qui se rendent volontairement à Maurice sans engagement. L'intervention officielle se trouvera ainsi réduite, dès 1862, comme il convient, à un simple contrôle, tant au départ qu'à l'arrivée [1].

Maurice a reçu aussi quelques milliers de Chinois en vue des travaux agricoles, auxquels on n'a pu les plier, non qu'ils n'y fussent aptes, mais par la difficulté d'obtenir d'eux un travail soutenu pour le compte d'un maître. Devenus libres de leur temps, ils se sont adonnés au petit commerce, aux petites industries, et même aux petites cultures maraîchères où ils excellent. Ils s'y montrent, du reste, laborieux, adroits, économes, doux, patients, inoffensifs, et paraîtraient irréprochables sans leur amour passionné de l'opium et du jeu [2].

La population étrangère introduite à Maurice atteint, en 1860, à peu près au chiffre de 150,000 individus, plus que le double des anciens esclaves, dont une partie est restée fidèle au travail. A cet énorme accroissement de forces humaines a répondu un essor corrélatif des forces naturelles. La production du sucre qui, en 1835, au lendemain de l'émancipation prononcée, n'atteignait pas 65 millions de livres et 82 millions en 1840, après l'affranchissement effectif, a dépassé, en 1855, 253 millions de livres. Les ravages du *borer*, insecte destructeur de la canne, et le contre-coup des crises commerciales d'Europe et d'Amérique, ont pu arrêter cet élan dans les années suivantes, mais le chiffre reste encore entre 200 et 225 millions de livres [3].

Cette prospérité matérielle n'éveille pourtant pas une satisfaction

[1] Les *Annales de l'Agriculture des colonies* (octobre 1861), contiennent des lettres qui font connaître les détails de ces derniers systèmes avec beaucoup de précision.
[2] Voir une *Notice sur les Chinois* de l'île Maurice, dans la *Revue du monde colonial*, juillet 1862.
[3] Les îles Seychelles, dépendant de Maurice, réclament la participation à l'immigration sans avoir encore pu l'obtenir.

sans réserve. Dans l'ordre moral se font jour d'autres sentiments, qui troublent les consciences et inquiètent pour l'avenir. Ils ont été exprimés avec une grande sincérité par le gouverneur de Maurice, dans un discours où il annonçait la réforme accomplie en 1858.

. . . . . Et je veux commencer maintenant ce nouvel ordre de choses en établissant une confiance réciproque entre le laboureur et ceux qu'il emploie et la même équité des deux côtés.

Je désire que les magistrats que j'ai choisis avec soin pour remplir leurs devoirs parmi des hommes qui ont déjà acquis de l'expérience dans les cours stipendiaires ou qui connaissent le caractère de l'Indien et qui en même temps ne sont pas intéressés à l'agriculture du pays, poursuivent un système de civilisation et de conciliation entre le laboureur et celui qu'il emploie. Je désire que les lois soient simplifiées et deviennent intelligibles autant que possible. Je désire qu'elles soient clairement comprises par le laboureur, que ses devoirs lui soient tracés et que les punitions auxquelles il s'expose lui soient expliquées; je désire également que ses gages lui soient ponctuellement payés, que le jour du Sabbat, il soit accordé au laboureur autant de repos qu'on le pourra, et je désire que l'on ramène le laboureur au travail par un judicieux encouragement plutôt que par des punitions correctionnelles. Je désire, si la chose est praticable, que l'on puisse substituer un nouveau système à celui actuel des tickets, qui, quoique pouvant être nécessaire pour le nouvel immigrant pendant sa résidence industrielle, cause de sérieux ennuis à l'ancien immigrant qui a achevé son temps de service et est devenu un citoyen libre de la colonie. Je désire même établir une ligne de démarcation bien définie entre le nouvel immigrant pendant qu'il est sous la dépendance du gouvernement et l'ancien immigrant qui en est débarrassé. (Applaudissements.)

Tous les devoirs difficiles que le gouvernement a actuellement à remplir proviennent directement ou indirectement de la question de l'immigration et appartiennent aux intérêts agricoles, et la manière dont ces devoirs sont remplis avec succès ou insuccès dans les résultats doit démontrer abondamment combien le gouvernement est anxieux de faire prospérer l'agriculture coloniale tout en protégeant le laboureur qui devient citoyen. (Applaudissements.)

Jusqu'ici nous n'avons considéré que les avantages immédiats que doit rapporter l'importation du travail étranger, et nous n'avons pas donné assez d'attention à l'avenir; jusqu'ici nous avons examiné ces avantages comme à travers un microscope; désormais nous devons nous servir du télescope et rechercher ce que nous pouvons entrevoir dans le lointain. On ne peut s'attendre à voir durer longtemps le fort courant de l'immigration qui s'est jusqu'ici répandu à Maurice. Parmi les milliers d'hommes qui viennent ici, plusieurs milliers y résident et sont employés aux travaux d'agriculture ou se livrent à diverses industries, et si l'immigration devait continuer longtemps encore sur une pareille étendue, nous serions bientôt surchargés de travail et embarrassés pour pouvoir nourrir une population si considérable.

C'est pourquoi, quoiqu'il faille l'encourager autant qu'il puisse être nécessaire de le faire, nous devons cependant nous préoccuper de l'importance d'accoutumer les étrangers qui nous restent à leur nouvelle patrie, et de les engager à s'y livrer au travail pour lequel on les y a conduits; nous devons chercher à améliorer la condition des villages, des établissements et à centraliser dans les villes ceux qui n'appartiennent pas à ces établissements ou qui se trouvent isolés et indépendants dans la campagne.

Nous devons cultiver leurs inclinations aux travaux agricoles et les encourager aux petites industries commerciales et à d'autres occupations profitables pour qu'en cas d'éventualité ils puissent être utiles à l'agriculture et à tous les besoins qui s'y rattachent. Sans cette centralisation, aucun système de police ne pourra être efficace, et l'on ne pourra s'occuper avec succès d'aucune éducation, soit industrielle, soit d'une autre nature.

Nous devons chercher aussi à établir un mode d'apprentissage agricole ou autre pour les enfants, ainsi qu'un travail léger pour les femmes et les hommes qui ne peuvent être employés sur les établissements; il serait à désirer que l'on encourageât les petits cultivateurs, et l'on ne doit pas oublier qu'avec une population actuelle de 250,000 âmes la colonie ne produit presque pas de vivres, et qu'elle est obligée d'avoir recours à des sources étrangères.

En remplissant tous les devoirs moraux ou politiques que recommande le gouverneur, l'île Maurice n'avancera que plus rapidement vers une transformation qui inquiète le patriotisme de beaucoup de ses enfants. La race blanche, qui s'y trouve en minorité par le nombre, s'y voit, non sans quelque regret, disputer la suprématie par la race de couleur, et l'une et l'autre se sentent déborder par ces flots de population indienne qu'elles appellent, qu'elles font servir à leur fortune, mais qui transforme l'île en une colonie indienne plutôt qu'européenne. Le jour où l'élément indien prendra à son tour la prépondérance, la civilisation ne devra-t-elle pas s'en affliger?

On se console dans l'espoir que cette race indienne, élevée par le contact des races supérieures, s'améliorera, et par ceux de ses fils qui rentrent dans leur pays avec des idées acquises et des salaires épargnés, deviendra pour l'Asie entière un ferment de régénération. Et en attendant, son travail enrichit Maurice!

Puisse l'avenir ne pas expier les succès du présent!

§ 2. — LES INDES OCCIDENTALES.

Plus éloignées du monde asiatique et plus rapprochées de l'Afrique occidentale, qui est le grand foyer de recrutement des noirs, moins promptes d'ailleurs à prendre leur parti de l'émancipation des esclaves, les Indes occidentales ont été plus lentes à recourir à l'importation d'engagés. Vers 1848 seulement, elles ont résolûment accepté ce secours qui leur a donné, jusqu'à l'année 1860, un total de 80,000 recrues. Sur ce nombre, les Indes orientales dépassent la moitié (44,802), et les Madériens comptent pour 13,201; les Chinois pour 4,748; l'archipel du Cap Vert pour 1,198. Le contingent inscrit au compte de Sainte-Hélène et de Sierra-Leone, provenant des captures de navires négriers, monte à 15,228. Les nombres complémentaires sont fournis, par centaines seulement et dizaines, par le Brésil, la Havane, la côte africaine de Krou, les Açores, l'isthme de Darien, etc...

Dans les dix premières années, la moyenne annuelle des entrées n'a guère dépassé 6,000; en 1859 et 1860, elle a dépassé 9,000 et 12,000 : ce n'est que le tiers ou le quart des années correspondantes de Maurice.

La répartition en a été faite comme il suit entre les diverses colonies des Indes occidentales anglaises [1] :

Guyane.	47,799	Antigoa.	1,213
Trinité.	19,626	Saint-Vincent.	989
Jamaïque.	6,207	St-Christophe (St-Kitt's).	852
Saint-Lucie.	2,334	Tabago.	292
Grenade.	2,125		

Le plus fort prélèvement de la Guyane et de la Trinité s'explique par leur dépendance plus directe de la couronne, ce qui a permis au gouvernement local de faire prévaloir les vues des planteurs blancs, tandis qu'à la Jamaïque, possession d'une étendue infiniment supérieure, le parlement colonial, où dominent les hommes de couleur,

---

[1] En 1861, on évaluait la population totale des Indes occidentales à 1,200,000 ames ainsi répartis :

Jamaïque	450,000	Saint-Christophe	25,000
Guyane	150,000	Dominique	25,000
Barbade	150,000	Sainte-Lucie	25,000
Trinité	100,000	Vierges	20,000
Antigoa	40,000	Bahamas	20,000
Grenade	34,000	Nevis	10,000
Saint-Vincent	30,000		

L'accroissement total de 1838 à 1861, serait d'à peu près 250 à 300,000 âmes.

où les noirs même exercent une influence, a entravé l'introduction d'engagés dont la concurrence devait faire baisser les salaires de leur race.

L'absence sur cette liste de la Barbade, une île des plus importantes, tient à une cause d'une grande portée dans cet ordre de faits. Seule entre toutes ses sœurs elle a pu se passer d'immigrants et d'engagés du dehors, tout en développant sa production, parce que les noirs émancipés ont été retenus ou attirés au travail libre par un concours de rares circonstances. Là toutes les terres étaient en état de propriété privée, ce qui n'a pas permis aux affranchis, comme partout ailleurs, de réfugier leur indolence sur les terres publiques : pour vivre il a fallu engager son travail, en attendant que les salaires épargnés permissent l'achat d'un coin de terre. Le droit électoral n'est accordé qu'aux possesseurs de biens fonds, ce qui en exclut de fait à peu de chose près les anciens esclaves [1] que l'on a dû cependant traiter avec justice pour les détourner d'émigrer dans les îles voisines où pouvaient les attirer des salaires plus élevés. Nulle autre part l'économie rurale, excitée par une société de planteurs, n'est mieux entendue par les propriétaires qui, au lieu de s'en tenir à la grande culture, divisent le sol en petits lots de 20 à 30 acres, louées moyennant une rente modérée, où les noirs, devenus petits tenanciers, font de bonnes et fructueuses récoltes de sucre. Les ouvriers employés moyennant salaire sont payés exactement toutes les semaines. Cette solidarité d'existence, se traduisant en profits de part et d'autre, a préservé la Barbade des crises de l'émancipation, sans nuire au développement des cultures.

La convention du 1er juillet 1861, qui a ouvert l'Inde au recrutement des colonies françaises paraissant menacer les colonies anglaises d'une concurrence, le secrétaire d'État pour les colonies, le duc de Newcastle, a adressé, le 7 novembre suivant, une circulaire aux gouverneurs des Indes occidentales pour régulariser les

---

[1] Les terres valent couramment de 6, à 9,000 fr. l'hectare. L'assemblée se compose de 15 représentants seulement ; le cens électoral est un loyer de 500 fr. en biens fonds ou l'occupation d'une propriété de 1,250 livres.

transports d'Africains pris aux négriers et libérés. Le noble duc considère cette sorte de recrutement comme une ressource parfaitement régulière et indéfinie. Il réserve à l'État le payement de tous les frais antérieurs à l'embarquement, et reporte sur les colonies et les colons les dépenses ultérieures.

« L'État sera, par ce moyen, délivré d'une charge qui grevait son budget; de leur côté, les colonies conserveront l'avantage d'obtenir des Africains, sans qu'elles aient à payer des frais de recrutement, d'établissement à l'étranger, et de rapatriement, comme elles le font quand il s'agit d'immigration indienne.

« En admettant qu'un tiers des coolies seulement retournent dans leur pays, on trouve que pendant les trois dernières années, le prix moyen d'introduction des Indiens aux Antilles, y compris les passages de retour dans l'Inde, a été de 500 fr. environ par tête; or, pendant la même période de temps, le prix moyen du transport des Africains a été de 164 fr. 60 pour ceux venant de Sierra-Leone, et de 204 fr. 15 pour ceux venant de Sainte-Hélène. En ajoutant à ces prix les indemnités à accorder aux officiers, la dépense totale pour l'introduction des Africains libérés, d'après le nouveau système, sera encore bien inférieure à celle de l'immigration indienne ou chinoise. »

Avec tant d'intérêt à approvisionner les colonies de noirs libérés, l'escadre anglaise, qui croise dans le golfe de Guinée, serait bien malavisée si elle empêchait les opérations de traite de se réaliser : elle doit attendre que la cargaison soit faite et au complet pour fondre sur les navires. La spéculation est de beaucoup meilleure, pour les officiers, comme pour les planteurs, même pour quelques noirs ; mais combien de ces malheureux auraient préféré rester libres et même servir dans un village, plutôt que d'aller, sous d'autres cieux et d'autres maîtres, *améliorer leur bien-être*, comme dit le duc de Newcastle ! La philanthropie anglaise est prise en faute. D'autres chassent; elle prend le gibier et le garde !

Aux Indes occidentales, comme à Maurice, les engagés ont sauvé la situation économique sans la rendre aussi brillante. La production totale du sucre aux Antilles (Guyane comprise) a partout dépassé les anciens chiffres, sauf à la Jamaïque [1].

Mais ces progrès sont en partie compensés par les grandes dépenses qu'ont dû faire les colonies pour se pourvoir d'engagés.

---

[1] Voir les justifications dans le livre déjà cité de M. Augustin Cochin, sur *l'Abolition de l'esclavage*.

Quelques informations spéciales aux principales de ces colonies vont compléter ces indications générales.

De toutes les colonies des Indes occidentales, la JAMAÏQUE est peut-être celle qui a été le plus désorganisée par l'émancipation, les affranchis ayant trouvé à vivre paresseusement sur d'immenses terres publiques. En 1859, la récolte de sucre n'était pas évaluée à plus de 29,000 barriques, tandis qu'en 1838 elle atteignait 70,000, et près du double du temps de l'esclavage, sans compter le café, le cacao, les épices et autres produits qui représentaient alors un chiffre très-important, et dont la production a tout à fait décliné. C'est aussi l'une des colonies où l'immigration a le moins suppléé à la désertion des travaux par les noirs émancipés : les hommes de couleur et les noirs, qui exercent l'influence au moins du nombre [1], ont écarté une concurrence qui aurait abaissé leurs salaires et diminué leurs profits ; la métropole a interdit le recrutement en Afrique ; la compagnie des Indes ne l'a pas permis sur son territoire. Il ne restait que les Chinois en qui l'on a eu peu de confiance. Aussi depuis 1848 la Jamaïque n'a-t-elle reçu en tout que 1,557 immigrants. Dans la session de 1858-59, la législature coloniale réagissant contre ces entraves diverses, a voté une loi d'organisation de travail et d'émigration qui a soulevé dans la presse et au sein du parlement anglais de vifs débats. Au mois de janvier, une députation de l'*Anti-Slavery society* se présenta chez sir E.-B. Lytton, ministre des colonies, et lui remit un mémoire contre le bill de la Jamaïque : « Ce qui se passe aux Indes occidentales, déclara la députation, mérite le nom d'importation et non celui d'immigration volontaire ; c'est un esclavage déguisé ; en outre ce système est funeste aux intérêts tant moraux que matériels de la Jamaïque. »

A la chambre des lords, Brougham se fit l'interprète des mêmes protestations. Quelques lois, dit-il, étaient faites dans les Indes occidentales dans un sens rétrograde et dans le but de réduire les travailleurs émancipés à la condition d'esclaves, ou à quelque chose

---

[1] Dans un dénombrement qui portait la population de la Jamaïque à 385,000 âmes, il y avait 15,000 blancs, 75,000 mulâtres et 300,000 noirs.

en approchant de très-près. Il espère, il est persuadé que l'acte auquel il est fait allusion, n'a pas reçu la sanction du gouvernement de ce pays (l'Angleterre), et par conséquent n'a pas force de loi. Il a été décrété entre autres choses que les émigrants, fussent-ils coolies, Chinois ou nègres africains, ne pourraient choisir leur maître, mais seraient distribués par un commissaire; qu'ils seraient soumis à la plus sévère surveillance; qu'ils devraient travailler chaque jour de l'année pendant 9 à 10 heures, à l'exception des dimanches et de trois congés; qu'ils n'auraient pas le droit de quitter les terres de leurs maîtres, sous peine d'être arrêtés comme vagabonds; que s'ils étaient arrêtés à 5 milles de ces terres, ils pourraient être condamnés à l'emprisonnement, avec ou sans travail forcé; que toute personne qui les emploierait encourrait une pénalité sévère.

Sans adhérer à toutes ces critiques, le gouvernement refusa sa sanction au bill de la colonie.

La Jamaïque apprit avec une vive satisfaction, il y a trois ans, le projet du gouvernement français d'autoriser, pour ses colonies, le recrutement des noirs à la côte d'Afrique, et elle vota une adresse à la reine pour obtenir la même faveur. Depuis lors, on lui a fait espérer aussi la libre entrée des Indiens. Elle préfère ces travailleurs aux Chinois, dont elle a fait quelques essais mal réussis; mais le mécontentement des planteurs invoque un étrange motif : « Les paysans chinois, lit-on dans le seizième rapport des commissaires de l'émigration, se montrent là comme partout travailleurs intelligents et disciplinés, quand on les traite avec tact, mais ils deviennent turbulents et irrités quand ceux qui les dirigent manquent à leur égard de considération et de fermeté. La Jamaïque est un des points où le rapatriement des Chinois a soulevé des difficultés. En 1858, plus de trois cents d'entre eux, introduits en 1854, se présentèrent à Kingston, dans le but de réclamer la prime de 250 francs, à laquelle ils prétendent avoir droit en remplacement de leur passage de retour. On leur répondit que le contrat ne stipulait rien au sujet de leur rapatriement, et, comme ils insistaient, l'agent général de l'émigration requit la police pour s'en débarrasser. »

Au nord des Antilles françaises, ANTIGOA a reçu seulement 1,213 engagés, presque tous venus de Madère et du Cap Vert. — SAINT-CHRISTOPHE (St-Kitt's), 852, dont les trois quarts de Madère, le reste de Sainte-Hélène et Sierra-Leone. Malgré ce faible contingent, l'une et l'autre ont lutté vaillamment contre la mauvaise fortune et maintenu leur production. Mais à Antigoa, des troubles ont révélé les haines secrètes d'une partie de la population noire.

Au sud de nos Antilles, un règlement du 22 avril 1854 a établi, à SAINTE-LUCIE, les contrats d'émigrants sur des bases particulières; ils ne lient que pour trois ans, mais avec renouvellement obligé de deux ans chez le même maître ou un autre. Ce dernier terme expiré, l'engagé reste parfaitement libre de ses engagements, et même de rester trois ans ou plus par contrat. Le planteur paie au gouvernement une livre sterling pour la première année, et une livre cinq schellings pour chacune des années suivantes. L'engagé doit neuf heures de travail par jour. En place du droit au retour, il pouvait, dans le principe, réclamer des terres de la couronne, faculté qui a été retirée. Outre le salaire fixé à un schelling par jour, le patron doit les soins médicaux et la nourriture, en cas de maladie, de la terre pour un jardin, mais non gratuitement, car on retient 24 schellings par an, en représentation de ces dépenses. « J'ajouterai, écrit un planteur, que lorsqu'un coolie contrevient aux lois du pays, il est recommandé de lui appliquer plutôt une punition corporelle qu'une punition pécuniaire, qui presque toujours retombe sur le propriétaire » — C'est franc, sinon légal.

A la suite des débats qui eurent lieu en Angleterre sur l'immigration, les résolutions suivantes furent adoptées par l'assemblée de SAINT-VINCENT :

> Considérant qu'en conséquence d'une opinion erronée généralement répandue en Angleterre sur l'état du travail dans les Indes occidentales anglaises, et que par suite des débats à la dernière session du parlement, il est très-probable qu'il sera procédé dans la prochaine session à une enquête sur l'immigration dans les dites colonies, l'assemblée est d'avis :

1° Qu'une enquête ne sera réellement satisfaisante qu'à condition d'étendre ses investigations jusque dans les Indes occidentales elles-mêmes ;

2° Que l'enquête devra porter sur les points suivants : 1° sur l'insuffisance des travailleurs agricoles dans ces colonies ; 2° sur le nombre, l'état et la condition des travailleurs agricoles qu'elles renferment actuellement ; 3° sur les résultats produits par l'immigration indienne ou autre dans les colonies où elle a déjà été introduite ; 4° sur la condition des immigrants de toute origine dans ces colonies ; 5° sur le meilleur système d'immigration à adopter pour les Indes occidentales. 3° Dans le cas où une commission royale serait chargée de faire une enquête de telle nature, l'assemblée est en outre d'avis que les investigations acquerraient une grande valeur si elles portaient sur les divers systèmes d'immigration pratiqués dans les autres colonies des Indes occidentales, en examinant particulièrement la nature des contrats de service, la condition et le traitement des immigrants ; 4° que le concours du conseil législatif serait réclamé pour appuyer les présentes résolutions ; 5° que, dans le cas où le conseil législatif accorderait son concours, une humble adresse, basée sur les précédentes résolutions, serait rédigée et signée par le président du conseil et le président de l'assemblée, à l'effet de prier Sa Majesté de vouloir bien nommer une commission dans le but ci-dessus mentionné ; 6° que cette adresse serait envoyée, avec une copie des présentes résolutions, à Son Excellence l'administrateur du gouvernement, avec prière de la transmettre au secrétaire d'État des colonies, pour être présentée à Sa Majesté. »

Le conseil législatif de la colonie ayant approuvé les précédentes résolutions, une commission prise dans le sein des deux chambres a été chargée de la rédaction de l'adresse à la reine.

Saint-Vincent a reçu en	1845 de Madère	86	émigrants
—	— 1849 de Sierra-Leone . . .	234	—
—	— 1850 de Sainte-Hélène . .	575	—
		895	

La GRENADE, un peu plus favorisée, a reçu 2,034 engagés, nombre bien insuffisant pour ses besoins : en attendant mieux, elle s'est industriée pour mettre en colonage partiaire ses établissements sucriers, et ne paraît pas trop mécontente des résultats. Mais, à défaut de travail salarié, les noirs créoles ont été souvent chercher au dehors des salaires plus élevés.

TABAGO, réduit à quelques centaines d'immigrants, a eu recours, comme la Grenade même, et avec un succès plus marqué, au colonage partiaire. On y compte une trentaine de plantations sucrières complètement exploitées par métayage, par des travailleurs qui ont consenti à cet arrangement, en voyant les propriétaires disposés à suspendre tout travail.

Des efforts plus résolus ont obtenu des résultats plus décisifs à la TRINIDAD et la GUYANE anglaise.

Ces deux colonies, l'une insulaire, l'autre continentale, rapprochées par leur situation, s'associent volontiers pour leurs affaires d'immigration. Elles firent ensemble une première opération d'introduction de coolies indiens, de 1845 à 1848 ; une seconde, de 1851 à 1854 ; une troisième, en 1853.

A cette dernière date, des Chinois ont été introduits, avec la moitié du produit d'une souscription qui rapporta 60,000 livres sterling. L'agent délégué pour l'expédition était autorisé à faire une dépense extraordinaire pour obtenir des femmes dans la proportion d'une au moins par cinq émigrants. On assurait à chaque travailleur, chinois ou indien, 22 schellings et 6 deniers de gage par mois, outre la nourriture, ainsi que le retour gratuit en Chine au bout de six ans. S'ils restaient, ils recevraient une gratification égale au prix de la traversée. Arrivés à destination, les Chinois auraient la faculté de changer tous les ans de plantations. La cherté du fret, la mortalité à bord, réduisent beaucoup les avantages qu'on s'était promis de cette opération.

Néanmoins, à la Trinidad, le courant établi et favorisé par de nombreuses ordonnances, améliora sensiblement la condition économique de la colonie, ainsi qu'il suit :

Population en 1851.		68,600 âmes
— en 1859.		80,000
Commerce en 1851.		942,000 liv. st.
— en 1857.		1,800,000

« C'est à l'émigration qui s'est dirigée sur la Trinidad, de 1851 à 1857, disait le gouverneur dans son rapport, que cette île doit cette amélioration. » Elle apprit à se passer des affranchis à qui la vaste étendue des terres incultes de l'île offrait de séduisants asiles.

Mais pendant que la colonie dépensait des sommes considérables pour appeler des étrangers, ses propres enfants émigraient en nombre croissant au Vénézuela, déterminés par la découverte de mines d'or.

Les Madériens ont généralement quitté la colonie à l'expiration de leur engagement; ceux qui restent, de même que les Chinois, se sont presque tous rachetés de leur contrat d'engagement et se livrent au commerce de détail. Les Indiens forment à peu près seuls la classe des laboureurs.

Dès le temps de l'apprentissage, la Guyane anglaise avait tenté des essais peu satisfaisants avec les Maltais, et avait mieux réussi avec les Indiens, devenus pour ce motif l'objet de ses préférences.

Dans l'opération de 1845 qui ouvrit la marche, la Guyane recevait pour sa part 5,000 immigrants sur 10,000 recrutés à Madras et Calcutta. Elle en recevait aussi de Madère et du Cap Vert, et pour les attirer elle révoqua la loi qui exigeait de tout immigrant un engagement de trois ans au moins. Plus tard la colonie envoya un agent en Chine pour favoriser l'émigration des Chinois.

Depuis 1848 à 1858 seulement, elle avait reçu 34,175 émigrants qui ont relevé la production de 34,000 boucauts de sucre en 1851 à 55,000 en 1855. Tel a été le salaire amassé par les travailleurs que 277 d'entre eux, au moment de quitter Demerari pour regagner l'Inde, avaient fait parvenir dans le pays, par l'intermédiaire de l'administration, plus de 150,000 francs.

Le système de recrutement usité à la Guyane donne une idée de celui à peu près pareil usité dans toutes les Antilles.

Le recrutement des travailleurs étrangers est confié au gouvernement colonial et s'opère par ses soins. A cet effet, la colonie entretient, à Calcutta et à Hong-Kong, deux agents nommés par le gouverneur de la colonie, et dont la mission consiste à recruter le plus grand nombre de travailleurs, en s'attachant de préférence à engager ceux qui se livrent aux travaux de l'agriculture.

Ces agents, largement rétribués (celui de Calcutta reçoit 37,500 fr. par an), et ayant, par conséquent, une grande latitude pour leurs agents à la recherche des travailleurs, auxquels ils paient (à Calcutta) de 4 à 6 roupies (9 fr. 50 à 14 fr. 20) par tête d'immigrant. Chaque agent reçoit 2 liv. 10 sch. (62 fr. 50) par tête embarquée, pour couvrir les dépenses de recrutement et d'entretien au dépôt jusqu'au jour du départ.

Les immigrants signent des engagements d'une durée variable. Ils sont pour l'engagé chinois, de 5 ans;

Pour l'Indien, de 10 ans;

Pour l'Africain provenant des prises, de 3 ans;

Pour le Portugais de Madère, des îles du Cap Vert, de 2 ans.

Le Chinois, engagé pour 5 ans, peut se racheter au bout d'un an de service en payant à son engagiste la somme de 15 gourdes, soit 56 fr. 70 par an et pour le temps qui lui reste à fournir.

L'Indien, engagé pour 10 ans, doit travailler sous contrat (*under indenture*), pendant cinq années consécutives; à l'expiration de cette première période, il doit résider encore dans la colonie pendant cinq autres années, c'est-à-dire se réengager, s'il le désire, ou travailler librement, si ce mode lui convient mieux. Ce laps de temps expiré, il lui est loisible de réclamer son rapatriement aux frais de la colonie; ce n'est qu'alors qu'il en a acquis le droit. Pendant le cours de la première période de son engagement, l'Indien, ayant accompli trois années de travail effectif, peut se libérer en payant à son engagiste 24 gourdes pour les deux ans restant à fournir et 12 gourdes et demie pour un an. Si, ne pouvant ou ne voulant se libérer par ce moyen, il lui convient de se procurer un nouvel engagement plus à sa guise, il se fait agréer par un colon qui, dès lors, doit payer à l'ancien engagiste la somme de 25 gourdes pour les deux ans restant à courir, ou 12 gourdes et demie pour un an.

Le Portugais, engagé pour deux années, peut se racheter au bout de six mois de service. Il n'a rien à rembourser à la colonie, pour les frais de son passage, qu'elle a, dès son arrivée, pris à son compte.

L'Africain, en arrivant dans la colonie, doit, s'il est âgé de 18 ans, contracter un engagement de trois ans. Plus jeune, il est considéré comme engagé au service de la personne qui l'a reçu jusqu'à l'époque où il atteindra l'âge susdit ; il devient libre alors de se réengager ou de travailler à sa guise.

Les lois de la colonie n'admettent pas d'engagement indissoluble d'une durée supérieure à cinq ans. Tout contrat qui spécifierait un laps de temps plus étendu, serait immédiatement annulé, et l'engagé, devenant libre, ne serait tenu à aucune répétition à l'endroit de son engagiste.

CHAPITRE III.

Les Colonies françaises.

L'immigration aux colonies françaises a été réglée par un décret du 27 mars 1852. — Les seules qui emploient des engagés sont : la Réunion, la Martinique, la Guadeloupe et la Guyane, c'est-à-dire les quatre colonies à culture, autrefois soumises au régime de l'esclavage.

On en a proposé l'introduction en Algérie.

§ 1. — LA RÉUNION.

La Réunion, autrefois Bourbon, dès longtemps familière avec les opérations de recrutement, les entreprit avec ardeur à partir de 1851, lorsqu'eut expiré le contrat de deux ans qu'avaient consenti les esclaves affranchis. On s'adressa successivement à l'Afrique, à l'Inde, à la Chine.

Jusqu'à l'interdit prononcé par le gouvernement impérial en 1860, les Malegaches et les noirs furent demandés au littoral de Madagascar malgré les défenses de la reine, et quelquefois à l'aide de violences, aux Comores, aux rivages de Zanzibar et de Mozambique. De là venaient les travailleurs les plus appréciés, les Malegaches pour leur intelligence, les Cafres pour leur force, tous pour leur docilité.

De bonne heure aussi quelques planteurs tournèrent leurs regards vers l'Inde avec l'espoir que ce pays pourrait leur rendre les mêmes services qu'à Maurice. Après quelques alternatives de libre concurrence et de privilége, on s'est arrêté à un système mixte qui fait à l'administration la plus grande part.

Les recrutements dans l'Inde française se font à Pondichéry et Karikal, sous la direction d'une compagnie spéciale qui s'y est organisée. Les contrats, les embarquements sont surveillés par des agents officiels; les transports s'effectuent par les navires qui en obtiennent l'adjudication privilégiée; au débarquement, à la réception des cargaisons, à la répartition des convois, le patronage administratif intervient encore. Par l'effet de ce système, combiné avec des causes accidentelles, la cession des contrats d'engagement monta successivement de 250 francs, prix primitif, à 1,000 fr. et au delà, prix exorbitant qui suscita des plaintes universelles et provoqua un ensemble de mesures qui l'ont ramené entre 3 et 400 francs. Les engagements se font pour cinq ans avec rapatriement obligatoire si, ce terme expiré, le travailleur refuse de renouveler pour une autre période, mesure d'une rigueur excessive et qui a soulevé de justes critiques. On a vu qu'en 1860, une convention pour l'introduction de 6,000 coolies, puis un traité [1] accordant la libre sortie des sujets anglais, ont été conclus entre le gouvernement de France et celui d'Angleterre, sous diverses garanties dont la principale est la résidence, à Saint-Denis, d'un consul anglais spécialement chargé de la protection de ses nationaux. La convention des 6,000 émigrants fut promptement exécutée; le traité lui-même est en voie de produire ses fruits. Des agents ont été nommés dans tous les postes français d'où leurs opérations pourront rayonner sur le territoire britannique; d'autres iront bientôt s'installer au cœur même des villes indo-anglaises, Madras, Bombay, Calcutta.

---

[1] Traité conclu le 1er juillet 1861, et promulgué par décret du 10 août suivant.

Les émigrants expédiés de cette dernière ville passent pour n'être que la lie de la plèbe de cette populeuse cité; aussi en est-on mécontent à la Réunion, au point qu'en 1862, les planteurs ont systématiquement et unanimement refusé un convoi tout entier. Ils préfèrent les gens d'Yanaon, sur la côte d'Orixa, et réclament le droit qui résulte du traité, de faire venir ceux de la côte opposée de Malabar, réputés, les uns et les autres, plus honnêtes et plus entendus en culture.

Les Chinois ont été aussi l'objet de quelques embauchages. Avant même l'émancipation, on essaya de plusieurs centaines d'entre eux, raccolés à la hâte et sans choix dans les rues de Singapore par des capitaines de navires pressés de s'expédier. On en fut si mécontent, qu'une répugnance profonde contre cette race survit au bout de vingt ans. Elle a été cependant ébranlée par des démarches que tenta la société d'agriculture après l'interdit prononcé contre le recrutement d'Afrique, et par des compagnies qui ont rappelé avec insistance toutes les qualités que l'Orient a reconnues aux Chinois comme bons travailleurs, à la condition de les bien choisir. Le gouvernement local a consenti à laisser reprendre l'expérience.

Enfin, un navire ramena, il y a une dizaine d'années, de l'océan Pacifique, 90 insulaires, dont il ne subsiste plus que quelques chétifs individus mourant de nostalgie et de misère.

La situation de ces divers travailleurs était ainsi établie au 31 décembre 1861 :

	Indiens.	Chinois.	Africains.
Hommes	35,395	417	19,361
Femmes	4,783	»	5,562
Enfants { garçons.	1,240	»	798
Enfants { filles.	1,959	»	619
	42,377	417	26,340

En tout, 69,134 immigrants associés aux travaux et à l'existence d'une population créole de 100,000 résidents.

Leur concours a puissamment contribué à la production de la colonie qui, après une courte dépression, correspondant aux années libératrices 1850 et 1851, s'est relevée d'un chiffre de 21,990,872 fr. en 1847, à 43,778,279 en 1860, le double [1]; mais les bénéfices sont loin de suivre la même progression que les produits bruts, et les planteurs se plaignent vivement des charges accablantes que leur impose l'immigration asiatique : ils réclament, sauf quelques voix isolées, le retour à l'immigration africaine.

On doit compter, dans cette dernière, un petit contingent d'Abyssins arrivés dans la colonie, et presque tout entière employée aux travaux de batelage, les meilleurs de tous les travailleurs dans cette spécialité. Race fortement mélangée de sang arabe, à face peu ou point prognathe, à cheveux à peine crépus, à mine intelligente et ouverte, d'un corps bien fait et vigoureux, elle est tout à fait supérieure aux autres types de travailleurs. Les Abyssins apprennent le français rapidement et le parlent plus correctement que les autres noirs : pleins d'adresse, d'intelligence et d'excellentes qualités, ils sont de très-bons domestiques [2]. Indication utile sur les ressources en main-d'œuvre que les colonies françaises peuvent trouver dans les populeux États de l'Abyssinie, où la France s'est déjà créé des amitiés et des intérêts. L'introduction des Abyssins accroîtrait, dans un sens favorable à la civilisation, au christianisme et à la beauté des races, ce mélange de populations qui, à la Réunion comme aux Antilles, est considéré, par l'équilibre qui s'établit entre elles, comme un élément de sécurité publique. Avec ces hommes, dont la peau noire recouvre des traits sémitiques, on n'accroît plus ces masses de nègres abrutis dont la supériorité numérique est considérée comme un péril et qui ont fait désirer l'immigration indienne même à ceux qui en faisaient peu de cas au point de vue du travail.

§ 2. — LES ANTILLES.

Les deux colonies françaises des Antilles, la Guadeloupe et la

---

[1] Chiffres de l'exportation, *Revue maritime et coloniale*, tome V, p. 216.
[2] *Notes sur l'île de la Réunion*, par Maillard, annexe D.

Martinique, ont traversé des péripéties beaucoup plus douloureuses que la Réunion et dues à l'insuffisance des bras. On a tour à tour essayé des Africains avec empressement, des Indiens avec résignation, des Chinois avec répugnance.

La plus importante des deux colonies par son étendue et sa population, la Guadeloupe, possédait, en 1862, 12,813 immigrants ainsi classés :

   Indiens. 8,196
   Africains 4,496
   Chinois. 121

Le nombre des engagés de la Martinique roulait sur les chiffres pareils. Leur salaire réglementaire est de 12 fr. 50 par mois, soit 50 cent. par jour ouvrable; mais on calcule qu'avec les frais de nourriture et d'entretien, grossissant les frais d'introduction, l'engagé coûte 1 fr. 50 centimes par jour, plus que le salaire du noir affranchi.

Les transports d'immigrants de ces trois origines ont été confiés à trois compagnies privilégiées[1]; et, quoique leurs services répondent à leurs obligations, cette circonstance n'est peut-être pas étrangère au poids excessif dont la dépense de l'immigration grève les finances coloniales et particulières. Les frais d'introduction varient de 415 à 500 francs par tête.

Le concours des immigrants, proportionnel à leur faible nombre, n'a pu que soutenir les Antilles contre la décadence, sans les élever, comme la Réunion, bien au-dessus des temps d'esclavage. L'exportation de la Martinique qui, en 1847, était déjà de 25,564,819 fr., n'a atteint, en 1860, que 28,838,232 fr.; et celle de la Guadeloupe est tombée de 38,895,420 fr. à 23,175,629 fr.

Les Antilles constituant le terme le plus éloigné des expéditions de l'Inde, il importe de connaître la mortalité constatée à bord des navires. La voici durant une période de dix-neuf mois (1er janvier

---

[1] Compagnie générale maritime (1855), pour les Indiens; maison Régis (1857), pour les noirs; compagnie Gastel et Malavois (1856), pour la Chine. En 1856, le gouvernement autorisa l'introduction de 1,200 Chinois de la province de Shang-Haï.

1860-août 1861), pour les transports de la compagnie générale maritime de Paris, rapprochée des chiffres relatifs à la Réunion.

Transports à la Réunion.			Transports aux Antilles.		
Navires.	Émigrants.	Mortalité.	Navires.	Émigrants.	Mortalité.
Junon.	399	2	Richelieu.	538	2
Maupertuis.	404	4	Suger.	397	3
Santiago.	418	»	Réaumur.	550	6
Jeune-Albert.	467	11	Hampden.	552	30
Confiance.	398	2	Rubens.	684	22
Suger.	414	2	Jacques-Cœur.	676	10
	2,530	19		3,397	73

Soit en moyenne, 0,75 pour 100.   Soit en moyenne 215 pour 100.

La mortalité sur les navires anglais dépasse de beaucoup cette moyenne [1].

Les navires mettent vingt jours à un mois pour arriver à la Réunion, trois à quatre mois pour arriver aux Antilles.

Moins prospères que la Réunion, les Antilles ont un régime d'immigration qui allège, ici plus que là, les charges des planteurs. Une caisse coloniale qui reçoit une subvention de la métropole, fait les avances de l'indemnité qu'elle recouvre par annuités, et dont une partie reste à son compte : elle se charge aussi du rapatriement, qui peut être réclamé par les Indiens au bout de cinq ans de travail, par les Africains, au bout de six ans, tandis qu'à la Réunion, c'est l'obligation particulière du planteur.

§ 3. — LA GUYANE.

La Guyane française n'a été associée, que dans une faible proportion, à la plupart des mesures qui ont eu pour objet de procurer des travailleurs étrangers aux Antilles. Aussi ce trop faible secours n'a-t-il pu la préserver d'un déclin provoqué d'ailleurs par diverses autres causes [2].

---

[1] *Moniteur officiel des établissements de l'Inde*, du 16 août 1861.
[2] *L'Économiste français* contient un grand nombre de correspondances instructives de la Guyane sur la question d'immigration.

Au 1er janvier 1861, la situation statistique des engagés était ainsi établie :

	Africains.	Indiens.	Chinois.
Hommes	1,061	674	99
Femmes	215	161	»
Enfants { garçons	60	84	»
{ filles	18	28	»
	1,354	947	99
Total		2,400	

A la Guyane, on réclame d'autant plus vivement le retour à l'immigration africaine que les Indiens y paraissent moins utiles qu'aux Antilles, à cause de la délicatesse de leur tempérament.

Faute de bras et de capitaux, l'exportation de la Guyane a reculé de 3,088,160 en 1847, à 1,292,209 fr. en 1860.

§ 4. — LE SÉNÉGAL.

Cette colonie a droit à une mention incidente à raison de la forme particulière de servitude qui s'y trouvait en usage, avant 1848, sous le nom *d'engagement de 14 ans.* Le décret républicain d'émancipation y mit fin comme à un esclavage déguisé. Tel est la vertu du droit loyalement reconnu, que le Sénégal, anciennement un des principaux foyers de traite, est monté au premier rang des terres de liberté : les nombreux captifs des peuplades maures et noires qui s'y réfugient ou que les expéditions de guerre y amènent, sont immédiatement mis en liberté, s'ils sont adultes, mis en apprentissage libre, si leur âge l'exige.

§ 5. — L'ALGÉRIE.

Pendant quelque temps la spéculation des transports d'émigrants espéra entraîner l'Algérie dans la voie des recrutements lointains et coûteux d'engagés indiens, chinois, africains tout au moins ; elle conquit à ses vues quelques publicistes et jusqu'à des fonctionnaires qui ne reculèrent pas devant la réhabilitation de la traite des noirs. A ces projets nous opposâmes, et d'autres avec nous, les plus énergiques protestations [1], auxquelles la suppression du recrutement africain ajouta une autorité particulière, sans imposer pourtant un silence définitif, car les regrets survivent aux projets.

Pour le seul avantage de remplacer des ouvriers européens ou indigènes, avec qui le propriétaire doit raisonner, par des troupeaux humains que le maître compte manier à son gré, on commettrait la faute de subordonner la production algérienne à une main-d'œuvre recrutée à 6,000 lieues de distance, en pays étranger, dont les onéreux transports seraient soumis à tous les risques de mer ou de guerre! Et quant aux noirs, on commanderait des chasses aux chefs de l'intérieur de l'Afrique, pour avoir des captifs que l'on traînerait enchaînés à travers quatre cents lieues du désert saharien! Et ces mêmes hommes, qui auraient à s'acclimater, liés par des contrats dépouillés de toute sanction, pourraient à leur gré s'enfuir des fermes où on les aurait conduits, en un pays que la mer n'entoure que d'un côté! En nous entretenant de ces odieux projets, M. le comte de Chasseloup-Laubat, alors ministre de l'Algérie et des colonies, nous déclarait qu'on lui couperait le poing plutôt que de lui faire signer de telles iniquités. — Il n'est pas de plus noble réfutation!

Le salut de l'Algérie est dans la population indigène ou européenne, qui offre ses bras à qui veut les payer à leur juste prix. Que l'on n'invoque pas les contrats d'engagement conclus avec des ouvriers européens par divers propriétaires qui ont eu toujours à se plaindre de l'inexécution des conventions! N'avait-on pas stipulé des salaires inférieurs au cours réel du pays? Informés de la vérité, ces engagés n'ont plus voulu d'un contrat qui les lésait, et ont cédé sans scrupule à l'instabilité naturelle à tout nouvel arrivant.

---

[1] Voir le *Journal des Économistes*, année 1858, mon article sur *l'Immigration des Noirs, des Indiens et des Chinois en Algérie*, en réponse aux écrits de M. Ausone de Chancel, sous-préfet de Blida.

CHAPITRE IV.

Les États du Sud-Amérique.

§ 1. — BRÉSIL.

En 1855, on introduisit 300 Chinois, et comme l'essai parut satisfaisant, le gouvernement fit un traité pour l'introduction de 6,000. On les confondit avec les noirs sur les plantations, humiliation pour leur amour-propre, et sans doute on les traita de même, opprobre vivement senti : aussi les propriétaires les ont-ils pris en antipathie, bien qu'on les juge actifs, intelligents, et propres à toute espèce de travaux.

La dépense d'entrée monte à 20 livres sterling par tête.

§ 2. — VÉNÉZUELA.

Cette république a accordé une prime de 100 francs par tête de Chinois, outre une réduction des droits d'entrée à payer par les navires ; et le 11 juin 1856, le gouvernement local a signé avec Antonio Leocadio Guzman, une convention pour l'introduction de convois de coolies de cette provenance.

§ 3. — NOUVELLE-GRENADE.

Beaucoup d'ouvriers chinois ont été employés aux travaux du chemin de fer interocéanique ; les nombreux suicides, une énorme mortalité, trahissent un sort bien déplorable ; en six mois, 500 sur 1,000 avaient péri.

§ 4. — PÉROU.

Nous avons dit combien était triste au Pérou la condition du Chinois employé à l'exploitation du guano. Là aussi de graves iniquités ont été révélées dans le mode de transport. Plusieurs fois le tiers des émigrants a péri en route et le reste est arrivé atteint de dangereuses maladies.

CHAPITRE V.

Les Antilles espagnoles.

A l'instar de l'Angleterre et sans avoir comme elle émancipé ses esclaves, l'île de Cuba, réfléchissant, suivant l'expression d'un publiciste [1], sur la fragilité d'une royauté qui repose sur l'esclavage, eut recours, il y a quelques années, à l'introduction d'engagés chinois, sous les auspices de la Société d'*El Fomento*. C'est sur des navires anglais se livrant à l'industrie du transport de ces coolies, que furent commises la plupart des horreurs qui soulevèrent la conscience publique. Le parlement s'en émut et discuta s'il n'y avait pas lieu de poursuivre les capitaines comme coupables de traite, sans oser pousser jusque-là le zèle de ses scrupules. Depuis lors, les navires français ont pris part à ces expéditions. Les planteurs de Cuba ont été généralement satisfaits des services des Chinois, qui s'engagent pour huit années : ils supportent les fatigues de la roulaison aussi bien que les nègres, mais ils ne se prêtent pas avec la même complaisance aux coups de fouet, auxquels ils préfèrent les coups de bâton qu'un des leurs est chargé de leur distribuer : c'est tout leur code pénal. On les paie 4 piastres par mois, outre l'entretien. Dans le

---

[1] M. Le Pelletier de Saint-Remy, *Questions coloniales*.

contrat on les fait renoncer au bénéfice de certaines ordonnances rendues en leur faveur [1], et ils souscrivent à cette clause pour le moins singulière : « Je consens au salaire stipulé, quoique je sache que les libres laboureurs et les esclaves dans l'île de Cuba gagnent plus, mais je tiens la différence comme compensée par d'autres avantages. » Un règlement du 1er avril 1860 a paru introduire quelques garanties en leur faveur.

Diverses compagnies ont en vain sollicité le privilége d'introduire cette catégorie d'immigrants ; le gouvernement espagnol a accordé la libre entrée, sous la réserve qu'il désignerait annuellement le nombre d'individus à importer. Après dix ou douze ans d'importation, Cuba possède aujourd'hui plus de 60,000 Chinois qui ont été introduits au prix de 1,500 à 2,000 fr. par tête, et Porto-Rico n'attend que l'autorisation de la métropole pour imiter Cuba.

Dans le cours de l'année 1860, la mortalité à bord des navires importateurs a été de 7,15 pour 100 [2].

CHAPITRE VI.

Les Colonies hollandaises.

Jouissant encore des priviléges de l'esclavage légal, la Guyane hollandaise n'a pas senti le besoin de recourir à une immigration de quelque importance. Elle a seulement reçu quelques convois de Chinois provenant de Java, puis des indigènes de Médura qui sont arrivés à Paramaribo en novembre 1855.

Des immigrants portugais transportés à Surinam par quelques entrepreneurs, ont été mis à la disposition des planteurs ; mais plu-

---

[1] Ordonnance du 22 mars 1854 sur la colonisation rendue applicable aux Chinois.
[2] *Annales de l'agriculture des colonies*, tome III, p. 51.

sieurs mois se sont écoulés sans que les offres de ces travailleurs aient été acceptées, et les entrepreneurs en ont été pour leurs avances. Les colons préfèrent leurs 40,000 esclaves à des ouvriers salariés.

Quelques Européens se sont engagés à temps dans une colonie qu'un Hollandais, M. Kappler, a fondée sous le nom d'Albina, sur la rive gauche du Maroni, avec des familles wurtembergeoises et frisonnes, qui se livrent à la culture des jardins, au sciage et à la préparation des bois d'exportation que leur apportent les Indiens. Le personnel qui, en 1854, comprenait 80 individus était réduit de moitié, deux ans après, par le départ de plusieurs colons plutôt que par la maladie; la santé des travailleurs ayant été plus légèrement éprouvée par le climat qu'on ne s'y attendait.

CHAPITRE VII.

Ceylan. — Natal.

L'île de Ceylan, longtemps abandonnée à l'inertie des indigènes, a été réveillée de sa torpeur séculaire par l'immigration des nombreuses bandes d'Indiens engagés sur la côte de Coromandel. Dans les premières années ils retournaient chez eux après avoir amassé un petit pécule; plus tard ils se sont établis en masse à Ceylan, et s'y constitueraient en famille, sans la trop faible proportion du sexe féminin. Leur affluence a provoqué en 1853 un système de mesures réglementaires, et, entre autres l'établissement d'une agence dans l'Inde pour surveiller le recrutement, avec mission d'établir des communications hebdomadaires avec Tulticorin et autres points convenables, dans le but de prévenir les souffrances et la mortalité, inséparables de ce que l'on pourrait appeler la route de terre par Manam, en vue du détroit qui sépare Ceylan du continent.

De plus, la législature locale a passé un acte, sur le modèle de pareille ordonnance à Maurice, pour valider des contrats de service faits dans l'Inde à la condition de ne pas dépasser une durée de trois ans.

Nous avons dit que la colonie de Natal sollicitait la faveur d'importer des Indiens pour faire concurrence aux Cafres. Elle en a reçu un petit nombre.

CHAPITRE VIII.

Les Antilles danoises.

Depuis 1848, date de l'émancipation pour les colonies danoises comme pour les nôtres, la culture de la canne a beaucoup souffert du manque de bras, malgré les efforts des propriétaires pour introduire des ouvriers des Antilles anglaises. La guerre civile des États-Unis, qui a conduit dans le Nord un grand nombre de noirs, les uns déserteurs, les autres confisqués, au milieu de leurs confrères libres que méprise l'orgueil anglo-saxon, a paru au gouvernement danois une bonne occasion de les attirer dans l'île de Sainte-Croix, la principale de ses possessions dans l'archipel colombien. Le 7 juillet 1862, il a publié une ordonnance pour créer une caisse d'immigration et organiser les engagements et le travail ; en même temps le comte Ransloff, chargé d'affaires du Danemark, a adressé une lettre au gouvernement des États-Unis pour faire ressortir les avantages qu'offrait l'île de Sainte-Croix aux nègres qui sont trouvés à bord des bâtiments négriers capturés par les croiseurs. Le gouverneur danois a nommé un agent spécial qui s'est rendu en Amérique pour faire les arrangements nécessaires ; la transportation libre est offerte à tous les hommes qui voudront s'engager à travailler sur les plantations de cannes à sucre pendant trois ans pour le même salaire que les indigènes. Toutefois, il faudra que les Africains presque sauvages, repris aux négriers, subissent un certain temps d'apprentissage.

CHAPITRE IX.

Conclusion de la seconde Partie.

Si le système des engagements n'avait à invoquer que la désertion des champs et des ateliers par les noirs émancipés, d'assez nombreux témoignages s'élèveraient contre cette accusation.

A Bourbon, en 1848, les planteurs, puissamment aidés, il est vrai, par un commissaire intelligent, M. Sarda-Garriga[1], obtinrent des esclaves, avant la proclamation de la liberté, des contrats de travail pour deux ans, qui furent généralement exécutés avec fidélité. Sans le voisinage de l'Asie, qui invita les propriétaires à recourir aux Indiens, de nouveaux efforts eussent été récompensés par un renouvellement de travail. Un loyal aveu des torts des maîtres a été fait par l'un d'entre eux, parmi les plus honorables et les plus libéraux, en des termes qui méritent d'être conservés[2].

Oui certes, il faut l'avouer, c'est nous, les propriétaires, qui sommes les plus coupables, moi qui parle, tout le premier, et comme les autres. Nous avons crié, tonné, déblatéré contre la paresse des *citoyens* de 1848, nous nous sommes plaints de l'abandon de nos ateliers par eux, et nous n'avons pas tiré la poutre de notre œil pendant que nous cherchions la paille dans le leur. Pourquoi, en effet, ces malheureux se seraient-ils engagés avec nous à 10 et 15 fr. par mois, lorsqu'ils se voyaient sous-louer par les spéculateurs à 1 fr. 25 c. et 1 fr. 50 c. par journée? Pourquoi nous auraient-ils enrichis de leurs sueurs, lorsque nous préférions assurer d'énormes bénéfices à de riches spéculateurs d'émigration, plutôt que de partager avec eux une partie de ces bénéfices? Nous avons fait là une mauvaise action et une mauvaise affaire, nous en sommes punis, et c'est justice. Peut-être est-il encore temps de ré-

---

[1] La reconnaissance des créoles s'est traduite plus tard en une pension votée en faveur de ce fonctionnaire.
[2] M. A. Laserve, dans le *Journal du Commerce* de la Réunion, du 21 septembre 1860.

parer nos sottises : consultons un peu plus notre cœur et notre arithmétique, et nous pourrons rappeler bien du monde dans les grands ateliers [1] ?

Si les coolies de Calcutta ne suffisent pas pour combler les vides de nos ateliers et créer de nouvelles sucreries, le pays trouvera peut-être dans sa population indigène et dans les nombreux engagés sortis des ateliers, et vaquant à droite et à gauche, grâce aux engagements fictifs, des ressources qu'on ne soupçonne pas et qu'on a tort, selon nous, de trop négliger jusqu'à présent.

N'oublions pas que l'engagement fictif ne fleurit que grâce à notre maladroite économie. Les engagés ont bien plus d'avantages à payer 3 ou 5 fr. par mois à un engagiste fictif, qui leur permet de se louer où ils veulent à 1 fr. 25 c., 1 fr. 50 et même 2 fr. par jour, que de rester chez nous à 15 ou 20 fr. par mois. Devenons plus justes pour nos anciens esclaves devenus aujourd'hui nos concitoyens ; ne les accablons pas de reproches souvent mérités de paresse, quand ils peuvent, eux, nous accuser de manquer à leur égard de justice distributive. Rappelons-nous qu'en 1848, rendus à la liberté, ils n'ont souillé par aucun désordre, par aucune récrimination, par aucune vengeance rétrospective la grande et glorieuse émancipation du 20 décembre. Sachons enfin reconnaître que beaucoup d'entre eux, sous l'empire vivifiant de la liberté, ont grandi depuis onze ans en moralité, en aspiration au progrès social ; que c'est grâce à eux que nos ateliers de maçons, de charpentiers, de forgerons, de bourreliers, d'ouvriers de tout genre, ont pu suffire aux travaux occasionnés par une production sucrière qui, de 25 millions de kilogr., s'est élevée à 60 millions.

Ces éloquentes déclarations concordent avec celles de la plupart des gouverneurs des colonies anglaises ainsi que des clergés catholiques et protestants, en faveur des dispositions laborieuses des noirs quand ils sont attirés au travail, non par la contrainte, mais par un juste salaire, par des traitements bienveillants ou les profits de la propriété. On le vit même aux Antilles françaises, pendant la première période qui suivit 1848 ; les maîtres, réduits aux seuls affranchis, se plièrent aux circonstances, et, par des concessions opportunes, prévinrent la désorganisation des ateliers.

Cependant, même avec des procédés irréprochables, et sans parler d'un bas-fond de fainéants et de vagabonds, dont la population noire ne saurait être plus exempte que la population blanche de l'ancien monde, l'ancien état économique ne pouvait entièrement survivre à une radicale transformation dans l'ordre politique et social. Tôt ou tard certains affranchis eussent quitté les ateliers, les uns par

---

[1] Quelques mois avant ce précieux témoignage, nous avions nous-même développé ces vues dans notre article sur la *Réunion*, publié dans *la Revue des Deux-Mondes*, 15 avril 1860.

répugnance pour des travaux qui étaient à leurs yeux le signe de l'esclavage, les autres par goût pour la vie indépendante du petit propriétaire, de l'artisan ou du marchand ; et il fallait les remplacer. Mobile plus décisif encore, la production, devenue beaucoup plus coûteuse, devait répartir ses frais généraux sur de plus grandes quantités pour échapper à des pertes. Fondée sur des contrats de louage stipulés entre personnes libres, l'immigration devait donc entrer avec juste raison dans les ressources des colonies.

Pratiquée avec mesure, elle a quelquefois contribué à l'élévation de la race noire en la refoulant dans l'industrie. Dans la nouvelle division du travail qui en est résulté, les affranchis, se considérant comme race supérieure, ont abandonné aux coolies le travail infime de la culture et se sont réservé les métiers. Cette évolution, que constate pour la Réunion la citation qui précède, a été observée aussi à la Trinité, comme l'atteste un missionnaire anglais, le révérend M. Underhill, chargé par la *London Baptist missionnary Society* d'étudier l'état de la population ouvrière dans les Antilles anglaises [1].

Chose singulière, dit-il, et contraire à l'attente universelle, la condition des nègres s'en est trouvée améliorée. Ils ne sont plus, il est vrai, le principal instrument de travail pour la production du sucre; dans les 58 établissements de l'île, le travail des champs est presque entièrement livré aux coolies, dont le recrutement a permis aux planteurs d'augmenter leur production de sucre et développer la culture de la canne. En même temps il a fallu nécessairement trouver des ouvriers propres à la confection des haies et des fossés, au drainage, des charpentiers, des tonneliers, des mécaniciens, des chauffeurs, des charretiers et des journaliers pour défricher les forêts. D'un autre côté l'entretien des coolies sur les établissements a provoqué une plus grande consommation de vivres, et le nombre de bêtes de somme à nourrir n'a pas diminué. Il en est résulté dès lors une demande plus considérable d'ouvriers propres aux travaux mécaniques et aux travaux plus rémunérateurs que la culture de la canne. Les cultures potagères ont également trouvé un marché plus abondant.

Eh bien! ces divers travaux ont été rapidement entrepris par les nègres qui se sont relevés de la position de simples manœuvres, et les efforts qu'ils font pour en sortir leur procurent un meilleur salaire.

Le coolie n'est donc pas un rival pour le nègre sur le champ du travail, et il ne se produit pas de déplacement de l'un par l'autre qui soit de nature à faire naître de mauvais sentiments entre les deux races. Le travail du coolie ouvre au nègre un nouveau et plus large champ du travail, et le cultivateur indigène est en voie de

---

[1] Cité par la *Revue algérienne et coloniale*, 1860, tom. I, page 434.

former dans l'île de la Trinité toute une classe d'artisans et d'ouvriers livrés aux arts mécaniques.

Ce doit donc être une cause de joie pour les amis de la race africaine que, dans cette circonstance, un système qui paraissait au premier abord devoir faire baisser le taux des salaires, et frustrer le nègre des bénéfices d'un travail auquel il avait droit, ait tourné à son avantage, et lui ait rendu accessible des occupations lucratives, auxquelles il n'aurait pu songer tant qu'il serait resté attaché au sol comme travailleur des champs; sa position s'est donc améliorée, et il se trouve appelé à des travaux d'un genre plus élevé que ceux qui s'exécutent à l'aide de la bêche ou de la pioche.

Pour aboutir, un peu à son insu, à ces salutaires résultats, l'immigration salariée doit se plier à la libre fixation des salaires et supporter les frais de recrutement et de transport, afin que les prix du travail s'établissent par le seul jeu de l'offre et de la demande. En ce cas, il n'y a d'autre différence avec l'immigration spontanée que le mode de recrutement dans les pays de provenance : différence secondaire, aucun principe de justice n'interdisant à un entrepreneur de travail libre d'engager au loin des ouvriers et de les emmener. Mais les principes sont méconnus dans les colonies où l'immigration, au lieu de rester à la charge exclusive de ceux qui en profitent, est mise partiellement à la charge de la colonie même et de l'État, à l'aide de l'impôt. Par là tous les contribuables, y compris les travailleurs libres, supportent une part d'une dépense dont ils ne profitent pas, qui même leur nuit. Le gage du coolie se trouve fixé au-dessous du taux normal, et l'ouvrier indigène qui ne veut et ne peut s'en contenter se retire, supplanté par l'étranger. L'aveu s'en lit dans un rapport d'un maire de la Martinique :

A la Basse-Pointe, la population agricole augmente par suite de l'introduction d'immigrants à l'arrivée de chaque convoi sur les propriétés de la commune. Les indigènes sont loin de contribuer à cette accroissance de bras occupés au travail de la terre, *puisque chaque propriété qui reçoit un certain nombre d'immigrants est immédiatement abandonnée par un nombre à peu près égal d'anciens cultivateurs.*

Ainsi éconduite par une concurrence au rabais, la population noire se détache de plus en plus de la population blanche et fait caste à part : tous les biens qu'elle recueillerait d'une direction paternelle sont perdus. La classe des propriétaires, ne se rapprochant pas des Asiatiques comme des Africains par une familiarité amicale, reste dans un complet isolement. Enfin, les noirs et les Asiatiques sont mis en rivalité peu bienveillante et quelquefois hostile. Ce sont trois sociétés séparées par des abîmes sur un étroit espace.

La propension naturelle des propriétaires créoles à l'absentéisme, favorisée de nos jours par les paquebots à vapeur, s'en trouve accrue ; l'instabilité des engagés résulte de leur origine même. Les uns consomment leurs revenus en Europe, les autres emportent leur salaire en Asie. Le capital, ne pouvant se constituer sur place, manque toujours et se paie fort cher.

Un danger particulier aux colonies françaises résulte du recrutement dans l'Inde, qui les met à la discrétion de l'Angleterre pour leur main d'œuvre et pour la nourriture de leurs ouvriers ne voulant consommer que du riz de l'Inde. Même en s'adressant à la Chine ou à l'Afrique, elles courent risque de se voir séparées de leur base d'opération à la première nouvelle de guerre qui éclate, le pavillon anglais dominant dans tout l'océan Indien.

Enfin, ce système d'engagement fait de la production une branche en quelque sorte de l'administration publique, tant le pouvoir intervient à tout moment pour lier de force et d'artifice des relations qui gagneraient à être livrées davantage au cours naturel des transactions. Intervention dans le pays d'origine pour la sanction des contrats, l'inspection des hommes et l'embarquement ; en mer, pour le transport ; à terre pour l'allocation de la prime ou la fixation du prix de cession des contrats, pour celle du salaire ; répartition des arrivants, nourriture, soins médicaux, vêtements, congés, punitions, déplacements, renouvellements, rapatriements, tout cela réglé par voie administrative, laisse à peine au planteur et à l'engagé une ombre de liberté personnelle [1].

L'atteinte portée aux lois de l'économie naturelle ne profite pas également aux diverses classes de la population. Tandis que le planteur accroît sa production, sinon toujours sa richesse, tandis que la

---

[1] On ferait un gros volume des règlements sur l'immigration qui depuis douze ans se sont succédé dans les colonies françaises.

colonie développe ou reconquiert sa prospérité matérielle, l'esprit d'unité s'éteint au sein de la société coloniale; repoussant un salaire avili, les noirs et leurs enfants deviennent des vagabonds que la misère abrutit et corrompt. Une classe moyenne de fermiers, tenanciers, petits propriétaires qui, en tout temps et en tous pays, sont des intermédiaires précieux entre l'aristocratie territoriale et la plèbe agricole, ne peut se constituer. On constate avec douleur que l'élévation morale et sociale n'a pas suivi le progrès agricole et industriel.

Enfin la présence d'une majorité d'étrangers toujours suspects de coalition, d'indiscipline et de rébellion, exige un accroissement de forces militaires dont la charge retombe plus ou moins directement sur les colonies. Une autre charge financière dérive de l'excédant de criminalité et de maladies imputable à des gens qui sont, en général, le rebut moral et physique de la population indienne et chinoise. Les Cafres eux-mêmes, plus honnêtes, sont très-sujets à des maladies souvent mortelles.

Concluons fermement de tous ces faits, que l'immigration salariée n'entre, comme un rouage entièrement utile, dans le mécanisme économique d'un pays, qu'à la condition de niveler ses salaires avec ceux du marché libre, résultat qui s'obtient toutes les fois qu'elle supporte tous les frais qu'elle entraîne et qui doivent entrer dans le prix de revient du travail. Soumise à cette règle, la production coloniale s'efforcerait, plus qu'elle ne fait aujourd'hui, à tirer parti des bras et du bon vouloir de la population indigène, et l'immigration asiatique, indienne ou africaine, ne serait plus qu'une variété irréprochable de l'émigration libre, analogue à celle des Européens, le type supérieur auquel doivent se ramener toutes les formes de déplacement et d'engagement.

DÉDUCTIONS SCIENTIFIQUES ET PRATIQUES.

> Le Monde est un tout dont chaque partie est liée à toutes les autres par des liens nécessaires et malheureusement méconnus.
>
> Gasparin.

Nous avons décrit, dans son ensemble et ses principaux traits, l'œuvre de l'émigration au XIXe siècle, en prenant la paix générale de 1815 pour point de départ. Cette limite chronologique des faits, les idées ne l'acceptent pas sans réserve. Lorsque les populations ont été rendues au repos et à leurs instincts naturels, elles n'ont fait que reprendre, suivant leurs inclinations et leurs besoins, la marche qui, pendant les trois siècles précédents, les avait conduites en Orient vers l'Asie, en Occident vers l'Amérique. Ces caravanes modernes à travers le monde ne sont elles-mêmes que l'exacte répartition, dans un cercle agrandi par le génie des navigateurs, des migrations antiques qui conduisirent les Chaldéens dans la Mésopotamie, les Égyptiens en Grèce, les Phéniciens et les Hellènes sur tout le littoral de la Méditerranée, les Carthaginois le long des rivages de l'Atlantique, les Romains sur tous les points de leur vaste empire où ils fondèrent des colonies. Avec des chemins et des véhicules moins perfectionnés, le principe et le but des voyages étaient alors les mêmes qu'aujourd'hui. Aux premiers âges des sociétés modernes, ce besoin de circulation humaine prit d'autres formes, invasions de barbares, irruptions musulmanes, croisades chrétiennes, marine méditerranéenne, voyages de découvertes, piraterie même; l'esprit ne changea pas : poussé par un mystérieux aiguillon, l'homme courait à la connaissance et à la possession de la terre.

Une loi providentielle, profondément enracinée dans l'homme, devait enfanter de grandes choses, lorsque de suffisants progrès dans l'industrie des transports lui donneraient pleine et libre carrière. Ces progrès, la science les a accomplis, et les trois siècles et demi écoulés depuis l'année 1492 racontent la gloire incomparable de l'émigration moderne.

Fière d'avoir trouvé un nouveau continent, elle l'a exploré du nord au sud, et du niveau de la mer jusqu'aux plus hautes cimes des montagnes et aux bords des volcans. Dans les sites propices, elle a fondé d'immortels établissements, des villes par centaines, des villages par milliers, des fermes innombrables; elle a défriché la forêt, labouré la prairie, semé le champ, lancé sur les fleuves et les lacs ses rapides navires; dans les solitudes les plus arides elle a fouillé les flancs des roches et lavé les sables des rivières pour y découvrir l'or et l'argent, les métaux communs et les pierres précieuses. Elle a peuplé les espaces vides de troupeaux de bétail. Sur cet immense territoire abandonné, pendant une suite inconnue de siècles, à quelques tribus sauvages ou à une barbarie qui, sur quelques points, s'essayait en vain à la civilisation, l'émigration a semé son travail intelligent et ses foyers de vie sociale, et de cette semence féconde ont poussé des colonies et des États en nombre suffisant pour peser dans la balance des destinées humaines. Forte de ses 55 millions d'habitants, dont la moitié composait naguère une seule confédération, l'Amérique oblige l'Europe à compter avec elle, en lui montrant, au delà de l'Atlantique, la source de matières premières dont celle-ci a besoin, et de précieux débouchés pour les produits européens, avec un nécessaire aliment aux marines marchandes du vieux monde. Qui tenterait de calculer ce que la découverte et la colonisation de l'Amérique ont éveillé d'idées, développé de forces, créé de produits, suscité d'échanges, satisfait de besoins, prévenu de tempêtes et de catastrophes sociales en ouvrant une soupape de sûreté aux passions comprimées, apporté d'éléments aux sciences et aux arts, à l'industrie et au commerce, et quels essors leur doivent les plus hautes puissances de l'âme humaine, la religion et la sociabilité! Que l'Amérique eût, depuis trois siècles, manqué à l'ancien monde, quelle insondable lacune, et si aujourd'hui elle était, par une de ces convulsions qui l'ébranlent encore de temps à autre, engloutie dans le fond des mers d'où Christophe Colomb la vit apparaître, radieuse et verdoyante, quelle effroyable catastrophe pour toutes les sociétés de la terre! Or, le rang si important qu'elle a pris dans la grande famille des nations, elle le doit à une immigration qui n'a pas encore quatre siècles d'ancienneté, et qui, au XIXe siècle seulement, a ajouté au Canada toute la région de l'ouest, à l'Union américaine quinze États et sept territoires, qui a fondé ou peuplé seule dix villes de plus de 60,000 habitants, Chicago, Cincinnati, Saint-Louis, San-Francisco, Buffalo, Louisville, etc.; tout en accroissant cinq ou six fois la population des plus anciennes, New-York, Philadelphie, la Nouvelle-Orléans, dans le nord; Buenos-Ayres dans le sud.

L'Australie tout entière est notre contemporaine, fille de l'émigration du XIXe siècle; Sidney et Melbourne y rappellent les capitales d'Europe, comme Singapore et Hong-Kong, nées aussi de notre temps dans les mers d'Asie, rappellent nos ports les plus animés. Aux deux extrémités de l'Afrique, l'Algérie et le Cap ont vu des enfantements glorieux encore, quoique moins rapides.

De quelles quantités de produits naturels et industriels l'émigration du XIXe siècle a-t-elle enrichi le marché général du monde? Combien d'échanges a-t-elle alimentés? Combien de navires mis en mouvement, combien de millions ajoutés à la fortune publique? On essaierait en vain de le dire en chiffres; mais on l'entrevoit en pensant aux grains et farines, aux bois, aux minerais, aux laines, aux dépouilles animales, à toutes les matières premières qu'elle a procurées à l'Europe en retour d'innombrables cargaisons de vivres, de vêtements, d'ameublements, de machines, d'objets manufacturés qu'elle a importés.

Entre tous ces produits, il en est un qui a préservé l'ancien monde de calamités financières : c'est l'or californien et australien. Pareil aux voies perfectionnées de circulation, il est devenu l'indispensable instrument de ces myriades d'échanges que rend nécessaires en notre époque l'activité des transactions. Par son abondance il sauvait les banques, et accroissait d'un énorme capital la richesse métallique du monde entier, laissant à la science le soin de concilier tant de libéralité dans la nature avec les règles du monnayage public.

Encore quelques années, et les émigrants fourniront à l'Europe le coton, le sucre et le tabac souillés aujourd'hui des sueurs de l'esclave.

Cependant, au lieu de bénir l'alliance féconde de l'esprit de l'homme avec l'esprit de Dieu pour l'exploration et la mise en valeur du globe, des voix sévères accusent l'émigration, les unes au nom du cœur humain, les autres au nom de l'intérêt des peuples du sein desquels se détache l'émigration.

Contre elle on invoque l'amour sacré de la patrie, et du berceau de l'enfance, et du tombeau des aïeux. Nobles sentiments, sans doute, et qui ont droit à tout notre respect, à la condition de ne pas en exagérer les exigences. Parce que le hasard ou le choix des parents nous fait naître en certain lieu, ce n'est pas un motif d'y enchaîner notre existence entière. Ainsi compris, l'amour du pays natal ferait de l'homme l'esclave de la terre, un serf attaché à la glèbe, lui dont les facultés de locomotion constituent un des plus précieux priviléges. Au sein même d'une nation les déplacements seraient blâmables, car il émigre celui qui, né à la campagne, s'en va résider dans la ville, et celui qui né dans le nord va au sud, né dans l'ouest se rend à l'est. Pour être circonscrite dans le cercle d'une même nation et qualifiée d'intérieure, une telle émigration n'éloigne pas moins, et souvent sans esprit de retour, du berceau de l'enfance et de la tombe des pères. Le voyageur qui part a-t-il tort de compter sur de nouveaux berceaux et de trop prochaines tombes pour refaire à sa famille une nouvelle patrie?

La patrie s'est élargie comme l'État et la nationalité, qui réduits, à l'origine des sociétés, au cadre de la commune et de la province, se mesurent aujourd'hui sur les dimensions de royaumes, de républiques et d'empires aux vastes flancs. La patrie n'est pas même le territoire, elle est l'unité morale que constitue l'accord des traditions, des intérêts et des idées, unité qu'anime l'âme collective d'un peuple, qui se personnifie dans un gouvernement, et que protége le drapeau, bien loin souvent du centre principal du corps de nation. En quelque partie de l'empire britannique qu'un Anglais porte ses pas, il est et se sent dans sa patrie, entouré de concitoyens, en possession de tous ses droits. La distance matérielle ne rompt point la communauté politique, et cette distance elle-même, le télégraphe et la vapeur l'amoindrissent de jour en jour. L'enfant de Londres, envoyé au Canada, y arrive en dix jours, moins qu'il ne faut pour aller d'un bout de la France à l'autre. En deçà comme au delà de l'Océan, il ne se sent pas dépaysé; il est en effet chez lui, dans son pays et sa patrie, mieux peut-être que l'enfant du midi de la France transplanté dans le nord.

Le Français lui-même qui émigre en Algérie ne se croit pas expatrié, parce qu'il reconnaît, à bien des signes, la présence de l'idéale patrie sous le ciel africain. Que l'assimilation des droits fût plus complète, qu'elle s'étendît aux autres colonies, et le Français émigrerait dans toute l'étendue extérieure de l'empire sans plus se troubler que l'Anglais.

Dans la nature humaine, comme dans la nature matérielle, deux forces se balancent dont la combinaison fait la vie: la force centripète qui retient l'homme au lieu de sa naissance ou de ses premières années, et la force centrifuge qui répand son âme dans les lointains espaces! Sous cette double attraction, tout pays occupé conserve des habitants, tout pays vacant en acquiert. En chacun de nous, l'une ou l'autre force prédomine, toutes deux également légitimes, et notre destinée s'accomplit d'autant mieux qu'elle répond à notre vocation. Aux uns conviennent les habitudes sédentaires et le culte des traditions, ce sont les conservateurs; les autres respirent l'amour de l'inconnu et le besoin de mouvement, ce sont les novateurs. L'attachement au sol natal n'est donc pas plus le bien en soi que l'éloignement n'est le mal; il y a pour l'âme plus d'une patrie : notre place est où Dieu, révélé par nos devoirs et nos goûts, nous appelle [1].

L'émigration, qui respecte tous les sentiments honnêtes, blesse moins encore les intérêts légitimes, dont le plus sacré est celui de l'émigrant lui-même et de sa famille. Après les informations qui précèdent, peut-il rester du doute sur le résultat général? Les millions envoyés aux familles, les appels de parents, les villes qui se fondent, les champs qui se couvrent de fermes et de cultures, les forêts qui tombent sous la hache et dont les navires apportent les bois, les communes, les parlements, les gouvernements qui naissent de ces multitudes parties d'Europe pauvres et ignorantes, quels meilleurs témoignages voudrait-on de la prospérité générale des émigrants?

Mais la carrière est parsemée d'écueils dont il faut aider l'émigrant à se préserver, en faisant de l'émigration une industrie régulière, munie de tous les moyens d'action qui en assurent le succès. On y parviendra en répandant à pleines mains les instructions les plus précises sur tous les éléments de la détermination des émigrants : ressources nécessaires, saisons favorables au départ et à l'arrivée, ports d'embarquement, compagnies de transport, contrats de passage, dangers à éviter, conditions matérielles et sociales des pays d'immigration; en organisant toutes sortes de protections et de garanties au pays natal et dans la patrie nouvelle : sociétés de conseils, de patronage, de bienfaisance, caisses de dépôt et d'épargne, publicité des marchés du travail sur tout le globe, etc.... En dépit de toutes les précautions, l'émigrant souffrira beaucoup dans

---

[1] Voir dans *l'Éducation nouvelle* de M. Jules Delbrück, la pièce de vers intitulée *la Patrie*, où M. Fortuné Henry chante avec talent et vérité les diverses patries de l'homme, le pays natal, la nation, la terre, l'univers.

son corps et peut-être dans son âme, surtout s'il est entouré de ce cortége de la famille, qui est l'embarras, mais aussi le bonheur et la force de l'homme qui s'expatrie : plus d'une fois il tombera victime du labeur avant d'avoir moissonné; mais la mort du colon qui périt au champ du travail a son honneur et sa consolation dans la moisson que sa postérité récoltera. A la différence du soldat, il est un ancêtre, un fondateur de peuples, il ne détruit pas, il crée; en son pays natal, il eût péri misérable, léguant la misère à ses enfants.

Aucun doute ne s'élève sur les avantages que retire de l'émigration le pays où elle apporte son activité entreprenante; il s'enrichit par le travail plus encore que par le capital; l'exemple secoue la torpeur des indigènes et guide leur ignorance; d'une entente commune on explore, on exploite des trésors enfouis au sein de la terre.

Les pays qu'abandonnent les émigrants sont les seuls à élever quelquefois des réclamations, rarement fondées sur une exacte observation des phénomènes économiques.

L'expatriation éclaircit-elle les rangs populaires, l'offre de travail sera moins abondante et moindre la concurrence des travailleurs; le salaire haussera, ou bien il deviendra plus régulier. Le marché du travail, qui ne pouvait occuper tous les jours de l'année toute une population, l'occupera si elle est réduite dans une proportion sensible et à un prix moins avili. A la hausse des salaires correspondra la baisse des denrées de consommation, dont la demande se mesure au nombre des consommateurs.

Cette double oscillation en sens opposé sert l'intérêt de toute la classe ouvrière. Les patrons, qui peuvent regretter d'abord d'avoir à payer la main-d'œuvre un peu plus cher, sont entourés d'une population purifiée de toutes les mauvaises suggestions de la misère. Le salaire monte-t-il trop pour le cours des débouchés, le génie de la mécanique vient en aide au capital, les prétentions oppressives reçoivent un juste échec, et l'émigration elle-même se ralentit sous l'attrait de plus hauts salaires. Quant aux producteurs des denrées de consommation, s'ils les vendent un peu moins cher, la vente en est plus régulière et plus profitable avec une clientèle ayant quelque épargne qu'avec une clientèle indigente.

Quand les émigrants appartiennent à la classe bourgeoise, et qu'ils emportent avec leur intelligence un capital de quelque importance, le dommage est encore plus apparent que réel. Les profits deviennent plus élevés pour ceux qui restent, par la répartition d'une même quantité d'affaires et de bénéfices entre un moindre nombre de mains. On dit alors que les fabricants, les marchands, les propriétaires se font moins de concurrence; et sans avoir besoin de renchérir leurs marchandises, il leur suffit pour gagner davantage de tirer meilleur parti de leurs frais généraux. Alors le nombre des intermédiaires, trop souvent parasites, diminue; les ateliers, les usines, les fabriques s'agrandissent; les domaines s'arrondissent; la production, dégagée d'un état-major inutile, produit plus à moins de frais. Le capital, emporté par les émigrants, se trouve bien vite remplacé par celui que crée une épargne devenue plus facile; et souvent, d'ailleurs, il rentre multiplié au pays natal.

La population elle-même, qui semble directement entamée, ne l'est pas, à moins de circonstances exceptionnelles, comme celles où s'est trouvée l'Irlande, auquel cas l'émigration prend le caractère d'une véritable amputation, mais une amputation pareille à celle des boutures vivantes de l'arbre, qui, détachées du tronc et replantées, reverdissent en un vigoureux rejeton. Livrée à son cours naturel, l'émigration ne fait pas de ces saignées qui attendrissent les cœurs les plus fermes, quelques nécessaires qu'elles soient. Les mêmes causes qui avaient produit un certain nombre d'êtres humains survivent à l'émigration et remplacent bientôt les départs par les naissances. Les populations qui émigrent le plus croissent le plus vite; tandis que celles qui émigrent le moins multiplient moins. Pour les hommes comme pour les choses, la production se règle sur le débouché. L'émigration entre-t-elle dans les prévisions des parents, ils ne redoutent pas une famille nombreuse; est-elle étrangère à leurs plans, ils ont souci de la fécondité du sein maternel, et agissent en conséquence. L'Angleterre et la France représentent aujourd'hui, d'une façon bien tranchée, ces deux conduites. Chez les Anglais, qui voient le monde entier ouvert devant eux, les enfants sont nombreux et la population croît rapidement. Les Français, dépouillés de leurs principales colonies, inquiets des révolutions, déviés de leurs instincts séculaires par la politique continentale et le code civil, n'aperçoivent rien au delà de leur horizon; craignant la misère, ils veillent prudemment à ne pas multiplier leur progéniture.

Par ce contraste de sentiments et de principes, Malthus est tombé dans un profond discrédit en Angleterre, tandis qu'il est réhabilité en France ; et cela néanmoins n'empêche pas l'Angleterre de croître en richesse beaucoup plus que la France, comme en population et en expansion coloniale. Au bout de ces deux voies opposées s'entrevoient des perspectives non moins différentes. Tandis que la France croupit au niveau de ses 36 millions d'habitants [1], l'Angleterre approche de 30 millions, et, avançant d'un pas rapide, aura atteint et dépassé la France dans un nombre d'années qu'il est aisé de calculer. En même temps elle aura peuplé cinquante colonies qui seront des auxiliaires de sa puissance, et la race anglo-saxonne aura pris possession de la moitié du globe. Au jour de la lutte, il est inévitable que la France succombe sous une trop grande inégalité de forces. Le patriotisme doit donc s'affliger de la stagnation de la population française, et montrer aux nombreuses familles les perspectives de la colonisation.

Si l'émigration ne diminue pas le nombre des familles ni des enfants, est-ce à dire qu'elle soit sans influence heureuse sur le paupérisme? Non. Elle le diminue en faisant à ceux qui restent une condition meilleure. Ils étaient prolétaires misérables, et par conséquent époux et pères de misérables : grâce au tri qui s'est fait, les salaires haussent, les denrées baissent, le chef de famille cesse d'être un indigent, il devient un ouvrier gagnant sa vie par un salaire convenable; sa femme, ses enfants, se ressentent de son bien-être ;

---

[1] Près de 38 millions aujourd'hui, après l'annexion de la Savoie et de Nice.

les nouveaux venus au sein de la famille ne naissent plus, ne grandissent plus au sein d'une incurable misère. L'émigration les aura indirectement relevés de la déchéance en relevant les pères. Et tant que ce déversoir restera ouvert à l'excédant des populations, les familles pourront, sans danger aucun, à moins d'une intempérance désordonnée, conserver la position meilleure une fois acquise. Dans ces limites et de cette façon l'émigration remédie au paupérisme qui provient du malheur ou d'une population surabondante ; mais elle ne dispense ni de prévoyance, ni de bonnes mesures politiques et économiques, ni de bonnes mœurs. Elle n'est qu'une ressource considérable ajoutée à d'autres et les complétant.

Ses effets ont leurs analogues dans la physiologie végétale. Nous la comparions tout à l'heure à la bouture détachée d'un arbre et replantée : avec plus de vérité encore on la comparerait à l'éclaircie que fait le jardinier d'un plant trop dru : les pieds qu'il dégage, ceux qu'il repique en bonne terre, prospèrent également, parce qu'ils retrouvent, avec plus d'espace libre autour d'eux, plus d'air, de lumières, de fluides de toute sorte, plus d'éléments liquides ou solides à s'assimiler. Dans toute communauté d'êtres vivants, l'espace est une condition de vitalité puissante, et l'émigration seule peut le donner aux enfants des vieilles sociétés que les siècles ont entassés sur le sol.

Cependant tout a une mesure, même le bien, et l'émigration donne de justes soucis lorsqu'au lieu d'être restreinte aux classes frappées de quelque calamité, aux excédants de population et aux caractères qui, par goût ou par intérêt, se plaisent aux déplacements, elle enlève à un pays des forces qui pourraient trouver dans la mise en œuvre du capital disponible leur fructueux emploi, et se plairaient à rester. Cet exemple s'est présenté au Canada ; quelques États d'Allemagne, le Mecklembourg, le Holstein et plusieurs autres justifient les mêmes regrets. En ce cas, au lieu de blâmer les émigrants, qui s'en vont à contre-cœur, les peuples doivent remonter aux causes de ces départs. Ils les découvriront dans les vices des lois, dans la tyrannie de l'administration, dans la langueur des travaux publics, dans le défaut de justice ou de sécurité, dans le régime de la propriété. Qu'ils se réforment, et l'amour inné du pays natal retiendra tous ceux qui doivent rester.

Au lieu de se corriger, les gouvernements aiment mieux, en général, défendre l'émigration et retenir les gens par la force. Ils invoquent un droit que la raison publique leur dénie, bien qu'elle leur soit reconnue par un homme d'État des plus illustres. « La faculté d'émigrer, de s'expatrier et de chercher fortune hors de son pays, faculté respectable, sans doute, comme toute faculté naturelle, ne fait point indispensablement partie de la liberté civile; chez plusieurs nations de l'Europe, elle ne s'exerce que sous l'autorisation du gouvernement; partout, dans tous les temps, le législateur s'est considéré comme en droit de l'entraver plus ou moins, de la suspendre même quand les circonstances l'exigent [1]. » Ces prétentions ne sont en vigueur que dans les pays de despotisme; une fois la dette du service militaire payée à la patrie, tous les États de l'Europe et de l'Amérique où règne la liberté politique et civile, reconnaissent aux citoyens le droit de se choisir à leur gré leur demeure sur la terre. Quel droit sera sacré si celui-là cesse de l'être! Et quelle meilleure leçon pour les pouvoirs oppressifs que l'éloignement volontaire de leurs sujets! C'est la protestation sans violence. Ainsi le chef de douar arabe est invité à la justice par son intérêt, chacun de ses compagnons et de ses vassaux ayant droit d'enlever sa tente et de la planter autour d'un chef qui lui inspire plus de confiance.

Résumons-nous en terminant.

Dans l'ordre économique, l'émigration est une exportation de travail, de capital et d'intelligence qui développe, aux lieux qu'elle quitte comme en ceux où elle va, une force nouvelle de production et de consommation : elle ouvre de nouveaux marchés d'achat et de vente même aux peuples qui n'ont point de colonies. Par elle, les

---

[1] Le duc de Broglie, *Rapport sur l'Esclavage*.

zones et les climats, les terres et les mers échangent leurs produits, pour l'accroissement de la richesse des nations.

Dans l'ordre politique, l'émigration est une diffusion pacifique du sang, de la langue, des sentiments, des mœurs, des idées, des institutions, qui accroît dans le monde extérieur le prestige et la puissance des métropoles. Elle les dégage d'éléments qui l'affaiblissent et peuvent la troubler, si on ne leur ouvre des issues régulières : les prolétaires sans travail, les ambitions sans emploi, les déchus, les déclassés, les mécontents, les esprits généreux emportés vers les grandes entreprises.

Dans l'ordre ethnographique, l'émigration est la génération des peuples : un acte de virilité qui, accompli avec mesure dans ses conditions normales, ne porte aucune atteinte à la santé, quoiqu'il enlève l'essence de la séve vitale, c'est-à-dire l'élite même des travailleurs. Une mystérieuse élaboration renouvelle rapidement le sang un instant appauvri, et la nature retrouve ses forces intactes jusqu'à ce que l'âge ou la maladie l'en privent. Pareil est le destin des peuples et des races. Incapacité d'émigration et de génération, signe de maladie, d'impuissance, menace de prompt déclin.

Dans l'ordre humanitaire, l'émigration est l'exploitation du globe, progressivement débarrassé de ses fléaux du règne animal et végétal. Quand sous la main d'intrépides pionniers les marais se dessèchent, que les fleuves rentrent dans leur lit et les déserts se couvrent de récoltes, la climature et la santé générales s'améliorent. En s'adonnant à ces travaux héroïques, que la légende mythologique immortalise sous les traits d'Hercule et de Thésée, les races se rapprochent et fondent leurs nuances et leurs antipathies dans des alliances de sang et d'intérêt.

Enfin, dans l'ordre cosmogonique, l'émigration est une expansion de la force aimante et intelligente qui est l'homme, et qui, comme toutes les forces, tend à l'équilibre. Circulation du sang, dilatation des fluides, marées de l'océan et de l'atmosphère, vibrations de l'éther, cours des astres, sont des applications variées de cette loi de la nature qui établit le *Cosmos* sur l'harmonie des mouvements, se réglant et se pondérant par de réciproques attractions. Les agglomérations excessives sont des condensations anormales de force humaine qui troublent et corrompent la société, ou y éclatent en coups de foudre, quand cette force cesse de s'écouler silencieusement dans le milieu ambiant.

Ce milieu, qui est la terre, est-il saturé de fluide humain? En d'autres termes, le globe est-il peuplé au complet, ou seulement approche-t-il de ce terme? Un chiffre le dira.

La surface des terres, moins les zones glaciales, est évaluée à 12 milliards d'hectares, ce qui indique, sur le pied de 1 habitant pour 2 hectares (50 par kilomètre carré), la possibilité d'y faire vivre aisément 5 à 6 milliards d'habitants, au lieu d'un milliard qui s'y trouve aujourd'hui!

Un jour viendra-t-il où la terre elle-même sera trop petite pour ses habitants? Nous pourrions refuser de prévoir ce malheur de si loin; mais, en voyant tous les êtres croître pendant une première période de leur vie, et puis s'arrêter, nous inclinons à appliquer à l'humanité la même loi. Elle cessera de s'accroître dès que sa croissance ne sera plus nécessaire à sa fonction, qui est l'exploitation intégrale du globe par l'émulation amicale de tous les peuples.

Sans nous égarer en de lointaines et obscures perspectives, déclarons avec confiance, comme couronnement de ces études, que les migrations humaines sont des mouvements grandioses, puissants, féconds, bienfaisants, aussi conformes aux lois providentielles que les migrations instinctives d'un grand nombre d'êtres animés, dignes enfin d'admiration quand elles n'envahissent le monde que par le travail de la terre, courageux comme un combat, héroïque comme un sacrifice. Constatons que la marée montante de l'émigration, en abordant au XIXe siècle de nouveaux rivages, les recouvre d'une fertile alluvion de main-d'œuvre, de capital, d'idées, de sentiments, d'ambitions honnêtes et de fortifiantes espérances. Que l'humanité rayonne donc autour de ses demeures actuelles, avec cette ardeur qu'un grand poëte a chantée en beaux vers!

> Marche! sa voix le dit à la nature entière;
> Ce n'est pas pour croupir sur des champs de lumière
> Que le soleil s'allume et s'éteint dans ses mains!
> Dans cette œuvre de vie où son âme palpite,
> Tout respire, tout croît, tout grandit, tout gravite!
> Les cieux, les astres, les humains!
> . . . .
> Pour les pousser où Dieu les mène,
> L'esprit humain prend cent détours,
> Et revêt chaque forme humaine
> Selon les hommes et les jours.
> Ici, conquérant, il balaie
> Les vieux peuples comme l'ivraie.
> Là, sublime navigateur,
> L'instinct d'une immense conquête
> Lui fait chercher dans la tempête
> Un monde à travers l'équateur!
> . . . .
> L'humanité n'est pas le bœuf à courte haleine,
> Qui creuse à pas égaux son sillon dans la plaine,
> Et revient ruminer sur un sillon pareil;
> C'est l'aigle rajeuni qui change son plumage
> Et qui monte affronter de nuage en nuage
> De plus hauts rayons de soleil [1]!

[1] LAMARTINE, *Harmonies poétiques*, Les Révolutions.

APPENDICE.

Note A.

RAPPORT FAIT PAR M. JULES DUVAL

au Congrès international de bienfaisance de Bruxelles

dans la séance du 17 septembre 1856, en présence de S. M. le Roi des Belges.

Messieurs,

Je prends la parole au nom de la deuxième section du Congrès au sein duquel la commission spéciale de la population et de l'émigration m'a fait l'honneur de me confier l'expression de ses vœux. En toute occasion, le rapporteur eût sollicité la bienveillante indulgence du Congrès pour un travail improvisé à la hâte, qui aurait demandé plus d'autorité personnelle et une longue préparation. Cette obligation lui est plus vivement imposée, il le sent, par la solennité inaccoutumée de la séance d'aujourd'hui. Puisse du moins la grandeur du sujet faire oublier l'imperfection de la forme !

La question soumise à vos délibérations est complexe. Dans le programme du Congrès, elle est ainsi formulée :

« Aviser aux moyens de prévenir l'accroissement désordonné de la population, et notamment à l'organisation permanente et régulière de l'émigration. »

Voici d'abord les conclusions de la section :

1° L'accroissement de la population ne peut et ne doit être combattu par aucun règlement légal.

2° Les maux du paupérisme, dus à l'extension de la population, sont atténués d'une manière efficace, quoique indirecte, par l'émigration.

3° En conséquence, toute liberté et toute protection doivent être accordées à l'émigration.

4° Les gouvernements, les associations et les individus, doivent combiner leurs efforts, chacun dans sa sphère propre, pour obtenir de l'émigration tous les bienfaits qu'elle peut donner.

5° L'institution projetée d'une correspondance internationale doit embrasser particulièrement l'émigration dans le cadre de ses renseignements.

Population, émigration, telles sont les deux faces du problème. La division de ce travail se trouve ainsi toute tracée.

I. — POPULATION.

Sur cette première branche du problème, il a été reconnu que la brièveté du temps que la section pouvait y consacrer n'en permettait pas une étude régulière et tant soit peu approfondie. La question de la population est une des plus importantes et des plus ardues à la fois de l'économie sociale ; nous ne pouvions l'aborder sans vouloir la scruter, et à la scruter de longues et nombreuses séances n'auraient pas suffi. Au risque de ne pas répondre pleinement à l'attente du Congrès, la commission a préféré s'abstenir, sauf sur un seul point capital.

Le programme parle à diverses reprises d'*accroissement désordonné de la population et des moyens de le prévenir.*

A-t-on voulu seulement faire allusion à la situation exceptionnelle de certains pays et de certains temps, où la surabondance de population constitue un embarras incontestable pour les gouvernements et les communes ? Dans ce cercle local et restreint, la commission ne méconnaît pas la réalité du mal, et rend hommage à la sollicitude du programme. Mais elle pense que le remède pour le prévenir ne saurait être demandé à des règlements officiels. Toute tentative arbitraire pour diminuer la population aboutit à des désordres plus graves. C'est à l'esprit de prévoyance, c'est à la conscience individuelle des chefs de famille à mesurer les ressources dont ils disposeront pour l'éducation et l'entretien des enfants. C'est un domaine intime où la loi ne doit pas intervenir.

Mais le programme a-t-il voulu, se faisant l'écho de certaines doctrines, proclamer comme désordonné en soi l'accroissement de la population, dû à des causes naturelles, telles que la facilité et la fécondité des mariages, l'excédant des naissances sur les morts, la prolongation de la vie moyenne, et dans ces accroissements voir une calamité sociale qu'il faille prévenir? A l'unanimité, la commission refuserait de s'associer à ces tendances. Sans entrer dans des débats théoriques, il lui suffit de jeter un coup d'œil sur le globe pour reconnaître que la population humaine, bien loin de surabonder généralement, fait presque partout défaut, et longtemps encore ne répondra pas à l'étendue des terres vacantes.

Pénétrée de ce sentiment, votre commission a pensé que le programme du Congrès n'a entendu parler que d'un encombrement local et accidentel, fruit de circonstances spéciales. Le paupérisme qui en résulte trouvera un puissant contre-poids dans l'émigration. L'esprit divin n'a pas dit seulement à l'humanité : *Croissez et multipliez;* il a ajouté : *et remplissez la terre.* Le précepte de la multiplication porte en lui-même son tempérament. Dans cette parole vous entendez le principe même de l'émigration posé dès les premiers âges du monde comme remède à l'exubérance locale. Le programme des hommes n'a sur ce point, comme sur tous, qu'à suivre le programme divin.

II. — ÉMIGRATION.

Nous sommes ainsi conduits à la seconde partie du problème.

Concentrant ses débats, votre commission a posé une question de principe et une question de moyens.

En principe l'émigration est-elle un remède efficace au paupérisme ?

Dans l'application quels sont les moyens de la rendre salutaire et de l'organiser d'une manière, soit transitoire, soit permanente ?

I. Sur le principe, l'émigration nous est apparue comme un remède indirect et cependant efficace aux misères qu'engendre le paupérisme.

Nous disons indirect, parce que la majeure partie des individus qui vivent de l'assistance publique sont les vieillards, les enfants, les femmes, les infirmes, les victimes incurables des maladies d'esprit ou de corps, en un mot, ceux dont la rigueur du sort a le plus diminué l'aptitude au travail. Au point de vue de l'émigration, ce sont des non-valeurs qu'elle refuse de recruter, car il lui faut des bras vigoureux et des esprits actifs et intelligents. Cette catégorie de la population misérable, et c'est toujours la plus nombreuse, ne profite pas directement de l'émigration.

Et toutefois n'exagérons pas, même dans le sens de la vérité, l'impuissance de l'émigration. Si les êtres à la fois débiles et isolés ne sauraient être transplantés, il n'en est pas de même des parents ou des enfants qui font partie intégrante de la famille. Avec quelques soins, l'émigration n'accroît pas sensiblement contre eux la chance de mortalité; elle diminue la chance des privations en les associant, dans la patrie nouvelle, au bien-être d'une situation meilleure; la présence des uns et des autres est un puissant aiguillon pour les membres actifs de la famille; la réunion de toutes les affections préserve de la nostalgie et des déchirements du cœur; elle diminue les soucis et les regrets, et quand l'heure dernière sonne pour quelques-uns d'entre eux, la terre qui reçoit en dépôt leur poussière, devient une terre sainte, la véritable patrie à laquelle les enfants tiennent désormais par un lien de cœur, car elle a reçu la sainte consécration des suprêmes adieux et des ossements paternels pieusement ensevelis. Le sentiment devient ainsi une force.

Mais pour n'être pas accusés d'exagérer le rôle du sentiment dans des entreprises qui semblent à quelques-uns en méconnaître les inspirations, n'insistons pas et constatons plutôt comment l'émigration atténue indirectement le paupérisme.

Le paupérisme, quelles que soient ses causes génératrices, se manifeste par un signe caractéristique qui en est en quelque sorte l'essence : disproportion du salaire aux besoins, soit par la hausse des denrées, soit par la baisse des salaires, soit par le concours des deux causes. Une densité excessive de population fomente ce double mal. La concurrence des travailleurs offrant pour vivre leurs bras au rabais, voilà pour la baisse des salaires. La concurrence de ces mêmes travailleurs se disputant les denrées, voilà pour la hausse des subsistances. Diminuez la population ; vous agissez à la fois et en sens opposé sur le prix du travail et sur le prix des subsistances. Moins offert, le travail voit hausser son prix ; moins demandées, les subsistances voient baisser le leur. Pour rappeler, en la modifiant un peu, une expression pittoresque de Cobden, devenue populaire : avec l'encombrement de population, l'ouvrier courait après le maître ; avec une population éclaircie, si le maître ne court pas encore vers l'ouvrier, du moins ils vont d'un pas plus égal l'un vers l'autre. Et de même font le marchand et l'acheteur.

Dès que le taux des salaires et celui des subsistances sont en équilibre ou seulement rapprochés de ce beau idéal de l'économie sociale, le paupérisme est atteint dans sa source principale. En procurant cette grande réforme, l'émigration a justifié de son efficacité.

Mais dans ces déductions ne caressons-nous pas une chimère ? La réalité s'est-elle produite ainsi quelque part !

Oui, Messieurs, une grande expérience a été faite de notre temps, sous nos yeux : elle a révélé avec éclat ces propriétés jusque là peu connues de l'émigration. Cette grande expérience s'appelle Irlande.

Vous savez tous en quel abîme de misère ce beau pays était tombé. Les mauvaises lois, la mauvaise constitution de la propriété en étaient sans doute les premières causes, mais avec une population qui croissait plus vite que les moyens de subsistance, les vices de l'institution politique et territoriale étaient envenimés au point de devenir la plus effrayante des plaies sociales. Une convulsion finale semblait imminente.

L'idée d'émigration fut présentée aux esprits ; avidement saisie, elle passa vite en fait. Le courant d'abord insensible s'élargit, s'étendit, se recruta dans toutes les provinces. On vit se renouveler l'antique exode d'un peuple. En dix ans, près de deux millions d'âmes sur huit abandonnent une terre inhospitalière. Et admirez le merveilleux résultat bien digne d'être médité par la sagesse humaine ! Pendant que la population n'a diminué que d'un quart, le nombre des pauvres inscrits au livre des charités communales a diminué des cinq sixièmes ; de 600,000 et au delà en 1850, il est tombé en 1855 à 106,802.

La transformation opérée est facile à analyser. La concurrence pour la location des terres qui, sous l'aiguillon de la faim, atteignait des prix exorbitants, s'est trouvée ramenée à des prix plus modérés ; le travail industriel était offert au rabais, il a maintenu ses droits. Les six millions d'hommes restants ont eu en plus large part le sol à meilleur marché, et plus de bestiaux, de travail, de denrées ; ne se dévorant plus mutuellement, ils ont vécu et prospéré où précédemment ils se ruinaient et périssaient.

Nous n'avons garde de méconnaître le précieux concours des réformes législatives et politiques dues à l'initiative aussi ferme que hardie d'un ministre qui leur devra l'immortalité de son nom ; elles ont puissamment contribué à l'amélioration générale ; mais pour devenir fécondes, il a fallu que l'émigration dégageât du principal obstacle, du trop-plein, le champ de l'application ! Et l'Angleterre l'a bien senti, puisqu'elle a déployé son admirable énergie à organiser, à développer l'émigration, comprenant bien que cet affaiblissement de population, qui eût semblé à d'autres un affaiblissement de puissance, était le salut même de l'Angleterre comme de l'Irlande.

Nous sommes donc autorisés à dire que l'émigration a fait ses preuves sur la plus grande échelle, à la face du monde, pour le soulagement du paupérisme dans les États qui en sont affligés. Considérons maintenant ses effets sur la partie de la population qui émigre. Ici ses bienfaits sont plus directs.

Pour peu qu'elle ait été bien conduite, l'émigration ne se perd pas en des aventures vagabondes; elle va droit à son but : le travail et la colonisation.

A peine a-t-elle touché le sol étranger, qu'une séve nouvelle semble vivifier son corps et son âme. L'émigrant se classe-t-il d'abord parmi les salariés, ou par goût ou par défaut de ressources? Dans tous les pays nouveaux il trouve un salaire, non plus inférieur aux besoins de la vie, mais deux et trois fois supérieur; gagnant au delà de ses besoins, il épargne, et peu d'années se passent sans que le salarié devienne propriétaire.

L'émigrant a-t-il eu les ressources premières pour acquérir et exploiter une propriété? Il jouit de tous les avantages d'un pays neuf où la terre, les bestiaux, les forces vives de la nature sont gratuites ou à très-bas prix; les fécondant par son propre travail, il y puise une rapide aisance. Le paupérisme est plus que soulagé, il est anéanti : de ses cendres naît la fortune.

Racontons-nous une légende ou une histoire? Demandez à l'administration des postes ce que ces prolétaires de la veille en Irlande, en Allemagne, en France, en Suisse, transportés sous d'autres cieux, expédient d'argent à leurs parents et amis restés en Europe? c'est par millions de francs qu'on le compte.

Grâce à ces secours pécuniaires, ceux-ci accomplissent à leur tour le lointain et coûteux voyage. Ainsi s'est accompli l'exode irlandais qui eût englouti les subventions de la bienfaisance publique ou privée. Voilà donc ces mêmes familles qui auraient végété toute leur vie dans la misère, devenues en peu d'années propriétaires et capitalistes! Comment s'est accomplie cette transformation? Par l'émigration ou plutôt par le travail libre, ardent et fructueux qui en découle.

Les États eux-mêmes qui voient s'éloigner une partie de la population n'ont pas à le déplorer. Les uns, ceux qui possèdent des colonies, en profitent directement par le courant nouveau d'échanges qui s'établit entre la métropole et la colonie, et dans les colonies qui prospèrent les échanges atteignent vite de grandes proportions : demandez à l'Angleterre pour l'Australie, à la France pour l'Algérie ! Mais les États sans colonies peuvent se créer aussi des relations nouvelles de commerce que l'avenir développera. Ce sont des alliances de familles nouées sur les divers points du globe : elles ménagent des alliances d'intérêt.

Mais n'est-ce pas déjà un grand profit que de s'être débarrassé, sans frapper aucun coup, d'un encombrement de population qui créait un péril social, d'avoir ainsi ménagé un meilleur sort à ceux qui restent, en accroissant la somme disponible soit de travail, soit de secours ?

Aussi la commission ne pense-t-elle pas que l'émigration doive se restreindre aux familles nécessiteuses. Pour être féconde celle-ci doit unir les trois éléments inséparables de toute production normale, le capital qui fournit les avances et les instruments de travail, l'intelligence qui en dirige l'application, le travail qui les met en œuvre. L'élément du paupérisme seul risque trop de remplacer une misère par une autre. Les États ne s'appauvrissent pas, même par ce déplacement ; la bourgeoisie industrielle et commerciale qui reste voit s'accroître, par la réduction de la concurrence, toutes ses chances de prospérité : les capitaux deviennent plus féconds.

N'hésitons donc pas à proclamer qu'à tous les points de vue l'émigration est un utile dérivatif aux misères populaires.

Aussi bien, fût-elle accueillie avec peu de sympathie, elle s'impose comme un fait général qui est devenu un élément essentiel de la situation économique des nations européennes. En vain les gouvernements ont quelquefois entrepris de l'entraver, elle se joue de toutes les prohibitions !

C'est que sous la surface de ce fait se révèle une loi de haute sagesse providentielle. Le globe doit être peuplé et cultivé, car les régions les plus avancées en civilisation subissent le contre-coup de l'inculture qui règne ailleurs Les bords infects du Gange nous envoient le choléra, le simoun des déserts d'Afrique dessèche les récoltes de l'Europe méridionale. Pour l'accomplissement de sa mission, l'humanité, comme toutes les forces de la nature, aspire à l'expansion et à l'équilibre. Quand cet équilibre est rompu par l'accumulation du fluide humain, si je puis dire, sur un point, il y a malaise et danger d'explosion foudroyante. Avec la libre circulation, chaque atome de l'humanité se répand où son attrait, et en quelque sorte sa pesanteur spécifique, l'appelle. L'harmonie résulte de l'équilibre.

Il fut un temps où cette libre expansion de l'humanité sur le globe était rendue impossible par la difficulté des communications. Aujourd'hui, grâce à la vapeur surtout, une immense réforme est en voie de s'accomplir dans la destinée humaine. Bientôt chacun pourra librement choisir le pays et même le gouvernement qui conviendront à ses besoins, à ses goûts, à ses croyances politiques et religieuses.

Les chemins de fer seront les fils conducteurs qui distribueront aux divers points du globe les courants de l'humanité vivante.

Ces bienfaits de premier ordre feront bénir par la postérité la plus reculée la mémoire du Roi, du gouvernement, du ministre qui, sur cette noble terre de Belgique, ouverte à tous les progrès comme à toutes les libertés, ont pris, il y a plus de vingt ans déjà, la glorieuse et féconde initiative des chemins de fer ! (Les regards se tournent vers le Roi. — Applaudissements.)

Au nom de ces principes et de ces sentiments, votre commission vous propose, messieurs, de proclamer que l'émigration est, au sein de chaque nation, un des remèdes efficaces, quoique indirects, du paupérisme, et que toute liberté doit lui être laissée.

Des principes nous passons aux moyens.

II. Pour obtenir de l'émigration tous ses fruits, ce n'est pas trop du concours des forces sociales de tous les degrés : les gouvernements, les associations libres, les individus. Il importe seulement que chacune accomplisse sa fonction sans confusion ni empiétement.

La mission des gouvernements est nettement tracée; elle consiste toujours à éclairer, surveiller, protéger, quelquefois à encourager, rarement, sinon jamais, à faire par eux-mêmes.

Le gouvernement des pays d'où part l'émigration éclairera les peuples en s'enquérant, par ses agents consulaires, des conditions politiques, matérielles et morales des États qui invitent à l'émigration.

Ces informations, livrées à la presse officielle, passeront dans le domaine public et éclaireront les intéressés.

Les gouvernements surveilleront encore le recrutement de l'émigration, les conditions réglementaires des contrats, des transports par terre et par eau ; sans prétendre à une tutelle trop minutieuse qui ne laisserait rien à la personnalité, ils modéreront les tendances oppressives et quelquefois frauduleuses de la spéculation.

Ils protégeront l'émigrant, non-seulement dans le trajet à travers le pays qu'il abandonne, mais par leurs agents consulaires ils le suivront avec sollicitude sur la terre étrangère, en ce sens que le représentant politique et commercial de la nation émigrante sera le patron dévoué des nationaux émigrés, leur conseil, leur avocat, l'obligeant intermédiaire des rapports entre les deux pays, un souvenir toujours vivant de la mère-patrie.

Dans les cas, rares heureusement, où la gravité du mal invite les gouvernements à une sollicitude plus active, ils pourront, par quelques faveurs, encourager l'émigration : tels sont les transports gratuits, les avantages pécuniaires ou matériels accordés à des compagnies, les dons d'instruments, de semences, l'application même de sommes équivalentes à celles que le paupérisme émigrant absorbait sur place, et telles autres combinaisons que les circonstances plutôt que les principes peuvent conseiller. Le gouvernement pourra, dans ce cas, s'il ne possède pas lui-même des colonies, négocier avec d'autres États des conventions d'émigration et de colonisation, stipulant les droits et les devoirs de ses nationaux, comme on stipule des traités de commerce.

Le rôle des associations et des compagnies est tout autre. Les unes se constituent spontanément, au nom de la bienfaisance religieuse, philanthropique ou politique, et se font les patronnes dévouées des émigrants. L'Angleterre compte plusieurs de ces généreuses institutions qui méritent une approbation sans réserve. Ailleurs elles émanent du pouvoir et sont un rouage administratif, et quand le zèle des membres répond à l'esprit de l'institution, elles peuvent encore être utiles.

Les compagnies ou sociétés financières s'inspirent au contraire de la spéculation, quelquefois associée à un honorable patriotisme, le plus souvent dégagée de tout autre souci que le gain. Malgré ce caractère égoïste et tout personnel, il n'y a pas à les frapper de discrédit, pas plus que toute industrie honorablement exercée en vue du profit.

Elles sont légitimes, parce qu'elles répondent à un des grands principes de l'industrie moderne, la division du travail. Mieux que les gouvernements, mieux que les individus isolés, une compagnie visant au gain saura choisir le pays et la terre les plus propres à une colonisation, obtenir des gouvernements nationaux ou étrangers les meilleures conditions ; elle s'entendra à trier les utiles éléments de l'émigration et à rejeter les non-valeurs ; à les organiser en convois, à les transporter à meilleur marché par terre et par mer. Accueilli par ses soins, l'émigrant à peine débarqué ira droit à sa maison, à ses champs, sans perte de temps et d'argent dans les villes et sur les routes. Cette compagnie se fera sans doute payer de tels services par un bénéfice sur la revente des terres, ou par des redevances : mais il faudrait que ses prétentions fussent bien abusives si l'émigrant ne trouvait pas son compte à cette organisation mieux qu'aux hasards des aventures individuelles[1].

Toutefois les familles déjà établies dans un pays peuvent offrir aux émigrants, leurs compatriotes, des facilités et des garanties qui dispensent de l'intervention des compagnies : dans ce cas, il n'y a qu'à s'applaudir de la suppression d'un rouage intermédiaire.

Enfin le rôle de la personnalité arrive dès que l'individu est installé à son poste. Ici doit cesser, sauf les conseils bienveillants, la tutelle des compagnies comme celle des gouvernements, pour laisser au ressort individuel toute son énergie.

L'émigrant est-il simple salarié? Qu'il débatte à son gré son salaire et en dispose à son goût; que les compagnies ne lui imposent point de ces engagements à long terme, source de conflits et d'amertumes, parce qu'ils enchaînent la liberté humaine. Que les gouvernements renoncent à un régime provisoire de propriété, sous forme de concessions conditionnelles, qui privent le colon du crédit, de la sécurité, et le livrent à la discrétion des fonctionnaires publics; que la propriété soit de facile abord, à bon marché, définitive surtout.

Dans le cas de bail, de colonage partiaire ou de services domestiques, que les propriétaires usent sobrement d'avances ou paiements en nature qui voilent au colon l'étendue de ses charges, et l'engagent dans une chaîne de comptes courants qu'il parvient difficilement à briser. La liberté d'action pure et simple du colon, à ses risques et périls, les engagements à court terme, le salaire en argent, la propriété immédiate ou prochaine, telles sont les conditions les meilleures pour l'essor des forces individuelles.

Voilà, messieurs, esquissées à grands traits, les idées principales qui doivent dominer dans un plan d'organisation de l'émigration.

Est-ce assez pour constituer une institution permanente telle que la clame le programme du Congrès? Non, messieurs. Il faudrait encore un complément. Il consisterait dans la centralisation quelque part de tous les faits, de tous les documents relatifs à l'émigration, autant dans les pays de départ que dans ceux d'arrivée. Une institution pareille, s'appuyant sur un bulletin de colonisation générale, rendrait de grands services. Nous inclinerions peu à en demander la création à l'initiative des gouvernements. En

[1] Il eût fallu distinguer entre les compagnies de recrutement de transport, d'installation sur le sol, qui peuvent rendre de grands services, et les compagnies purement agricoles qui maintiennent le sol à l'état de mainmorte à moins d'en être empêchées par des clauses impératives (J. D. Octobre 1862).

devenant un rouage administratif, elle risquerait de tomber dans l'inertie des bureaux. Nous aimerions mieux la devoir au zèle particulier, s'inspirant des mêmes sentiments qui, en Angleterre, ont provoqué la création de comités volontaires d'émigration. Le projet de correspondance internationale dont il nous a été donné avis, pourrait être invité à embrasser cette idée.

Pour accomplir notre tâche, il nous reste, Messieurs, à ajouter quelques mots sur les pays qui offrent aux émigrants les conditions les meilleures et les garanties les plus sérieuses. Nous entreprendrions une tâche délicate, et peut-être étrangère à l'objet du congrès, si nous prétendions établir des comparaisons et provoquer des préférences. Mais il est facile d'éviter cet écueil en restant fidèle au principe qui a dicté les votes de la commission : l'humanité doit occuper tout le globe ; toute terre a donc droit à une part de nos sympathies. Toutefois au temps présent elles ne se présentent pas toutes avec les mêmes avantages.

Au sein de la commission, une indication plutôt qu'une proposition a été faite en faveur de la Hongrie. Un de nos collègues a déposé une note imprimée pour signaler les avantages de la civilisation dans le midi de l'Europe, en Italie surtout, et en Orient. La principale objection que soulèvent ces propositions se tire du silence gardé par les gouvernements de ces pays. Des entreprises privées sont partout possibles, et peut-être lucratives ; mais un courant sérieux de colonisation ne peut s'établir à l'étranger sans le concours des gouvernements. Aucune déclaration ni manifestation publique n'autorise à croire ceux de l'Italie ou de l'Autriche disposés à accueillir dès à présent l'émigration européenne.

Quant à l'Orient, cet obstacle ne serait pas à craindre, et la Turquie se prêterait aisément aux invasions du génie industriel et agricole ; mais la propriété du sol est la base de toute colonisation, et jusqu'à ces derniers temps elle a été interdite aux chrétiens. Le dernier hatti-chérif a introduit, nous le savons, un droit nouveau ; mais ce droit est-il passé de la théorie à l'application ? Est-il surtout passé de la loi dans les mœurs ? Des créations particulières seraient-elles à l'abri des exactions des fonctionnaires et des incursions des hordes pillardes, passées, depuis des siècles, à l'état de fléau chronique dans les pays musulmans ? Nous n'oserions répondre affirmativement à toutes ces questions. Nous n'en voudrions pas néanmoins induire une fin de non recevoir contre ces magnifiques contrées qui furent les plus riches et les plus célèbres du monde ancien ; mais il est permis de conclure que des compagnies seules, et des compagnies puissantes, doivent ouvrir la voie dans ces parages à l'émigration et à la colonisation. Seules elles sauront se faire respecter.

A l'heure présente, les pays qui sollicitent l'émigration sont les suivants :

L'Angleterre pour le Canada, l'Australie, la Nouvelle-Zélande, le Cap; puis les États-Unis, le Brésil, les provinces de la confédération Argentine, enfin la France pour l'Algérie au nord de l'Afrique.

Nous avions pensé à dire quelques mots sur les conditions offertes aux émigrants par ces divers pays. Nous nous abstenons devant des scrupules qui craignent que l'exposé ne se traduise en recommandations favorables à certains pays, de préférence à d'autres. D'ailleurs, les développements qui précèdent dépassent les limites d'un rapport. Je vous demande seulement, non plus comme rapporteur, mais comme membre du Congrès, de me réserver pour une des prochaines séances la faveur d'une courte communication sur l'état des institutions philanthropiques de l'Algérie. Ce sera le complément des rapports sur le même sujet que vous avez précédemment entendus.

Je finis, messieurs, par un rapprochement. L'émigration ne méconnaît aucun des services que peuvent rendre les autres moyens de bienfaisance; chacun dans son cadre accomplit une part de bien. Mais qu'il me soit permis de dire que tandis que la plupart des autres remèdes ne sont que des palliatifs qui supposent la permanence du paupérisme, l'émigration fait mieux, à l'égard du moins de toute la population émigrante. En substituant le bien-être à la misère, la propriété au prolétariat, la liberté de l'aisance à la servitude des besoins, elle fait mieux qu'aucun autre remède : elle travaille et réussit à rendre la bienfaisance inutile, ce qui est le couronnement de la véritable philanthropie

Après une discussion approfondie, les conclusions du Rapport ont été adoptées dans les termes suivants :

1° L'accroissement de la population ne peut et ne doit être combattu par aucun règlement légal ;

2° Les maux du paupérisme, dus à l'extension de la population, *peuvent être* atténués d'une manière efficace, quoique indirecte, par l'émigration.

3° En conséquence, toute liberté et toute protection doivent être accordées *aux émigrants*.

4° Les gouvernements, les associations et les individus doivent combiner leurs efforts, chacun dans sa sphère propre, pour obtenir de l'émigration tous les bienfaits qu'elle peut donner.

5° L'institution projetée d'une correspondance internationale doit embrasser particulièrement l'émigration dans le cadre de ses renseignements.

L'auteur du présent livre a encore traité le sujet de l'*Émigration* :

1° Dans le JOURNAL DES ÉCONOMISTES, livraison du 15 juin 1858 : *De l'Immigration en Algérie des Indiens, des Chinois et des nègres;*

2° DANS LA SOCIÉTÉ DES ÉTUDES PRATIQUES D'ÉCONOMIE SOCIALE, en mars 1862, dans un Rapport sur une monographie de famille chinoise, *Considérations sur l'Émigration chinoise;*

3° AU CONGRÈS DES SOCIÉTÉS SAVANTES, tenu à Paris, en avril 1862, dans un mémoire intitulé : *De l'Émigration au point de vue de l'agriculture algérienne.*

Note B.

ÉMIGRATION DU ROYAUME-UNI DE 1814 A 1861.

Nous reproduisons, d'après les *Lectures on colonisation*, de M. Herman Merivale (2ᵉ édition), en y ajoutant les années 1860 et 1861, le tableau de l'émigration britannique depuis 1841, parce que cet auteur y a signalé, avant et après 1854, une différence de supputation qui avait généralement échappé aux statisticiens.

Années.	Angleterre.	Ecosse.	Irlande.	Total.
1841	72,104	14,060	32,420	118,584
1842	74,683	13,108	40,553	128,344
1843	36,255	7,931	13,026	57,212
1844	50,257	4,504	15,925	70,686
1845	65,514	4,272	23,705	93,501
1846	87,611	3,427	38,813	129,851
1847	153,898	8,616	95,756	258,270
1848	176,883	11,505	59,701	248,089
1849	212,124	17,127	70,247	299,498
1850	214,612	15,154	51,083	220,849
1851	254,970	18,646	62,350	335,966
1852	306,279	21,044	41,441	368,764
1853	279,601	16,503	33,833	329,937

Avant 1854, les rapports des commissaires de l'émigration marquaient seulement le nombre des départs de chacune des parties du Royaume-Uni, et non l'origine des partants. A partir de cette année, l'origine des émigrants est indiquée.

Années.	Anglais.	Écossais.	Irlandais.	Étrangers.	Non distingués.	Total.
1854	90,966	25,872	150,209	37 704	18,678	323,429
1855	57,132	14,037	78,854	10,554	16,230	176,807
1856	64,526	12,033	71,724	9,474	18,796	176,554
1857	78,560	16,253	86,238	12,624	19,200	212,875
1858	39,971	11,815	30,281	4,560	14,345	113,972
1859	33,930	10,182	52,981	4,442	18,897	120,432
1860	26,421	8,733	60,835	4,536	27,944	128,469
1861	22,145	6,730	36,322	3,619	22,954	91,770

Note C.

INDEX BIBLIOGRAPHIQUE.

Tous les ouvrages relatifs à la colonisation et la plupart des écrits d'histoire, de géographie et de voyages, renferment des renseignements qui intéressent les émigrants. Cependant, pour ne pas développer outre mesure cette note bibliographique, nous l'avons restreinte aux travaux dont le titre porte expressément le mot même *Émigration* ou l'équivalent. Pour le même motif, nous en avons exclu les passages et chapitres qui traitent incidemment de ce sujet dans les livres d'économie politique, ainsi que dans les recueils périodiques, à moins qu'il n'y ait eu un tirage à part qui nous soit connu.

Le signe (?) indique les titres douteux, incomplets ou connus seulement par traduction. — Le signe (L) indique les écrits dont nous n'avons eu connaissance que par l'index bibliographique que contient le récent ouvrage de M. Legoyt. — Le signe (C) indique ceux qui nous sont communs avec lui. — Le reste forme une partie tout à fait neuve de la bibliographie française en matière d'émigration.

Le classement a été fait par pays de destination quand le titre l'indiquait; sinon par pays d'origine.

ARTICLE 1.

Bibliographie du sujet (L'ÉMIGRATION).

ALLEMAGNE.

Bromme. — Die freie Auswanderung. Dresden, 1831.

(C) Bromme Traugott. — Rathgeber für Auswanderungslustige. Stuttgard, 1846.

(C) Bülow. — Auswanderung und Kolonisation (L) im Interesse des deutschen Handels. Berlin, 1849.

(?) Dears. — Ueber Auswanderung und Armenkolonien. Leipzig, 1853.

(C) Dieterici. — Ueber Auswanderungen und Einwanderungen im preussischen Staat. Berlin, 1847.

(L) J. Fröbel. — Die deutsche Auswanderung und ihre Kulturhistorische Bedeutung. Leipzig, 1858.

(C) Gäbler. — Deutsche Auswanderung und Kolonisation. Berlin, 1850.

(L) — Die Statistik der deutschen Auswanderung. Berlin, 1856.

(C) Gagern. — Ueber die Auswanderung der Deutschen. Francfort, 1817.

(?) Groez. — Welches ist das zweckmaesigste Mittel um Auswanderung zu verhüten. Stuttgard, 1804.

Herrera. — Deutsche Auswanderung und Kolonisation.

Hirsch. — De jure emigrationem civium prohibendi. Gottingue, 1787.

(C) E. Lehmann. — Die deutsche Auswanderung. In-8°. Berlin, 1861.

(L) Muller. — Die deutschen Auswanderungs Freizugigkeits und Heimaths Verhältnisse. Leipzig, 1841.

(C) W. Roscher. — Kolonien, Kolonial Politik und Auswanderung. Leipzig und Heidelberg, 1856.

(C) Schleiermacher. — Ueber die Auswanderungsverbote. Berlin, 1817.

(?) Schiern. — De l'émigration des peuples.

A. Schultze. — Ueber Auswanderung und Ausgewanderten für das Jahr 1852.

Seidensticker. — De jure emigrationis e moribus Germanorum. jure communi ac legibus imperii constituto. Gottingue, 1788.

J.-J. Sturz. — Die Krisis der deutschen Auswanderung und über ihre Benützung für jetzt und immer. In-8°. Berlin, 1862.

— Nothwendigkeit der Bildung eines deutschen Central-Vereins für Auswanderungs-Angelegenheiten aus dringenden nationalen Gründen. In-8°. Berlin, 1862.

— Kann und soll ein Neu-Deutschland geschaffen werden, und auf welche Weise? — Ein Vorschlag zur Verwerthung der deutschen Auswanderung im nationalen Sinne. In-8°. Berlin, 1862.

(C) Wappaeus. — Deutsche Auswanderung und Kolonisation. Leipzig, 1846.

Rapports et Journaux.

(C) Bericht über die Wirksamkeit des Nachweisungs-Bureau für Auswanderer in Bremen. In-8°. Bremen (ont commencé en 1851).

Mittheilungen des Berliner Vereins für die Ausgewanderten evangelischen Deutschen Nordamerikas. Berlin.

(L) Rechenschaftsbericht des Hamburger Vereins zum Schutze von Auswanderern. In-8°. Hamburg (ont commencé en 1850). — Depuis 1855 ce document a été remplacé par :

(C) Jahresbericht über die Wirksamkeit des Nachweisungs Bureau der Auswanderer.

(C) Jahresbericht des Frankfurter Vereins zum Schutze der Auswanderer. Francfurt A. M.

Auswanderer Bibliothek. Verzeichniss seit den letzten zehen Jahren erschienenen Schriften und Karten für Auswanderer, 1852. Rudolstadt.

(?) [L'Émigration et la patrie allemande. Ulm, 1845.]

(Bönecko). Deutsche Auswanderungs Zeitung (ne paraît plus). Leipzig, 1848.

(L) Der Sächs Auswanderer (ne paraît plus), 1848.

(C) Der deutsche Auswanderer (ne paraît plus). Darmstadt, 1847.

(L) Die Zeitung für deutsche Auswanderung und Kolononisation Angelegenheiten. Hamburg (ne paraît plus).

Süd-deutsches Auswanderungs Blatt (ne paraît plus). Würtemberg.

Deutsche Auswanderer Zeitung. Bremen.

(?) Auswanderungs Zeitung von Pajeken, seit 1852, mit Beiblatt büer Amerika. Bremen.

Hansa. — Organ für deutsche Auswanderer, seit 1852. Hamburg.

(C) Allgemeine Auswanderungs Zeitung. Rudolstadt.

Hamburger Zeitung für Auswanderer. Hamburg.

ANGLETERRE.

Burn. — The colonists and Emigrant's Handbook of the mechanical arts.

(?) Chershire. — Brochure sur l'émigration.

Horton Wilmot. — Letters on emigration.

Kingston. — How to emigrate, or the british colonist, 1855.

Selkirk — On the present state of the highlands of Scotland with a wiew of the causes and the probable consequence of emigration.

Annual reports of the Emigration Commissioners presented to both House of Parliament. In-8°. London.

Emigration from the Highlands and Islands of Scotland to Australia.

The emigrant's home, 1856.

Emigration map of th world.

Chamber's emigrant Manual for Australia, New-Zealand, America, and Africa; with an essai on emigration.

Chamber's emigrant Manual, emigration in its pratical application.

COLONIES ANGLAISES EN GÉNÉRAL.

Emigrant's Letters, being recent communications from settlers in the british colonies.

COLONIES AUSTRALIENNES.

The four colonies of Australia with advice to emigrants.

(?) G. Butler Earp. — Its emigration and gold fields.

John Capper. — Australia, as a field for capital, skill and labour, with useful information for emigrants of all classes.

M^ss Chisholm — (?) Portraits d'émigrants en Australie.

The emigrants guide to Australia.

Chamber's emigrant's Manual for Australia.

Th. W. Keates. — A practical guide to the best means of testing gold, intended for the use of emigrants to the gold regions.

John Dunmore Lang. — The Australian emigrant's Manual.

Philip's emigrants guide to Australia.

Australia Johnston's emigration map.

(L) Ueber Auswanderung nach Australien. Berlin, 1849.

NOUVELLE-GALLES DU SUD.

James Atkinson. — An account of agriculture and grazing in New-South Wales, important to those about to emigrate in that country.

Sydney's emigrant's journal.

Alex. Harris. — A guide to port Stephens, the colony of the Australian agricultural company.

VICTORIA.

D^r. Lang. — Philipsland, or Port-Philip, its present condition and prospects as a highly eligible field for emigration.

— The emigrant family.

AUSTRALIE MÉRIDIONALE.

(L) Wilkinson. — Handbuch für Auswanderer nach Sud-Australien. Leipzig, 1850.

(L) Doger. — Die Auswanderung nach Sud-Australien, 1849.

NOUVELLE-ZÉLANDE.

Chamber's emigrant's Manual for New-Zealand.

Fitton. — New-Zealand, its condition, prospects and resources, described for the information of intending emigrants.

A description of Auckland and its neighbourhood; also information for intending emigrants.

Emigration circular for New-Zealand, with 2 maps, 1853.

AMÉRIQUE BRITANNIQUE. — CANADA.

Butler. — Emigrant's complete guide to Canada.

Chambers' Manual for emigrants to Canada and the United States.

Fr.-B. Head. — The emigrant.

Hutton. — Canada, its present condition... for the information of intending emigrants.

Trall. — The canadien Housekeeper and female, emigrant's guide.

Canada, Nova Scotia, Brunswick, Newfounland, etc., in regard to emigration.

Emigration to Canada. — In-8°. Quebec, 1862 (4ᵉ édition).

Canada, 1862, for the information of emigrants. In-8°. Quebec, 1862.

(Chauveau). — Rapport du comité spécial de l'assemblée législative nommé pour s'enquérir des causes et de l'importance de l'émigration qui a lieu tous les ans du Bas-Canada vers les États-Unis. In-8°. Montréal; 1862.

(Dufresne). — Rapport du comité spécial nommé pour s'enquérir des causes de l'émigration du Canada aux États-Unis d'Amérique ou ailleurs. In-8°. Toronto, 1857.

Annual Reports of the agent of emigration in Canada.

NOUVEAU-BRUNSWICK.

Ellis. — New-Brunswick as a home for emigrants. In-8°. London.

(?) Perley. — Manuel pour les émigrants au Nouveau-Brunswick.

New-Brunswick... for the emigrant!

AFRIQUE BRITANNIQUE. — LE CAP.

Chambers' emigrant's guide to Cape of Good Hope and Port-Natal.

BELGIQUE.

De Ham. — Conseils à l'émigrant belge. In-18. Bruxelles, 1849.

Roussel. — Guide de l'émigrant wallon. In-18. Anvers, 1856.

Thielen. — Guide et conseiller de l'émigrant, 2ᵉ éd. In-12. Anvers, 1855.

(L) Rapports annuels sur le service de l'émigration.

FRANCE.

Dutot. — De l'expatriation considérée sous ses rapports économiques, politiques et moraux, suivie d'un mémoire du prince de Talleyrand-Périgord. In-8°. Paris, 1840.

Heurtier. — Rapport au ministre de la guerre au nom de la commission d'émigration. In-8°. Paris, 1854.

Legoyt. — L'émigration européenne, ses principes, ses causes, ses effets, avec un appendice sur l'émigration africaine, hindoue et chinoise. In-8°. Paris, 1862.

Levasseur. — L'émigration (extrait du *Journal des Économistes*.) In-8°, 1862.

Tocqueville. — (?) Brochure sur l'émigration des campagnes vers les villes.

Vanderest. — Question de l'importation des cotons et du transport des émigrants par le port de Dunkerque. In-8°. Dunkerque, 1860.

Almanach de l'émigrant (par Dutot), 1856. Schiller.

N. B. spécial aux républiques du Sud-Amérique.

Statuts de la Compagnie générale européenne d'émigration et de colonisation. In-8°. Paris, 1856.

Rapport à S. E. le ministre de l'intérieur sur l'émigration. Années 1857 et 1858. In-4°. Paris, 1859. — Le même, Paris, 1859-1860.

N. B. Sans pouvoir citer tous les auteurs des travaux disséminés dans les Recueils scientifiques, nous voulons cependant en nommer quelques-uns : J.-B. Say (*Annuaire de l'Économie politique*); Wolowski (*Bulletin de l'Académie des sciences morales et politiques*); Le Play (*Ouvriers européens et des Deux-Mondes*); Horn (*Annuaire encyclopédique*); Molinari (*Dictionnaire de l'Économie politique*); Legoyt (*Dictionnaire du Commerce et de la navigation*); Lavollée (*Revue des Deux-Mondes*); Gobineau (*Revue nouvelle*). On trouve aussi de bons travaux sur cette question dans les autres principales Revues : *Britannique, Contemporaine, Germanique*, etc...

ALGÉRIE ET LES COLONIES FRANÇAISES.

Beaujean. — Immigration indienne. Rapport sur le voyage du *Richelieu*, de Pondichéry à la Martinique. In-8°. Paris, 1860. (Extrait de la *Revue algérienne et coloniale*.)

E. Carette. — Recherches sur l'origine et les migrations des principales tribus de l'Afrique septentrionale et particulièrement de l'Algérie. In-8°. Paris, 1853. (Fait partie de *l'Exploration scientifique de l'Algérie*.)

A. de Chancel. — D'une immigration de noirs en Afrique. In-8°. Alger. — Cham et Japhet, ou de l'émigration des nègres chez les blancs, considérée comme moyen providentiel de régénérer la race nègre et de civiliser l'Afrique intérieure. In-8°. (Extrait de *la Revue britannique*, 1859.)

Dupré de Saint-Maur. — Objections contre l'introduction d'engagés noirs en Algérie. In-18. Paris.

Jules Duval. — Voir plus loin sa note bibliographique.

V.-H.-D. (Duteil.) — Nécessité de la colonisation d'Alger et des émigrations. In-8°. Paris, 1832.

Fabre-Tonnerre. — Statistiques médicales de l'émigration française. In-8°. Calcutta, 1862.

Fiteau. — La crise alimentaire et l'immigration des travailleurs étrangers à l'île de la Réunion. In-8°. Paris, 1859.

Giraudeau. — L'émigration allemande et l'Algérie. In-8°. Paris. (Extrait de *la Revue contemporaine*.)

(L) D.-Max. Hirsch. — Skisse der volkswirthschaftlichen Zuständen von Algierien, etc. (De la situation économique de l'Algérie au point de vue de l'émigration allemande.)

Leclerc. – Immigration indienne et coloniale. Paris. In-8°, 1860. (Extrait de *la Revue algérienne et coloniale*.)

Médina. — Colonisation de l'Algérie par l'émigration européenne et la solution de la question des céréales et franchise du port d'Oran. In-8°. Perrier, 1850.

Metge. — Mémoire sur l'immigration des enfants trouvés en Algérie. In-4°.

(C) Weber. — Algierien und die Auswanderung dahin. In-8°. Leipzig, 1854.

A. Vinson. — De l'immigration indienne. In-4°. Saint-Denis (Réunion), 1860.

De l'immigration aux colonies. — In-8°. Paris, 1859.

De l'immigration indienne aux Antilles françaises, sous l'empire des traités entre les colonies et la compagnie générale maritime. — In-4°. Paris, 1859.

L'émigration africaine et la traite des noirs. (Extrait de *la Revue coloniale*, janvier 1858.)

N. B. *La Revue coloniale* (1843-1858), *la Revue algérienne et coloniale* (1859-1860), *la Revue maritime et coloniale* (1861-1862), *les Annales de la colonisation algérienne* (1852-1858), *les Annales de l'agriculture des colonies* (1860-1862), *la Revue du Monde colonial* (1859-1862), *le Centre algérien*, devenu successivement *Centre africain*, *Moniteur de la colonisation* et *Globe* (1857-1861), enfin *l'Économiste français* (1861-1862), sont des mines aussi abondantes que précieuses de renseignements sur l'émigration algérienne et coloniale. Les Bulletins officiels et les journaux algériens et coloniaux compléteront utilement les recherches.

HONGRIE.

S. Höfler. — (C) Deutsche Auswanderung und Kolonisation mit Hinblick auf Ungarn. Wien, 1850.

ITALIE.

(?) Rusconi. — Les émigrations italiennes depuis Dante jusqu'à nos jours, 1853.

Cugia (Raimondo). — Dell' Emigrazione degli Stati Sardi. In-8°. 1860. (Extrait de la *Rivista contemporanea*.)

POLOGNE.

W. Löbe. — Die Auswanderung nach Polen. Grimma, 1840.

SUÈDE.

Wargentin. — (?) Un écrit sur l'émigration suédoise, dans les Transactions de l'Académie des sciences de Stockholm, pour 1780.

SUISSE.

Émigrations suisses. — Publication de la Société d'utilité publique fédérale. Enquête. In-8°. Genève, 1845.

Émigrations suisses. — Enquête auprès de MM. les Consuls de la Confédération. In-8°. Lausanne, 1845.

J. Huber. — Émigrations suisses et questions générales. - Discours fait à la réunion de la Société publique d'utilité fédérale tenue à Zurich, le 18 septembre 1844. In-8°, Lausanne, 1845.

Golay. — Rapport sur la question de l'émigration à Sétif, en Algérie, présenté à la Société vaudoise d'utilité publique et compte rendu de la discussion. In-8°. Lausanne, 1854.

De l'émigration suisse. In-8°. Genève, 1856.

Résumé des documents relatifs à l'émigration dans les colonies suisses de Sétif en Algérie. In-8°. 1854.

Renseignements relatifs aux émigrants dans les colonies de Sétif. In-8°, 1856.

Émigrations suisses. — Circulaires et notes diverses, 1845 et 1846.

N. B. Le Bulletin de la Société d'Utilité publique de Genève a publié divers articles sur l'émigration suisse.

AMÉRIQUE ET AUSTRALIE.

(C) Beyer. — Das Auswanderungsbuch nach Amerika und Australien. Leipzig, 1850.

AMÉRIQUE SANS AUTRE DÉSIGNATION.

Briefe aus Amerika für deutsche Auswanderer mit Ansichten. Darmstadt.

Franklin. — Bericht für diejenigen so sich nach Amerika begeben wollen.

Schmölder. — Wegweiser für Auswanderer nach Amerika. Mainz, 1848.

(?) Th. de Soden. — La protection de l'émigrant au deçà et au delà de l'Océan. Guide pour les émigrants dans le nord, le centre et le sud de l'Amérique et Australie, Hambourg.

(?) Ueber Auswanderung überhaupt und Auswanderer nach Amerika. Rudolstadt, 1835.

NORD-AMÉRIQUE.

Étourneau. — Livret-Guide de l'émigrant, du négociant et du touriste dans les États-Unis d'Amérique et au Canada. In-18. Paris, 1855.

X. Marmier. — Aventures d'une colonie d'émigrants en Amérique, traduites de l'allemand (de Gerstäcker). In-18. Paris, 1855.

(?) Werner. — Guide et conseiller pour les émigrants en Nord-Amérique. — 2ᵉ éd., Reidlingen, 1849.

Petit Manuel des émigrants pour l'Amérique du Nord; 2ᵉ éd., Bâle.

Kurze Beleuchtung jetziger amerikanischer Zustände und die wichtigsten Rathschläge und Notizen für deutsche Auswanderer, nebst einer Beschreibung des Hafens von Quebek für Rheder und Auswanderungs-Agenten. In-8°. Bremen, 1855.

(L.) Ueber Auswanderung nach Nord-Amerika, 1850.

ÉTATS-UNIS.

(C) Bromme. — Handbuch für Auswanderer nach den Vereinigten Staaten. Baireuth, 1849.

(C) Bromwell. — History of immigration to the United States. In-8°. New-York, 1856.

(?) Duden. — Bericht über eine Reise nach den West-Staaten von Nord-Amerika in Bezug über Auswanderung. Bonn, 1834.

(?) Gerhard (Fr.). — Indicateur gratuit à l'usage des immigrants allemands (New-York).

Grund. — Handbuch und Wegweiser für Auswanderer nach den Vereinigten-Staaten von Nord-Amerika und Texas, 1846. Stuttgard und Tübingen.

Jesse Chickering. — Immigration into the United States. In-8°. Boston, 1848.

Merle. — De l'Émigration aux États-Unis d'Amérique. In-8°. Genève, 1849.

Pauer. — Die Vereinigten-Staaten von Nord-Amerika in Beziehung auf deutsche Auswanderer. Bremen, 1847.

Poncelet. — Rapport adressé à M. le ministre des affaires étrangères sur l'émigration aux États-Unis. In-8°. Bruxelles, 1856.

(?) Peltz. — Manuel pour les voyageurs qui passent dans les États-Unis du Nord. Bamberg, 1854.

(L) V. Ross. — Praktische Winke für Auswanderer nach den Vereinigten-Staaten von Nord-Amerika, 1853.

(L) Schmidt. — Die Vereinigten-Staaten von Nord-Amerika (ouvrage dédié aux émigrants allemands). Leipzig, 1853.

Ziegler (Alex.). — Der Geleitsmann. Katechismus für Auswanderer nach den Vereinigten-Staaten von Nord-Amerika, 1856.

Van-der-Straethen-Ponthoz. — Recherches sur la situation des émigrants aux États-Unis de l'Amérique du Nord.

Wiley and Putman's Emigrant's guide to the United States.

Annual letters from the secretary of State on passagers arriving in the United States.

Conseils à l'émigrant belge aux États-Unis de l'Amérique du Nord. Bruxelles, 1849, 1856.

Guide de l'émigrant aux États-Unis de l'Amérique du Nord. In-8°. Lausanne, 1849.

Handbuch für Reisende nach den Vereinigten Staaten, — Herausgegeben vom Verein für Auswanderer. Francfurt A.-M.

Le Phare.— Première compagnie belge-américaine pour favoriser l'agglomération des émigrants aux États-Unis d'Amérique. In-8°. Bruxelles, 1856.

ÉTATS PARTICULIERS DE LA CONFÉDÉRATION.

(L) *New-York*. — Allgemeine Lage der arbeitenden Klasse und der Einwanderer in New-York in 1854.

Annual Reports of the Commissioners of Emigration of the State of New-York from the organisation of the commission, 5 mars 1847 to 1860 inclusive. New-York, 1861.

Californie. — Rossignon. — Guide pratique des émigrants en Californie et des voyageurs dans l'Amérique espagnole. In-18. Paris, 1849.

Ohio. — Büttner. — Der Staat Ohio für Auswanderer.

L'Ouest en général. — Western Tourist and emigrant's guide through the states of Ohio, Michigan, Indiana, Illinois, Missouri, Iowa and Wisconsin.

Curtis's Western portraiture and Emigrant's guide.

Texas. — Romer. (D^r. Fred.) — Texas, mit besonderer Rücksicht auf deutsche Auswanderung und die physischen Verhältnisse des Landes, mit einem naturwissenschaftlichen Anhange und einer topographisch-geognostichen Karte von Texas. Bonn, 1849.

MEXIQUE.

(C) Sartorius. —Mexico als Ziel für deutsche Auswanderer. Darmstadt, 1850.

VÉNÉZUELA.

V. Glocker. (?) — Un écrit à l'adresse d'émigrants allemands. Hambourg, réfuté par le suivant.

Fingerzeiger für Auswanderer; imp. Fisher.

CENTRE-AMÉRIQUE.

Ch. Mevil. (?) — Émigration, colonisation de l'Amérique centrale.

(C) Weinmann. — Mittelamerika als gemeinsames Auswanderungs Ziel. Berlin, 1850.

COSTA-RICA.

Wagner et Scherzer. — Costarica mit Berücksichtigung deutscher Auswanderung. Leipzig.

NICARAGUA.

Reichardt. — Nicaragua nach eigener Anschauung um das Jahr 1852 und mit besonderer Beziehung auf die Auswanderung nach den heissen Zonen Amerikas mit einer general special Karte in Stahlstich. Braunschweig, 1854.

AMÉRIQUE DU SUD.

Benj. Poucel. — Des émigrations européennes dans l'Amérique du Sud. In-8°. Paris, 1850.

(C) Simon. — Auswanderung und deutsche nationale Kolonie von Sud-Amerika. Baireuth, 1850.

(L) Ueber Auswanderung nach Sud-Amerika, 1850.

LA PLATA.

Balcarce. — Buenos-Ayres, sa situation présente, ses lois libérales, sa population immigrante, ses progrès commerciaux et industriels. 2ᵉ édition, in-8°. Paris, 1847.

A. de Dax. — Guide de l'émigrant pour le Rio de la Plata.

A. Peyret. — Émigration et colonisation. La colonie de San-José. In-4°. Conception de l'Uruguay, 1860.

BRÉSIL.

Blumenau. — (?) Le Brésil du Sud dans ses rapports avec l'émigration et la colonisation.

H. Carvalho. — Études sur le Brésil au point de vue de l'émigration et du commerce français. In-8°. Paris, 1858.

(?) Steger. — Brasilien für deutsche und schweizerische Auswanderer.

Van Lede. — Colonisation et émigration au Brésil.

URUGUAY.

Isabelle (A.). Émigration et colonisation de la province de Rio-Grande dans l'Uruguay et le bassin de la Plata, 1850.

PÉROU.

Taurel. — La liberté religieuse au Pérou considérée dans ses rapports avec l'émigration étrangère. In-8°. Paris, 1851.

CHILI.

B. Vicuna Mackenna. — Le Chili considéré sous le rapport de son agriculture et de l'émigration européenne. In-12. Paris, 1855.

ARTICLE 2.

Bibliographie de l'auteur (M. Jules Duval) [1].

A. — OUVRAGES DÉTACHÉS.

L'Algérie, tableau historique, descriptif et statistique, avec une carte de la colonisation algérienne. In-18, Paris, 1854 et 1860.

Catalogue explicatif et raisonné de l'Exposition permanente des produits de l'Algérie, suivi du Catalogue méthodique des produits algériens à l'Exposition universelle de Paris, en 1855. In-8°, Paris, 1855.

Opuscules et instructions sur le Crédit foncier de France, 1854 à 1858.

Gheel, ou une Colonie d'aliénés vivant en famille et en liberté. In-18, Paris, 1860.

B. — RECUEILS PÉRIODIQUES ET JOURNAUX.

Bulletin de l'Union agricole du Sig (province d'Oran), en collaboration avec le capitaine d'artillerie Garnier. In-8°, Oran, 1848, 1849, 1850.

Archives algériennes, en collaboration avec M. Garbé, 1856.

Économiste français, journal de quinzaine. 1er volume, in-4°, 1861-1862.

C. — ÉCRITS PUBLIÉS DANS DIVERS RECUEILS ET JOURNAUX.

Sociétés savantes.

Rapports à la Société d'agriculture d'Oran sur le projet de loi douanière, 1850. — Sur le projet de liberté de la boulangerie et de la boucherie, 1851.

---

[1] Nous laissons de côté une série de travaux qui de 1836 à 1845 et de 1856 à 1860 ont eu pour théâtre ou pour objet le département de l'Aveyron.

Rapports, mémoires et discours à la Société centrale de colonisation, à Paris (publiés dans le *Moniteur de la colonisation*).

Rapports à la Société de géographie de Paris :

Sur le *Cartulaire de Beaulieu*, de M. Deloche, 1861 ;

Sur le *Roudh-el-Khartas*, traduit par M. Beaumier, 1862 ;

Sur la *France aux colonies*, de M. E. Rameau, 1862 ;

Sur diverses publications relatives à Haïti, 1862.

Rapport à la Société des études pratiques d'économie sociale, sur la monographie d'une famille chinoise, par M. Léon Donnat, 1862.

Conseil général d'Oran.

Rapport sur le budget de la province pour 1862.

Congrès.

Rapport au congrès central d'agriculture de France sur le crédit agricole, 1847. (Tirage à part).

Rapport au congrès de bienfaisance de Bruxelles sur l'émigration en général et sur les institutions de bienfaisance en Algérie, 1856.

Rapport au congrès de bienfaisance de Francfort sur le projet d'association et de correspondance internationale de bienfaisance, 1857. — Rapport sur l'éducation de la première enfance, 1857. (Tirage à part).

Mémoire lu au congrès des Sociétés savantes de France sur l'émigration européenne dans ses rapports avec l'agriculture algérienne, 1862.

Mémoire lu à l'Association nationale pour l'avancement de la science sociale, à Londres, sur l'acclimatation et la culture du coton en Algérie, 1862.

Discours au congrès international des sciences sociales à Bruxelles, sur les impôts, — sur le désarmement, 1860.

Expositions et Concours.

Compte-rendu de ces expositions dans les *Annales de la colonisation algérienne*, le *Journal des Débats*, divers journaux d'Afrique, etc.

Rapport sur les produits algériens et coloniaux à l'Exposition nationale d'agriculture de 1860 (inséré dans la *Revue algérienne et coloniale*, 1861, et dans la *Revue du monde colonial*). (Tirage à part, in-8°).

Rapport sur le concours des vins à l'Exposition de Londres de 1862 (inséré dans la collection des rapports).

Compte-rendu de l'Exposition de Londres dans le *Journal des Débats*, 1862.

Journal des Débats.

De 1855 à 1862, une centaine d'articles sur l'Algérie, les colonies, l'agriculture, l'économie rurale, la géographie, les expositions, etc.

Revue des Deux-Mondes.

La colonie d'aliénés de Gheel (tirage à part). 1857
Politique coloniale de la France : Le Sénégal (deux articles). (Tirage). 1858
— — L'Algérie (deux articles). (Tirage). 1859
— — Terre-Neuve, et Saint-Pierre et Miquelon. 1859
— — L'île de la Réunion 1860
— — Les Antilles. 1860
— — La Guyane. 1861
Le Maroc (tirage à part). 1859

Journal des Économistes.

Assimilation douanière de l'Algérie et de la France. (Tirage). . . 1856
Concession et vente des terres de colonisation. (Tirage). 1857
Compte-rendu du congrès de bienfaisance de Francfort. 1857
Immigration des Chinois, des Indiens et des noirs en Algérie. (Tirage). 1858
Première session des conseils généraux de l'Algérie. 1859
La Crise monétaire aux Antilles. . . . . 1859 et 1860
Histoire du ministère de l'Algérie et des colonies. 1861
Les Concours régionaux de l'agriculture en 1861. 1862
Vœux des conseils généraux de France. 1862
La Question du coton et les Sociétés cotonnières de l'Algérie. . . 1862
Comptes-rendus de l'Académie des sciences morales et politiques, 1860-1862
Comptes-rendus bibliographiques. . . . . *Passim.*

Annuaires de l'Économie politique.

Comptes-rendus de l'Académie des sciences morales et politiques, 1861-1862.

Annales de la Colonisation Algérienne (1852-1858).

Mémoire sur la production et le commerce, en Algérie,
des oranges et citrons. 1853
— essences. 1853
— tabacs 1854
— soies. 1854
— huiles.. 1854
— substances tinctoriales 1855
— céréales. 1856
Le commerce de l'Algérie 1854-1856
Concours de l'Algérie à l'Exposition universelle 1855
Chroniques de la colonisation. 1853-1857
Comptes-rendus bibliographiques. . . . . *Passim.*

Journal d'Agriculture pratique.

Chroniques agricoles de l'Algérie, 1851 à 1859.
L'Algérie et l'échelle mobile, 1859.
Colonisation agricole, villages et fermes, 1860.
Les Colonies au concours national d'agriculture, 1860.
L'Algérie au concours national d'agriculture, 1860.
La prime départementale de l'Aveyron, 1861.
Cueille-trèfle Bonhomme, 1861.

Écho d'Oran.

Rédaction en chef, mars à juillet 1852; correspondances et travaux à diverses époques, de 1850 à 1861.

La France maritime et coloniale (1859).

Série d'articles sur la situation économique des diverses colonies.

Encyclopédie moderne — Supplément (1856-60).

Ghadamès, Ghat, Guelma.
Hafsides, Henné.
Icosium, Ifrenides, Ifrikia, Iman, Islamisme, Isly, Ismaéliens.
Julia Cæsarea.
Kabylie, Kairouan, Khalifes, Kharedjites, Khouan, Koléa, Kollo, Kordofan, Koreichites, Koulouglis, Kouskoussou.
Laghouat, Lalla-Maghrnia.

Maghreb, Malékites, Marabout, Marmarique, Mascara, Mascate, Maures, Mazagran, Médéa, Médrarytes, Mehdi, Mérinites, Miliana, Mogador, Mosquée, Mostaganem, Mozabites, Muphti.

Encyclopédie agricole

Algérie.

Dictionnaire du Commerce et de la Navigation (1858-1861).

Alger, Angra, Arachides, Assinie, Autruche.

Bassam (Grand), Bathurst, Benghazy, Benguéla, Beurbèra, Benin, Biafra, Bonny, Blida, Bone, Bissagos, Byzerte, Braoua, Bougie.

Cacheo, Carabane, Caravane, Casamance, Le Caire, Calebar, La Calle, Cameroons, Le Cap, Cap-Corse, Casablanca, Côte orientale d'Afrique, Côte occidentale d'Afrique, Constantine, Colonies (statistique), Christianborg.

Damiette, Dattes, Dellis, Dixcove, Djeddah, Djerba, Djenné, Djidjelli.

Edd, Elmina. — Fernando-Po, Fez, Funchal, Free-Town, Frazéla.

Gabès, Gabon, Geba, George-Town, la Goulette.

Hhafoun, Hodeida, Horta. — Ichaboë. — James-town.

Kairouan, Keneh, Kéniéba, Khartoum, Kobbé, Konfoudah, Kosséir.

Lamou, Larache, Lobéid, Loheia, Loanda, Lagos, Loges, London (East-).

Mahé (Inde), Mahé (Seychelles), Maroc, Marquises, Mascate, Massouah, Mayotte, La Mecque, Médine, Méquinez, Mers-el-Kébir, Meurka, Mogador, Moguedchou, Moka, Monastir, Monbaze, Monrovia, Mostaganem, Mourzouk, Mozambique.

Nossi-Bé, Nouvelle-Calédonie, Nemours. — Oran, Orotava.

Pacte colonial, Las Palmas, Palmier nain, Pemba, Papéiti, Périm, Philippeville, Pondichéry, Port-Elizabeth, Port-Natal, Praya.

Quillimane. - Rabat, R'at, R'damès.

Saint-Denis (Réunion), Saint-Louis (Sénégal), Saint-Jean (Terre-Neuve), Saint-Pierre et Miquelon, Sainte-Marie de Madagascar, Santa-Cruz de Ténériffe, Sfax, Soussa.

Tamatave, Tananarive, Tétuan, Thuya, Tombouctou, Touloucouna, Tripoli de Barbarie, Tunis.

Wara, Whydah, — Yambo, — Zanzibar, Zeilah, Zébid.

Annuaires encyclopédiques (1859-1862)

Année 1859-60. — Algérie, Madagascar, Maurice, Réunion, Sénégal.

Année 1860-61. — Afrique française, Algérie, Antilles françaises, Esclavage, Exposition algérienne et coloniale, Inde française, Libéria, Madagascar, Maroc, Maurice, Mayotte, Mohammed-el-Habib, Océanie française, Réunion, Sainte-Marie de Madagascar, Saint-Pierre-et-Miquelon, Sénégal, Tunis.

Année 1861-62. — Algérie, Antilles françaises, Colonies françaises, Guyane, Inde française, Madagascar, Maroc, Maurice, Mayotte et Nossi-Bé, Océanie française, Ranavalo, Réunion, Sénégal, Tunis.

Dictionnaire de Politique (1862).

Afrique, Colonies, Colonies pénales, Colonisation.

Agriculture de l'Ouest de la France.

L'Agriculture et l'Industrie, 1844.

Démocratie pacifique.

Articles divers, 1846 — 1847.

Revue orientale.

L'Anniversaire du 13 juin 1830, 1852.

L'Industrie.

Les Chemins de fer de l'Algérie, 1855.

Bulletin de la Société d'utilité publique de Genève.

Note sur la Société centrale de colonisation (de Paris), 1858.

Magasin pittoresque.

Conseils aux émigrants, 1860. — Nédroma, 1860.

Revue orientale et américaine.

L'Histoire, l'art et la science aux colonies, 1861.

Bulletin du Mouvement sociétaire.

Réponse à Laverdant, — la vraie formule du progrès social, 1864.

En préparation :

Quinze années d'études théoriques et pratiques sur l'Algérie.

Politique coloniale de la France et des nations étrangères.

Note D.

LÉGISLATION DE L'ÉMIGRATION.

Ayant résumé dans le corps de l'ouvrage les dispositions générales de la législation des divers pays, nous ne présentons ici que la date et l'objet des principaux règlements promulgués en Europe dans le cours du XIXe siècle : ce sera un complément de l'histoire de l'émigration pendant cette période, pouvant guider les lecteurs qui voudront faire des recherches plus complètes.

ANGLETERRE.

24 juin 1803. Acte du parlement ; passagers.
12 août 1842. —
8 mai 1845. —
28 août 1846. —
22 juillet 1847. —
28 mars 1848. —
13 juillet 1849. —
1er avril 1851. —
30 juin 1852. Acte, régime des transports.
16 octobre 1852. Ordre du conseil ; police des passagers.
14 août 1855. Loi organique, transports.

AUTRICHE.

24 mars 1812. Décret. Autorisation exigée.

BADE.

16 décembre 1803. Ordonnance générale.
14 avril 1817. Loi, liberté d'émigration.
23 août 1817. Ordonnance.

28 août 1818. Loi, sanction de la précédente.
5 octobre 1820. Loi, émigration clandestine.
14 mai 1825. Loi, conscription.
31 décembre 1831. Loi, droit de bourgeoisie.
28 août 1835. Loi, service militaire.
23 avril 1847. ....., encouragement à l'émigration.
5 février 1851. Loi, droit de bourgeoisie.
11 février 1853. Décret, entreprise d'émigration.
11 février 1854. Instructions ministérielles.
12 juin 1855. Arrêté, obligations des émigrants.
9 juillet, 1er novembre 1855. Arrêté, agents.
28 août 1855. Loi, service militaire.
7 septembre 1855. Arrêté, émigration clandestine.
8 mars 1856. Arrêté, exécution de l'ord. de 1803.
16 septembre 1856. Instructions ministérielles.
8 novembre 1856. Instructions ministérielles.

BAVIÈRE.

6 juillet 1804. Réglements, émigration.
26 octobre 1804. Règlements, certificat de baptême.
10 mars 1812. Règlements, pensionnaires de l'État.
17 avril 1814. Règlements, valeurs emportées.
— 1817, 1818, 1819. Traités avec divers États pour la landwehr.
19 janvier 1818. ..... propriétés des émigrants clandestins.
5 juin 1822. ..... justification et naturalisation.
25 octobre 1830. Traité avec l'Autriche.
12 avril 1832. Ordonnance, recrutement.
27 mai 1834. Ordonnance, même sujet.
10 mai 1836. Traité de réciprocité avec la France.
23 mars 1837. Décret, autorisation.
28 mars 1837. Convention avec l'Autriche, landwehr.
8 mai 1840. Décision, agents d'émigration.
19 septembre 1846. ..... émigration par la France.
11 juillet 1847. Décision, agents d'émigration.
19 février 1849. Décision, agents d'émigration.
11 septembre 1850. Statut, naturalisation américaine.
21 juillet 1851. Ordonnance, transports indirects.

19 janvier 1853. ..... épouses d'étrangers.
22 janvier 1854. Rescrit, service militaire.
    (?)   Arrêté, émigration en Hesse électorale.

BELGIQUE.

14 mars 1843. Arrêté royal, navires.
13 février 1846. Arrêté ministériel.
4 juin 1849. Arrêté ministériel.
10 mai 1850. Arrêté royal, commission d'inspection.
28 décembre 1850. Arrêté royal.
19 janvier 1851. Arrêté ministériel.
20 août 1851. Arrêté royal.
21 juillet 1852. Arrêté royal, navires.
26 mars 1855. Arrêté royal, vivres embarqués, voyages.
26 avril 1855. Arrêté ministériel, ration.

BRÊME.

7 novembre 1849. Arrêté, protection d'émigrants.
7 avril 1851. Arrêté, ressources nécessaires.
18 avril 1851. Arrêté, billets pour l'intérieur.
3 mai 1852. Arrêté, protection des émigrants.
17 mai 1854. Ordonnance du sénat, vente de billets.
14 juin 1854. Ordonnance du sénat, règlement.
17 avril 1856. Règlement, police.
27 avril 1857. Décret, modification.
26 mars 1858. Arrêté, steamers remorqueurs.

BRUNSWICK.

6 mars 1846. Passeport aux émigrants.
    (?)   Subventions aux communes pauvres.

CONFÉDÉRATION GERMANIQUE.

8 juin 1815. Constitution, droit d'émigration.

ESPAGNE.

16 septembre 1853. Ordre royal, transports.
7 septembre 1856. Ordre royal, transports.

FRANCFORT.

22 octobre 1853. Acte constitutionnel.

13 décembre 1853. Police du recrutement.
(?)   1855. Agents de recrutement.

FRANCE.

13 février 1852. Décret, immigration et travail aux colonies.
27 mars 1852. Décret, règlement exécutif.
15 janvier 1855. Décret organique, émigration.
21 février 1855. Décret, commissariats.
21 février 1855. Arrêté, personnel des commissariats.
21 février 1855. Arrêté, bureau central de l'émigration.
14 mars 1855. Arrêté, cautionnements.
28 avril 1855. Décret, espace sur navires.
26 juin 1855. Circulaire, exécution.
7 juillet 1855. Arrêté, durée des voyages.
14 juillet 1855. Circulaire, vivres embarqués.
27 novembre 1855. Instructions, passeports d'émigrants.
12 décembre 1855. Circulaire, compagnie genevoise.
26 décembre 1855. Circulaire, envois mensuels.
7 mai 1856. Arrêté, justifications accidentelles.
18 juillet 1860. Loi générale, recrutement et transports.
9 mars 1861. Décret, entreprises d'émigration.
15 mars 1861. Décret, transports d'émigrants.
20 mars 1861. Arrêté ministériel.
2 avril 1861. Arrêté ministériel, étrangers.
25 juillet — 18 août 1860. Convention; 6,000 Indiens.
1er juillet — 10 août 1861. Traité; immigration indienne.
(?)   Circulaire ministérielle qui interdit d'accorder des passeports d'émigrants aux jeunes gens entrés dans leur dix-neuvième année.

HAMBOURG.

3 juin 1850. Ordonnance du sénat; transports.
26 mai 1851. . . . . Navigation indirecte.
21 mars 1853. Ordonnance du sénat; navigation indirecte.
17 mai, 26 juin 1854. Ordonnance du sénat; vente de billets.
26 février 1855. Durée des voyages et approvisionnements.
22 mars et 25 avril. Ordonnance; comité d'émigration.
30 avril. Deux ordonnances; transports.

4 février 1856. Ordonnance ; vente de billets.

HANOVRE.

19 mars 1852. Loi organique.
20 mai 1852. Avis ministériel ; exécution.
16 juin 1854. Décision du ministre de l'intérieur.
29 juin (ou juillet) 1855. Fraudes des embaucheurs.
10 avril 1856. Expédition des émigrants pour les ports d'outre-mer.
2 mai 1859. Service militaire d'émigrants.

HESSE ÉLECTORALE.

22 février 1853. Ordonnance. Contrats d'engagement.
    (?)   Décret contre l'embauchage d'émigrants.
    (?)   Arrêté. Passeports d'émigrants.
28 avril 1858. Arrêté ; entraves à l'émigration.

HESSE GRAND-DUCALE.

30 mai 1831. Loi organique.
16 mars 1847. Ordonnance sur l'émigration.
27 septembre 1847. Décision sur la fourniture des vivres.
25 janvier 1851. Ordonnance sur les agents d'émigration.
25 octobre 1852. Circulaire ; embarquement sur navires anglais.
23 mai 1853. Circulaire. Immigration clandestine ; service militaire.
28 décembre 1854. Circulaire sur les copies de contrats.
1er octobre 1855. Arrêté.

ITALIE.

Sardaigne. — 16 avril 1855. Arrêté ; transport d'émigrants.

MECKLEMBOURG-SCHWÉRIN.

  ? Ordonnance ; autorisation d'émigrer.
1er juillet 1852. Instruction sur les registres d'émigration.

NASSAU.

30 janvier 1849. Décret ; profession d'agent de recrutement.
24 mars 1849. Décret ; dettes des émigrants.
24 mars 1849. Règlement administratif.
18 juillet 1853. Supplément au précédent.
9 mai 1855. Ordonnance ; émigration clandestine.

OLDEMBOURG.

. . juin 1852. Loi ; recrutement et transports
3 août 1853. Loi ; passagers pour les ports transatlantiques.
4 août 1853. Instruction règlementaire.
12 septembre 1854. Instructions sur obsessions d'agents.
4 février 1855. Ordonnance ; contrats et émigration clandestine.

PAYS-BAS.

26 décembre 1837. Résolution royale ; protection des émigrants.
. . . . 1852. Règlement ; port d'Amsterdam.
1850, 1855, 1856. Projets de loi présentés sur l'émigration.

PORTUGAL.

20 mai 1825. Règlement.
19 août 1842. Arrêté ; transport d'émigrants.
4 août 1855. Loi générale.

PRUSSE.

20 juin 1820. Loi ; embauchage d'émigrants.
5 décembre 1845. Circulaire ; provocations à l'émigration.
7 mai 1853. Loi organique ; transports.
6 septembre 1853. Règlement ; exécution.
31 décembre 1854. Circulaire.
. . mars 1854. Circulaire ; embarquement en ports français.
. . mars 1854. Refus de passeports (de 18 à 45 ans).
9 septembre 1854. Arrêté ; service militaire ; exemptions.
10 mars 1856. Loi ; service militaire ; émigration illégale.
. . . . . 1859. Interdiction de recrutement pour le Brésil.

RUSSIE.

. . . . . 1803. Ukase ; faveur aux émigrants.
. . . . . 1816. Disposition sur les émigrants juifs.
28 avril 1833. Règlement ; immigration.

SAXE-ROYALE.

6 février 1830. Ordonnance restrictive.
4 septembre 1831. Constitution plus libérale.
1er septembre 1832. Ordonnance confirmative de celle de 1830.
. . . . 1832. Autre pour la Lusace supérieure.

. . . . 1838. Ordonnance ; pupilles et mineurs émigrants.
20 avril 1849. Ordonnance ; Diète de Francfort.
13 février 1851. ? Facilités et garanties.
12 août 1851. Ordonnance.
2 juillet 1852. Loi sur la naturalisation.
    (?)   1853. Ordonnance sur les agents d'émigration.
3 janvier 1855. Arrêté ; transport.

SAXE-ALTEMBOURG ET SAXE-MEININGEN.

(?) - Vente de billets prohibée.

SUISSE.

19 février 1855. Circulaire fédérale ; indigents émigrants
Bâle. — 2 octobre 1854. Loi ; agents de recrutement.
Berne. — 10 décembre. Décret.
Grisons. — 5 juillet 1855. Ordonnance.
Lucerne. — 12 avril 1854. Ordonnance.
Schaffouse. — 23 août 1854. Ordonnance.
Schwytz. — 2 décembre 1854. Ordonnance.
Soleure. — 5 mars 1855. Ordonnance.
Unterwalden. — 14 mai 1854. Ordonnance.
    —   23 avril 1855. Ordonnance.
Zug. — 19 février 1855. Ordonnance.

TURQUIE.

. . . . . 1856. Hatti-humayoun ; propriété des chrétiens.
. . . . . 1857. Hatti-humayoun ; immigration européenne.

WURTEMBERG.

11 janvier 1847. Ordonnance ; agents de recrutement.
31 mai 1853. Loi ; obligations militaires des émigrants.
9 mai 1855. Arrêté ; protection des émigrants.
. . juin 1855. Arrêté ; embaucheurs de recrutement.

FIN.

TABLE DES MATIÈRES.

Prolégomènes.

	Pages.
Avant-Propos.	v
Programme du Concours académique.	xi
Rapport de M. Hippolyte Passy.	xii
Rapport de M. Franck	xv
Sources et autorités.	xvi
Plan de l'ouvrage.	ib.
Préludes théoriques et historiques.	1

LIVRE I.

L'émigration indépendante ou sans engagement.

PREMIÈRE PARTIE. — LES PAYS D'ORIGINE.	9
CHAPITRE I. — Le Royaume-Uni.	ib.
§ 1. Émigration irlandaise.	15
2. Émigration anglaise.	23
3. Émigration écossaise.	24
4. Moyens d'émigration.	28
5. Condition nouvelle des émigrants.	33
6. Condition de la population non émigrante.	35
7. Influence sur la population générale.	38
8. Question financière.	40
9. Les colonies. — La marine. — Le commerce.	42
— II. — L'Allemagne.	47
§ 1. Coup d'œil historique.	ib.
2. Intervention officielle et philanthropique.	52
3. Direction de l'émigration.	56

TABLE DES MATIÈRES.

		Pages.
CHAPITRE II. — § 4. Causes de l'émigration.		59
5. Effets de l'émigration.—Population.—Commerce.—Industrie.		66
» III. — L'Autriche.		74
» IV. — La Bavière.		79
» V. — Le Wurtemberg.		82
» VI. — Bade.		84
» VII. — Francfort-sur-le-Mein.		86
» VIII. — Nassau.		87
» IX. — La Hesse-électorale.		ib.
» X. — La Hesse grand-ducale.		89
» XI. — Hesse-Hombourg.		90
» XII. — Les Saxes.		ib.
» XIII. — La Prusse.		92
» XIV. — Le Mecklembourg.		94
» XV. — Le Brunswick.		97
» XVI. — Le Hanovre.		98
» XVII. — Le Luxembourg.		99
» XVIII. — L'Oldembourg.		ib.
» XIX. — Les Villes anséatiques.		101
» XX. — La France.		102
» XXI. — La Belgique.		115
» XXII. — Les Pays-Bas.		125
» XXIII. — Les États scandinaves.		131
» XXIV. — Le Danemark.		134
» XXV. — La Suède.		138
» XXVI. — La Norvége.		140
» XXVII. — La Suisse.		141
» XXVIII. — L'Italie.		155
Malte.		157
» XXIX. — L'Espagne.		158
Gibraltar.		164
» XXX. — Le Portugal.		ib.
» XXXI. — L'Europe orientale.		169
» XXXII. — La Russie.		170
» XXXIII. — Les Principautés danubiennes.		171
» XXXIV. — La Turquie.		172
» XXXV. — Les États comparés de l'Europe. — L'Europe en bloc.		173
» XXXVI. — Les contrées non européennes.		176
» XXXVII. — L'Afrique.		ib.

TABLE DES MATIÈRES.

Pages

CHAPITRE XXXVIII. — L'Asie. 177
» XXXIX — L'Amérique . . . . ib.
» XL. — L'Océanie. 178
» XLI. — Conclusion de la première Partie. . . . . . ib.

SECONDE PARTIE. — LES PAYS DE DESTINATION. 180

— I. — Distribution générale. . . . . ib.
» II. — L'Union américaine. 183
§ 1. Ensemble de la Confédération. . . . . . . ib.
2. États particuliers 205
» III. — Le Mexique. 217
» IV. — Le Guatemala 220
» V. — Le Honduras. 222
Honduras anglais. . . . . ib.
» VI — San-Salvador ou le Salvador 223
» VII. — Le Nicaragua. 224
Mosquitos. . . . . ib.
» VIII. — Costa-Rica. 225
» IX. — La Nouvelle-Grenade. 227
» X. — Le Vénézuela. 229
» XI. — L'Équateur. 234
» XII. — Le Pérou. 235
» XIII. — La Bolivie. 241
» XIV. — Le Chili. 242
» XV. — La Confédération des Provinces-unies de la Plata. . . 247
§ 1. Buénos-Ayres. . . . . ib.
2. Les Provinces-Unies. 253
» XVI. — L'Uruguay. 258
» XVII. — Le Paraguay. 260
» XVIII. — Le Brésil 264
» XIX. — Haïti. 272
» XX. — La République dominicaine. 273
» XXI. — Comparaison des États d'Amérique. . . . . . . ib.
» XXII. — Les colonies anglaises. 276
» XXIII. — Terre-Neuve et Labrador. 278
» XXIV. — Le Nouveau-Brunswick et le Cap-Breton (1). . . . 279
» XXV. — L'Ile du prince Édouard. 281
» XXVI. — La Nouvelle-Écosse. 282

(1) Le Cap-Breton dépend de la Nouvelle-Écosse.

TABLE DES MATIÈRES.

		Pages.
CHAPITRE XXVII. — Le Canada.		282
» XXVIII. — La Colombie britannique.		288
» XXIX. — L'Ile de Vancouver.		289
» XXX. — Le territoire de la Compagnie de la baie d'Hudson.		290
» XXXI. — La Nouvelle-Bretagne.		291
» XXXII. — Les Iles Falkland ou les Malouines.		296
» XXXIII. — Le Cap de Bonne-Espérance.		*ib.*
» XXXIV. — La Cafrerie britannique.		298
» XXXV. — Natal.		300
» XXXVI. — Les Indes Orientales.		301
» XXXVII. — Hong-Kong et Labuan.		303
» XXXVIII. — L'Australie.		304
» XXXIX. — La Nouvelle-Galles du Sud.		317
» XL. — Victoria.		318
» XLI. — L'Australie du Sud.		320
» XLII. — L'Australie occidentale.		321
» XLIII. — Queensland.		322
» XLIV. — La Tasmanie.		322
» XLV. — La Nouvelle-Zélande.		323
» XLVI. — L'Algérie.		324
» XLVII. — Les autres Colonies françaises.		331
» XLVIII. — Les pays divers d'Afrique.		332
» XLIX. — L'Europe orientale.		334
» L. — La Russie.		335
» LI. — La Roumanie.		338
» LII. — La Servie.		*ib.*
» LIII. — La Grèce.		339
» LIV. — La Turquie.		340
» LV. — La Perse.		344
» LVI. — Les États de l'Asie centrale.		345
» LVII. — L'Extrême-Orient.		347
» LVIII. — Conclusion de la seconde Partie.		*ib.*
§ 1. Les zones climatériques.		348
2. Les races. Les nations, les religions.		354
3. Les institutions politiques.		357
4. Les institutions et conditions économiques.		359
5. Les conditions locales.		362

LIVRE II.

L'émigration salariée ou avec engagement.

	Pages.
PREMIÈRE PARTIE. — LES PAYS D'ORIGINE.	367
CHAPITRE I. — Les sources d'émigration salariée.	ib.
» II. — Les îles hispano-portugaises de l'Atlantique.	368
CHAPITRE III. — L'Afrique.	370
» IV. — L'Inde.	378
» V. — La Chine.	383
§ 1. Émigration sans contrat.	385
2. Émigration avec contrat.	390
» VI. — L'Europe.	397
» VII(1). — Conclusion de la première Partie.	400
SECONDE PARTIE. — LES PAYS DE DESTINATION.	401
CHAPITRE I. — Direction générale.	ib.
» II. — Les colonies anglaises émancipées.	402
§ 1. Maurice.	ib.
2. Les Indes occidentales.	407
» III. — Les colonies françaises.	418
§ 1. La Réunion.	ib.
2. Les Antilles.	421
3. La Guyane.	423
4. Le Sénégal.	424
5. L'Algérie.	ib.
» IV. — Les États du Sud-Amérique.	426
§ 1. Brésil.	426
2. Vénézuela.	ib.
3. Nouvelle-Grenade.	ib.
4. Pérou.	427
» V. — Les Antilles espagnoles.	ib.
» VI. — Les colonies hollandaises.	ib.
» VII. — Ceylan. — Natal.	429
» VIII. — Les Antilles danoises	430
» IX. — Conclusion de la seconde partie.	431
Déductions scientifiques et pratiques.	437

(1) Le texte porte VI par erreur.

APPENDICE.

Pages.

Note A. Rapport sur l'Émigration européenne, fait au Congrès de bienfaisance de Bruxelles, en 1856, par M. Jules Duval. 451

Note B. Émigration britannique de 1843 à 1861. 464

Note C. Index bibliographique. 465
    Art. 1er. Bibliographie du sujet (l'Émigration). . . . . . ib.
    Art. 2. Bibliographie de l'auteur (M. Jules Duval). 477

Note D. Législation de l'Émigration. 483
    Angleterre, Autriche, Bade. . . . . ib.
    Bavière. 484
    Belgique, Brême, Brunswick, Confédération germanique, Espagne, Francfort. 485
    France, Hambourg. 486
    Hanovre, Hesse électorale, Hesse grand-ducale, Italie, Mecklembourg, Nassau. 487
    Oldembourg, Pays-Bas, Portugal, Prusse, Russie, Saxe royale. . 488
    Saxe-Altembourg et Saxe-Meiningen, Suisse, Turquie, Wurtemberg . 489

Table des matières. 490

FIN DE LA TABLE DES MATIÈRES.

Saint-Denis. — Typographie de A. Moulin.

www.ingramcontent.com/pod-product-compliance
Lightning Source LLC
Chambersburg PA
CBHW051139230426

43670CB00007B/875